VOLUNTEER MANAGEMENT

# 자원봉사론

임혜숙 | 김윤재 | 이유섭 | 박남오 | 송노원

박영사

# 머 리 말

현대사회는 첨단과학기술의 발달로 노동시간이 줄어들게 되었고, 주 5일제 전면시행에 따른 여가시간의 증가는 우리 삶의 패턴에 여가의 건전한 활용이 중요한 문제로 대두되고 있다. 또한 지식과 정보의 홍수 속에서 기술과 노동시장의 변화에 따라 새롭게 전개되는 패러다임에 대비할 수 있는 적응력을 요구하고 있다. 뿐만 아니라 사회 각계각층에서 소외되는 현상이 나타나고 있다. 이러한 소외를 극복하고 자아실현을 위한 하나의 장으로서 자원봉사활동이 중요하게 부각되고 있다. 사람들은 자원봉사활동을 통하여 자신의 능력을 활용할 뿐만 아니라 능력향상과 인격의 성숙을 도모하고 이러한 과정 속에서 자신을 재발견하고 자아를 실현하는 계기를 만들어 간다.

이제 자원봉사활동은 사회복지분야뿐만 아니라 각종 사회문제의 공동체계 자원에서 사회연대 체결구축을 위해 우리시대의 명실공히 크고 작은 일에서 큰 주목을 받고 있다. 사회가 발전하고, 문명이 발달할수록 우리의 삶은 삶의 질을 추구하는 만큼이나 행복지수도 높아질 것이라고 예상하지만 그렇지 못한 일면도 존재한다. 2012년에 OECD는 각국의 생활환경과 삶의 질을 측정해서 수치화한 '행복지수(The Better Life Index)'를 발표했다. 이 지수에는 국민생활과 밀접한 관련을 맺고 있는 주거, 취업, 소득, 교육 등 11개 항목이 포함되었다. 조사결과 우리나라는 11개 항목 평균점수에서 조사대상 36개국 가운데 24위를 기록하였다. 우리나라는 학력 수준, 학업 성취도, 치안 등에서는 높은 점수를 얻었지만, 노동시간, 고용, 환경 등에서는 최하위 그룹에 속하였다. 행복이란 무엇일까? 현대인은 남녀노소를 막론하고 과다한 스트레스를 안고 살아가고 있다. 그래서 효율적인 자기만의 스트레스 대처방법도 개발하며 살아갈 때가 왔다. 건강하게 스트레스에 대처하는 방법의 하나로 계획적인 자원봉사활동을 통하여 승화시키는 것을 꼽을 수 있겠다.

2009년 말 시작된 개정 교육과정에 따른 변화의 물결은 미래 교육의 본질이자 궁극적인 목표가 '새로운 가치를 창출하고 동시에 더불어 살 줄 아는 인재양성'이라는 것이 사회적 · 국가적 공감대를 확산시키고 있다. 따라서 교육과학기술부는 창의 · 인성교육 실천을 위하여 유아단계에서부터 대학까지 연계된 창의 · 인성 강화방안을 모색하고 있다. 실천방안으로 초 · 중등학교 생활기록부에 봉사활동 등 다양한 창의적 체험활동을 기록하여 상급학교 진학 시 입학사정관제도에 의한 진학 등의 핵심자료로 활용되도록 하였다. 그리고 대학의 사회봉사 · 참여 활성화를 위하여 대학생 교육봉사를 활성화하고 있다. 전공연계 봉사 · 참여 과목 개설을 권유하고, 장학금 수혜자 등 우수 대학생들이 소외계층 자녀를 위한 교과활동 지원 프로그램 활성화를 위해 노력하도록 하였다. 더불어 자생적 대학생 봉사단체 활성화를 위한 정보 공유 · 홍보 · 협력 네트워킹 등을 지원하며 우수 봉사활동 참가자는 포상 및 대학생 해외인턴 지원사업 등 교육과학기술부 대학생지원 사업에 참가 시 우선 선발할 계획을 갖고 있다. 뿐만 아니라 대학의 교육 · 연구역량과 더불어 봉사역량도 대학평가 · 인증 시 반영한다는 계획은 대학생의 참여를 활성화시키기 위해서는 개인의 의지뿐만 아니라 대학당국의 지원이 절대적으로 필요함을 인식하고 있다는 점을 반증하고 있다.

저자들은 그동안 이 한 권의 책을 탄생시키기 위해서 각고의 노력을 해 왔다. 어떻게 하면 대학교재로서 뿐만이 아닌 각계각층의 사람들에게 쉽게 다가갈 수 있을까? 저자들은 이론서로만이 아닌, 그리고 자원봉사의 단순한 객체위주가 아닌, 대학 강단에서도, 현장에서도 자원봉사론을 체계적으로 가르쳐서 효율적으로 자원봉사 체계를 구축해야겠다는 일념으로 여러 차례 모여서 논의하였다.

본 교재는 다음과 같은 특색을 가지려고 하였다.

첫째, 서비스대상별 자원봉사활동을 하나의 장으로 묶어서 집필하였다. 아동에서부터 노인에 이르기까지, 또 병원을 비롯한 재난구호의 현장에 이르기까지 현장의 소리도 같이 반영하였다.

둘째, 저자들은 그동안 대학 강단에서 오랫동안 자원봉사론을 강의해 왔다. 이에 자원봉사에 대한 이론적 근거, 우리나라의 현 자원봉사활동의 연구기반 등에 대해서 중점적으로 집필하였다.

셋째, 각 장마다 "생각해보기"를 통하여 실제 학습에 임하기 전에 다 함께 고심해 보고자 하였다.

넷째, 매 장 끝에, "확인평가"를 통한 문제를 풀어봄으로써 이해를 돕고자 하였다.

본서는 이와 같은 특색을 가지고 제5편 제13장으로 구성하였다.

제1편에서는 이론적 배경으로 자원봉사활동에 대한 기본적 이해와 우리나라와 선진국의 자원봉사활동 동향에 대해서 언급하였다.

제2편에서는 자원봉사의 주체인 자원봉사자의 이해와, 자원봉사자 관리조정자인 자원봉사관리자에 대해서 언급하였다.

제3편에서는 자원봉사 관리과정과 자원봉사 실제 활동 시 발생할 수 있는 갈등의 제반 상황과 그 해결방안, 그리고 장기적으로 자원봉사가 정착할 수 있도록 해주는 자원봉사 프로그램 개발에 대해서 언급하였다.

제4편에서는 자원봉사활동의 주체와 서비스대상별 자원봉사활동, 그리고 그 주축이 되는 자원봉사센터에 대해서 언급하였다.

제5편에서는 우리나라 자원봉사활동의 연구기반과 자원봉사활동의 전망 및 과제에 대해서 언급하였다.

저자들은 최선을 다하여 이 책을 집필하였다. 그럼에도 불구하고 여전히 부족하다. 향후 선·후배, 동료, 독자 여러분들의 아낌없는 조언을 바라며 지속적으로 보완할 것을 다짐하는 바이다. 그리고 바쁜 일정에도 수고로이 책의 출판을 도와주신 박영사의 안종만 회장님을 비롯한 모든 임직원 여러분들께도 깊은 감사를 드린다.

2013년 1월

저자일동

# 차 례

## 제1편 이론적 배경



## 제2편 자원봉사자 및 자원봉사관리자

제 1 편

# 이론적 배경

# 제1장

# 자원봉사활동의 기본적 이해

◈ 생각해보기

1. 자원봉사활동의 개념은 무엇인가?
2. 자원봉사활동의 이념은 무엇인가?
3. 자원봉사활동의 가치는 무엇인가?
4. 자원봉사활동의 필요성은 무엇인가?
5. 자원봉사활동의 일반적인 특성은 무엇인가?
6. 사회복지와 자원봉사활동과의 관계는 무엇인가?
7. 자원봉사활동의 목표는 무엇인가?

자원봉사활동은 왜 필요한 것일까? 자원봉사활동은 여러 가지 사회문제를 해결할 수 있는 하나의 대안이 될 수 있으며 자신과 지역사회, 나아가 세계를 변화시킬 수 있는 무한한 가능성을 가지고 있기 때문이다.

## 1. 자원봉사활동의 이해

사회복지분야에서 자원봉사활동이 차지하는 비중은 매우 크다. 1990년대 중반부터 우리 사회에 자원봉사활동의 필요성이 부각되기 시작했다. 그리고 최근에는 자원봉사활동에 참여하는 것 자체를 하나의 의무라고 생각한다. 우리는 삶을 살아가면서 원하든 원하지 않든 타인의 도움을 필요로 할 때가 있다. 자원봉사활동은 이를테면 나보다 타인을 먼저 배려하며 협력하는 자의 삶으로 살아가는 자세일 것이다.

### 1) 자원봉사활동의 도입배경

#### (1) 산업화 사회와 사회문제의 발생

현대사회로 오면서 소득 불균형에 따른 빈부격차, 산업재해, 각종 공해, 아동청소년 문제, 장애인 문제, 노인부양 등의 다양한 사회문제가 발생하고 있다. 그래서 사회문제를 해결해 나가는 데 정부와 공공기관의 힘만으로는 어려운 것이 현실이다. 선진국의 경우에는 민간의 자원봉사활동 참여가 활발하게 이루어지고 있어서 많은 사회문제를 해결하는 데 있어 정부의 조력이 되고 있지만, 우리나라는 아직 자원봉사활동 참여율이 선진국에 비하면 미약한 편이다. 그러므로 많은 국민이 자원봉사활동에 참여함으로써 사회문제를 해결하는 데 필요한 사회적 비용을 줄여 나가야 할 것이다.

### (2) 사회복지 기관 · 시설의 인력과 재정의 부족

우리가 살고 있는 사회에는 언제나 강자와 사회적 약자가 공존하며 살아가고 있다. 그런데 이들을 돕는 것은 정부의 힘만으로는 한계가 있었고, 이 틈새를 자원봉사자들의 자원봉사활동으로 그 틈새를 좁히는 노력을 해왔다. 사회적 약자들의 문제를 해결하기 위하여 사회복지 기관 및 시설, 사회단체는 그 인력과 재정이 매우 부족한 실정이다. 그러므로 대부분의 복지 기관 및 시설, 단체에는 부족한 인력과 재정을 운영해 나가기 위해 많은 자원봉사자나 후원자들의 손길이 절대적으로 필요하다.

### (3) 다문화사회와 자원봉사활동

우리나라의 다문화 관련법은 재한외국인처우기본법(2007), 결혼중개업의 관리에 관한 법(2007), 다문화가족지원법(2008), 국적법(일부 개정, 2008) 등이 제정되어 있다. 이러한 법의 지원을 받으며 다문화가족지원센터, 외국인노동자센터, 탈북자관련청소년센터, 수많은 다문화 관련 NGO들이 정부나 민간의 지원을 받으며 활동하고 있다. 다문화사회란 우리 사회에 소수민족이 증가하고, 다문화가족의 자녀가 증가함에 따라 그에게 비롯되는 사회문제를 예방하고 해결하기 위해 법과 제도를 제정하고 다문화 관련 서비스가 증가하는 사회를 말한다. 우리 사회에는 다문화가족들이 우리 사회에 적응하며 살아갈 수 있도록 다양한 자원봉사활동과 참여가 필요하다.

### (4) 자원봉사활동에 참여하는 사람들에게 기회 제공

자원봉사활동에 참여하기를 원하는 각계의 다양한 대상자들에게 기회를 제공해 줌으로써 세대 간에도 상부상조 정신과 연대감을 이룩해 나갈 수 있다. 최근 들어 중학생은 15시간, 고등학생은 18시간을 의무봉사시간에 참여하도록 규정하고 있다. 청소년들의 자원봉사활동은 지금은 강제성을 가지고 있다 할지라도 훗날 성년이 되어 가는 과정에서 자연스럽게 봉사정신이 깃들 수 있을 것이다.

#### (5) 민간단체의 활성화

선진국의 경우 민간의 자원봉사활동은 정부의 기능에 일조하고 있다. 인권감시기관, 사회복지 기관 및 시설, 스포츠단체, 환경운동단체, 소비자운동단체 등을 비롯한 사회와 인간개혁을 목표로 하는 민간단체들은 거의 대부분 자원봉사자들의 활동에 의존하고 있다. 이러한 자원봉사자의 활동으로 인하여 민간단체는 적은 예산으로 양질의 프로그램 개발과 실천을 도모하여 보다 많은 지역사회 주민에게 혜택을 줄 수 있다(김범수 외, 2012).

### 2) 자원봉사활동의 필요성

자원봉사활동은 사회적 욕구를 가진 측과 자원봉사활동을 하는 측의 상호작용으로 이루어진다. 자원봉사활동이 현대사회에 필요하게 된 이유는 다음과 같다(최일섭, 2005).

#### (1) 개인적 측면

남에게 인정받고 자아를 실현하고자 하는 인간적 욕구는 자원봉사를 통해 충족될 수 있다(이강현, 2001). 개인적 만족감과 성취감을 느낄 수 있다. 새로운 기술을 학습할 수 있고 이미 가진 지식과 기술을 더욱 발전시킬 수 있다. 심리적 · 육체적 안정감과 건강한 삶을 유지할 수 있도록 해준다.

#### (2) 가정적 측면

소외된 이웃을 돌보고 지역사회의 발전을 위해 활동한다는 자부심은 가족구성원 간의 유대감을 강화시키고 결과적으로 가정의 건강성을 증진시킴으로써 가족해체, 가족기능의 약화와 같은 문제를 방지한다는 측면에서 그 필요성을 강조할 수 있다.

#### (3) 사회적 측면

시민의식을 성숙시킴으로써 사회전반의 유기적 발전을 도모할 수 있으며 우수한 인적 자원을 개발 · 육성한다는 측면에서 그 필요성이 있다. 사회적 측면의 필요

성을 살펴보면

① 사회문제의 심각성

인간의 존엄성과 인간의 가치보다는 생산성과 이윤추구를 더 중요시 하는 물질주의, 금전만능주의가 팽배하여 전통적 가치관의 혼란과 함께 도덕성의 상실로부터 과소비풍조에 이르기까지 사회의 기본질서를 위협하는 문제가 발생하고 있다.

② 시민의식의 향상과 복지요구의 증대 현상

요즈음 크게 활성화되고 있는 시민운동에 대한 관심이 높아지고 있는 것은 그동안 경제성장을 주도해온 정부와 기업에 대한 국민신뢰가 매우 낮은 탓이라고도 볼 수 있다. 민주화과정에서 시민사회의 출현은 매우 중요한 뜻을 가진다. 주권자인 시민이 직접 나서서 시민적 연대를 형성하여 모든 문제를 해결해야 한다는 방향으로 나아가고 있다는 것이다.

③ 복지서비스의 재정문제

경제성장 수준에 비해 사회복지 예산이 크게 부족하기 때문에 민간자원이 동원되어야 한다고들 하고 있지만 쉽지 않은 면이 있다. 대부분의 지방이 재정적으로 매우 어려운 지경에 있다. 복지서비스의 요구는 많은데 재정이 어려운 상황에서 자원봉사사업을 적극 개발하여 자원봉사자를 확보하고 효율적으로 활용하여 다양한 요구를 충족시켜나갈 프로그램을 제공하는 일은 매우 중요하다.

### (4) 종교적 측면

기독교정신과 유교 · 불교의 기본정신은 박애주의(Philanthropy) 사상을 근간으로 하여 어려운 사람에게 사랑과 자비를 실천하는 것이 이웃과 사회에 대한 종교적 신념을 구현하는 방편이라고 할 수 있다.

### (5) 사회복지적 측면

사회복지기관의 부족한 물적 · 인적자원을 채워주는 역할을 함으로써 사회복지기관에 대한 다양한 요구에 효율적이고도 효과적으로 부응할 수 있도록 도와준다. 더 많은 클라이언트에게 양질의 사회복지 서비스를 제공할 수 있도록 하는 동반자적 역할을 한다.

### 3) 자원봉사활동의 정의

자원봉사활동에 대한 용어의 정의는 국가에 따라, 학자에 따라, 시대마다 조금씩 다르게 정의되고 있다. 현대에 오면서부터는 자원봉사활동의 의미가 전통적으로 강조해온 무급성, 자발성, 사회복지 영역 위주의 개념에서 벗어나 개인, 민간기관뿐 아니라 공공기관, 자조집단 등을 포함해 광범위한 영역까지 확대되고 있으며 필요한 경우 최소한의 경비를 지원받을 수도 있다는 인식이 늘고 있다.

원래 자원봉사(volunteer)라는 말은 라틴어의 볼런타스(Voluntas)에서 유래하며, 이것은 인간의 자유의지, 마음속 깊이 우러나오는 의사라는 뜻이다. 즉, 의무감이 아닌 자발적으로 행하는 활동을 의미한다(김범수 외, 2002).

현대사회에서 자원봉사라는 말이 사용된 것은 제 1차 세계대전 당시 자발적으로 병역을 지원하는 지원병을 가리켜 일컫게 되면서부터였는데, 이 말이 서서히 일반 시민들 사이에서 「주로 사회복지분야에서 자발적인 활동을 하는 사람」을 자원봉사자(Volunteer)라는 말로 부르면서 사용하게 되었다. 이 volunteer의 개념이 우리나라로 유입되면서 자원봉사는 自願 '스스로 원하여', 奉事 '받들고 섬긴다.'라는 의미로 보편적으로 이해되어져 왔다.

미국사회사업가협회는 자원봉사자를 '개인, 집단, 지역사회에서 발생하는 여러 가지 사회문제를 예방하고 통제하거나 개선하는 일에 종사하고 있는 공 · 사의 여러 조직체에 대해 주어진 여러 가지 참여활동에 대한 가치에 상응하는 보수 없이 자발적으로 참여하는 사람'으로 정의하였다(Dunn, 1995).

영국의 자원봉사센터에서는 자원봉사활동을 자신이나 직접적인 가족이 아닌 다른 사람을 위해 직접적인 보상 없이, 그리고 국가나 기관에 의해 요구되는 것이 아닌, 자유스런 선택에 의해 수행되는 활동이라고 정의하고 있어 무보수성과 자발성을 강조하고 있다(Sheard, 1995).

Manser와 Cass는 자원봉사활동이란 '개인 자신이 선택한 자원봉사활동기관을 통해 활동, 창조, 실험하고 또 새로운 목표를 달성하려고 노력하는 과정에 있어서, 최대의 자유와 민주적 과정 속에서 독특한 역할을 하고, 또 공익의 이익요소를 증진, 촉진시키기 위해 자발적, 사적 노력에 의하여 나타나는 봉사활동'으로 정의하였다. 또 자원봉사자에 대해서는 '자원봉사활동에 자발적으로 참여하는 사람으로서, 그들의 시간과 재능을 자유롭게 사용하는 사람'으로 정의했다(G. Manser & R. Call,

1976).

Lynn과 Smith는 자원봉사자를 '타인(개인 또는 집단)을 돕기 위해 또 환경의 개선을 위해 무보수로 시간을 기여하는 사람'이라고 정의하였다(Lynn & Smith, 1991).

UNV(1999, UN자원봉사조직)는 '개인들이 자신들의 이웃과 사회의 안녕을 위해 기여하는 비영리, 무보수, 비상근 활동'으로 정의하였다.

올림픽 게임(바르셀로나, 1992)의 공식보고서에서는 자원봉사자를 '올림픽 조직의 한 조직으로서 최선을 다하여 협력하며 이타적 행동을 하는 사람'으로 어떠한 보상이나 보수를 받지 않으며 업무를 수행하는 사람이라고 하였다.

또한, 세계자원봉사자 선언(1990)에서는 자원봉사자 정신에 대해서 다음과 같이 규정하였다.

- 개인이 자발적으로 결정하고 선택하는 것이다.
- 적극적으로 시민의 권리를 행사하고 지역사회와 관계를 맺는 것이다.
- 인간이 갖고 있는 잠재력이나 삶의 질, 인간 상호간의 연대감을 드높이는 것이다.
- 조직적 형태를 지니면서 개인 또는 집단으로 활동하는 것이다.
- 현재 직면하는 커다란 도전, 즉 더욱 선하고 평화로운 세계의 창조를 위해 응답하는 것이다.
- 경제생활의 활성화에 공헌하고 직업이나 새로운 전문가를 창출하는 것이다.

시기나 장소에 따라 다양하게 사용되는 자원봉사의 개념을 명확히 하기 위해 Ellis & Noyles(1990)는 자원봉사활동 구성요소를 첫째, 자발적 선택이어야 하며, 둘째, 사회적 책임이고, 셋째, 경제적 이익을 추구하지 않으며, 넷째, 기본적 의무를 초월하는 것으로 설명하고 있다.

우리나라에서는 자원봉사에 관련된 용어를 몇 가지로 사용하고 있다. 한국여성개발원에서는 '자원활동'이라고 쓰고 있다. 자원봉사는 '봉사'라는 말 때문에 자선 혹은 구제라는 의미가 있고 가진 자가 일방적으로 베푸는 소극적인 어감을 풍긴다고 파악하여, 우리가 살고 있는 지역사회의 공동체를 위해 참여한다는 보다 폭넓고 적극적인 의미를 지닌 '자원활동'으로 사용하고 있다(박태영 외, 2008).

자원봉사와 관련한 용어를 설명하면 〈표 1-1〉과 같다.

〈표 1-1〉 자원봉사 관련 용어

| 구 분 | 내 용 |
|---|---|
| Voluntarism | 어떤 사회에서 자발적으로 행해진 모든 것을 총칭하는 일반적인 용어. 민간 영역, 비영리기관과 재단, 종교, 박애사업은 포함되지만 정부기관은 포함되지 않음. |
| Volunteerism | 1989년 후반에 와서 명확한 의미를 가지게 됨. 자원봉사자들이나 자원봉사자들이 행하는 활동에 구체적으로 관련 있는 정신을 의미하는 것으로 비영리조직뿐 아니라 법원, 교도소, 도서관 등 정부 프로그램도 포함. |
| Voluntary Action | 자신의 의지나 선택에 의해 의지한 행위.<br>자발적으로 행해진 모든 것이 다 자원봉사활동은 아님. |
| Voluntary Agency<br>(민간기관) | 어떤 니드(Need)나 문제를 인식한 개인들에 의해 설립되고 사적 기금으로 조직체 형성. 단 정부의 보조금이나 공공기금을 받는다 해도 정부에 의한 법률에 의해서 설립된 것이 아니므로 민간기관에 해당됨. 미국의 경우에는 그 목적이 비영리적이고 일반적으로 연방소득세에서 면제시켜 주도록 승인하는 Internal Revenue Code의 section 501(c)아래에 속해 있음. 그들은 대부분 자원봉사자로 구성된 이사회에 의해서 지도받음. |
| Volunteer Association<br>(자원봉사자 협회) | 자원봉사자에 의해서 발전되고 자원봉사로 구성된 회원 집단. 조직체에 의해서 유급직원이 채용될 수 있지만 자원봉사자 스스로 조직의 중심을 형성함. |
| Private Sector<br>(사적 영역) | 정부, 공공영역에 대립되는 개념으로 voluntary agencies, volunteer association 그리고 business로 구성. 사적 영역은 비영리부분과 영리추구 영역으로 구분되기도 하는데, 최근에는 비영리부분에만 적용하는 용어로 제3영역과 독립영역이라는 용어로 사용. |
| Philanthropy<br>(박애) | 일반적으로 금전이나 물건을 자애적인 이유에서 주는 것으로 개인적 자비심의 표현임. |
| community Service | 지역사회의 욕구에 부합하는 활동들을 포함. 단, 법원의 명령을 수행하는 범법자, 근무시간 이외에 일하는 고용인, 학점을 취득하기 위한 활동 등은 엄격한 의미에서 자원봉사라고 할 수 없음. |
| Citizenship<br>(시민권) | 민주주의 기능에서 시민으로서의 참여 의미. 항상 자발적인 것이지만 모두 자원봉사행위는 아님. |
| Amateur or Nonprofessional<br>(아마추어 혹은 비전문가) | 보수를 받지 않는다는 측면에서는 자원봉사와 유사하지만 기술이 없거나 낮다는 측면의 개념 적용은 자원봉사와 같은 의미라 할 수 없음. |

출처: 류기형 외(2011). 자원봉사론. 양서원. p.25.

한국사회복지협의회는 자원봉사활동을 '사회문제의 예방 및 해결 또는 국가의 공익사업을 수행하고 있는 공·사의 조직에 자발적으로 참여하여, 영리적 보상을 받지 않고서 인간존중의 정신과 민주주의 원칙에 입각하여 낯선 타인들을 상대로 필요한 서비스를 제공함으로써 사회의 공동선을 고양시킴과 동시에 이타심의 구현을 통해 자기실현을 성취하고자 하는 활동'으로 정의하기도 하였다(한국사회복지협의회, 1997).

김영호(1995)는 "자원봉사활동이란 봉사 또는 서비스의 의미로 신앙의 입장에서 스스로 봉사에 임하는 일의 의미, 타인에게 친절행위로 서비스를 제공하는 의미이며, 인간 상호 간의 이해관계를 전제로 한 서비스의 의미, 유교 봉건윤리 속에서 사용되는 시중들고 복종하는 의미에서의 자원봉사활동, 시간적·경제적 여유가 있는 사람들이 생활이 어려운 사람들에게 무료로 봉사하는 의미"라고 하였다.

이상의 내용에서 보면 자원봉사란 자원봉사 정신에 따르는 자발적 활동뿐 아니라 자원봉사활동을 육성하고 지원하는 조직과 기관을 포함하는 개념으로써 특정한 사회적 요구의 인식하에 사회적 책임감의 태도를 가지고 금전적 이득에 대한 관심 없이 또한 기본적 의무감으로부터 벗어나서 자발적으로 행동할 것을 선택해서 이루어지는 활동으로 정의할 수 있다.

### 4) 자원봉사활동의 목적

자원봉사활동의 기본적이고 원칙적인 동기는 시민 각자가 자신들의 시간과 정력을 국가 사회의 발전과 성숙에 이바지하겠다는 열성적이고도 이상적인 동기이다. 따라서 자원봉사활동의 경험을 통하여 국가와 사회 상황에 대한 이해를 증진시키고 개인적인 성숙이라는 변화를 목적으로 하는 것이다.

#### (1) 자기개발을 위한 자원봉사

자원봉사활동은 각 개인이 한 인간으로서 자신을 사회적 존재로서 자각하여 스스로 타인에게 또는 타인들과 더불어 봉사하는 경험을 통하여 자신의 인격적 성장과 발달 그리고 자신의 잠재능력을 실현하는 기회를 갖게 하는 것이며, 이와 같은 자기발전과 성숙은 삶을 보다 의미 있고 보람되게 꾸밀 수 있는 계기를 마련해 주는 것이다. 또한 자원봉사활동은 인간의 가치와 존엄성에 대한 신념을 강화시켜 주고 공동체(gemeinschaft) 감정 혹은 지역사회 감정(community feeling)의 존중과 충성심을 자극하여 각 개인이 이웃, 지역사회, 나아가서는 전체 사회와 국가의 삶의 질적인 향상을 가져오는 데 참여할 수 있는 기회를 제공해 주는 것이다.

#### (2) 사회발전을 위한 자원봉사

현대의 사회문제 해결 혹은 사회개발에 있어서 시민참여의 필요성이 대두되고 있다.

그 이유로 첫째, 현대 사회의 복잡 다양한 문제들과 과업들을 해결 및 처리하는 데는 정부의 능력 즉 경제적, 기술적 능력에 한계성이 있기 때문이다. 둘째, 시민의 책임의식과 연대의식은 민주주의 사회의 기본 개념이며 사회개발에 있어서의 시민 혹은 주민의 주체적인 노력은 반드시 장려되어야 하기 때문이다. 셋째, 사회개발에는 다양하고 막대한 사회적 자원들, 즉 물적, 인적, 정신적 자원들의 조직화와 동원이 필요하며, 이는 시민참여 없이는 불가능하기 때문이다.

### 5) 자원봉사활동의 기능

오늘날 자원봉사활동이 그 어느 때보다도 더욱 절실히 요구되고 있는데, 자원봉사활동의 기능은 다음과 같이 요약할 수 있다(현외성 외, 2005 ;표갑수, 2010).

#### (1) 국가 · 사회적 측면

국가 · 사회적 측면에서 자원봉사의 기능을 살펴보면 자원봉사활동을 통해 지역사회를 구성하는 주체라는 주인의식과 함께 지역사회에 대한 공동체의식과 연대의식을 갖도록 한다. 또한 자원봉사활동은 제반 사회적 상황에 대한 생생한 지식과 정보 및 규범을 배울 기회를 제공하며, 사회계층 간의 간격을 좁혀 준다. 또한 재원의 효과적 사용을 도모할 수 있다. 현대사회의 다양한 문제나 욕구에 대응함에 있어 문제나 욕구의 정도나 수준에 따라 공적 보장과 더불어 민간자원을 적극 개발, 활용함에 따라 재원의 효과적인 사용을 행할 수 있다. 이는 자원봉사활동에 경제적 지원이 필요 없다는 것이 아니라 오히려 적극적인 지원과 투자로 적재적소에 바람직한 서비스가 행해질 수 있도록 해야 한다.

### (2) 자원봉사자 활용기관 측면

자원봉사자 활용기관 측면에서 자원봉사의 기능을 살펴보면 자원봉사활동을 통해 업무의 질적 향상을 도모한다. 자원봉사자를 활용하게 되면 사회복지기관 및 시설의 직원은 과다한 업무를 처리해야 하는 부담을 덜 수 있고, 자원봉사자가 보조하는 만큼의 시간을 활용할 수 있어서 업무의 질적 향상을 기할 수 있을 것이다. 따라서 보다 긴급한 업무, 전문적 탁월성을 요하는 업무에 열중할 수 있다. 또한 제한된 유급직원에 의해 제공될 수 있는 것보다 활동시간을 융통성있게 하고 다양한 새로운 서비스 형태를 확대시킬 수 있다. 대부분의 자원봉사자가 근린지역 가까이 살기 때문에 지역사회 접근이 용이하다. 또한 자원봉사활동에 만족한 자원봉사자가 그들의 이웃에게 조직을 잘 말할 수 있다는 측면에서 좋은 공적관계를 유지할 수 있다.

### (3) 자원봉사자 측면

자원봉사자 측면에서 자원봉사의 기능을 살펴보면 자원봉사활동을 통해 어려운 과업을 완수하고 새로운 경험에 도전하면서 자신의 잠재력을 발견할 수 있다. 그리고 일에 대한 성취감을 통해 자신감, 긍정적인 자아상을 확립할 수 있다. 자원봉사활동을 통해 자신의 행동에 책임을 지고 전체 집단의 이익을 위해 자신을 양보하고 집단 성원들과의 의견을 조정하고 타협하는 과정에서 문제해결 능력을 고양하게 된다. 자원봉사활동은 자원봉사자가 이전에 알지 못했던 새로운 지식이나 기술을 학습할 수 있게 하고 이미 가진 기술을 더욱 발전시킬 수 있다.

### (4) 사회복지적 측면

사회복지적 측면에서 자원봉사활동의 기능을 살펴보면 자원봉사활동은 사회복지제도의 재정과 인력 부족에 따른 복지제도의 불완전성을 보완하고 강화하며 자원이 부족한 공적·민간 복지기관의 인력을 보충해 준다. 자원봉사활동을 통해 지역사회문제, 사회복지에 대한 이해를 하도록 전 국민을 대상으로 하는 민주·복지교육 및 훈련의 장을 제공함으로써 사회복지에 대한 국민의 이해와 참여를 증진시키고 사회복지의 저변 확대에 기여한다.

#### (5) 발달적 측면

청소년기인 중 · 고 · 대학생들의 자원봉사활동은 생의 보람과 희망을 갖게 하는 의미 있는 일이다. 특히 중 · 고등학교 학생들은 많은 유해환경에서 벗어나 사회적 약자를 배려하고 나눔을 실천할 수 있는 자원봉사활동을 실천함으로써 자아실현의 증진을 가져올 수 있을 것이다. 또한 청소년들로 하여금 여러 유형의 자원봉사활동에 참여함으로써 현대 사회문제해결에 어느 정도 도움이 될 수 있다.

### 6) 자원봉사의 이념과 가치

왜 자원봉사의 이념과 가치, 철학을 정립할 필요가 있는가? 자원봉사는 시민들의 자발적인 참여로 개인과 사회의 변화를 가져오는 활동이다. 자원봉사가 우리 사회의 크고 작은 문제를 해결하고 개인과 사회를 변화시키는 역할을 함에도 불구하고, 과연 그러한 변화를 진정으로 만들어내고 있는지, 그렇지 않다면 어떻게 변화를 만들어야 하는지, 개인과 사회의 변화를 만드는 자원봉사의 이념과 가치는 어떻게 정립되어야 하는지를 생각할 필요가 있다. 자원봉사를 활성화 한다는 이유로 자원봉사의 이념과 가치가 훼손되고 있지는 않은지, 이로 인한 피해가 어떻게 나타나는지, 이념과 가치를 온전히 지키기 위해 어떤 노력을 기울여야 하는지 살펴볼 필요가 있다(이팔환 · 백남덕 · 권정임, 2012).

#### (1) 자원봉사의 이념

① **자유의지, 자주성**: 무엇보다도 활동하는 개인의 자유의지나 자발적 의지를 존중해야한다는 기본적 이념이다. 자원봉사활동은 민주주의나 주민자치의 기본적인 출발점이기도 하다. 이런 의미에서 자원봉사에는 다른 사람에 의해 강제되어지는 행위나 자신의 사회적 역할에 따라 마땅히 해야 하는 활동은 포함되지 않는다.

② **보편성, 사회성**: 자원봉사활동은 특정의 개인이나 단체의 이익, 특정 사상과 신념 · 종교 · 민족 · 목적 집단만의 이익을 위한 활동이 아니라, 모든 사람이나 사회의 보편적 이익으로 환원되어지는 것이다.

③ **무급성, 비영리성**: 자원봉사활동은 원칙적으로 일정한 보수나 대가를 기대하지 않는 활동이어야 한다. 자원봉사에 참가하는 사람들의 자유로운 의지나 제안,

사회적 행동이 존중되기 위해서는 금전이나 보수에 의해 구속되어서는 안 된다는 사고를 바탕으로 하고 있는 것이다. 그러나 근래에 들어와서 자원봉사활동에 대한 얼마간의 금전적 대가를 얻게 되더라도 참여 동기 자체가 자원봉사라는 의식에 바탕을 두고 있고, 급여적 대가에 좌우되지 않는다면 무상성이라는 이념에 크게 구애받을 필요가 없다는 의견도 대두되고 있다.

④ **사회개발성**: 자원봉사는 사람들의 관심을 끌지 못하는 사회적 과제나 정부나 공공부문의 노력만으로 해결하기 어려운 문제를 다루는 보완적 역할을 가지고 있지만, 보완적 역할에 머물지 않고 보다 적극적으로 사회문제를 제기하고 국가와 공공부문의 해결방안 모색을 제안하는 등의 사회 개혁적이고 개척적인 역할을 담당하는 활동이다.

⑤ **지속성**: 자원봉사활동은 우연적이거나 일시적인 충동에 의한 선행은 포함되지 않는다. 의도적인 계획을 갖고 일정기간 지속적으로 이루어지는 행위를 전제하고 있다.

### (2) 자원봉사의 가치

① **개인적 가치**: 자원봉사활동은 개인이 가지고 있는 기술과 지식을 나누어 베풂으로써 학습의 보람과 가치를 느낀다. 또한, 자원봉사자 자신의 자존감과 정신건강에 도움을 주며, 자원봉사활동을 통하여 자신과 가족에 대한 애정감이 강해진다. 뿐만 아니라 자원봉사활동을 통하여 서로의 인간관계를 원만하게 개선해준다.

② **사회적 가치**: 자원봉사활동은 국가나 지방자치단체의 행정이 미치지 못하는 부분을 보완하는 역할을 한다. 즉, 공동체 의식과 참여의식을 높임으로써, 육체적 · 정신적 잉여에너지를 건전한 방향으로 효과적으로 활용하여 사회와 개인의 발전에 기여하게 한다. 그리고 자원봉사활동은 사회구성원들로 하여금 소속감과 안정감을 갖도록 해준다.

③ **자원봉사자 활용기관 측면의 가치**: 자원봉사활동을 통하여 기관이나 시설직원의 과다한 업무 부담을 덜어줄 수 있어 업무의 질적 향상을 도모할 수 있다. 기관이나 시설의 직원들은 현대사회의 다양한 문제들에 대하여 주민들의 욕구에 최대한 응대해야 하지만, 모두의 욕구를 채워줄 수 없다. 때문에 시설이나 기관의 직원들은 대부분의 자원봉사자가 인접한 지역에 살고 있기 때문에, 자원봉사자를 기관에 대한 지지자 또는 옹호자로 만듦으로서 자원봉사자가 가지고 있는 능력을 최대

한 활용하여 다양하고 새로운 서비스를 확대시킬 수 있다.

## 2. 자원봉사활동에 대한 이해

### 1) 자원봉사활동의 특성에 따른 분류

(1) 일본 오오사카 자원봉사협회(1993): 자발성, 복지성, 무급성, 계속성의 네 가지로 분류하여 설명하고 있다.
(2) 일슬레이(Ilsley,1990): 이타주의, 헌신, 자유의지, 학습, 무급성, 조직, 심리적 보상, 희생의 여덟 가지로 분류하고 있다.
(3) 양창삼(1997): 자아실현성, 자발성, 무보수성, 이타성, 사회성, 공동체성, 복지성, 민주성, 개척성, 지속성의 열 가지로 나누어 설명하고 있다.
(4) 구혜영(2008): 복지성, 자발성, 무보수성, 규칙성이라는 네 가지로 설명하고 있다.
(5) 류기형 외(2011): 자발성, 이타성, 자아실현성, 무보수성, 지속성, 공공성, 복지성, 교육성, 민주성, 조직성, 공동체성, 전문성, 개척성으로 분류하였다.

이상에서 살펴본 여러 학자들의 자원봉사활동 특성 분류를 종합하면 자발성, 이타성, 무보수성, 지속성, 규칙성, 공공성, 복지성, 교육성, 민주성, 조직성, 전문성, 공동체성, 개척성, 자아실현성, 심리적 보상, 희생과 헌신이라는 특성을 갖고 있다.

### 2) 자원봉사활동의 특성

자원봉사활동이란 사회문제의 예방 및 해결을 위하여 유용한 역할을 한다. 자원봉사에 대한 여러 정의들이 있고, 이러한 정의들은 자원봉사활동의 특성을 어떻게 분류하여 설명하는가에 따라서 약간씩 차이를 보인다.

(1) 자발성: 자원봉사활동 중 가장 중요한 요소의 하나. 타인을 돕고자 하는 자

신의 자발적인 의지에서 비롯된 자유스러운 활동. 다른 사람의 강제나 명령에 의해 행해지는 것이 아니라 사람들의 고민이나 사회문제를 자신의 문제로 받아들여 개개인의 자유로운 의사와 주체성에 의해 활동해 가는 것이 중요하다. 자원봉사활동의 활성화를 위해 우선적으로 고려할 점은 자원봉사자의 자발적인 동기를 어떻게 조직화해서 실제적인 자원봉사활동으로 연결해 나갈 것인가 하는 점이며, 관련법이나 제도가 자발성을 침해하지 않고 어떻게 이들의 활동을 지원해 나갈 것이냐는 점이다.

(2) **이타성:** 남을 돕고 싶어 하는 정신이 있는데 이를 가리켜 이타심 또는 이타주의(altruism)이라고 한다. 자신의 이익이나 목적을 위한 것이라기보다는 타인을 존중하고 이웃과 더불어 살아간다는 이타성은 자원봉사활동의 가장 중요한 특성. 자원봉사의 동기나 과정, 결과에 있어 자원봉사자 자신의 이익이나 명예를 먼저 생각하지 않고 도움의 대상자를 먼저 생각하는 행동이다(김범수 외, 2003).

(3) **무보수성:** 자원봉사활동은 자신의 활동에 대한 보수나 대가를 얻는 것을 목적으로 하지 않는다. 무보수성이란 대가 없이 활동하면서 활동과정에서 발생하는 여러 가지 비용을 스스로 책임지는 것을 말한다. 정신적인 보람과 만족 외에 어떠한 물질적 보상도 기대해서는 안 된다. 자발성이 경제적 보상 등과 같은 요인들에 의해 구속되어 본래의 정신에 위배되는 일이 없어야 한다. 최근에는 실비자원봉사제도도 활용되고 있다. 원칙은 아니나 교통비와 같은 최소한의 실비지원은 오히려 자원봉사활동을 촉진시키는 매개체가 되고 활동의 지속성 유지에도 도움이 된다.

(4) **지속성:** 일회성이거나 충동적이어서는 안 되며 꾸준히 실천하는 지속성이 있어야 한다. 도움을 주는 단순한 활동이 아니라 도움을 매개로 하여 변화를 도모하는 활동으로서 꾸준히 지속되어야 하는 체계적이고 계획된 활동이어야 한다. 약속한 기간 동안 성실히 봉사할 수 있도록 자원봉사자는 물론, 기관도 함께 노력하여야 한다. 자원봉사활동의 지속성 향상을 위하여 공식적 · 비공식적 형태의 보상을 실시하는 등 체계적인 관리과정을 수립하여야 한다.

(5) **규칙성:** 자원봉사활동은 봉사자가 원하는 때에 언제든지 하는 것이 아니라, 규칙적으로 날짜와 시간을 정하여 활동하는 것이 좋다. 정해진 시간에 약속한 봉사활동을 실행하여 실질적으로 전체 계획의 일부로서 충분한 역할을 수행해야 한다. 그래야 기관이나 수혜자도 그 일정에 맞추어 계획하고 준비할 수 있다. 자원봉사활동은 상호관계에서 이루어지는 것이 대부분이므로 규칙적으로 행해질 때 비로소 원만한 봉사활동을 유지하게 된다.

(6) **공공성**: 자신의 이익이나 일시적 감정으로서가 아니라 지역사회의 성원으로서 책임감과 참여의식을 가지고 이웃, 단체, 지역사회의 발전에 기여하는 것이어야 한다. 개인, 단체, 정당, 종교 등의 입장을 초월하여 공익을 제일 목적으로 추구한다.

(7) **복지성**: 자원봉사활동의 목적은 인간사회의 복리와 발전에 있으며, 어려움에 처한 사람들이 인간의 존엄성을 유지하고 인간다운 생활을 보장받을 수 있도록 이바지 하는 데 있다. 이러한 자원봉사활동은 자원봉사활동에 참여하는 각 개인이 자신을 사회적 존재로서 자각하게 하며, 타인에게 또는 타인과 더불어 봉사하는 경험을 통하여 자신의 인격적 성장과 발달 그리고 자신의 잠재능력을 실현하는 기회를 갖게 하는 것이다. 특히 자원봉사활동은 자기발전과 성숙의 기반이 되는 사회성을 키울 수 있는 도구로서의 기능을 수행하며, 이러한 사회성은 자아실현이라는 인간이 추구해야 할 인생의 의미 내지 목표를 확보하고 달성하는데 꼭 필요한 요인으로 작용하는 것이다.

(8) **교육성**: 자원봉사활동은 체험학습이며, 복지교육이며, 시민교육의 기능도 수행한다. 또한 지역사회문제와 대인관계기술, 새로운 정보, 기술 등도 습득하게 된다. 자원봉사의 결과도 중요하지만 봉사활동의 준비 · 교육 · 참여과정을 통해서 학습과 태도 변화가 이루어지는 교육효과의 요소나 실천과정이 얼마나 교육적인가도 중요하다.

(9) **민주성**: 자원봉사 활동에 참여를 원하는 사람이면 누구나 활동할 수 있고 개인의 다양한 개성과 능력을 충분히 발휘할 수 있도록 한다. 또한 전개과정에서 민주적인 절차나 기회제공을 통해 의견을 절충하고, 개인의 다양한 개성과 능력이 충분히 발휘될 수 있도록 공정하게 업무를 배정하여야 하며, 인간존중의 정신과 민주주의의 원리에 입각하여 필요한 서비스를 제공함으로써 사회의 공동선을 지향할 수 있도록 함으로써 민주시민으로서의 자질을 배양하게 된다. 자원봉사자의 약점보다는 강점을 살릴 수 있도록 지원해야 하며, 자원봉사자에 대한 차별이 있어서는 안 될 것이다.

(10) **조직성**: 서비스의 효과성과 효율성을 증대시키기 위해 지역사회에 산재한 잠재적 자원봉사자를 모집하여 조직화, 체계화시켜 나가는 것이 필요하다. 자원봉사활동을 통한 서비스의 효율성과 효과성을 증대시키기 위해서는 자원봉사자의 모집, 교육, 훈련, 적정한 배치뿐만 아니라 필요인력의 관리와 소요재원의 확보 및

운영 등 모든 면에서 조직적이고 체계적인 일련의 활동도 필요하다.

(11) **전문성**: 대상과 분야에 따라 전문성이 요구되기도 한다. 자원봉사자 자신의 전공영역이나 관심분야를 개발하거나 발전시키는 데 좋은 기회가 될 수 있다. 높은 참여도와 지속성도 기대할 수 있고 성취도 역시 높게 나타나게 된다.

(12) **공동체성**: 공동체 의식의 결여, 가족 이기주의, 핵가족화와 세대 간의 단절로 인한 문제점을 극복하기 위한 대안으로 제시한다. 더 넓은 의미의 복지활동, 즉 인간성을 회복하고 가정의 기능을 회복하고 보완하며, 공동체를 회복하기 위해서 귀중한 한 사람 한 사람의 마음을 엮어가는 활동이며, 민주시민의 능력을 생활 가운데서 몸에 익혀가는 평생교육 활동이다. 공동체에 대한 이해를 증진시키고 지역문제의 해결을 위한 노력을 통해 지역사회의 유대를 강화할 수 있다.

(13) **개척성**: 자신의 한계를 극복하고 도전하는 정신을 배울 수 있다. 자원봉사활동은 개별성, 창조성, 실험적인 노력 등을 발휘한다는 점에서 공적 사회복지의 한계를 보완한다. 모두가 복된 삶을 누리는 공동체 건설에 헌신한다는 개척적 사명의식이 필요하다. 지역에 사는 주민들의 활동이므로 지역사회의 문제발견이 용이하며 이들의 욕구에 쉽고 빠르게 대응한다. 개별적으로 다루어져 왔던 문제들을 사회문제화하고 보다 적극적이고 다양한 대응방안을 제시하는 등 개척적이고 사회개발적인 기능을 한다(오효근, 2006).

(14) **자아실현성**: 자신의 재능이나 잠재능력을 충분히 발휘하려고 노력하는 고차원적인 욕구. 참된 자기모습을 성취시키는 것이며, 자원봉사 과정을 거치면서 심리적 만족감, 성취감, 개인적 · 전문적 성장의 기회, 새로운 기술 또는 경험의 습득 등과 같은 심리적 보상을 얻게 된다.

자아실현성은 자원봉사활동의 지속성과 만족성에 영향을 미치는 중요한 요인일 뿐 아니라 자원봉사자와 수혜자와의 관계가 일방적이고 수직적인 관계가 아닌 상호보완적이고 대등한 관계임을 느끼게 한다.

### 3) 자원봉사활동의 의의

자원봉사활동을 육성시키고 촉진시키는 것의 의의를 국가 · 사회적 측면, 자원봉사자 활용기관의 측면, 자원봉사자 측면, 사회복지적 측면으로 나누어 살펴보면 다음과 같다(최일섭, 2005).

### (1) 국가사회적 측면

① 복지사회의 실현을 위한 공 · 사 협력관계를 구축할 수 있다. 복지사회의 실현을 위해서는 국가를 포함한 전체 사회의 책임이 전제되어야 한다. 즉, 제도에 의한 공적인 사회복지 행정전달체계의 확립과 더불어 민간 및 주민 · 자원봉사자와 협동관계를 유지함으로써 공 · 사의 명확한 역할분담을 통한 상호 보완적 협력 관계를 구축한다.

② 사회통합의 촉진에 이바지한다. 자원봉사활동을 통해 지역사회를 구성하는 주체라는 주인의식과 함께 지역사회에 대한 공동체의식과 연대의식을 갖도록 한다. 또한 자원봉사활동은 제반 사회적 상황에 대한 생생한 지식과 정보 및 규범을 배울 기회를 제공하며, 사회계층 간의 간격을 좁혀준다.

③ 주부, 퇴직자, 노인 등의 인력을 활용함으로써 인적자원을 효과적으로 이용할 수 있다. 지역사회에 필요한 인적 · 물적 자원을 자발적 동기에 의해 동원하여 보다 실제적이고 효과적인 사회복지 내지 사회개발의 목표를 달성하고 있음은 물론 시민 각자에게는 진정한 민주시민으로서의 훈련과 자아실현에 도움을 주는 다목적 활동이 되고 있다.

④ 재원을 효과적으로 사용할 수 있다. 현대사회의 다양한 문제나 욕구에 대응함에 있어 문제나 욕구의 정도나 수준에 따라 공적 보장과 더불어 민간자원을 적극적으로 개발하여 활용함에 따라 재원을 효과적으로 사용할 수 있다. 이는 자원봉사활동에 경제적 지원이 필요 없다는 것이 아니라 오히려 적극적인 지원과 투자로 적재적소에 바람직한 서비스가 이루어질 수 있도록 해야 한다.

### (2) 자원봉사자 활용기관 측면

① 업무의 질적 향상을 도모한다. 자원봉사자를 활용하게 되면 기관, 시설의 직원은 과다한 업무를 처리해야 하는 부담을 덜 수 있고, 자원봉사자가 보조하는 만큼의 시간을 활용할 수 있어서 업무의 질적 향상을 기할 수 있을 것이다. 따라서 기관의 직원은 보다 긴급한 업무, 전문적 탁월성을 요하는 업무에 열중할 수 있다.

② 새로운 서비스를 확대시킨다, 제한된 유급직원에 의해 제공될 수 있는 것보다 활동시간 또는 다양한 새로운 서비스 형태를 확대시킬 수 있다.

③ 다양한 자원봉사자들은 유급직원을 보완할 수 있다. 자원봉사자는 나이, 종

교, 사회적 배경, 소득, 교육 차원의 측면에서 유급직원과는 다를 수 있다. 따라서 창조적인 생각과 더불어 유급직원의 편견, 선입견 등으로 인해 봉사 대상자가 가질 수 있는 낙인을 줄일 수 있다.

④ 대부분 자원봉사자가 기관과 가까운 곳에 살기 때문에 지역사회 접근이 용이하다. 또한, 자원봉사활동에 만족한 자원봉사자가 그들의 이웃에게 조직에 대하여 유익하게 잘 말할 수 있다는 측면에서 좋은 파트너십 관계를 의미한다.

⑤ 특정 문제 또는 클라이언트에게 집중적으로 헌신할 수 있다. 이것은 유급직원이 현실적으로 행하기 어려운 집중(concentration)과 헌신, 개별적 관심을 제공할 수 있다.

⑥ 기관의 좋은 지지자가 될 수 있다. 자원봉사활동에 만족한 사람들은 그들이 일하는 조직에 매우 지지적이어서 재원을 더 쉽게 기부할 수 있다. 또한 그들은 그들 가족이나 친구, 지역사회 주민들을 자원봉사활동으로 유도할 수 있다. 이 외에도 자원봉사자는 기관의 이사회 성원으로 활동하면서 기관의 운영에 참여할 수 있을 뿐 아니라 자유로운 시민이기 때문에 입법자, 언론인 등과도 자유스럽게 접촉할 수 있다.

⑦ 운영비를 절약할 수 있다. 자원봉사자를 활용하게 되면 투입되는 예산에 비해 산출되는 결과가 클 뿐 아니라 눈에 보이지 않는 부가적인 기능까지 합하여 이를 금전적으로 환산하면 엄청난 재정적 이득을 가져온다.

### (3) 자원봉사자 측면

① 자원봉사활동을 통해 어려운 과업을 완수하고 새로운 경험에 도전하면서 자신의 잠재력을 발견할 수 있으며 일에 대한 성취감을 통해 자신감, 긍정적인 자아상을 확립할 수 있다.

② 집단경험을 통해 다양한 사회문화적 배경, 가치를 가진 사람들과 상호작용하면서 타인의 의견을 이해하고 수용하여 힘을 키우고 인간의 존엄성과 사회적 연대감, 공동체의식을 키우게 된다.

③ 봉사활동을 통해 자신의 행동에 책임을 진다. 전체 집단의 이익을 위해 자신을 양보하고 집단 성원들과 의견을 조정하면서 타협하는 과정에서 문제해결 능력을 고양하게 된다.

④ 자원봉사는 자원봉사자가 이전에 알지 못했던 새로운 지식이나 기술을 학습

할 수 있다. 그리고 이미 가진 기술을 더욱 발전시킬 수 있다.

⑤ 자원봉사는 많은 레크리에이션 가치들을 지니고 있다. 즉, 개인적인 안정감을 증진시키면서도 권태, 단조로움, 외로움을 떨쳐버리게 된다.

⑥ 자원봉사활동을 통해 자아를 실현하여 심리적 보상의 기회가 된다.

#### (4) 사회복지적 측면

① 공적 사회복지를 보완할 수 있다. 현대사회에 와서 각종 사회문제가 급증하자 사회복지 수요자가 기대하는 요구를 모두 충족시켜 줄 수 없는 실정이다. 자원봉사활동은 사회복지제도의 재정과 인력부족에 따른 이러한 복지제도의 불완전성을 보완, 강화하며 자원이 부족한 공적 · 민간 복지기관의 인력을 보충해 준다.

② 사회복지 전달체계에 있어 공 · 사 협력관계를 구축할 수 있다. 사회복지에 있어 행정적 시책은 법률이나 조례에 따라 조직적 · 체계적으로 행해지며, 서비스의 집행에 있어서는 평등성과 계속성을 갖고, 지역주민의 생활의 기본 부분을 지탱한다. 따라서 오늘날에 있어 행정적 시책 없이는 국민의 안전한 건강이나 복지는 확보될 수 없다. 그러나 획일적인 조치, 개별성이나 창조적 행동의 억제, 무사안일주의, 형식주의 등 관료제가 갖는 문제 등이 새롭게 등장하고 있다. 자원봉사자는 제도적 시책과는 달리, 클라이언트나 지역사회가 안고 있는 인권상의 문제나 복지상의 문제에 대하여 원인을 찾아내며 공명하게 행동하는 자유가 있다. 따라서 운동적 전개도 할 수 있으며, 또한 행정적으로는 이룰 수 없는 것에 관하여 활동하는 것이 자원봉사활동이다. 이와 같은 자원봉사의 독자적인 성격과 입장에서 사회복지 전달체계의 공 · 사 역할을 분담하여 협동하는 데 자원봉사활동의 의의를 찾을 수 있을 것이다.

③ 복지교육을 통해 사회복지의 저변을 확대할 수 있다. 자원봉사활동을 통해 지역사회문제, 사회복지에 대한 이해를 하도록 전 국민을 대상으로 하는 민주 · 복지교육 및 훈련의 장을 제공함으로써 사회복지에 대한 국민의 이해와 참여를 증진시키고 사회복지의 저변 확대에 기여한다.

### 4) 자원봉사활동의 종류와 범위

「자원봉사활동 기본법」에 따른 자원봉사활동에는 사회복지 · 지역사회발전 · 환경보전 · 교육 · 인권 · 범죄예방 · 교통질서 · 재해구호 · 문화진흥 · 해외봉사 · 공공행정에 관한 활동 등이 있다(법제처, 2012).

### (1) 자원봉사활동의 범위

「자원봉사활동 기본법」의 적용을 받는 자원봉사활동의 범위는 다음과 같다(「자원봉사활동 기본법」 제7조).

- 사회복지 및 보건 증진에 관한 활동
- 지역사회개발 · 발전에 관한 활동
- 환경보전 및 자연보호에 관한 활동
- 사회적 취약계층의 권익증진 및 청소년의 육성보호에 관한 활동
- 교육 및 상담에 관한 활동
- 인권옹호 및 평화구현에 관한 활동
- 범죄예방 및 선도에 관한 활동
- 교통 및 기초질서계도에 관한 활동
- 재난관리 및 재해구호에 관한 활동
- 문화 · 관광 · 예술 및 체육진흥에 관한 활동
- 부패방지 및 소비자보호에 관한 활동
- 공명선거에 관한 활동
- 국제협력 및 해외봉사활동
- 공공행정 분야 사무 지원에 관한 활동
- 그 밖에 공익사업의 수행 또는 주민복리의 증진에 필요한 활동

### (2) 자원봉사활동의 종류

자원봉사활동의 범위에 따른 활동 종류는 〈표 1-2〉와 같다.

〈표 1-2〉 자원봉사활동의 종류

| 분 야 | 활동 장소 | 활동 내용 |
|---|---|---|
| 사회복지 및 보건증진 | • 지역사회복지관<br>• 사회복지시설<br>• 무의탁노인가정 등 | • 진료<br>• 건강교육 · 건강증진캠페인<br>• 호스피스 활동<br>• 지역사회복지관 사무보조 및 안내 등 |
| 지역사회 개발 · 발전 | • 지역<br>• 지역사회복지관 | • 지역봉사지도원 (「노인복지법」 제24조)<br>• 농촌의 일손 도와주기<br>• 공공시설물 점검 · 보수<br>• 지역사회 유해환경 추방 캠페인<br>• 유해환경 감시 등 |
| 환경보전 및 자연보호 | • 공원 · 하천 · 산 · 골목 등 | • 명예환경감시원<br>• 환경정비활동<br>• 환경캠페인<br>• 환경교육활동<br>• 재활용운동 등 |
| 사회적 취약계층의 권익증진 | • 보육원 · 영아원 · 양로원<br>• 지역사회복지관<br>• 노인복지관<br>• 장애인복지관<br>• 청소년쉼터<br>• 노숙자시설<br>• 재가복지봉사센터<br>• 모자가정생활시설 등 | • 상담 · 교육<br>• 이용 · 미용<br>• 사무보조<br>• 가정방문<br>• 나들이 지원<br>• 음식제공<br>• 미술 · 음악 등 심리치료 등 |
| 교육 및 상담 | • 주민자치센터<br>• 아동복지센터<br>• 평생학습관 및 도서관 | • 퇴직교원 평생교육활동(「퇴직교원평생교육활동지원법」 제1조 및 제6조)<br>• 발명교실 지도교사(「발명진흥법 시행령」 제6조 제2항)<br>• 방과 후 교실<br>• 도서관 지원 등 |
| 인권옹호 및 평화구현 | | • 외국인 근로자에게 한글 교습<br>• 외국인 노동자 지원 등 |

| 분 야 | 활동 장소 | 활동 내용 |
|---|---|---|
| 범죄예방 및 선도 | | • 범죄예방자원봉사위원(「보호관찰 등에 관한 법률」 제18조)<br>• 보호소년의 봉사활동(「보호소년 등의 처우에 관한 법률 시행령」 제81조)<br>• 수형자의 봉사활동(「형의 집행 및 수용자의 처우에 관한 법률」 제57조제4항)<br>• 수용자에 대한 자원봉사활동(「형의 집행 및 수용자의 처우에 관한 법률 시행규칙」 제46조제2항 및 제233조) 등 |
| 교통 및 기초질서계도 | • 지역 주변 및 거리 | • 교통안전 봉사활동(「도로교통법 시행령」 제6조제1호)<br>• 교통법규위반 감시<br>• 교통사고 가정 돕기<br>• 혼잡한 거리 정리<br>• 안전운전 캠페인<br>• 교통관련 제보 활동<br>• 교통안전 교육<br>• 교통안전 표지판 청소<br>• 교통사고 응급구조 및 현장 지원<br>• 어린이들을 위해 교통안전 지도 활동 등 |
| 재해구호 | • 재난지역<br>• 재해지역 | • 구호활동 (「재난 및 안전관리기본법」 제70조)<br>• 지역자율방재단(「자연재해대책법」 제66조) |
| 문화·관광·예술 및 체육진흥 | • 문화재<br>• 고궁<br>• 박물관<br>• 미술관<br>• 사회복지시설 등 | • 도서관 자원봉사활동(「도서관법 시행령」 제5조제3호)<br>• 문화행사 도우미<br>• 관광 안내<br>• 생활체육 활동 지원 등 |
| 부패방지 및 소비자보호 | • 녹색소비자연대<br>• 서울 YMCA<br>• 한국소비자연맹 등 | • 피해 소비자 상담<br>• 권익 보호를 위한 활동<br>• 시장조사 활동 등 |

| 분 야 | 활동 장소 | 활동 내용 |
|---|---|---|
| 공명선거 | • 시민단체 등 | • 선거운동 자원봉사<br>• 선거운동 모니터링 등 |
| 국제협력 및 해외봉사활동 | • 입양기관<br>• 비영리기관<br>• 사회복지기관 | • 통역 및 번역활동<br>• 외국어 홈페이지 번역<br>• 해외 자원봉사활동 등 |
| 공공행정 분야 사무 지원 | • 지역 사회복지관(노인, 종합복지관, 장애인)<br>• 사회복지시설 | • 행정보조<br>• 안내 및 홍보<br>• 주민자치활동지원<br>• 방범활동지원 등 |
| 공익사업 수행 또는 주민복리 증진 | | • 자원봉사 멘토링(Mentoring: 도움이 필요하거나 처음 자원봉사활동을 시작하는 사람과 자원봉사자 멘토가 자원봉사활동에 관한 상담 등을 함께 함)<br>• 청소년들의 금연 도우미<br>• 야간 방범 봉사<br>• 아름다운 도시 가꾸기 등 |

자료: 법제처(2012).

## 3. 사회복지와 자원봉사활동의 관계

최근에 자원봉사라는 말이 거의 일반화 된 느낌을 줄 정도로 자주 쓰이게 되었지만 아직도 자원봉사와 사회봉사라는 용어가 같은 뜻으로 사용되고 있는 경우가 많다. 심지어 학자들, 이 분야의 전문가들 그리고 언론에서도 같은 뜻으로 사용하는 경우가 허다하다.

### 1) 공 · 민간의 역할 분담에 있어 자원봉사활동의 위치

사회복지는 협의의 의미로서 "빈곤자, 아동, 청소년, 부녀, 노인 및 장애인 등 이른바 사회적 약자를 그 한정적 대상으로 하여 이들이 일반적인 생활을 유지할 수 있도록 구제, 보호, 예방 및 회복 등의 원조를 행하는 시책 및 방법"이라고 할 수 있다. 국가는 최소한의 개입만을 하였으나 이제 고도산업사회의 도래와 더불어 인구의 고령화, 장애인의 증가, 각종 대인서비스 증가 등의 문제는 이제 모든 국민의 삶에 대한 문제이며, 이것은 국가만의 노력으로는 해결하는데 어려움이 많게 되었다. 보다 충실한 사회복지의 실현을 위하여 민간부분과의 파트너십이 필요하다는 의견이 대두되면서 공사협조론이 강조되고 있다.

### 2) 공적 사회복지 보완책으로서의 자원봉사활동

사회복지의 효율적인 전개방법은 크게 공적 사회복지사업과 민간 사회복지사업으로 대별될 수 있다. 과거에는 복지를 추구하기 위해 국가의 책임과 개입이 강조되면서 국가가 주도적으로 개입하였으나 현대산업사회로 오면서부터 인구의 고령화, 장애인의 증가, 각종 서비스 욕구 증가 등의 문제로 정부의 노력만으로는 한계에 부딪치게 되었다. 특히 전 세계적으로 복지국가의 위기론이 대두되면서 이제는 민간부문과의 파트너십의 필요성이 제기되며 공사협조론이 강조되고 있다.

자원봉사활동은 민간 사회복지의 발달과 함께하면서 민간 사회복지를 이루는 중요한 부분으로 자리 잡아 왔다. 민간 사회복지는 공적 사회복지에 비해 실험적 · 개척적이며 복지욕구에 민첩하게 대응하고 클라이언트의 개별적 욕구에 대응하는 유연성을 가지고 있다. 스스로 문제를 제기하기 어려운 아동, 노인 및 장애인 등의 옹호자로서의 기능을 담당하게 되는데 이런 기능 수행에 자원봉사자가 크게 이바지하고 있다. 자원봉사자는 직접적 서비스 제공자의 역할, 기관의 정책결정 참여 및 자문자의 역할, 클라이언트, 기관, 조직을 위한 옹호자 · 협력자의 역할, 기금 모금자, 민간 사회복지사업을 혁신시키는 선구적 · 개척적 역할, 사회복지관과 지역사회가 협조적으로 서비스를 행할 수 있도록 하는 매개자 역할 등을 행함으로써 민간 사회복지의 주축이 되고 있다.

### 3) 사회복지사와 자원봉사자의 관계

자원봉사활동은 복지사회를 향한 시민참여의 한 형태로서, 활동의 과정을 통하여 공동체 의식을 높이고 각계각층의 폭넓은 참여를 통한 사회적 통합을 높일 수 있다. 전문적이고 조직적인 자원봉사활동은 민주시민으로서의 소양을 터득하는 민주주의 교육의 현장이 되어 연대의식과 책임의식을 참여시민에게 심어주는 것이다.

사회복지의 발전 과정을 살펴보면 사회복지사와 자원봉사자는 순조로운 관계를 형성해 왔던 것만은 아니다. 영국의 경우 1970년대 중반 석유위기나 경제문제로 인해 공공지출을 삭감할 때 유급 사회복지사를 자원봉사자로 대체하거나 유급직원의 파업 시 자원봉사자를 투입하는 일이 발생하면서 자원봉사자와 유급 사회복지사 간의 긴장이 증가된 시기도 있었다.

자원봉사자에 대한 이해 부족과 자원봉사자의 역할이나 권리를 간과하여 원만한 관계를 유지하기 어려운 경우도 있었다. 사회복지사와 자원봉사자의 관계를 어떻게 정립하느냐 하는 것은 매우 중요한 과제이다.

## 4. 자원봉사 이론

### 1) 기대이론

브룸(Vroom)의 기대이론(Expectancy Theory)이란 자원봉사자가 자신의 활동에 대하여 기대하고 있는 보상이 이루어지지 않았을 때 그의 지속성은 감소하게 되므로 계속 활동하게 하려면 조직이 기대에 상응하는 활동수준 및 성격을 유지해 주어야 한다. 자원봉사자는 자신의 활동에 대하여 기대하는 보상을 받을 수 있다고 여길 때 활동을 계속한다는 것이다.

### 2) 교환이론

호만스(Homans)의 교환이론이란 사회학의 기본 전제가 되기도 하는데 사람들 사이에 상호작용이 일어나지 않고서는 사회가 성립될 수 없다는 것이다. 사회적 상호작용에 있어서 각 개인은 상대방에게 어떻게든 도움이 되는 행동을 할 수 있다. 자원봉사활동은 자발성에 따른 이타주의 정신에 입각하여 무보수성의 원칙을 주장하지만 교환이론에서 가정하는 것처럼 개인이 주어진 상황에서 원가나 투자액에 비하여 얼마만큼의 보람과 가치가 돌아온다고 느낄 때 자원봉사활동은 의미를 갖게 된다. 자원봉사활동은 개인의 정신적 · 심리적 · 사회적 보상이 교환되어졌을 때 지속적인 동기를 갖게 된다.

### 3) 욕구이론

매슬로우(A.H.Maslow)의 욕구이론은 단계별로 인간의 기본욕구와 충족에 대한 이해를 하게 되므로 자원봉사자의 참여성 또는 지속성에 영향을 주는 중요한 이론이다. 매슬로우가 주장하는 인간의 욕구단계는 생리적 욕구(physiological needs), 안전욕구(safety needs), 사회적욕구(social needs), 자존의 욕구(need for self-esteem), 자아실현의 욕구(need for self-actualization)를 말한다. 매슬로우의 이론은 사람들이 왜 자원봉사활동에 관심을 가지는지 또는 전혀 관심을 갖지 않는지에 대하여 제시하여준다. 특히 자원봉사자 자신이 충족하고자 하는 사회적 욕구, 자존의 욕구 그리고 자아실현의 욕구 등은 자원봉사활동의 참여성과 지속성에 영향을 주는 중요한 요인으로 작용한다.

### 4) 자원봉사 동기 · 욕구이론

프랜시스(G.R. Francies)는 복지기관에서 일하는 자원봉사자들을 대상으로 직접 조사한 결과 자원봉사자들의 동기 · 욕구를 다음과 같이 제시하고 있다.

#### (1) 경험습득의 욕구

경험습득의 욕구로서 새로운 것을 배우고 단순한 일과에서 벗어나 특별한 일을 하고자 하는 것이다.

#### (2) 사회적 책임감의 표현 욕구

사회적 책임감의 표현 욕구로서 지역사회 및 사회문제에 대한 관심, 타인에 대한 관심과 배려 등을 말한다.

#### (3) 타인의 기대부응 욕구

타인의 기대에 부응하고자 하는 욕구로서 타인의 기대에 대한 반응이다. 자신에게 중요하다고 인식되는 사람이 봉사활동 하기를 원한다고 여기거나 영향을 받음으로써 봉사활동에 참여하는 경우이다.

#### (4) 사회적 인정의 욕구

사회적 인정의 욕구로 주위로부터 칭찬, 존경을 받고 싶다는 욕구이다.

#### (5) 사회적 접촉의 욕구

사회적 접촉의 욕구로 고독을 피하고 새로운 친구를 사귀고자 하는 것이다.

#### (6) 사회적 교환의 욕구

사회적 교환의 욕구로 장차 받게 될 보상에 대한 기대를 하는 것이다. 언젠가 타인의 도움을 필요로 할지 모르니 남을 위해 봉사하겠다는 생각이다.

#### (7) 성취의 욕구

성취의 욕구로서 개인적인 성취를 위해서 자원봉사자들은 자원봉사활동에 참여한다.

### 5) 성취동기이론

맥클랜드(McClelland)와 애킨슨(Atkinson)은 사람들의 '직무 관련행동'에 영향을 미치는 성취동기에 관해서 다음과 같이 세 가지로 구분하고 규명하였다.

#### (1) 성취욕구

성취욕구가 강한 사람은 성공에 대한 강한 희망을 가지고 있어서 도전받기를 원하나 또 실패에 대해서는 비슷한 정도의 두려움을 느끼고 있으며 우수하고 진취적인 과업수행이 요구되는 상황에서의 성공을 목적으로 한다고 한다. 맥클랜드에 의하면 성취의지가 클수록 성취동기가 높고 그에 따라 성취가 가능하여 성취인이

됨으로써 조직과 자신의 성장에 이르게 된다는 것이다.

### (2) 권력욕구

매슬로우의 욕구단계 중 자존의 욕구와 일맥상통하는 것으로 권력욕구가 높은 사람은 리더로서의 일을 찾고 강압적이고 자기 권위적인 경향이 강하다. 영향력과 통제를 행사하는 목적을 갖고 있다. 맥클랜드는 반드시 권력의 긍정적 측면을 강화하는 시도를 하여야 장차 사회적 권위가 필요한 분야의 자원봉사자 지도자와 보다 난해한 분야에서 활동한 자원봉사자를 확보할 수 있다고 보았다.

## 확 인 평 가

**1.** 자원봉사의 개념으로 가장 적절한 것은?

① 자원봉사란 자원봉사 정신에 따르는 자발적 활동을 포함한다.
② 자원봉사란 지역사회 및 국가를 위하여 소액만을 받고 노력을 제공하는 행위이다.
③ 자원봉사란 자원봉사 활동을 육성하고 지원하는 개인을 말한다.
④ 현대의 자원봉사 개념에도 전통적으로 강조해온 무급성, 자발성, 사회복지 영역 위주의 개념은 고수한다.

**2.** 자원봉사활동의 일반적인 특성이 아닌 것은?

① 자발성　② 수동성　③ 무보수성　④ 복지성

**3.** 자원봉사활동의 개인적 가치라고 할 수 없는 것은?

① 자신감과 성취감을 느끼게 한다.
② 자원봉사자 자신의 자존감과 정신건강에 도움을 준다.
③ 인격적 성숙과 발전이다.
④ 인간관계를 폐쇄적, 고립화 한다.

**4.** 자원봉사 활용 시 주의 사항이 아닌 것은?

① 공적 사회복지 부문은 법에 정해져 있는 일정 수준에 대해서 기본적 책임을 져야 한다.
② 자원봉사자는 전적으로 책임져야 한다.
③ 공적 사회복지의 보완책으로 활용한다.
④ 제도나 행정의 구속을 받지 않도록 자발성을 최대로 보장한다.

**5.** 자원봉사의 목표가 아닌 것은?

① 개인 삶의 의미를 추구하는 의지를 강화시켜 정신적 건강 향상
② 진정한 이웃분위기를 조성
③ 사회의 부정부패, 나태를 예방 혹은 치료하여 사회 정화
④ 적당한 것으로 한 가지만 선택하여 사회복지 서비스들을 효과적으로 전달

**정답**

**1.** ① ; ② 자원봉사란 지역사회 및 국가를 위하여 무급으로 노력을 제공하는 행위이다. ③ 자원봉사란 자원봉사 활동을 육성하고 지원하는 활동을 말한다. ④ 현대의 자원봉사 개념에는 전통적으로 강조해온 무급성, 자발성, 사회복지 영역 위주의 개념은 고수하지 않는다. **2.** ② ; 능동성 **3.** ④ ; 인간관계를 원만하게 개선해준다. **4.** ② ; 자원봉사자에게 책임을 전가해서는 안 된다. **5.** ④ ; 다양한 사회복지 서비스들을 효과적으로 전달한다.

# 제2장

# 외국 자원봉사활동의 동향

◈ **생각해보기**

1. 자원봉사활동의 역사는 어떻게 발전되어왔는가?

2. 영국 자원봉사활동의 조직과 현황은 어떠한가?

3. 미국, 일본 자원봉사활동의 역사는 어떻게 발전되어왔는가?

4. 프랑스, 독일, 스웨덴 자원봉사활동의 전개과정은 어떠한가?

5. 선진국 자원봉사활동의 시사점은?

선진국에서는 오래전부터 자원봉사활동을 통한 시민들의 자발적 문제해결 또는 참여가 생활화 되어 있으며 그러한 경험의 축적 위에서 국민복지를 위한 사회적 · 국가적 책임의 극대화를 도모하고 있다. 국제연합은 2001년을 "세계 자원봉사의 해 (interational year of Volunteer)"로 정하고 있다. 이에 비해 우리나라는 조직화 된 자원봉사활동의 역사적 경험이 짧고 이제야 자원봉사활동의 육성단계에 들어간 상태이다.

## 1. 영국의 자원봉사활동

영국은 유럽에서 자원봉사활동이 가장 활발한 국가이다.

1945년 이후에 복지국가가 수립되면서 국가가 국민복지에 큰 기여를 해야 하며, 자원봉사활동은 불필요한 것으로 보충적인 차원에서 생각하였다. 국가가 서비스 제공의 제일선에 서고 자원봉사활동은 보완작용에 머무는 것으로 인식하였다. 그러나 공공서비스에 대한 커져가는 불만과 새로운 사회적 욕구의 확인은 새로운 자원봉사단체의 부상을 가져오게 되었다.

1979년 이후 사회복지 부문에 대한 정부의 역할이 감소하고 많은 법적인 서비스가 자원봉사 부문의 역할이 되었다. 이에 신 노동당 정부는 자원봉사활동을 활성화하기 위한 일련의 주요 정책을 시행하기에 이르렀다.

자원봉사활동을 위한 전국 차원의 자원봉사활동 지원은 네 개의 영연방 국가마다 각기 다른 기구에서 제공되고 있다. 지역단위로는 자원봉사센터와 같은 지역자원봉사 개발 기관의 네트워크가 형성되어 지원하는 체계를 갖고 있다.

### 1) 영국 자원봉사활동의 역사

16세기부터 18세기까지의 영국은 중상주의 시대로 국가가 국민의 복지에 대한 책임을 어느 정도 인정하고 최소한의 사회적 보호를 행하던 시대였다. 이러한 사회적 분위기 속에서 중류계층의 박애주의자들이 등장하게 되었고 이로 인해 영국의 대도시에서는 많은 민간사회복지단체가 발생하여 다채로운 활동을 하였다.

17세기 당시 혼란했던 사회 상황을 스스로 지키기 위하여 일어난 자경단을 볼런티어(Volunteer)라고 지칭하면서 자원봉사자라는 용어가 처음으로 등장했다.

19세기 빅토리아 여왕시대는 영국 민간협회의 황금기였다. 그 중 19세기 구빈사업의 공백을 메우기 위해 일반시민이 우인이 되어 빈곤층의 갱생을 촉진하려고 한 자선조직협회의 우애방문, 인보관운동은 민간 사회복지활동으로 시민의 적극적인 참여를 촉진하는 계기가 되었으며 자원봉사활동의 출발점이 되었다.

1960년대에는 자원봉사활동에 대한 국민의 이해와 사회의 역할이 더욱 강조되었다. 또한 이 시기에는 영국의 자원봉사활동의 맥을 긋는 각종 법들이 제정되기 시작하였는데 그것이 바로 지방정부사회복지서비스법(Local Authority Social Service Act)이다.

한편, 영국 자원봉사활동의 발전에 하나의 분기점을 제공한 것은 1968년 아베스(Aves)보고서에 의한 발표였다. 이 보고서는 자원봉사자의 참가가 절대적으로 필요하며 이를 위해 실천적 전문가의 표준이 필요하다고 강조했다(Hedley & smith, 1992).

이 보고서로 인해 영국의 자원봉사센터, 전국 자원봉사센터 네트워크, 공공과 민간기관에서 수많은 유급 자원봉사조직가가 창출되었고 그 결과 1970년대에는 자원봉사활동에 전문화, 관료화 현상이 일어나기 시작했다(Sheard, 1995).

1973년에 설립된 자원봉사센터는 대부분 정부의 지원을 받으면서 다양한 기능을 발휘하고 있다. 자원봉사센터의 주요기능은 조사활동을 비롯하여 자원봉사활동을 개발하고 홍보, 간행물 발행을 통하여 서비스를 통합화시킨다. 이처럼 산업혁명 이후로 급속도로 발달한 영국의 자원봉사조직은 시대에 걸맞은 역할변화로 국가나 지방정부의 동반자로서 협력해오고 있다.

1990년대 들어 지역사회 보호, 새로운 복지다원주의(welfare pluralism)를 둘러싼 정치적 합의, 계약문화와 활발한 시민정신에 이바지한 정부, 게다가 국가의 후퇴

등은 자원봉사에 많은 영향을 미쳤다(Sheard, 1995). 1992년에는 자선법이 제정되어 세금공제 등 자원봉사활동의 진흥을 위한 다양한 법안을 만들었으며 정부의 재정적 보조에 힘입어 새로운 기관이 설립되었다(Billis, 1992). 또한 1990년 상공부 장관이 고용자 자원봉사활동을 추진하면서 기업이 자원봉사활동에 참여하고 있다.

영국 자원봉사활동의 역사를 정리하면 〈표 2-1〉과 같다.

〈표 2-1〉 영국 자원봉사활동의 역사

| 구분 | 내용 |
|---|---|
| 자원봉사 태동기<br>(16세기-18세기) | • 16~18세기 영국은 중상주의 시대로, 국가가 국민의 복지에 대한 책임을 어느 정도 인정, 최소한의 사회적 보호를 행하였음.<br>• 초기 자원봉사활동은 주로 전통적인 기독교의 자선활동에서 시작.<br>• 1647년 자경단 등장.<br>• 18세기에는 주로 나병환자 등을 위한 봉사활동, 노예부역 폐지, 병원의 환경개선 등의 형태로 이루어짐. 그러나 당시까지는 주로 중상류 사회지도층을 중심으로 민간 차원의 사회복지활동이 주를 이룸. |
| 자원봉사 형성기<br>(19세기-1900년) | • 19세기에 들어 자원봉사활동이 폭발적으로 증가함. 민간차원의 자선이 비효과적이라는 비판이 일면서 1869년에 이를 조직화하기 위해 자선조직협회가 설립됨. 자선조직협회는 런던 시를 몇 개의 지구로 나누어 구빈위원회를 두고, 우애방문원을 통해 구제대상자를 직접 면접하거나, 가정을 방문하여 적절한 도움을 줌.<br>• 1884년 사회계층간의 간격을 좁히고 인간의 가치를 회복하고자 자발적인 인보관운동이 전개됨. '인보관운동'(settlement movement)은 지역주민을 교화하고 사회계급 간의 거리를 좁히고자 지역에 거주하면서 그 지역의 문제를 함께 생각하며 해결하고자 하는 사업임. |
| 자원봉사 확대기<br>(1901년-1978년) | • 1941년 영국 정부는 사회복지 관련 서비스의 효과성을 조사하기 위해 '사회보험 및 그 관련사업에 관한 조사위원회'를 조직함. 위원장인 베버리지는 조사 결과를 국회에 제출, 이를 토대로 1948년 국민보험과 국민부조제도를 중심으로 하는 사회보장체계를 갖추게 됨. |

| | |
|---|---|
| 자원봉사 확대기<br>(1901년-1978년) | • 베버리지 보고서(Beveridge report)에서는 국가만의 집권적인 활동만으로는 제2차 세계대전 후 영국의 5대 사회악을 뿌리 뽑기 어렵다고 지적, 복지국가의 서비스를 보완하기 위해 개인의 자발적인 노력이 필요함을 역설함. 이를 통해 1960년 자선법, 지방정부사회복지서비스법 등 자원봉사활동 법들이 제정됨.<br>• 1968년 아베스 보고서(Aves report)는 전문직원의 서비스를 보완하고 사회 서비스의 제공을 통합하기 위해 자원봉사자의 증강, 훈련, 원조에 대한 실천적 표준이 필요함을 주장함. 이 보고서로 인해 자원봉사센터가 급증하게 되었으며, 전국 자원봉사센터 간의 네트워크, 유급 자원봉사관리자 등이 창출되게 됨. |
| 자원봉사 재확립기<br>(1979년-현재) | • 1973～1974년 유류 파동 후 영국 경제는 100만 명이 넘는 실업자와 함께 복지국가의 위기를 맞음. 정부는 과거의 국가통제경제하의 완전고용정책을 포기하고 사회복지비용을 통제하기 시작함. 또한 이제까지 국가 주도였던 사회복지 서비스를 비정부기관(NGO)으로 대체함으로써 재정부담을 줄이고자 함.<br>• 대처 정부는 '국가는 전능하고 국민은 수혜자'라는 기존의 복지국가 이념에 반대하고 정부책임의 재정 서비스를 점차 개인이나 민간봉사단체로 이양함.<br>• 1990년 이후 기업의 자원봉사 참여로 자원봉사가 보다 활성화되기 시작함.<br>• 토니블레어 수상은 자원봉사 활성화를 위한 국가의 전략적 개입으로 민 · 관 역할분담을 약속하는 사회협약을 중앙 및 지방차원에까지 체결함. 이는 1990년대 이후 지역사회 보호, 새로운 복지다원주의, 시민사회정신 등으로 이어져 사회복지 서비스의 책임을 개인과 민간협회에 다시 돌리게 됨. |

## 2) 자원봉사활동 근거법

영국 자원봉사 진흥의 근거가 되는 법으로는 자선법(Charity Act)을 들 수 있다. 이 법은 민간 사회사업기간과 단체의 보호 · 육성을 목적으로 1960년에 제정되어 1985년, 1992년에 개정된 법률로서 오늘날 영국 민간단체의 바람직한 방향을 생각할 수 있도록 하는 중요한 법률이다. 지방 차원에서는 자원봉사활동을 지원하기 위한 법적 근거로 지방정부사회복지서비스법이 제정되었다. 이 법은 1968년의 시봄(Seebohm)위원회가 마련한 시봄보고서의 추천에 따라 1970년에 지방정부사회서비스법(Local Authority Social Service Act)을 제정했다. 아울러 민간기관들은 정부의 지원을 받아 보다 효과적인 서비스를 할 수 있게 되었다.

### 3) 자원봉사 민 · 관 인프라

#### (1) 공공 인프라

① 영국의 자원봉사 중심부처는 내무부 외에도 부총리실, 보건부, 교육기술부 등 3개 부처가 자원봉사 진흥 예산과 프로그램을 집행하고 있다.

② 내무부 안에서는 '지역사회활성화국'(ACD : Active Community Directorate)이 주무부서이고 산하에 ACT(Active Community Unit), VCGU(Volunteering and Charitable Giving Unit), CU(Charities Unit)가 있다. 자원봉사 핵심 정책부서는 ACU이다.

③ ACD는 Compact 이후 민간 전국기구들과 함께 범국민 자원봉사 진흥을 위한 다양한 국가 시범사업들을 수립하였다.

④ 2000~2008년까지 영국식 사회문제를 국민 참여로 해결해 간다는 '목표 5(Objective 5)'를 수립하고 2006년까지 국민 참여율을 5% 더 올릴 것을 계획하였다.

⑤ 민간단체들과의 네트워크를 강화하기 위해 9개 지역에 '정부사무소(Regional Government Office)'를 두고 있다. 지자체별로 지역 Copact 하에 중 · 장기 계획을 시행하고 있다.

⑥ 지자체들의 전국 협의조직인 LGA(Local Goverment Association) 역시 자원봉사 진흥과 관련, 전국단위의 민간 자원봉사 기구들과 긴밀히 협의하고 있다.

⑦ 각 지자체들은 2000년도부터는 정부 부총리실과 직접 지역공공서비스 협약(LPSA : Local Public Service Agreement)을 맺고 정부로부터 재정지원을 받고 있다.

#### (2) 민간 인프라

영국의 자원봉사활동을 육성, 추진하는 기관으로는 민간조직 협의회(Council for

Voluntary Organization), 자원봉사센터(volunteer bureaux), 전국이나 지역별로 운영되고 있는 각종 자원봉사기관 등을 들 수 있다(행정자치부, 2007 ; 류기형 외, 2005 ; 표갑수, 2010).

① 민간조직 협의회(Council for Voluntary Organization)

이 협의회는 영국의 민간 사회활동의 유지와 증진을 위한 중심적 민간기관으로서 여기에서는 단체들에 사무실 제공 등의 서비스 및 지원, 주민 · 단체 · 관 등의 연락망 형성, 주민 · 단체 의견 대표, 자원활동의 개발, 민 · 관 파트너십 수립 등의 기능을 수행한다. 민간조직 협의회인 민간기관 협의회와 자원봉사기관, 센터 등의 관계는 단지 필요한 목적을 위해 협력, 지원, 옹호하는 관계이다. 현재 영국에서 활동 중인 대부분의 자원봉사센터나 자원봉사기관, 전국자원봉사사무국연맹 등은 민간조직 협의회의 회원으로 가입하고 있다(최일섭 외, 2008).

② 자원봉사센터(volunteer bureaux)

자원봉사센터는 일원화 된 조직의 산하 기구가 아니며, 지역이나 사업의 특성에 따라 독립적이고 자율성 있게 운영되고 있다. 1973년 설립된 후 영국 내의 자원봉사활동을 전국적 차원에서 지원하고 있으며 대정부 로비활동, 학술연구, 활동개발, 전문서적 발간, 자조집단 육성, 홍보간행물 발간 등과 서비스 통합기능을 수행하고 있다.

③ 각종 자원봉사기관

영국의 자원봉사기관은 두 가지의 구조적 경향을 보이고 있다. 첫째는 관료제화(bureaucratization) 경향이다. 많은 기관에서 유급직원의 고용이 증가되자 이로 인해 과거의 업무배치에 변화가 필요하게 되었다. 둘째, 연합(affiliated)된 지역자원봉사기관들의 활동에서 전국 본부 직원의 참여가 증가하고 있다.

### 4) 자원봉사활동에 대한 지원

영국의 자원봉사활동에 대한 지원은 주로 지방정부를 중심으로 행해지고 있는데 지원내용은 보조금, 특별보조금, 면세, 비과세 등이 행해진다. 지방자치제가 자원봉사활동의 지원을 위해 지급하는 보조금은 단순히 조직의 운영에 필요한 일상적 지출을 원조하는 것으로 각각의 선택에 의해 사용할 수 있는 일반보조금이나 아니면 유급직원을 고용하거나 집세의 지불, 설비의 구입 등 특별한 목적에 사용하기 위한 특별보조금의 형태를 띤다. 이에 정부의 재정적 보조에 힘입어 1980년대에 들어서는 많은 자원봉사기관이 활동 프로그램을 증대시키고 기능을 확대하기 시작하였다.

이외에도 영국정부는 청소년들을 대상으로 학교 내 · 외 정부 프로그램을 강화하였다. 청소년들의 봉사활동을 진흥하기 위해 1998년 사회협약 후 '밀레니엄 자원봉사자들'(Millenium Volunteers)이란 프로그램을 신설하며 산하 9개의 시범사업을 통해 청소년(16~24)들이 직접 프로그램을 짜거나 정부 프로그램에 참여하는 등의 활동기회를 제공하고 있다. 한편, 정부 지원을 받는 전국단위의 대표 자원봉사활동 조직을 요약해 보면 〈표 2-2〉와 같다.

〈표 2-2〉 정부지원을 받는 전국 단위의 대표 자원봉사 활동조직

| | |
|---|---|
| 전국자원봉사단체 협의회 (National Council for Voluntary Organization: NCVO) | • 1924년에 창설된 영국 최대의 자원봉사단체 협의회. 전국 자원봉사센터들을 포함한 전국 단위의 자원봉사단체 협의회와 각 분야별 자원봉사단체들을 망라하는 조직.<br>• 자원봉사조직 협의회(CVO)에는 전국 민간기관 협의회와 지방 민간기관 협의회가 있음(대부분 도시지역 설치, 지방에는 약 200개 이상).<br>• NCVO는 영국의 국가적 현안에 대한 정책 연구와 건의, 세미나 개최, 통합유럽의 자원봉사 활성화 등과 같은 국제적인 현안에 개입하고 있음. |
| 전국자원봉사센터 연합회 (National Association of Volunteer Bureaux: NAVB) | • 1970년 설립, 영국에서 가장 규모가 큰 조직으로 전국에 약 400여 개의 자원봉사센터와 하부지부로 자원봉사안내소를 두고 있음.<br>• 자원봉사안내소는 국민들이 자원봉사활동에 자발적으로 참여할 수 있도록 유도하고 안내하는 곳으로, 지역사회 내의 자원봉사활동을 파악하고 자원봉사활동 지원자의 성격, 능력, 희망 등을 고려하여 적당한 업무를 할당하고 지속적인 관리와 훈련을 시키고 있음. |

| | |
|---|---|
| 영국자원봉사센터<br>(The Volunteer Center UK) | • 1973년 9월 설립, 자원봉사 관련 정보제공, 교육 · 훈련사업, 출판사업, 각종 상담, 조사연구, 각종 회의 및 세미나 개최 등의 활동을 함.<br>• 두 지역의 자원봉사센터 간의 연결을 위해 자원봉사자의 날 행사를 개최하고, 지역 내 봉사활동기관의 위치와 조직구성에 관한 정보를 비롯한 각종 정보를 제공하는 활동과 도서대여 활동을 함. |
| 지역서비스 자원봉사국<br>(Community Service Volunteers: CSV) | • 1990년대 이후 지역사회 보호에 관한 관심이 증가하면서 지역서비스 자원봉사국이 설립됨. 지역사회의 불우이웃돕기, 진학하지 못하는 청소년을 위한 직업교육, 자원봉사활동 홍보 등의 사업을 전개함.<br>• 전국 9개 지역에 13곳의 지방 사무실을 두고 자원봉사자를 모집, 관리, 배치함. 외국에 대한 자원활동도 하고 있음. |

## 5) 영국의 자원봉사 체계와 관련법

영국의 자원봉사 체계와 관련법을 정리하면 〈표 2-3〉과 같다.

〈표 2-3〉 영국의 자원봉사 체계와 관련법

| 자원봉사 체계 | | | 자원봉사 관련법 |
|---|---|---|---|
| 개관 | 민간추진 체계 | 정부지원 체계 | |
| • 각 지방정부가 독자성을 갖고 자원봉사 진흥 추진.<br>• 정부와 단체 간 계약에 따라 지원. | • NCV(국가자원봉사센터)<br>• NAVB(자원봉사센터연합회)-지역센터: 400개소.<br>• NCVO(자원봉사단체협의회)-회원단체: 2,700개. | • ACU(내무성산하)<br>• 내무부 내 자원봉사과<br>• PIU(내각사무처산하)<br>• 보조금, 계약, 조세 감면. | • 직접적인 자원봉사법은 없음. 개별법(Charities Act)등이 간접적인 근거법임.<br>• 자선법: 자선위원회 등록단체 및 모금허가와 조세감면규정 권한, 자원봉사사업).<br>• 인권법: 상해보험, 손해보험규정<br>• 신상자료보호법: 자원봉사자 신상보호.<br>• 직장안정관리법, 자원단체법 등. |

## 2. 미국의 자원봉사활동

17세기 초 개척시대에 이민자들의 상부상조에 의해 이루어진 미국의 자원봉사활동은 종교의 자유와 신천지를 찾아 멀리 유럽에서 온 이민자들의 생계를 위해 가족과 가까운 이웃까지 서로 돕지 않으면 안 되었던 그 당시의 생활상황에서 출발하였다고 볼 수 있다. 오늘날 미국의 자원봉사는 일반 시민의 생활에서 떼어낼 수 없을 만큼 깊이 밀착되어 있으며, 자원봉사의 영역과 방법 또한 광범위하고 다양하다.

1889년 제인 아담스(Jane Adams)와 엘렌 케이즈 스타(Ellen Cates Star)에 의해 시작된 시카고시의 Hull House에서 비롯되어 1961년 케네디(John. F. Kennedy) 대통령의 제창에 의해 연방의회에서 제정된 범세계적인 봉사활동을 목표로 하는 평화봉사단이 창조되었고, 1963년 존슨(L.B. Johnson) 대통령이 주창한 '위대한 사회계획'의 일환으로 자국내의 빈부격차 해소를 위한 범국민적 국내 자원봉사단인 VISTA(Volunteers in Service to America)가 생겼다.

1967년 사회보장 법에 의해 자원봉사활동의 법적 타입을 확보하고 이어서 1969년에는 행정부에 봉사활동부를 세워 활동을 조장하기 위한 무정부조직이 필요하다는 결론을 얻었다. 1970년 NOVA(Natural of Voluntary Action)를 창조하였고, 자원봉사자에 의해 모든 사회문제가 해결될 것을 강조하였다. 또한 회원단체의 사업을 도와주는 비영리 조직으로써 1976년에는 '사회 · 인간 · 환경문제에 있어 자원봉사의 역할조사 및 자원봉사활동의 지도력'이라는 책을 발행하기도 했다.

### 1) 미국 자원봉사활동의 역사

#### (1) 자원봉사활동의 기초기: 비조직화 시기(17세기~18세기)

미국의 자원봉사활동은 영국에서 새로운 나라를 찾아 정착한 이민사회에서부터 시작된다. 그래서 공동체를 위한 활동이 사회적으로 적극 권장되었다. 1967년에 설립된 스콧자선협회는 병자를 돕고 빈민을 구제해주는 최초의 우호방문협회이다. 1820년대에는 민간단체들의 기관이 설립되기 시작했으며, 1840년대에는 뉴욕에만 30개 이상의 민간단체들이 설립되었다.

### (2) 자원봉사활동의 형성기: 민간차원의 조직화 시기(19세기 초~1950년)

이 시기는 미국의 역사상 대변혁의 시기로 제1,2차 세계대전이 있었던 시기이다. 1877년에 버팔로에 최초의 자선조직협회가 설립되었다. 보스턴, 뉴욕, 볼티모어 등 대도시에 약 4,000명의 우애방문원을 두어 성황을 이루었다. 1887년에는 뉴욕 동부에 근린조직과 시카고 헐하우스(Hull House)가 설립되었는데 1891년에는 대학 인보사업협회로 개칭하였다. 1920년에는 미니애폴리스에 자원봉사센터가 들어서면서부터 미국의 자원봉사활동이 제도화 되기 시작했다. 1926년대에는 여성봉사자 중심의 최초 자원봉사사무국이 보스턴에 설립되었다.

공황기(1929~1933년)를 기점으로 연방정부가 사회복지 서비스에 개입하여 사회보장법이 입법화되었다. 사회보장법 제정 이후 연방정부 혹은 주정부는 물질적 구호를, 민간 사회복지기관들은 개별적인 서비스를 제공하였다. 1932년에는 전국자원봉사자위원회가 설립되었으며, 1933년에는 28개 도시에 자원봉사국을 설치하였고 지방사회복지기관협회가 구성되어 전국기관과 연맹을 맺는 지역기관들 곧 보이스카우트, 걸스카우트, 보이스 클럽, YWCA, 미국적십자사의 활약이 활발했다. 제2차 세계대전(1939~45) 중에는 시민방위청이 조직되었다가 1941년 미국연방정부의 민방위국에 통합되었다. 1945년에는 미국공동모금 및 지역봉사협의회(Community Chest and Council of America)를 새로 구성하였는데 후에 미국지역사회공동모금위원회(UCFCA)로 개칭하였다.

### (3) 자원봉사활동의 확대기: 정부주도하의 육성시기(1951~1981년)

제2차 세계대전 이후 학생들의 반전운동, 흑인 인권운동, 소수 인종들의 빈곤문제 등 사회문제에 대한 해결책으로 정부에서는 자원봉사활동을 적극 추진하기 시작했다. 특히 연방정부 차원의 자원봉사 프로그램이 최초로 실시된 것은 케네디 대통령이 뉴프론티어 정책의 일환으로 최초로 실시한 미연방정부 차원의 자원봉사프로그램인 평화봉사단(Peace Corps, 1961)을 창설하면서부터이다. 이후 존슨 대통령은 '위대한 사회(Great Society)' 정책을 실시하고 그 일환으로 VISTA(Volunteer in Service to America)를 창설하였다. VISTA는 1950년대와 1960년대의 미국의 빈곤문제 등 사회문제의 대처 방안으로 1971년에는 최고 약 60만 명의 시민봉사원과 5,000명의 정규봉사원이 참여한 거대한 전국적 조직으로 발전하였다. 주로 빈곤퇴치프로그램, 은퇴노인자원봉사(RSVP), 육체적 · 정신적 장애를 가진 아동을 노인들이 자원봉사 활동으로 돌보는 프로그램, 결손아동 자원봉사 프로그램 등의 프로그램이 있었다. 1970년에는 전국 자원봉사활동 프로그램법(National Program for Voluntary Act)을 제정하고 정부지원의 전국적 자원봉사센터를 설립하여 지역사회문제 해결의 구심적 역할을 하였다. 1976년에는 미국 독립 200주년 기념행사의 일환으로 전국 자원봉사대회를 개최하였으며, 1979년에는 현대적 의미의 자원봉사센터 개념이 확립되어 자원봉사센터의 네트워크화가 이루어졌다.

### (4) 자원봉사 재정립기: 공 · 사 협력기(1981년~현재)

1980년대에는 일반 국민들의 막대한 복지욕구를 충족시키기 위해 사회복지비용이 증가하기 시작하였다. 이에 레이건 대통령은 민간부문의 주도권 강조함으로써 자원봉사활동을 더욱 부각시켰다. 1980년대 중반에는 중고등학생의 봉사학습(service learning)이 확산되기 시작했으며, 1990년 클린턴 정부에 와서는 'K-12 (Kindergarten to 12 Grade)', 'Learn and Service Program' 등 초-중-고-대학-성인으로 이어지는 자원봉사 평생학습체계 구축을 위한 노력이 이루어졌다. 또한, 촛불재단(Point of Light Foundation)이 설치되어 대통령이 회장을 임명하는 전국규모의 민간기구가 되었다. 1993년에는 전국자원봉사트러스트법을 제정하여 자원봉사활동을 위한 별도의 전담기구를 만들었다. 2002년 부시 대통령은 2001년 9 · 11 테러 사건에 대한 대응으로 자국의 안전을 도모하기 위하여 모든 미국인이 2년간 4,000 시간을 국가를 위해 봉사할 것을 선언하였다.

미국 자원봉사활동의 역사를 정리하면 〈표 2-4〉와 같다.

〈표 2-4〉 미국 자원봉사활동의 역사

| 시기 구분 | 기초기 (비조직화 시기) | 형성기 (민간차원의 조직화 시기) | 확대기 (정부주도하의 육성시기) | 재정립기 (공 · 사 협력시기) |
|---|---|---|---|---|
| 주요 활동 | 17c~18c말<br>• 1657~Scot's 자선협회 | 19세기 초~1950년<br>• 1887: Hull House<br>• YWCA, Red Cross<br>• 1926: 최초 자원봉사 사무국 | 1951~1980년<br>• 1961: Peace Corps<br>• VISTA, RSVP<br>• 1971: ACTION<br>• 1975: 전국 자원봉사센터<br>• 전국자원봉사활동 정보센터(Volunteer) | 1981년~현재<br>• 신연방주의<br>• 1990: 촛불재단<br>• 1993: 전국 자원봉사 트러스트 |

### 2) 미국 자원봉사활동의 특징

#### (1) 민간 자원봉사 운동의 선구 국가

17세기 이민 초기부터 공동체를 위한 주민들의 자치노력이 왕성하였다. 작은 정부, 주 및 지자체의 독립 이념, 청교도적인 기독교 윤리, 민주주의 정신, 기업의 사회공헌 의식 등이 바탕이 되어 있다.

#### (2) 자생적 민간 전문조직의 활성화

1930년대부터 순수 주민조직으로 지역사회에서 자원봉사센터가 등장하여 성장하면서 전문가들로 구성된 자원봉사관리자협회(AVA)등이 출현하였다. 자원봉사 알선, 촉진, 네트워킹 등의 전문적 활동이 민간주도로 진행되고 있다.

#### (3) 정부 직영의 국가봉사단 프로그램 활발

1930년대 대공황시부터 연방정부에 의한 국가봉사(National Service)프로그램이 별도로 등장하였다. CCC, Peace Corps, VISTA, RSVP, AmeriCorps, Freedom Corps 등 역대 행정부에 의해 계승, 발전해 오고 있다. 또한 1976년부터는 캘리포니아 주에서 청소년보존봉사단(California Conservation Corp)을 설립한 이래 주 프로그램도 다수 등장하였다. 국가봉사단 사업을 제도적으로 지원하기 위해 1973년 국내자원봉사법(Domestic Volunteer Service Act)을 시작으로 각 행정부에서 관련법을 제정하였다. 또한 연방정부 기구로 닉슨 대통령 때에 ACTION을 시작으로 CNCS(CNS)등이 등장하였으며 국가봉사단 프로그램을 관리하고 있다. 국가는 국가봉사단원들에게 1년 정도의 활동기간 동안 최저생계비와 보험, 장학금, 훈련비 등을 제공하고 있다.

#### (4) 민 · 관 영역의 철저한 분리

미국은 역사적으로 민 · 관의 역할과 관계를 철저히 분리하는 국가적 전통이 존재하는데 자원봉사계 역시 민 · 관의 활동을 분리하여 실시하고 있다. 즉, 법과 예산은 국가봉사단 운영에만 국한되어 있으며 민간의 자원봉사센터에 대한 관리, 인증, 보상활동 등은 철저히 민간 자율적으로 운영하고 있다. 1990년 부시 대통령에 의해 '전국 및 지역사회봉사법'이 시행되었다. 이에 따라 민간 전국기구인 '촛불재단'(POLF)의 설립 · 운영을 위하여 정부가 예산을 지원하고 있으며 개별 민간자원봉사센터 및 단체들과 일체의 연방 및 지자체에 대해서는 지원금이 없다.

#### (5) 기업의 임직원 자원봉사 활발

1970년대 초부터 제록스, 체이스맨허턴 은행, IBM사 등 대기업들이 기업자원봉사(corporate volunteerism)운동을 하고 있다. 오늘날 미국의 거의 모든 대기업 및 중소기업들이 임직원 자원봉사 운동을 펼치고 있는데 그들 기업의 협의조직인 CVC(Corporate Volunteering Council)를 결성하고 있다.

#### (6) 순수 '자원봉사'에서 '지역사회서비스'로 점차 변환

미국은 1980년대 중반부터 중 · 고생들을 대상으로 한 '봉사학습(service learning)'을 확산시켰으며 1990년대 클린턴 정부 들어 K-12 등 봉사학습 지원 연방 프로그램이 등장하였다. 미국은 이때부터 초-중-고-대학-성인으로 이어지는 자원봉사 평생학습체계가 등장하게 되었다. 그리고 전통 volunteering 대신 community service라는 개념이 확산되어 1990년 부시대통령 때에는 National and Community Service Act로 제정하였다. 이것은 봉사학습이나 comminity service가 모두 봉사활동이 사회적 의무(social obligation)라는 가치 · 철학에 바탕을 두고 있는 것이다.

### 3) 미국 자원봉사활동의 사업내용

#### (1) 시민자원보존단(CCC)

1933년 뉴딜정책의 일환으로 루즈벨트 대통령에 의해 창설되었다. 18~25세의 미국 청년들에게 나무 심기, 삼림 개발 등의 일을 하고 급료를 지급하는 국가 재건 프로그램이다.

#### (2) 평화봉사단(The Peace Corps)

1961년 케네디 대통령에 의해 창설되었으며, 해외 저개발 국가의 문맹퇴치운동, 빈곤 추방, 청소년활동 등을 수행하면서 민간 차원의 외교활동을 담당하고 있다. 활동된 과업을 완수하면 최소한의 경비를 지급한다.

### (3) VISTA(Volunteers in Service to America)

1964년 존슨 대통령에 의해 창설된 국내 평화봉사단이다. 미국 내의 빈부격차를 해소하기 위해 창설하였으며 전임 자원봉사자를 활용한다. 지역사회자원을 동원하여 활용할 수 있는 능력을 개발·교육하여 지역사회를 도우며, 지역사회가 보다 독립적이 되도록 단계적으로 활동하는 것을 목적으로 지원하고 있다.

### (4) 은퇴노인 자원봉사 프로그램(RSVP)

60세 이상 노인들에게 지역사회 내의 공공기관이나 민간조직에서 정기적으로 봉사할 수 있는 기회를 제공한다. 지역사회 내의 학교, 박물관, 병원, 아동복지시설 등에서 주 4시간 이상 20시간 이하로 봉사한다. ACTION에서 지원금을 지급한다.

### (5) ACTION

1971년 7월 닉슨 대통령에 의해 조직되었다. 국내와 해외 자원봉사자 프로그램을 관리하기 위한 독립적인 주요 자원봉사기관이다. 평화봉사단과 VISTA를 통합한 조직이다. 모금, 회비, 기타 프로그램 참여 비용으로 기금을 조성한다. 각 부처에서 관리해 오던 자원봉사자들을 모집, 훈련, 배치하는 운영관리 사업을 통합화 하였다.

### (6) 학생 자원봉사 프로그램(NSVP)

정부의 예산지원을 받는 프로그램으로 전국 대학생과 고등학생들이 주축되어 노인, 청소년문제, 소비자운동, 주택개선 활동에 참여하고 있다.

### (7) 대학생 자원봉사단(University Year for Action)

빈곤문제의 해결과 관련된 활동으로 1년간 지역사회 서비스에 참여하고 학점 취득 및 수업료 일부와 자원봉사활동에 필요한 경비 지원을 받는다.

### (8) 촛불재단

촛불재단의 사업내용을 살펴보면 다음과 같다.

① 성공적인 자원봉사 프로그램의 11가지 특징 제시 및 기관의 경영변혁을 위한 자기사정도구개발 등 자원봉사센터나 활용기관의 변화를 위한 연구나 조사를 행

한다.

② 자원봉사활동을 통해 가족 성원들에게 의미 있는 경험, 공통된 목표, 목표의식을 공유하게 하여 가족과 지역사회를 통합 · 강화시키는 것을 목적으로 가족단위의 자원봉사활동을 권장한다.

③ 지역의 자원봉사센터를 지원하기 위해 훈련, 기술지원, 정보제공, 지원체계 형성 등의 지원활동을 한다. 재정적인 후원을 하는 지역사회 동원 및 자원봉사센터 운영프로그램이다.

④ 정부기관 자원봉사 프로그램이다. 이것은 지방자치단체 및 주정부기관들 중 정부기관에서의 자원봉사활동을 촉진시키기 위해 지방자치단체 및 주정부의 자원봉사 프로그램 중에서 창의적이고 성공적인 것을 발굴하는 것으로 주정부 및 지방자치단체의 자원봉사위원회와 함께 활동하고 있다.

⑤ 전세계 자원봉사센터를 조사하여 안내서를 출판하거나 외국의 자원봉사센터를 지원하는 등 국제적인 협력관계를 형성한다.

⑥ 전국자원봉사대회를 매년 6월 중 개최한다.

⑦ 청소년 자원봉사 프로그램을 개발하고 보급한다.

⑧ 시민, 자원봉사 관리자, 각종 공공기관 및 민간단체들을 대상으로 다양한 방법을 활용하여 활발한 홍보활동을 전개하고 있다.

### (9) 기타 자원봉사활동 프로그램

- 미국봉사단(AmeriCorps)
- 봉사학습(Learning & Service America)
- VISTA(Volunteer in Service to America)
- 전국노인자원봉사단(National Senior Service Corps)
- 평화봉사단(Peace Corps)
- 액션(ACTION)
- 전미공동모금회(The United Way of America)
- 자원봉사센터(Volunteer Center)
- 시민봉사단(Civil Corps)

### (10) 정부가 자원봉사활동을 육성하기 위해 만든 기구의 변천

정부가 자원봉사활동을 육성하기 위해 만든 기구들의 변천과정을 살펴보면 〈표 2-5〉와 같다.

〈표 2-5〉 정부의 자원봉사활동 육성 기구

| 연도 | 활동내용 | 비 고 |
|---|---|---|
| 1961 | 평화봉사단(Peace Corps) 창설 | 케네디 대통령 |
| 1964 | VISTA(Volunteer in Service to America) 조직 | 존슨 대통령 |
| 1969 | 전국자원봉사활동프로그램법(National Program for Voluntary Act) 제정 | |
| 1971 | 액션(ACTION) 창설 | 닉슨 대통령 |
| 1979 | 볼런티어(VOLUNTEER) 창설 | |
| 1990 | 촛불재단(Point of Light Foundation) 설립<br>전국 및 지역사회자원봉사법(National and Community Service Act) | 부시 대통령 |
| 1993 | 국립자원봉사활동협력기구 창설 | 클린턴 대통령 |

출처: 김범수(2011), 자원봉사론, p.75.

## 4) 자원봉사활동 민 · 관 인프라

### (1) 법령 · 조례

미국에는 민간 자원봉사활동을 진흥, 지원하기 위한 연방정부 차원의 포괄적인 법령은 없다. 단지 1970년대부터 국가봉사단 활동 및 봉사학습을 지원하기 위해 몇 차례 관계법령이 제정되고 시행되어 왔다. 주 단위에서는 전통적으로 자원봉사자 보호를 위한 주 법을 제정하여 시행해 왔다. 1997년도 들어 연방차원에서도 자원봉사보호연방법(VPA: Volunteer Protection Act)이 채택되어 시행되고 있다.

### (2) 공공인프라

포괄적인 연방 주무부처의 개념은 없다. 단지 부시 대통령이 명예의장으로 있는 WSA Freedom Corps가 민간 자원봉사 활동을 조정, 지원하고 있다. 각 관계

부처들이 프로그램별로 민간 활동을 지원하고 있으며 기초 지자체들에 대한 연방 정부의 포괄적인 예산 지원은 없다. 기타 모든 국가봉사 프로그램은 별도의 공단인 CNCS(Corporation for National and Community Service)로 통합 운영되고 있다. CNCS는 대통령이 임명하고 상원이 인준하는 임기 5년의 이사회가 최고의결기관이다. 교육, 보건복지, 노동, 내무, 주택, 국방, 법무부 장관이 참여하고 있다.

#### (3) 민간인프라

중앙에 전국센터 기능의 POLF가 있고, 산하에 350개에 달하는 지역 자원봉사 센터가 있어 민간 지원체계를 형성하고 있다. POLF는 연계조직으로 전국자원봉사센터 협의회(Volunteer Center National Network)와 기업자원봉사협의회(CVC: Corporate Volunteering Council) 등이 있다. POLF 외에 자원봉사행정관리협회(AVA)가 개인을 회원으로 하여서 각종 교육 · 훈련을 실시하고 있다.

### 5) 관리 및 교육 · 양성

국가차원의 자격증 제도는 없다. 다만 자원봉사행정협회(AVE), POLF와 같은 민간 전문기구가 교육 · 훈련이수자에게 발급하는 수료증 정도를 발급하고 있다. 그러나 민간 전국기구에 의한 관리교육은 활발하다. AVA는 총 8개의 90분 워크숍 강의를 기본교육으로 하고 있으며 자원봉사 관리분야에서 3년 이하의 경력으로 약간의 기본 지식을 갖고 있는 사람은 누구나 신청할 수 있다.

### 6) 미국의 자원봉사 체계와 관련법

미국의 자원봉사 체계와 관련법을 정리하면 〈표 2-6〉과 같다.

〈표 2-6〉 미국의 자원봉사 체계와 관련법

<table>
<tr><th colspan="3">자원봉사 체계</th><th rowspan="2">자원봉사 관련법</th></tr>
<tr><th>개관</th><th>민간추진 체계</th><th>정부지원 체계</th></tr>
<tr><td>• 정부가 앞장서 자원봉사활동 육성지원<br>• 각 단위의 정부는 단체들의 프로젝트에 따라 공개경쟁 지원.<br>• 국가와 민간, 기업이 모두 적극적으로 참여.</td><td>• POLF(촛불재단)-자원봉사센터지원<br>- United Way of America(전미공동모금회/2,600회원 단체)<br>• V.C.<br>(지역센터/500개소)</td><td>• CNS(국가 및 지역사회봉사단)<br>- AmeriCorps 등<br>• 각 주 자원봉사국<br>• 전국자원봉사연합</td><td>• NCS Act, 1990 -POLF 설치<br>- 학생, 청소년봉사초점<br>- 재정지원, 생계수당, 학자금 지급<br>• NCST Act, 1993 -CNS설립 AmeriCorps, National Senior Service Corps, Learning and Service America</td></tr>
</table>

## 3. 일본의 자원봉사활동

일본은 1890년경부터 도입되었다고 하나 일반적으로 보급된 것은 1920년경부터이다. 처음에는 사회식민사업, 대학식민사업이라고 불리웠는데 1920년경부터는 인보사업이라고 표현되었다. 일본은 전후 혼란한 사회의 환경아래에서 V.Y.S.(Voluntary Youth Social Worker)운동이 사회복지를 목적으로 하는 청년 볼런티어 조직이었으며, 활동 내용은 아동의 건전한 교육육성이 주된 일이었으나 점역봉사 및 공동모금운동 등 보다 넓은 사회복지활동에 참여하고 1973년에 14개의 시도부청에 조직되었다. 1951년에는 사회복지협의회가 발족되어 지역복지활동을 뒷받침하기 위한 시민참여를 권장하였고, 1960년대에 볼런티어가 양적으로 급속하게 확대되었으며, 1962년 선의은행의 창설은 자원봉사활동을 촉진시키는데 영향을 주었고, 1968년에 전국선의은행 연결협의회를 발족하였다.

전국사회복지협의회는 자원봉사활동의 올바른 육성발전에 도움이 되고자 1967년 연구위원회를 발족시키고, 이의 활동 육성에 관한 조사와 연구가 활발히 이루어지기도 했다. 또 자원봉사활동의 방향에 관한 연구, 자원봉사 관계자 연수의 장, 자원봉사활동에 관한 정보제공에도 중점을 두었으며, 공해문제가 표면화되고 풍요 속의 빈곤에 대한 문제가 심각해지면서 1970년대에는 큰 전환기를 맞게 되었다.

먼저 경제육성의 우선 정책에 관한 반성의 소리가 나왔으며 고령화 사회에 따른 노후의 문제가 커다란 관심사가 되었다. 따라서 사회복지협의회는 새롭게 재편성을 하게 되었고, 여기에 자원봉사활동도 양적 확대에서 질적 전환기를 맞이하였고, 1975년부터는 특히 복지 교육의 필요성을 강조하였다. 동양권에서 가장 활발한 활동을 벌이고 있는 일본은 오늘날 지역사회 복지증진을 위한 민간자원봉사활동가들이 17만명 정도에 달하고 있다. 이에 자원봉사자를 개발하고 실무에 연결시키는 사회복지협의회만도 3,271개에 달하며, 이들의 단체활동을 뒷받침하기 위한 모금운동도 활발하다. 또한 봉사활동 중 상해를 입거나 불이익을 당하는 사고에 대비하여 보장으로 보상해주는 제도가 마련되어 있다.

1980년부터는 후생성(厚生省), 문부성(文部省) 등 정부조직에서 자원봉사활동이 적극 추진되었는데 후생성에서는 그런 자원봉사활동의 진흥을 위해 그 활동의 기반이 될 조건 정비를 목적으로 한 복지자원봉사마을만들기사업을 실시함과 함께 학생의 자원봉사활동보급사업협력교에 대한 조성 조치를 강구하였다. 한편, 1990년대 들어서면서 일본에서는 자원봉사활동에 기업의 참여가 활성화되고 있다.

### 1) 자원봉사활동의 발달과정

#### (1) 기초기: 비조직화 시기(1950년대 이전)

일본의 자원봉사활동이 시작된 것은 패전 후의 혼란수습에 대하여 국가적 공권력에 의존할 수 없는 배경에서 자발적 지역활동이 시작되면서부터이다(이강현, 1994). 이것은 선한 뜻을 지닌 주민들에 의하여 자생적이고 비조직적인 협조형태로 전국 각지에서 일어났는데, 패전 후 부상자의 원호, 부랑자의 보호를 필두로 하여 1947년에는 '공동모금', 'BBS 운동'이 시작되었고, 그 후 Workcamp 활동, 학생인보관운동이 시작되었다.

1947년 제정된 신헌법은 주권재민, 기본적 인권의 존중, 항구적 평화의 추구라는 3가지 기본이념을 추구함으로써 자원봉사활동이 형성되고 발전할 토대를 마련해 주었다.

이러한 인보관활동 중 대표적인 것으로 1949년 태풍의 계기가 된 동경대학에서 시작된 인보사업운동(Settlement Movement)이 있다.

〈표 2-7〉 자원봉사활동 기초기에 행해진 일본 자원봉사활동의 내용

| 시 기 | 사회경제적 상황 | 자원봉사활동의 내용 |
|---|---|---|
| 1950년대 이전 | 명치유신 후 신분폐지, 교육 보급 등으로 자원봉사 활동이 성장할 사회적 기반이 정비됨. | 패전 후 혼란수습을 위한 자생적이고 비조직적인 형태의 시민활동 대두. 부상자 · 부랑자원호, 공동모금, BBS운동, 인보사업운동 대두. |

### (2) 형성기: 민간차원의 조직화 시기(1950~1971년)

일본의 자원봉사활동의 형성기는 1950년에서 1971년까지로 패전 후의 혼란을 수습하면서 경제적 안정과 생활의 여유를 찾는 가운데 자원봉사에 대한 국민의 관심이 증대되면서 자원봉사활동 및 조직화를 위한 전국 차원에서의 노력이 행해진 시기이다. 먼저 순수한 자원봉사활동이라고 말하기는 어렵지만 1950년에 정부에 의해 민생위원제도가 만들어지고 1951년에 사회복지에의 시민참가조직으로서 사회복지협의회가 전국 및 도 · 도 · 부 · 현에 창설되어 자원봉사활동의 적극적 추진을 위한 토대가 마련되었다.

일본에서 최초로 자원봉사라는 말이 사용된 것은 1952년에 愛媛縣(에히메현)에서의 청년자원봉사조직(Volunteer Youth Social Worker)에 의해서였지만 일반인들에게 알려지게 된 것은 그 후 고도성장기에 접어들어 어느 정도 경제적 여유와 생활의 안정을 찾으면서 국민들이 주변의 사회문제에 눈을 돌리면서부터이다. 이에 자원봉사활동에 대한 국민의 관심이 높아지면서 다양한 자원봉사활동이 행해졌고 급기야는 여러 가지 활동의 조직화와 자원봉사활동의 거점만들기가 행해졌다. 이러한 것으로는 [전국부모회연락회], [전국중증심신장애아(인)을 지키는 모임], [전국노인그룹연락회] 등이 있다. 1962년 이후 사회복지협의회에 선의은행의 설치, 오오사카자원봉사협회, 후지자원봉사협회, 일본청년봉사협회 등 민간주도의 자원봉사사무국이 활발히 개설되어 운영되기 시작하면서 자원봉사활동 추진기관의 시대가 열렸다. 특히 1965년에 설립된 오오사카자원봉사협회는 최초의 민간자원봉사협회로 교육 및 훈련에 주력하였으며 일본의 민간자원봉사의 선구자적 역할을 추진한 기관이다.

1968년 자원봉사활동의 일대 전환기를 맞이하는 시점이 되었는데, 전국사회복지협의회에서 '자원봉사자 육성 기본요강'을 책정하였을 뿐 아니라 전국선의은행연락협의회가 발족되었다. 이것은 종전까지 자의적으로 행해오던 자원봉사활동에 대

해 전국차원의 통일된 규정과 기준을 제시함으로써 바람직한 발전방향 모색 및 자원봉사활동의 전체적인 수준향상을 도모하게 하는 계기가 되었다.

1969년 국민생활심의회가 '지역사회 생활의 장에 있어서의 인간성 회복'이라는 발표를 통해 지역사회 형성에 자원봉사자를 활용할 것을 제안했다. 그리고 1971년에는 비로소 정부가 자원봉사활동에 관심을 갖기 시작하였다.

〈표 2-8〉 자원봉사활동 형성기에 행해진 일본 자원봉사활동의 내용

| 시 기 | 사회경제적 상황 | 자원봉사활동의 내용 |
|---|---|---|
| 1950년~1971년 | 고도성장기, 경제적 여유와 생활의 안정으로 인해 자원봉사활동에 대한 관심 고조. | 각종 자원봉사자 및 단체의 활동을 적극 추진.<br>자원봉사활동 추진기관의 운영 및 전국 협의회 조직화.<br>자원봉사육성 기본요강 책정. |

### (3) 확대기: 정부주도하의 육성시기(1972년-1990년)

이 시대는 후생성이 전국사회복지협의회를 통해 자원봉사활동육성에 주력할 뿐 아니라, 지방자치단체도 자원봉사활동을 적극적으로 육성해나갔던 시대이다. 자원봉사활동에 관한 독립된 특별법이나 진흥법의 제정없이 다만 정부가 위촉하는 일종의 관선자원봉사자인 민생위원제도가 민생위원법에 근거해 운영되었으며, 사회복지사업법 제7장 제70조의 2의 4항과 같은 조항에서 국민의 사회복지 관련 활동에의 참여를 촉진하는 필요조치를 규정함으로써 자원봉사활동의 가능성을 열어놓았다.

1973년부터는 중앙이나 지방자치단체의 보조에 의해 사회복지협의회를 중심으로 중앙에 「전국자원봉사활동진흥센터」, 도 · 도 · 부 · 현 및 지정도시에 「자원봉사센터」를 설립하는 등 자원봉사활동 추진체계가 정비되기 시작했다.

1975년부터는 지역사회보호형, 즉 지역사회 중심의 복지시책을 추진하려고 하는 방향으로 변화해 나갔으며, 자원봉사자의 활동을 육성하였다.

1977년부터는 전국자원봉사활동진흥센터에 후생성이 보조금을 지급하기 시작하였다. 1979년부터는 일본형 복지사회를 구상하면서, 자원봉사활동의 활용방안들이 보다 적극적으로 구체화되어 추진되기 시작하였다. 1980년 서구형의 고복지 · 고부담이라는 복지국가의 폐해를 방지하고 일본에 적당한 복지사회를 만들고자 하는 「일본형 복지사회」에 대한 구상이 발표되었는데 이러한 구상들은 「임시행정조사

회행정개혁」에 의해 재택복지를 기본으로 한 지역복지의 활성화 및 복지의 유료화 및 상품화, 적극적인 자원봉사활동 실시로 나타났다. 또한 일본형 복지사회의 구상에 입각해 서비스의 책임을 큰 정부에서 지역사회로 전가시키면서 지역주민, 단체 등을 대상으로 복지활동 참가를 유도하고 더 나아가 전국적으로 전 지역주민이 참가하도록 하였다.

〈표 2-9〉 자원봉사활동 확대기에 행해진 일본 자원봉사활동의 내용

| 시 기 | 사회경제적 상황 | 자원봉사활동의 내용 |
|---|---|---|
| 1950년~1990년 | 고도 경제성장과 석유파동 및 아동, 장애, 노인 등의 복지 문제 대두로 인해 지역사회 중심의 복지시책 추진.<br>일본형 복지사회 구상. | 민생위원법, 사회복지사업법에 근거하여 후생성에서 자원봉사활동 지원.<br>사회복지협의회가 주축이 되어 자원봉사 추진체제가 전국, 지방차원에까지 정비됨.<br>정부차원의 각종 지원책 마련. |

### (4) 재정립기: 공 · 사 협력시기(1991년-현재)

자원봉사활동이 복지분야에 한정되지 않고 생활전반에 걸쳐 광범위한 분야에서 이루어지게 된다. 기업이 사회적 공헌을 한다는 취지에서 자원봉사활동을 추진한다. 기업이 사회공헌활동의 일환으로 자원봉사자 휴직, 휴가제도의 도입, 사회공헌 또는 자원봉사관계 부국의 설치 등 자원봉사활동을 추진했으며 이러한 경향은 대도시 뿐 아니라 특히 지방에서의 활동으로 확대된다. 1990년대에 들어서면서 자원봉사활동에 기업의 참여가 활성화되고 부사제록스는 일본 최초로 사원의 자원봉사자 휴가제도인 「사회봉사휴가제도」를 시작했다. 그 해 4월 「1%클럽(1년간의 경상수익의 1%를 기부)」을 만들어 기업 및 경영자의 참여를 자연스럽게 유도했고, 1994년에는 광역 볼런티어범주 연락회의(Network)가 발족되었다.

〈표 2-10〉 자원봉사활동 재정립기에 행해진 일본 자원봉사활동의 내용

| 시기 | 사회경제적 상황 | 자원봉사활동의 내용 |
|---|---|---|
| 1991년~현재 | 대지진으로 인해 자원봉사에 대한 관심고조 | 자원봉사활동의 활성화를 위한 전국 차원의 기본지침 마련<br>시 · 구 · 정 · 촌 단계까지 자원봉사 추진체계 확대 설치<br>기업의 참여 확대 및 자원봉사활동 분야의 확대 |

이상에서 일본의 1950년대 이후 자원봉사활동을 정리하면 〈표 2-11〉과 같다.

〈표 2-11〉 일본 자원봉사활동의 역사

| 기초기<br>(비조직화 시기) | 형성기<br>(민간차원의 조직화 시기) | 확대기<br>(정부주도하의 육성시기) | 재정립기<br>(공 · 사 협력시기) |
|---|---|---|---|
| 1950년대 이전<br>• 패전 후 부상자 원조 부랑인보호<br>• 1947:공동모금, BBS인보관운동 | 1951~1970년<br>• 1952:청년사회사업가 자원봉사 조직(최초 용어 사용)<br>• 1962: 선의은행, 오오사카 자원봉사 협회<br>• 1968: 자원봉사자 육성 기본요강 | 1971~1990년<br>• 1973: 자원봉사활동 진흥센터(일본사회복지협의회)<br>• 1980: 후생성 Voluntopia 사업<br>• 1989: 전국자원봉사대회, 리더양성 강좌 | 1991년~현재<br>• 1990: 기업참여 확대(1%클럽, 봉사휴가제)<br>• 1994: 광역 볼런티어 범주 연락회의(Network) |

## 2) 자원봉사활동의 지원체계

### (1) 근거법

일본의 경우 자원봉사활동에 관한 독립된 특별법이나 진흥법은 존재하지 않고 다만 관련법이나 지침에 의거한다. 정부가 위촉하는 일종의 관선 자원봉사자인 민생위원제도는 민생위원법에 근거해 운영되고 있으며, 또한 사회복지사업법 제7장 제70조의 2(기본방침)의 4항과 같은 조항에서 국민의 사회복지 활동에의 참여를 촉진하는 필요 조치를 규정함으로써 자원봉사활동의 가능성을 열어 놓고 있을 뿐이었다. 이 법에 의거해 1975년 사회복지협의회를 중심으로 전국적으로 자원봉사활동 추진체계가 정비되기 시작했으며 국고 및 지방자치단체가 지원을 행하고 있다.

1993년에는 사회복지사업법에 근거하여 「국민의 사회복지활동 참가 촉진을 도모하는 조치에 관한 기본 지침」이 고시되었고, 1998년에는 특정비영리활동촉진법이 제정되었는데, 그 안에는 자원봉사단체의 법인화를 촉진하고 특정비영리활동법인 설립기준을 마련하였다. 일본정부는 1995년부터 자원봉사문제관계성청연락회의를 발족시키고 자원봉사 지원입법에 본격적인 검토를 시작했다.

### (2) 자원봉사활동의 민 · 관 인프라

① 공공 인프라: 역사적으로 자원봉사의 주무부처는 후생성이었다. 지자체 단위에서는 시 · 구 · 정 · 촌이 지역협의회 내의 볼런티어센터를 지원, 일부 지역협의회의 경우 지자체 공무원이 사무국장을 겸하기도 하였다. 후생성 외에 문부성이 청소년들을 대상으로 학교 및 교외 봉사활동을 지원하고 있다. 그러나 1995년 한신대지진 및 1998년 NPO법의 등장 이후 자원봉사 영역이 늘어나면서 기타의 부처들도 민간 자원봉사활동 육성을 위해 노력하고 있다. 또한 자원봉사의 모든 영역을 담당하는 지자체 직영의 자원봉사센터들이 등장하기 시작하였다.

② 민간 인프라: 민간은 역시 사회복지협의회가 대표적인 조직으로 전국 단일 전달체계를 형성하고 있다. 중앙전사협 산하에 전국볼런티어진흥센터가 있으며, 지역 사협은 지자체와 특히 도 · 도 · 부 · 현 단위에 있는 공동모금회와 밀접한 관계를 맺고 모금 협조 및 재정 지원을 받고 있다. 사협 볼런티어 센터는 이 같은 경쟁 조직들의 등장을 위기로 느끼고 새롭게 시민참여를 확대하기 위해 명칭도 '볼런티어 · 시민활동센터'로 바꾸고 지역(local)자원봉사 서포트 네트워크도 조직해 나가고 있다. 또한 센터 운영도 폭넓은 시민들로 '운영위원회'를 결성, 담당케 하고 지방공무원이 담당했던 소장의 경우 민간인으로 교체해 가고 있다.

### (3) 지원내용

국가차원의 자원봉사 지원내용을 후생성 중심으로 살펴보면 다음과 같다.

후생성에서는 자원봉사센터 운영비 지원 외에도 자원봉사활동의 진흥을 위해 활동의 기반이 될 조건정비를 목적으로 한 복지자원봉사마을 만들기 사업(볼런토피아 사업)을 실시함과 함께 학생, 생도의 자원봉사활동보급사업협력교(복지협력교)에 대한 조성조치를 강구하고 있다.

볼런토피아 사업의 경우 이것은 시 · 구 · 정 · 촌 사회복지협회가 중심이 되어 지역사회에 있어 자원봉사활동이 영원히 전개 될 수 있도록 하는 것을 목적으로, 자원봉사활동에 관한 홍보나 모임의 개최 등 시민개발 추진사업, 자원봉사 리더나 초보자에 관한 양성연수사업, 볼런토피아 활동에 필요한 기재의 정비, 볼런토피아 기금 등의 조성이라는 자원봉사활동의 기반이 되는 조건정비에 대해 2년간의 조성을 행한다.

1989년부터는 볼런토피아 사업이 종료된 시 · 정 · 촌에 대해 자원봉사자에 의한 마을 만들기가 항상적으로 전개 될 수 있도록 일정기간(2년간) 조성을 행하는 사후지도사업을 실시하고 있다.

### 3) 일본의 자원봉사 체계와 관련법

일본의 자원봉사 체계와 관련법을 정리해 보면 〈표 2-12〉와 같다.

〈표 2-12〉 일본의 자원봉사 체계와 관련법

| 자원봉사 체계 | | | 자원봉사 관련법 |
|---|---|---|---|
| 개관 | 민간추진 체계 | 정부지원 체계 | |
| • 처음부터 정부주도 육성<br>• 사회복지, 자원봉사 단체의 조직, 재정 지원<br>• 자금은 조직지원 방식 | • 전국사회복지협의회<br>• 전국자원봉사활동 진흥센터(都道府縣 NPO 자원봉사센터/市區町村 자원봉사센터/3,400개소) | • 후생성의 사회·원호국 지역복지과<br>• 보조금, 조세감면 | • 특정 비영리활동 촉진<br>– 자원봉사단체의 법인화 촉진<br>– 특정 비영리활동 법인설립 기준제시, 수익사업, 세제감면 |

## 4. 프랑스의 자원봉사활동

### 1) 자원봉사활동 발달과정

정부가 사회 개편에 대한 상당한 영향력을 행사하는 프랑스는 국가의 형성 과정에서 혁명 직후 중앙집권체계를 공고히 하였다. 이에 따라 공익에 관련된 문제는 정부의 독점적 권리로 이해되어 왔으며, 비정부기기구(NPO)의 설립을 허용하지 않았다. 1980년대에 접어들어서야 비로소 사회주의 정권이 탈중앙 집권화 정책을 펴기 시작하였으며, 지방자치의 활성화는 공공부문과 민간부문 간 새로운 협력관계를 도출하였을 뿐만 아니라, 지역사회에서 사회운동이 차지하는 중요성을 인식시켜 주었다. 이러한 움직임은 인종차별주의에 대한 반대를 격려하는 사회적 분위기와 연계되어 프랑스 정부는 그 대안의 하나로 그동안 인정하지 않았던 외국인의 단체 결성권에 대한 제한을 철폐하고, 이에 대해 사회활동기금(Fonds of Action Social:

FAS)을 통해서 외국단체들을 지원하기 시작했다. 1980년대 중반 이후로는 실업과 사회적 소외라는 사회적 이슈에 대응하고자 자원봉사 부문의 역할에 대한 기대를 높여가고 있다. 1901년 비영리조직 및 단체를 다룬 법률이 제정됨에 따라 자원봉사활동에 대한 정책이 마련되었으며, 이 법안으로 말미암아 자원봉사활동이 단체 안에서 조직적으로 이루어져야 하고, 이런 단체들은 자원봉사자들에 의해 운영되어야 함을 법적으로 규정하고 있다.

### 2) 자원봉사활동 현황

프랑스에서는 오랫동안 자원봉사활동을 촉진하는 공식적 유인책들이나 자원봉사에 대한 분명한 공식적인 정책이 거의 없다시피 하였다. 1981년 앙드레 헨리 법안은 협회와 관련한 몇 가지 정부조치들을 제안하는 것이었다. 즉, 법률적으로 자발적 결사의 사회적 효용성을 인정할 것, 사회적 치료자로 자원봉사자들의 지위를 보장할 것, 사회경제적 수단을 통해 조직의 기금조성활동을 보장할 것, 조직의 표현방식을 확대할 것, 그리고 국가재정을 절감할 것 등이 그 내용이었다. 그러나 이 법안은 결국 거부되었고 몇몇 조례들만이 제정되는 데 그쳤다. 그럼에도 이러한 노력은 국가자원봉사단체자문회의(CNVA)의 창설을 유도하였으며, 현재까지 이 회의는 자원봉사단체와 관련된 사안들에 대해 정부의 자문역할을 담당하고 있다. 1990년에 이와 관련된 법안이 두 번째로 미셀 로카드 당시 수상에 의해 제출되었다. 이것은 자원봉사 지도자의 교육을 위한 네트워크창설, 특히 교육 보험기금(Instruction Insurance Fund)의 도입을 담고 있다. 또한 자원봉사자들을 위한 사회적 지원강화를 제안하는 것이었으나, 이 법안 역시 몇 가지 조치들을 제외하고는 중요한 법률적 진전을 보는 데는 실패하였다. 프랑스의 주요 자원봉사 조직과 이의 활동배경을 살펴보면 다음과 같다.

#### (1) 국립자원봉사센터

국립자원봉사센터(Centre National du Volontariat: CNV)는 프랑스에서 자원봉사활동과 자원봉사 부문을 지원하는 기본적인 인프라가 되는 가장 중요한 기관이다. 1974년 설립되었으며 자원봉사에 대한 연구 및 정보제공이 주요 업무로서 자원봉사활동 진흥을 목적으로 운영되고 있다. 이 목적은 캠페인 실시, 언론의 자원봉사활동 홍보, 자료실 설립, 단체에 대한 실질적 지원 및 전국적인 캠페인 지원을 통해 이루어지고 있다. 또한 자원봉사자들의 수요와 공급조절 및 자원봉사자들과 단체들의 교육을 담당하는 전국적인 자원봉사센터 연계망을 조직하기도 하였다.

### (2) 자원봉사정보연구소

자원봉사정보연구소(Insitut de Recherche et d'Information sur le Volontariat: I'RIV)는 전 프랑스 및 전 유럽의 차원에서 민간부문과 비영리 부문의 연구, 자료집 발간, 회의주체 등의 활동을 하는 독립적인 연구상담소이다. 사업내용으로는 각종 단체의 관리직에 있는 사람들을 위한 전국훈련센터 설립 가능성에 대한 연구, 청소년과 자원봉사활동을 담당하는 지방자치정부의 청소년과 체육관련부서를 위한 연구, 유럽 3개국에서 자원봉사자들과 일하는 전문가 교육프로그램 개발 등이 있다.

### (3) 자원봉사기금

자원봉사기금(Fondation du Benevolat)은 1995년에 설립되었으며, 자원봉사에 대한 대중의 인식강화, 자원봉사활동 환경개선, 자원봉사활동에 관련된 기본 조직 및 동기문제들에 대한 이해 증진 등을 주된 목적으로 한다.

### (4) 위험과 위기지역에 있는 단체들

자원봉사부문은 정부로부터 충분한 관심을 받지 못한 문제들을 다루어왔으며, 이에 따라 장애인, 극빈자, 노숙자 등과 같은 사회적 소외계층을 위한 사회복지서비스 제공을 주요활동으로 하고 있다. 1940년대와 1950년대의 ADT-Quart Monde나 Les Chiffoniers d'Emmaus와 같은 단체들은 빈곤이나 노숙자 문제해결을 위해 노력하였으며, 국경없는 의사회(Medecins Sans Frontieres)도 개발도상국가들에게 보건서비스를 제공하였다. 1980년대에는 SOS 인종차별(SOS Racisme)이 혁신적인 방법으로 청년들을 인종차별주의 반대운동에 참여하게 만들었으며, 반인종차별주의와 이민사회 지원에 중점을 둔 많은 단체들은 주로 교육, 문맹퇴치, 청소년 범죄예방 등에 주력하는 지역사회 활동을 전개하고 있다(Lloyd, 1999). 자원봉사자들과 일하는 대규모 단체들로는 적십자(Red Cross), 인민구호단(Amnesty International), 가톨릭구호단(Le Secours Feres des Pauvtres), 프랑스소아마비협회(Les paralyses de la France), 유대교 사회복지기금(Le Fonds social juif), 구세군(L'Armee du Salut) 등이다(Ferrand- Beckmann, 1992).

### (5) 사회적 소외를 다루는 단체들

수십 년간 정부는 자원봉사활동과 관련하여 주도적인 역할을 거부해왔으나 1980년대 자원봉사단체의 지위를 강화하고자 하는 법안이 거부당한 이후 상황이 급변하였다. 자원봉사단체들과 관련된 문제에 자문을 제공하기 위한 단체활동에 대한 국가위원회(conseil National de la Vie Assiciative: CNVA)가 조직된 것이다(Gaskin & Davis Smith, 1995). 사회적 소외를 다룬 최근의 법안은 사회보장혜택을 받는 사람들이 지속적으로 취업하고자 하는 노력을 기울인다면, 자원봉사활동에 참여하는 것이 보다 용이하도록 하였다.

## 5. 독일의 자원봉사활동

독일에서는 1970년대 말을 기점으로 자원봉사에 대한 정부인식에 중대한 변화를 겪었다. 다시 말해 국가의 능력범위를 벗어난 급격한 사회문제의 증가와 이의 해결책으로서 정치인들은 자원봉사에 관심을 갖기 시작한 것이다.

정부의 인식변화를 더욱 강화시킨 또 다른 계기는 독일 복지국가의 위기라고 할 수 있다. 이는 주로 재정적 위기에서 기인하는 것이었으나 인구통계학적, 사회적 요인 또한 일정부분 작용하였다. 그 결과, 1990년대 독일에서는 다른 국가들과 마찬가지로 혼합경제적 복지개념의 도입을 통한 국가와 시장, 자발적 기구들을 묶는 새로운 정책적 접근들이 모색되기 시작하였다. 독일정부의 새로운 정책은 국가 및 대중조직의 역할에 대한 재해석과 그것에 기업 등의 시장세력을 통합시키는 것을 기본축으로 하고 있다. 1994년 가족 및 노인업무를 관장하는 연방부서는 '자발적 사회참여에 관한 법률적 문제들'이라는 보고서를 제출하였는데, 이것은 자원봉사를 위하여 법적분야에서 이루어진 첫 번째 시도로서, 자원봉사활동을 증진하고 보호하는 방법에 관한 집중적인 논의를 촉구하기 위한 것이었다.

## 6. 스웨덴의 자원봉사활동

스웨덴은 인도주의가 관철되는 국가이면서 삶의 질과 환경문제가 중요한 부분을 차지한다. 개인의 책임을 중시하지만 자립하지 못하는 사람을 돕는 것을 가치 있게 여기며, 사회적 격차를 가능한 최소화 하려는 노력이 사회전반에 걸쳐 이루어지고 있다. 스웨덴 정부는 다른 유럽국가들과 비교하여 자원봉사활동에 대해 일반적으로 비개입 입장을 취한다. 동일선상에서 자원봉사단체와 활동에 대한 입법화를 찾아보기 어려운 것도 사실이다. 그럼에도 스웨덴 정부는 민주주의의 고양에 자원봉사조직이 수행하는 긍정적인 역할과 사회적 기능들을 인정하고 광범위한 재정적 지원을 아끼지 않아왔다. 특히 지방자치단체들은 정부지원에 대한 일방적 의존이라고 볼 수 있을 만큼 사회적 업무를  담당하는 조직이나 기구들에 대하여 상당한 재정지원을 해왔다. 스웨덴에서는 특히 1960년대에서 1980년대에 걸쳐 많은 자원봉사단체들이 등장하였다. 스웨덴 정부는 자원봉사단체들의 이러한 자발적 움직임들을 배제하기보다는 오히려 적극 지원함으로써 이를 잘 조정하고, 더욱 활발한 협력을 이루어내고자 하였다. 그러나 지난 몇 년간 자원봉사영역에 대한 정부 보조금 감소와 이념적 변화, 그리고 경제적 어려움이 제기되며 일대 전환기에 직면하고 있다(최덕경 외, 2012).

## 7. 선진국 자원봉사활동의 특징 및 시사점

### 1) 선진국 자원봉사활동의 특징

선진국 중 미국, 영국, 일본 자원봉사계의 특징을 〈표 2-3〉과 같이 정리하여 볼 수 있다.

〈표 2-3〉 미 · 영 · 일 3국 자원봉사계의 특징

| 국 가 | 미 국 | 영 국 | 일 본 |
|---|---|---|---|
| 특징/유형 | 민간/국가 분리형 | 민/관 협력형 | 정부 주도형 |
| 강점 | • 민간은 순수 자발적으로, 국가는 '국가봉사단'사업으로 철저히 분리.<br>• 이에 따라 민간의 경우 자원봉사의 순수성이 지켜짐.<br>• 민간 지원 시 관변화의 위험도 거의 없음(전국기구 POLF의 경우도 정부는 예산만 지원하고 간섭은 일체 안함).<br>• 봉사학습의 경우도 국가는 재정으로 학교 측 참여를 유도할 뿐 강제는 하지 않음.<br>• 지역센터는 철저히 민간자성조직인 만큼 센터-단체 간 갈등이 전혀 없음. | • 튼튼한 자생적 민간 자원봉사 전국조직들에 정부 및 지자체가 협약을 맺고 지원함.<br>• 이를 통해 정부는 지역단체들이 민간의 순수성 · 독립성을 유지하면서도 지역사회 사회문제 해결에 나서게 하는 범국가 전략적 접근이 가능.<br>• 정부는 또한 '협약'에서 민간 자원봉사센터와 협의회의 기능을 분리, 두 조직 간 갈등을 피하고 상호 육성토록 도모. | • 정부 주도로 전국에 사회복지협의회 및 볼런티어센터가 설치됨.<br>• 이에 따라 늘 강력한 정부의 개입과 중 · 장기적 진흥정책이 수립. 시해될 수가 있음.<br>• 사회복지 · 교육/청소년 · 노인 등 전략적 개입이 필요한 분야와 집단에 대해 손쉽게 정책 수립 및 개입이 가능.<br>• 볼런티어 생애학습과 같은 평생교육 체계의 수립이 용이함. |
| 약점 | • 민간의 경우 지역 인프라의 핵심인 자원봉사센터들의 경영이 열악함.<br>• 국가차원의 자원봉사 중 · 장기 활성화 계획 같은 정책을 수립할 수가 없음.<br>• 이에 따라 국민들의 자원봉사참여는 사회적 · 시대적 분위기에만 의존하는 상태임. 국가는 그저 국민에게 호소. | • '협약'상의 관 지원이 장기화될 경우 민간의 자생성 · 순서성이 약해질 우려가 있음.<br>• 모든 것이 민-관 프로젝트베이스인 탓에 평생교육 체계와 같은 중 · 장기 국가진흥정책을 수립하기가 쉽지 않음. | • 민간 자생력에 의한 자원봉사 활성화는 아직도 요원함.<br>• 오랜 세월 센터가 사회복지협의회 소속으로 되어 있어 자원봉사 운동의 타 분야 확산이 어려움.<br>• 자원봉사의 4대 원칙이 늘 훼손될 위험이 큼.<br>• 향후 민간 NPO/NGO 들의 활성화 시대가 오면 관주도센터와 시민단체 간 갈등이 등장할 가능성이 큼. |

자료: 행정자치부(2007), 자원봉사활동 진흥을 위한 국가기본계획 수립.

### 2) 선진국 자원봉사활동의 시사점

자원봉사활동이 사회적, 환경적으로 국민들에게 적극적으로 권유하여 눈에 보

이는 제도적인 자원봉사의 권유정책과 눈에 보이지 않는 민간의 자발적인 영역을 함께 발굴해야 한다. 그리고 이때 눈에 보이는 제도적인 자원봉사의 권유정책과 눈에 보이지 않는 민간의 자발적인 영역을 함께 발굴하되 사회적 비용을 줄이기 위해 정부의 정책과 민간의 참여가 상호 조화를 이루도록 해야 한다.

## 확 인 평 가

**1.** 영국의 자원봉사에 관한 설명 중 가장 적절하지 않은 것은?

① 자경단은 20세기에 혼란한 사회상황을 스스로 지키기 위해 일어났다.
② 새천년 자원봉사단(Millenium Volunteers)은 16~24세의 청년들이다.
③ 영국은 보충적인 차원에서의 자원봉사활동을 하였었다.
④ 신 노동당 정부는 자원봉사활동을 활성화하기 위한 일련의 주요 정책을 시행하였다.

**2.** 미국의 정부주도 자원봉사활동 기관이 아닌 것은?

① 평화봉사단 ② VISTA
③ 국내자원봉사활동법 ④ VOLUNTEER

**3.** 해외 저개발 국가의 문맹퇴치운동, 빈곤 추방, 청소년활동 등을 수행하면서 미국 민간 차원의 외교활동을 담당하던 자원봉사는?

① VISTA ② 평화봉사단
③ ACTION ④ POLF

**4.** 일본 지역사회의 노인, 장애인, 아동의 복지문제가 심각하게 대두된 계기가 되는 것은?

① 유류파동 ② 선의은행
③ 오오사카자원봉사협회 ④ 민생위원법

**5.** 영국자원봉사의 확대기인 1905~1978년의 특징이 아닌 것은?

① 민간사회복지기관의 역할이 축소되는 시기
② 정부주도하의 육성시기
③ 사회복지서비스에 대한 국가의 책임 강화
④ 복지국가로의 성숙

정답

**1.** ① ; 20세기가 아니라 17세기이다. **2.** ③ ; 국내자원봉사활동법은 미국의 정부주도 자원봉사활동 기관이 아니다. **3.** ② ; 평화봉사단(The Peace Corps)은 1961년 케네디 대통령 때 만들어져서 해외 저개발 국가의 문맹퇴치운동, 빈곤 추방, 청소년활동 등을 수행하면서 민간 차원의 외교활동을 담당하였다. **4.** ① ; 유류파동(1973년)은 1960년대~1970년대의 고도성장에 의해 대두되었다. **5.** ① ; 민간사회복지기관의 역할이 새롭게 전환되는 시기이다.

# 제3장

# 우리나라 자원봉사활동의 동향

◈ **생각해보기**

1. 우리나라의 전통적인 자원봉사활동은 어떠한가?
2. 우리나라 자원봉사활동의 역사는 어떻게 발전되어왔는가?
3. 우리나라 자원봉사활동의 현황은 어떠한가?
4. 우리나라 자원봉사활동의 과제는?
5. 선진국 자원봉사활동의 시사점은?

우리나라에 현대적 의미의 자원봉사활동이 도입된 계기는 기독교 사상을 바탕으로 한 대한 YMCA연맹(1903)과 인도주의 정신에 입각한 대한적십자사(1905) 등 각종 사회단체의 설립이다. 1980년대 들어 아시안 게임과 올림픽 게임의 개최로 자원봉사활동이 비약적인 발전을 했다. 그러나 아직도 전체적인 참여도는 선진국에 비해 저조한 실정이다.

## 1. 우리나라의 전통적인 자원봉사활동

조상들의 향토문화 가운데 상부상조 정신, 이웃끼리 서로 도와주는 순수한 사랑과 협동정신으로 인간애에서 비롯되었다. 우리나라 자원봉사의 기초로는 삼한시대의 계(契)조직과 신라시대의 두레, 그 외 향약, 품앗이 등 다양한 형태로 발전하여 오늘날까지 전해진다. 그러나 우리가 오늘날 말하는 자원봉사활동으로 간주하기에는 한계가 있다.

### 1) 두레

두레는 농경사회의 공동경작, 공동채집에 자발적으로 참가하는 공동작업조직이었다.

상호협력을 목적으로 조직된 촌락단위 조직으로 성인남자들의 작업공동체로 공동오락, 노동력 부조 활동이다. 작은 두레는 6~10명 정도, 큰 두레는 마을 소속원 전체가 소속원이 되어 조직되었다. 두레가 이행하는 공동노동의 형태로는 모내기, 물대기, 김매기, 벼베기, 타작 등 논농사 경작 전 과정에 적용되었다. 마을의 공동잔치를 베풀어 농사로 인한 노고를 잊고 결속을 재확인함으로써 사회적 약자인 과부나 노약자에게는 무상으로 노동력을 제공하였다. 토지 소유주는 많은 음식을 장만하여 흥을 돋워주며, 사회적 약자에게 여러 가지를 배려하였다.

### 2) 계

계는 상부상조를 목적으로 하는 순수한 민간협동체 조직이었다.

삼한시대에는 취미나 생활의 공통된 분야에서 성립되는 것으로 공동유희, 제례, 회식 같은 행사를 통해 이해관계를 같이 해왔다. 신라시대에는 여러 가지 형태의 계가 성립 · 발전되었다. 그 예로 가베(여자들의 길쌈내기), 향도(화랑들의 조직체) 등이 있었다. 고려시대의 보는 이익사회적 조직으로 공동사회적인 계와는 성격이 다르다.

공공사업의 경비충당을 목적으로 기본기금을 설치하여 그 이식(利殖)으로 각종 사업을 운영하는 일종의 공공재단이었다. 조선시대에는 계가 보를 닮는 등 비슷한 성격을 띠게 되었다. 혼상계(혼상(婚喪)에 관계하는 것), 양로계(노인들의 경로잔치에 관계), 학계(학비를 위한 장학금과 관계됨), 향도(일종의 장례봉사), 규조(집 지을 때 점심과 도구를 가져가서 도와주는 노동력 무상 제공), 동방계(과거시험에 합격한 사람들의 모임), 동갑계 등이 있었다.

### 3) 향약

향약은 조선시대 향촌사회의 자치규약이었다.

시행주체, 규모, 지역 등에 따라 향규, 일향약속, 향립약조, 향헌, 면약, 동약, 동계, 동규, 촌약, 촌계, 이약, 이사계 등 다양한 명칭으로 사용해 왔다. 기본적으로 유교적 예속(禮俗)을 보급하고 농민들을 향촌사회에 정착시켜 토지로부터 이탈을 막고 공동체적으로 결속시킴으로써 체제의 안정을 도모하려는 목적에서 실시되었다.

지역사회의 발전과 지역주민들의 순화, 덕화, 교화를 목적으로 하는 지식인들 간의 자치적 협동조직이다.

### 4) 품앗이

품앗이는 농촌에서의 비교적 단순한 협동노동 형식으로 단순한 노동의 교환형태라고 보기에는 이해 타산적이지 않았다. ‘사람과 농우(農牛)의 교환, 남성과 여성,

장년과 소년의 노동력이 동등하다'는 것이 좋은 예가 되고 있다. 도움을 도움으로 갚아야 한다는 일종의 증답 의례적 사고방식이 제도화된 것으로 시기와 계절을 가리지 않고 소수인 사이에 이루어졌다. 작업의 종류도 농가에서 필요로 하는 모든 작업에 미치고 있다. 일손이 모자라는 집에 시기를 놓쳐서는 안 될 급한 농사일이 있을 때 마을 사람들이 보수나 노동대가를 기대하지 않고 도와주는 봉사적 노동협동 방식이다.

### 5) 부근(울력)

전통적인 농촌 마을에서 주민들이 힘을 합하여 무보수로 남의 일을 도와주는 협동방식으로 마을 공동체의 상부상조하는 공동체문화의 전형으로서 한국의 미풍양속으로 오랫동안 자리잡아왔다. 경북 문경의 '우살미', 함경북도의 '부근(附近)'이 이에 속한다.

길흉사가 있어서 일손이 모자라는 농가, 과부나 노약자만 있는 집, 초상을 당한 집, 일손이 없어 적기에 일을 제대로 해내지 못하는 집이나 추수하고 난 뒤 아직 나락을 거두지 못한 집이 있는데, 비가 올 것 같다든지 하면 나가서 도와주는 것이다. 집을 짓거나 고칠 때, 장례가 있을 때에도 마찬가지이다. 마을 사람들이 노동력을 합친다는 점에서는 두레나 품앗이와 닮은 점이 있다. 그러나 대가성이 있는 것이 아니다. 주인은 울력 나온 사람들에게 성의껏 음식을 대접하는 것이 관행이다.

### 6) 동피칠화(同被七禍)

이웃이 다음과 같은 불행을 당하면 동병상련의 마음으로 아무런 조건 없이 서로 도와주는 풍습으로 수화재(水火災), 도난, 질병, 사상(死喪), 고과(孤寡), 무왕(誣枉), 빈궁(貧窮) 등 일곱 종류의 화가 있을 때 서로 도왔다.

그 외에 자선사업으로 간주할 수 있는 불교정신의 시혜와 국가적 차원에서의 구빈사업으로 고구려 시대의 세민구호책인 진대법(AD.194), 고려의 의창(AD.966), 제위보(AD.963), 혜민국제(AD.112), 조선의 상평창 등과 같은 제도가 있었다. 사창 및 향약은 영국의 구빈법보다 훨씬 앞서는 제도로서 사회 연대책임 하에서의 사회개발 노력이라고 볼 수 있다.

〈표 3-1〉 전통적 자원봉사활동 내용

| 구 분 | 내 용 |
|---|---|
| 두레 | 촌락단위 조직이며, 성인남자들의 작업공동체 |
| 부근 | 집을 신축하거나, 10세 이하의 아이가 죽었을 때 도와줌 |
| 향도 | 마을에 흉사가 있을 때만 무보수 봉사하는 일종의 장의봉사 |
| 부조 | 과부, 홀아비, 노인돌봄. 화재를 당한 집을 고치거나 정리 |
| 향약 | 친화친목을 목적으로 한 자발적 협동조직 |
| 고지 | 궁핍한 사람들이 형성한 공동체 |
| 품앗이 | 노동력을 주고받는 마을공동체로 기본 나눔 형태 |
| 계 | 상부상조의 관행, 목적에 따라 다양 |

출처: 이종복 외(2008:396)

## 2. 우리나라 자원봉사활동의 역사

### 1) 1960년대까지의 자원봉사활동

우리나라의 전통적인 봉사활동은 두레와 품앗이 활동이 그 시작이라고 할 수 있다. 또한 신라시대부터 성행된 계(契)조직, 향약 등도 전통적인 자선봉사활동이라고 볼 수 있다. 두레는 협동과 오락, 노동력 부조활동을 했으며 특히 과부나 노약자들에게 무상으로 노동력을 제공했다.

그러나 우리나라에서 사회봉사활동이 시작된 시기는 근대화가 시작될 무렵이었다. 기독교사상과 개화사상이 전개되어 YMCA, YWCA, 적십자활동이 시작되었다. 광복 후 미군정시대를 지나 한국전쟁 후, 외원기관이 들어오면서 외국에 나가 모금활동을 전개하고 자원봉사를 실시하는 자원봉사활동이 서서히 나타나기 시작했다. 그리고 1960년대에 들어오면서 대학생을 중심으로 농촌봉사활동이 전개되었다.

### 2) 1970년대와 1980년대의 자원봉사활동

1970년 각종 사회복지단체를 중심으로 봉사활동이 전개되었다. 이는 대학생

농촌 계몽운동, 새마을운동 등으로 영역이 확대 발전되었다. 1978년 한국사회복지사 협회에서는 민간복지사업의 첫 일환으로 '사회봉사안내소'를 설치하였고 자원봉사 관련 교육을 실시하는 등 자원봉사활동의 양적 · 질적 전환점이 되었다.

1980년대에 들어오면서 지방 사회복지협의회가 6개의 광역시와 도단위에 조직되면서 자원봉사자 모집 · 훈련 · 배치의 기능은 전국적으로 확산되기 시작하였다. 또한 정무장관실에는 여성개발원이 1984~1992년에 여성자원활동인력은행을 개설 · 운영하였으며, 1992년에는 여성자원활용센터 교육담당 및 여성지원활용센터를 설치하여 운영하고 있다. 그렇지만 우리나라에서 자원봉사라는 용어를 일반 국민들이 널리 인식하게 된 계기는 1988년에 개최된 서울올림픽이라고 할 수 있다.

### 3) 1990년대와 2000년대의 자원봉사활동

1994년에는 한국자원봉사단체협의회가 설립되어 사회복지계 자원봉사관련 단체와 일반 자원봉사단체들이 연계하여 자원봉사활동에 관한 정보를 협의 · 조정하는 활동을 하였다.

1996년에는 총장들의 모임인 한국대학사회봉사협의회가 창립되었고, 2000년에는 한국자원봉사센터협회(www.kavc.or.kr)가 창립되었다. 2003년에는 서울 명동

〈표 3-2〉 우리나라 자원봉사활동의 역사

| 기초기<br>(비조직화 시기) | 형성기<br>(민간차원의 조직화 시기) | 확대기<br>(정부주도하의 육성시기) | 재정립기<br>(공·사 협력시기) |
|---|---|---|---|
| 1950년대<br>• 계, 두레, 향약<br>• 1921:태화 기독교사회관<br>• 일제:인보관, 학생운동 | 1950년~1979년<br>• 1960:적십자운동<br>• 1970:새마을운동<br>• 1978:자원봉사자교육(협의회) | • 1984:자원봉사인력은행 (한국여성개발원)<br>• 1986, 1988:인식확산<br>• 1991:한국자원봉사연합회<br>• 1992:재가복지봉사센터 (한국사회복지관협회)<br>• 1994:사회복지자원봉사 정보안내센터, 자원봉사 캠페인(중앙일보)<br>• 1995:교육개혁(초·중·고 청소년자원봉사)<br>• 1996:한국대학생봉사협의회<br>• 1996:자원봉사센터운영 | 1997년~현재<br>• 2002년:월드컵<br>• 2005:자원봉사활동 기본법 제정<br>• 2006:자원봉사활동 기본법 시행령 시행<br>• 2008:자원봉사활동 기본법 개정, 자원봉사활동 기본법 시행령 개정 |

은행회관에서 99개의 NGO 및 자원봉사단체들이 모여 한국자원봉사협의회(www.kcv.of,kr)를 창립하였다. 2005년에는 10여 년 이상 준비해 오던 자원봉사활동 기본법이 재정되었다. 2006년에는 자원봉사활동 기본법 시행령이 제정되고 연말에는 진흥위원과 봉사위원이 촉진되었다(김범수 외, 2007).

## 3. 우리나라 자원봉사활동의 현황

### 1) 자원봉사활동 추진체계

우리나라의 자원봉사활동 추진체계에는 시 · 군 · 구 자원봉사센터, 사회복지자원봉사정보안내센터, 여성자원활동센터, 청소년자원봉사센터, 재가복지봉사센터, 여성센터, 종교단체, 국민운동단체, 청소년단체, 대학의 사회봉사단체, 기업의 사회공헌단 등이 있다(이병순 외, 2010).

#### (1) 자원봉사진흥위원회

국무총리 산하의 자원봉사진흥위원회는 자원봉사활동 기본법과 시행령에 근거해 자원봉사의 국가기본계획을 심의하는 역할을 수행한다. 진흥위원회는 민간위원이 과반수가 되도록 함으로써 민 · 관 협력체계를 구축하기 위함으로 국무총리, 주요 정부부처의 장, 민간위원 등 30인 이내로 구성한다.

#### (2) 행정안전부

행정안전부는 자원봉사활동 기본법에 근거해 자원봉사 국가기본계획을 수립하고 자원봉사제도의 개선과 운영, 자원봉사센터 활성화 지원을 주요 업무로 한다. 그리고 지방은 지방자치단체의 주민자치과에서 자원봉사 지원업무를 담당한다. 정부에서는 자원봉사 정책개발 및 지역봉사센터에 대한 지원역할을 수행할 수 있도록 2010년 한국중앙자원봉사센터를 실치하였다. 우리나라의 지방자치단체가 운영하는 자원봉사센터는 '96년부터 설치되기 시작하여 '09년 시 · 도, 시 · 군 · 구에 1개소씩 248개 센터가 설치되어 운영되었고, 2010년 경남지역 마산시, 창원시, 진해시센터가 창원시 자원봉사센터로 통합되어 현재 246개소가 운영되고 있다. 센터별 운영형태는 순수직영 76개소(31%), 혼합직영 75개소(30%), 위탁 68개소(28%), 법인 27개소(11%)가 운영되고 있다(행정안전부, 2010).

### (3) 보건복지부

보건복지부의 사회복지정책본부 복지지원팀에서 사회복지분야 자원봉사활동을 지원하고 육성한다. 사회복지 영역의 자원봉사는 사회복지사업법 제9조에 규정하고 있으며 사회복지 자원봉사활동의 지원, 육성에 대해 언급하고 있다. 사회복지사업 시행령에는 사회복지 자원봉사활동의 지원 · 육성을 한국사회복지협의회에 위탁하도록 규정하고 있다. 복지부에서는 1987년 한국사회복지협의회 부설 '사회봉사안내소'를 설치하여 자원봉사자 교육사업을 실시하고, 각 사회복지시설기관에 자원활동자를 배치한 것을 필두로 1991년 자원봉사자 육성사업을 위해 사회복지협의회 내에 '지역복지봉사센터'를 설치하였다. 1994년에는 자원봉사 관련 전산정보체계 구축, 자원봉사 지원단 및 지도자 교육, 자원봉사활동 조사 · 연구와 교재 발간, 홍보, 정책 건의 등을 목적으로 하는 사회복지협의회 부설 사회복지 '자원봉사정보안내센터'를 설립하였다(김성이, 1996), 사회복지자원봉사센터의 주요 사업내용은 다음과 같다.

- 사회복지봉사활동 등에 관한 정보제공 시스템을 운영함으로써 자원봉사 활성화 촉진
- 한국사회복지협의회는 '사회복지봉사활동 인증관리사업'의 총괄운영관리처로서 시 · 도 사회복지협의회와 관계 협력하여 동 사업의 안정적 운영 및 지속적 발전을 위한 기반 강화
- 대국민 사회복지봉사활동 참여 촉진 및 지속적 활동기반 조성을 위하여 '자원봉사자 상해보험제도' 운영
- 사회복지자원봉사 통계연보 발행 등, 등록 자원봉사자 조사 · 분석사업 추진
- 사회복지자원봉사 동기부여 서비스 제공 프로그램 개발
- 자원봉사자 카드 발급사업 추진
- 전국 사회복지자원봉사대회 개최
- 자원봉사 인증관리 시스템(VMS)에 전산 입력된 자료는 '보건복지부 소관업무 전산처리에 따른 개인정보 보호관리지침'에 따라 정보의 보호 · 관리

### (4) 여성부

여성부는 여성발전기본법 시행령에 의거 전국 157개의 여성자원활동센터를 지원하고 있으며 재원은 여성발전기금으로 운영된다. 여성자원봉사활동센터는 1991년 산발적으로 수행되고 있는 여성자원봉사의 분산된 창구를 지역단위로 통합·운영하여 자원봉사활동의 전 사회적 확산기반을 다지고자 하는 목적으로 한국여성개발원이 설치·운영한 것을 여성부 여성정책본부의 협력지원팀에서 지원하고 있다. 최근 한국 사회에 자원봉사가 대중운동으로 확산되기 시작하고 학생, 노인, 직장인 등 다양한 집단을 위한 프로그램들이 개발되면서 여성의 자원봉사활동은 여성만의 활동이 아닌 시민참여활동의 하나로 자리잡아가고 있다. 이러한 변화와 함께 여성들의 자원봉사 내용도 사회복지서비스 분야뿐 아니라 환경보호운동, 소비자운동, 교육환경 개선운동 등으로 확산되고 있다.

### (5) 문화체육관광부

현재 문화체육관광부에서 운영 중인 산하 자원봉사기관은 명시되어 있지 않다. 다만 최근에 자원봉사사업 추진을 위해 '문화자원봉사 실태조사'를 실시하였고, 그 결과는 문화체육관광부의 문화 관련 자원봉사정책 수립에 큰 시사를 줄 수 있을 것으로 생각할 수 있다. 문화자원봉사에 대한 인식과 현황을 나타내주는 2010년도 조사결과를 소개하면 다음과 같다(문화체육관광부, 2010).

문화체육관광부와 한국문화관광연구원은 우리나라 문화자원봉사활동의 수요 및 실태를 파악하고 문화자원봉사 활성화 방안을 모색하고자 문화자원봉사 실태조사를 실시하였다. 이에 의하면 우리 국민의 문화자원봉사활동(예술, 문화, 지역축제, 관광, 스포츠)참여율은 5.5%로 나타났다. 아직 문화자원봉사에 대한 일반인의 인지도는 낮지만(25.9%) 참여 의향에 대해서 27.5%가 긍정적이고 연령대가 낮을수록 적극적이어서 향후 잠재수요는 높은 것으로 기대된다. 또한 행정안전부가 '자원봉사 포털시스템 구축사업'을 협력추진하여 문화자원봉사 관련 정보제공 및 수요·공급의 매칭과 활동 인증관리를 통합지원할 계획이므로 그 실효성이 기대된다.

### (6) 교육과학기술부

교육과학기술부의 지침에 의거 교육과학기술부는 학생자원봉사활동정보안내센터와 한국대학사회봉사협의회 등 자원봉사관련 조직을 지원하고 있다. 학생자원봉사활동정보안내센터는 전국 지역 교육청에서 초 · 중 · 고등학생의 자원봉사활동 정보안내를 하고 있으며 한국대학사회봉사협의회는 전국 198개교 회원교의 자원봉사활동 프로그램 공모 및 개발, 대학생 해외봉사단 파견, 자원봉사 연구개발 및 교과목 개발 등 대학 자원봉사활동을 지원하고 있다.

### (7) 사회복지자원봉사센터

- 설립: 1994년 사회복지자원봉사정보안내센터에서 출발.
- 목적: 체계적이고 효율적인 자원봉사를 위한 정보관리체계의 구축 및 전문성 향상을 도모하고 자원봉사단체와의 교류협력과 홍보 및 교육체계화에 이바지한다.
- 정부지원조직: 보건복지부
- 운영주관: 한국사회복지협의회 및 시 · 도 사회복지협의회가 주관하여 운영.
- 설치규모: 전국에 17개 사회복지자원정보센터 설치 · 운영.
- 주요기능: 4,155개 사회복지 분야 자원봉사인증센터와 연계하고 사회복지봉사활동 인증요원 8,841명을 위촉.
- 주요재원: 국비, 지방비
- 설치근거: 사회복지사업법

### (8) 여성자원활동센터

- 설립: 1991년
- 목적: 산발적으로 수행되고 있는 여성자원봉사의 분산된 창구를 지역단위로 통합 운영하여 자원봉사 희망자의 이용편의를 도모하고 정부의 공공서비스 분야에 여성들의 자발적인 참여와 봉사의 기회를 적극 제공함으로써 자원봉사활동의 전사회적 확산기반을 다지고자 한다.
- 정부지원조직: 여성가족부
- 운영주관: 한국여성개발원이 직영 및 민간위탁으로 설치 · 운영.
- 설치규모: 전국에 157개 센터를 시 · 군 · 구에 설치 · 운영.
- 주요기능: 여성자원봉사 육성
- 주요재원: 여성발전기금
- 설치근거: 여성발전기본법

### (9) V타운 21세기운동전국협의회

- 설립: 1996년
- 목적: 풀뿌리자원봉사 시민운동을 추진하는 단체로 지역단위에서 민간자원결집, 조직을 통한 주민들의 복지관심, 참여증진, 국민복지 민 · 관 파트너십체계를 형성하고자 한다.
- 설치규모: 전국에 34개 시 · 군 · 구 시범지역에서 시작하고 있다.
- 주요기능: 모든 국민이 자원봉사자로 나서서 자신들이 사는 지역을 바꿔보자는 풀뿌리자원봉사 시민운동을 추진.

### (10) 재가복지봉사센터

- 설치 · 운영: 기존의 사회복지관, 장애인복지관, 노인복지관 등에 전담인력, 장비 등 사업비를 지원하여 복지관의 부설형태로 지원
- 역할: 재가복지봉사센터는 재가복지서비스 대상자 및 가정의 욕구 및 진단, 서비스 제공, 자원봉사자 양성 · 관리를 비롯하여 지역사회 자원동원 및 활동, 사업평가, 교육기관, 지역사회 연대의식 고취 등의 다양한 역할을 수행하고 있다.
- 사회복지관의 관장은 재가복지봉사센터의 장을 겸직.
- 사회복지사 2인(과장급 1인 포함), 운전기사 1인 등 총 3인을 우선 배치한다.
- 각 부처별로 명칭에 차이가 있다.
  - 사회복지관 부설: 재가복지봉사센터
  - 노인복지관 부설: 가정봉사원파견사업소
  - 장애인복지관 부설: 장애인순회서비스센터
  - 사회복지협의회 부설: 지역복지봉사센터

### (11) 한국자원봉사협의회

- 설립: 1994년
- 법정단체이며 대표적인 민간중앙조직
- 주요기능: 협의기구로 회원 간의 협력 및 사업지원, 자원봉사활동의 진흥을 위한 대국민 홍보 및 국제교류, 정책의 개발 및 조사 · 연구, 정책건의, 정보

의 연계 등을 행한다.

- 설치규모: 전국에 248개 센터를 시 · 도, 시 · 군 · 구에 자원봉사센터가 설치 · 운영.
- 운영형태: 직영159개소(64%), 민간위탁 70개소(28%), 법인설립 19개소(8%)
  – 센터운영의 민영화율은 36%에 불과
- 근무인원: 민간인이 1,019명(84.6%), 공무원이 186명(15.4%)
- 설치근거: 자원봉사활동 기본법 제17조

### (12) 청소년활동진흥센터

- 설립: 1996년
- 목적: 청소년자원봉사 및 수련활동의 지원.
- 정부지원조직: 보건복지부
- 설치규모: 전국에 17개 시 · 도에 설치 · 운영.
- 주요기능: 청소년봉사활동 지원과 관련하여 청소년자원봉사 프로그램에 대한 연구개발, 청소년자원봉사활동의 소양교육, 수급관리, 기록관리, 전산망 관리 등을 수행.
- 주요재원: 국비–사업비, 기금–운영비
- 설치근거: 청소년활동진흥법

### (13) 볼런티어21

비영리민간단체. 각종자원봉사 확산을 위한 인프라 구축 및 정책연구, 자원봉사 지도자 및 관리자의 역량강화를 위한 교육 · 훈련, 지역사회문제해결과 공동체성 강화를 위한 프로그램 개발 및 보급을 위해 노력해왔다.

이외에 행정안전부(137), 보건복지부(140), 환경부(100), 문화관광체육부(96), 외교통상부(770) 등 총 33개의 중앙부 · 처 · 청에 845개의 민간비영리단체가 등록되어 활동한다. 그리고 종교단체나 자생적인 민간단체 등을 포함하면 최소 4만여 개의 자원봉사 단체가 활동하고 있는 것으로 추정된다.

## 2) 자원봉사활동 관리체계

### (1) 관리인력

자원봉사센터의 민간인력은 센터당 평균 약 4명 이상이다. 학력은 대졸(75.6%), 대학원졸(10.4%)의 순이고 연령은 40세 미만 404명(39.6%), 30세 미만 324명(31.8%)이다. 그리고 급여수준은 2천만원 미만 618명(60.6%), 3천만원 미만 233명(22.9%), 1천만원 미만 66명(6.5%)이었으며, 근무기간은 1년 미만 583명(57.2%), 3년 이상 238명(23.4%), 2년 미만 117명(11.5%)이다.

사회복지시설이나 기관에서 자원봉사자 활용도는 점점 증가하고 있는 추세이며, 대다수의 기관들이 자원봉사자를 활용하지만 자원봉사관리자가 경력이 낮은 직원이 맡는 경우가 많다. 행정안전부 소속의 센터가 아닌 다른 봉사센터나 단체의 경우 직원은 1~2명에  불과하여 자원봉사 추진체계로서의 기능을 효율적으로 수행하기에 근본적인 한계가 있다. 자원봉사 활용기관이나 자원봉사센터 모두 전문관리인력의 확보 · 배치가 무엇보다 중요하다.

### (2) 관리과정

① **모집**: 우리나라 자원봉사활동 참여율은 1999년 13.0%였으나 2006년 14.3%로 증가한 것으로 나타났다. 적절한 모집방법을 개발하기 위해서는 자원봉사자들의 참가경로를 파악하는 것이 매우 중요하다. 선진국의 자원봉사 참여율(호주 46%, 영국 51%, 미국 44%)에 비하면 매우 낮다.

② **교육**: 자원봉사자에 대한 계속적인 교육은 물론, 소양교육, 직원교육, 비치전 각 부서의 의견 조회 등이 자원봉사활동의 성과 향상에 기여한다. 자원봉사 관리자에 대한 교육은 고도의 전문성을 요한다. 따라서 대부분 외부기관에 의존하는 비율이 높기 때문에 외부의 지원이 절실히 필요하다.

③ **배치**: 무엇보다 기관 및 지역 간의 네트워크가 잘 구축되어 있어야 한다.

④ **평가 및 보상 방법**: 자원봉사활동 후 평가와 보상은 자원봉사자로 하여금 자신이 한 일에 대한 자긍심을 느끼게 함으로써 자원봉사활동의 계속성을 보장할 뿐만 아니라 기관의 측면에서는 행해진 사업의 효과성 및 개선점 등을 알게 하고 지역에 있는 잠재적 자원봉사자로 하여금 자원봉사활동에 관심을 갖게 하는 요인이 된다.

### (3) 자원봉사정보망

① **자원봉사정보망**: 전국의 자원봉사기관을 하나의 망(network)으로 연결한 것이다. 자원봉사 관련 정보를 데이터베이스로 구축하여 자원봉사관리 업무를 전산화하고 자원봉사자의 공동모집, 배치, 교육, 관리를 위한 전달체계를 구축한 것이다.

② **정보시스템(network)의 필요성**: 자원봉사 영역은 자원봉사 공급자와 수요자의 만남을 통해 이루어지는 영역이며, 상호간에 적절한 정보가 보다 더 명확하고 효율적으로 제공되며 관리될 때 자원봉사 활동이 활성화 된다.

자원봉사 자원의 효율적 관리 및 활용을 위해 자원봉사 관련 데이터를 효과적으로 처리할 수 있는 정보체계를 구축함으로써 자원봉사자들의 참여 유도와 지속성을 제고하고, 동시에 관련기관들의 자원봉사 인력활용을 극대화하도록 지원하는 것이 필요하다고 하겠다.

### (4) 자원봉사센터의 종합관리시스템 구축현황

① **자원봉사센터**: 자치정보화조합에서 개발한 자원봉사관리시스템을 사용한다. 서울, 경기는 별도의 전산관리시스템을 사용한다.

② **사회복지자원봉사센터**: 사회복지자원봉사관리시스템(vms.or.kr)을 운용하는데 사회복지시설, 기관을 사회복지관리센터로 지정한다.

③ **청소년활동진흥센터**: 전국자원봉사온라인 포탈사이트(dovol.net)를 운영하는데 유관기관 및 활동처와의 연계, 실적관리, 확인서 발급 등을 한다.

④ **여성자원활동센터**: 여성자원봉사네트워크(volunteer.women-net.net)를 운용하고 있으며, 수요처 안내, 교육콘텐츠, 동호회 시스템 등이 있다.

## 3) 자원봉사활동 지원체계

### (1) 자원봉사활동 기본법

2004년 5월에 민간전문가와 주요 부처의 공무원들로 '자원봉사활성화기획단'을 구성하여 자원봉사활동 기본법 정부 제출안을 만들었다. 2005년 8월에 자원봉사활동 기본법이 국회의 심의 및 의결을 거쳐 법률 제7669호로 공포되었고 2006년 2월에 자원봉사활동 기본법과 동법 시행령이 발효되어 시행 중에 있다.

자원봉사활동에 관한 기본적인 사항을 규정함으로써 자원봉사활동을 진흥하고 행복한 공동체 건설에 기여함을 목적으로 제정하였다. 그리고 자원봉사활동 진흥을 위한 국가 및 지방자치단체책무, 자원봉사활동 범위, 학교 및 직장 등의 자원봉사활동 장려, 포상, 자원봉사자의 날(12월 5일) 및 자원봉사주간, 자원봉사자 보험가입, 한국자원봉사협의회 설치, 자원봉사센터 설치 운영 등에 관한 사항을 규정하였다.

자원봉사활동 기본법의 주요 내용을 살펴보면

- 전체 20개 조문 및 부칙으로 구성
- 자원봉사진흥시책의 기본방향으로 무보수성, 자발성, 공익성, 비영리성 및 민 · 관 협력의 기본정신을 바탕으로 함
- 자원봉사활동의 진흥을 위한 국가 등의 책무(4조)와 자원봉사활동이 바람직한 시민운동으로 정착될 수 있도록 기반을 조성함
- 자원봉사센터 및 단체장의 특정정당(인) 선거운동 금지를 포함한 정치활동 등의 금지의무(제5조, 제20조)
- 자원봉사활동의 범위를 다양한 분야로 광범위하게 규정(제7조)
- 국무총리 소속으로 자원봉사진흥위원회의 설치(제8조)
- 자원봉사활동 참여를 촉진하기 위해 자원봉사자의 날 및 자원봉사 주간 설정(제13조)
- 자원봉사자에 대한 보호를 위해 국가 및 지방자치단체는 자원봉사자들의 안전한 환경조성을 위한 노력, 자원봉사자 보험의 가입 등 보호의 종류에 대해서 대통령령으로 정함(제14조)
- 한국자원봉사협의회의 설치 및 사업규정(제17조)
- 자원봉사센터의 설치 · 운영, 자원봉사센터장 자격요건(제19조)

### (2) 자원봉사활동 기본법 시행령

- 자원봉사진흥위원회 및 위원회 구성(제2조, 제4조)
  - 진흥위원회는 국무총리, 주요 정부부처의 장, 민간위원 등 30인 이내로 구성하고 민간위원이 과반수가 되도록 함으로써 민 · 관 협력체계 구축
  - 실무위원회는 행정자치부 제2차관, 주요 정부부처의 국장, 민간위원 등 25인 이내로 구성: 자원봉사진흥위원회의 심의사항에 대한 실무적 검토

역할

- 국가기본계획 및 연도별 시행계획 수립 · 시행(제5조, 제6조)
- 5년마다 자원봉사활동의 진흥에 관한 국가기본계획 수립
- 매년 관계 중앙행정기관 및 지방자치단체는 연도별 시행계획을 수립
- 자원봉사자의 날 및 자원봉사주간 행사(제9조)
  - 자원봉사활동에 대한 범국민적 참여분위기 조성 사업 추진
- 자원봉사자에 대한 보험가입(제10조)
- 국 · 공유 재산의 사용(제12조)
- 한국자원봉사협의회 회원, 자원봉사센터 장의 자격요건(제13조, 제14조)

### (3) 자원봉사진흥 국가기본계획

자원봉사활동 기본법 제9조 1항에 의거한 것으로 정부가 자원봉사진흥을 위한 국가기본계획을 수립하도록 한 것이다. 매 5년마다 자원봉사활동 진흥을 위한 국가기본계획 및 연도별 시행 계획을 수립해야 한다.

① 제1차 5개년 국가기본계획(2007～2012)

참여와 나눔의 자원봉사국민문화 확산

목표 : 성인자원봉사 참여율 30%, 주당 3시간 봉사활동 참여 달성

세부내용 :

2008년부터: 단계적으로 중 · 고교 봉사활동 운영 개선
2009년부터: 선진국형 봉사학습 정착
2010년부터: 학교교과과정에 자원봉사 포함
2010년까지: 전산정보시스템 구축 → 자원봉사종합관리시스템을 통합 · 조정 계획

② 정책영역

5대정책 영역 13개 정책과제, 35개 세부과제로 구성되어 있는데 5대정책 영역은 자원봉사가치 증진과 참여촉진, 자원봉사활동 지원인프라의 효율화 증진, 자원봉사활동 관리 및 핵심인력 양성, 자원봉사활동 연구기반 조성, 자원봉사활동 국제교류 활성화 등이다.

〈표 3-3〉 자원봉사활동을 위한 국가기본계획

| 정책영역 | 정책 · 세부과제 |
|---|---|
| Ⅰ. 자원봉사활동 가치증진과 참여촉진 | • 자원봉사 문화확산<br>• 자원봉사 평생교육체계 확립 및 지원<br>• 바람직한 자원봉사 인정 · 보상 문화 및 제도 확립 |
| Ⅱ. 자원봉사활동 지원 인프라의 효율화 증진 | • 법령 및 조례의 정비<br>• 조직적 측면의 인프라 및 네트워크 활성화<br>• 물적 인프라의 구축 |
| Ⅲ. 자원봉사활동 관리 및 핵심인력 양성 | • 자원봉사활동 관리체계 표준<br>• 자원봉사 관리자 양성<br>• 자원봉사 리더 및 분야별 전문 자원봉사자 육성 |
| Ⅳ. 자원봉사활동 연구기반 조상 | • 자원봉사활동 조사 · 연구<br>• 자원봉사 프로그램 개발<br>• 자원봉사 평가체계 개발 및 평가 시행 |
| Ⅴ. 자원봉사활동 국제교류 활성화 | • 국제협력 및 교류강화 |

### (4) 기타 자원봉사활동 관련법, 조례

기타 자원봉사활동 관련법 및 조례로는 건강가정기본법, 여성발전기본법, 노인복지법, 사회복지사업법, 국민기초생활보장법, 청소년활동진흥법, 재해구호법 등이 있다.

관련법령으로는 한국국제협력단법(해외자원봉사활동 관련), 사회복지공동모금회법(민간기금의 조성 관련), 중앙행정기관의 소속기관 직제 시행규칙(주요관련부처의 자원), 공직선거법, 기타보호관찰 등에 관한 법률 등이 있다.

* 현재 우리나라에서 자원봉사관련 정책은 개별 부처차원에서 수립한다.
  - 중앙정부의 여러 부처가 소관업무에 자원봉사제도를 도입하고 있다.
  - 행정안전부, 보건복지부, 여성가족부에서 지원하는 자원봉사센터를 중심으로 자원봉사 관련 정책을 실행한다.

### (5) 자원봉사활동 관련 정책의 변화

지난 2005년 8월, 국회의 심의·의결을 거쳐 공포된 「자원봉사활동 기본법(법률 제7669호)」은 우리나라 자원봉사활동 추진의 근간이 되고 있다. 전체 20개 조문 및 부칙으로 구성되어 국가와 지방자치단체의 자원봉사활동을 권장하고 지원하는 책무를 명시하고 있으며, 자원봉사활동에 관한 주요정책심의를 위해 국무총리실 직속으로 관계 부처 및 민간 전문가로 자원봉사진흥위원회를 설치하도록 규정하였다. 그밖에도 학교와 직장 등의 자원봉사활동을 장려하고, 자원봉사자에 대한 포상과 전국 단위의 자원봉사활동 진흥 및 촉진을 위한 활동 주체로서 한국자원봉사협의회의 설립 근거를 담고 있으며, 국가 및 지방자치단체가 자원봉사센터를 법인으로 운영하거나 비영리법인에게 위탁·운영토록 하고 있다.

시행계획의 주요 내용을 살펴보면 다음과 같다.

① 자원봉사활동 관련 주무부처인 행정안전부는 자원봉사를 희망하는 국민 누구나 인터넷을 통해 자원봉사활동을 신청하고 활동분야에 배치받아 활동할 수 있도록 부처별로 분산되어있는 시스템을 연계하는 자원봉사 통합포털서비스를 제공할 계획이다. 즉, 현재 부처별로 각각 운영하고 있는 자원봉사정보시스템(행정안전부), 사회복지 인증시스템(보건복지부)의 연계를 추진하도록 한다.

② 자원봉사활동 실적 관리의 공정성 및 합리성을 제고하여 바람직한 인정·보상 문화를 확산하기 위한 공통기준을 마련한다. 아울러 G20 정상회의 등 국가적 행사의 성공적 개최를 적극 지원하는 자원봉사단을 구성·운영한다.

③ 학생 자원봉사를 실질화하기 위해 교육과학기술부는 학생을 포함하여 가족단위로 자원봉사에 참여하는 「가족봉사단」을 전국 2,000개 학교에서 확대 운영할 계획이다.

④ 해외자원봉사도 대폭 확대되는데, 외교통상부는 아시아, 아프리카 국가 등에 신규로 1,000명의 해외봉사단을 파견하여 교육, 의료 봉사활동을 전개하며, 교육과학기술부도 대학생 봉사단 2,300명을 20개 국가에 파견하도록 한다.

⑤ 문화·관광분야 자원봉사활동을 활성화하여 문화관광해설사를 양성하는 사업을 지속적으로 실시하며, 문화재청은 자원봉사자를 활용한 문화재보호를 위해 1문화재 1지킴이 운동을 전개한다. 또한 지자체는 지역실정에 맞는 다양한 사업을 지역 자원봉사 센터 및 단체들과 협력하여 추진한다.

이상과 같이 우리나라 자원봉사 체계 및 관련법을 정리하면 〈표 3-4〉와 같다.

〈표 3-4〉 우리나라 자원봉사 체계 및 관련법

| 자원봉사 체계 | | | 자원봉사 관련법 |
|---|---|---|---|
| 개관 | 민간추진 체계 | 정부지원 체계 | |
| • 각 부처별 자원봉사센터 설치 지원<br>• 자원봉사활동 기본법 제정 이후 정부가 앞장서서 자원봉사활동 육성지원<br>• 자금지원은 조직지원 방식(정부지원에 지방자치단체 예산 부담지원)과 단체별 프로젝트 지원방식 병행 | • 한국자원봉사협의회, 적십자 등 개별 단체<br>• 자원봉사센터협회<br>• 광역시 · 도 자원봉사센터(16)<br>• 시 · 군 · 구 자원봉사센터(248개)<br>• 여성자원활동센터(157개), 사회복지자원봉사센터(17개), 청소년활동진흥센터(중앙 및 16개 시 · 도) | • 행안부(참여 여성팀/교부세, 보조금)<br>• 보건복지부, 문화관광부, 여성가족부(보조금) | • 직접적인 법은 자원봉사활동 기본법(2005)<br>• 간접적인 근거로 사회복지사업법(1997), 청소년활동진흥법(2004), 여성발전기금(1995) · 각 지방자치단체의 자원봉사 관련조례 |

# 4. 자원봉사자의 현황

## 1) 자원봉사활동의 현황

### (1) 자원봉사활동 참여현황

우리나라 자원봉사활동의 참여현황을 살펴보면 〈표 3-5〉와 같다.

〈표 3-5〉 자원봉사활동 참여현황 (단위: 명, %)

| | 2003 | 2004 | 2005 | 2006 | 2007 | 2008 | 2009 | 2010 |
|---|---|---|---|---|---|---|---|---|
| 총성인 인구수 | 35,587,469 | 35,974,391 | 35,744,497 | 36,786,161 | 37,188,043 | 37,618,582 | 38,038,526 | 38,931,267 |
| 자원봉사참여성인구수 | 1,157,637 | 1,333,786 | 1,621,976 | 2,103,718 | 2,548,599 | 3,294,204 | 3,879,489 | 4,634,597 |
| 참여율 | 3.3 | 3.7 | 4.5 | 5.7 | 6.9 | 8.7 | 10.2 | 11.9 |
| 참여증가율 | - | 15.2 | 21.6 | 29.7 | 21.0 | 29.0 | 17.8 | 19.5 |

출처 : 행정안전부(시 · 도, 시 · 군 · 구 자료)
1. 참여 증가율은 전년대비 증가율임
2. 성인 인구수는 20세이상 인구수임

전국 자원봉사센터 설치 이후 연도별 자원봉사센터 등록 성인 자원 봉사자 인원수가 매년 17% 이상 증가하여 '10년 12월 현재 20세 이상 성인 자원봉사자 등록인원이 4,634,597명이다. 연도별 자원봉사 참여율(%)을 보면 '05년 4.5% → '06년 5.7% → '07년 6.9% → '08년 8.7% → '09년 10.2% → '10년 11.9%이다.

### (2) 자원봉사자 성별 · 연령별 현황

우리나라 자원봉사자의 성별로 구분해 보면 성별로는 여성(57%)이 남성(43%)보다 많게 나타났다. 연령별로는 10대(27%)와 40대(19%)가 가장 많고, 20대(17%)와 50대(14%), 30대(12%), 60대(11%) 순으로 전 연령에 고른 분포를 보이고 있다. 청소년 자원봉사 활성화에 따른 10대의 자원봉사 참여와 40~50대의 중년층이 지속적으로 자원봉사 참여율이 증가하고 있다. 60대 이상 활동자들의 증가에 따라 맞게 노인세대를 고려한 자원봉사 프로그램 개발이 필요하다.

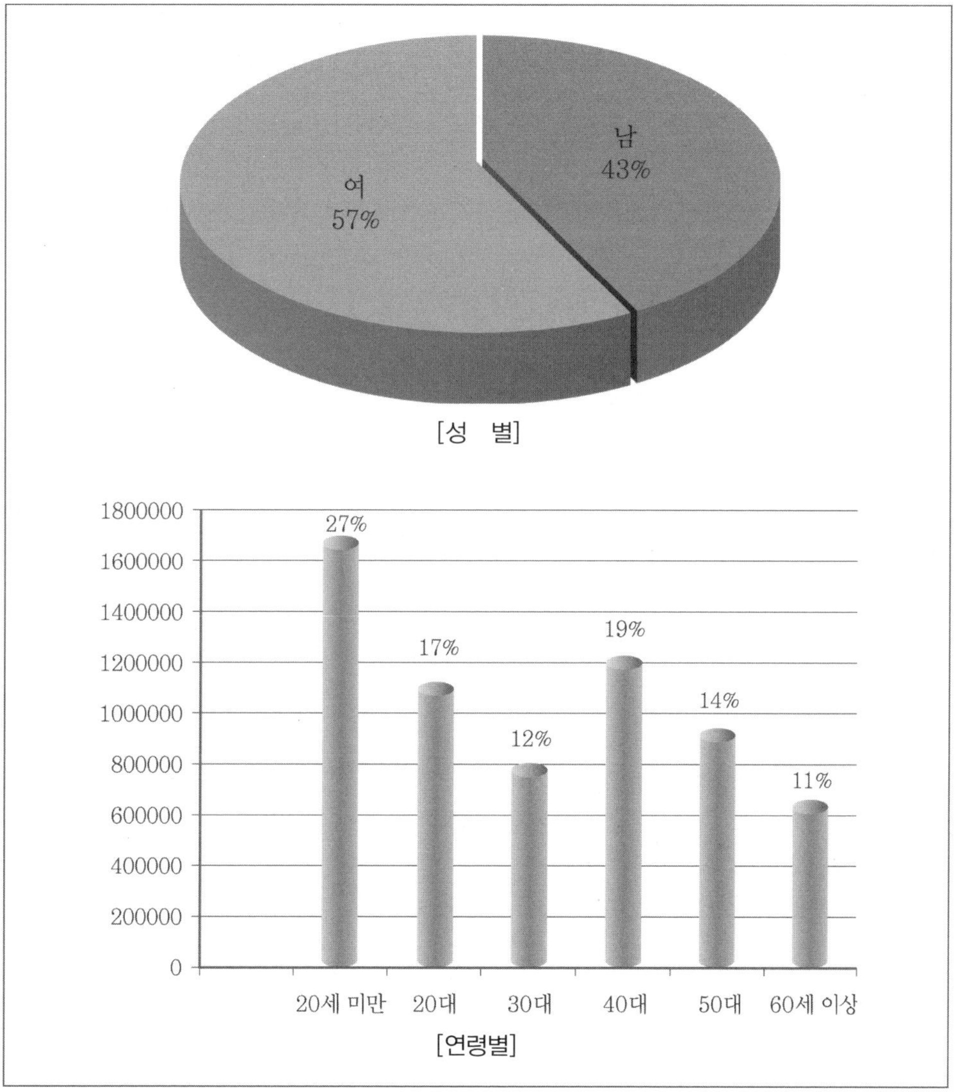


출처: 행정안전부(2010), 2010년 자원봉사센터 현황.

[그림 3-1] 성별 · 연령별 현황

### (3) 자원봉사활동 참여 횟수

지난 1년간 자원봉사활동에 참여한 횟수는 평균 7.1회로 나타났으며, 여자가 7.6회로 남자보다 더 많이 참여하였다. 60대 이상은 평균 12.4회로 가장 많이 참여하였고, 상대적으로 10대가 4.3회로 가장 적게 참여하였다. 또한, 자원봉사활동 1회당 평균 4.4시간을 참여하는 것으로 나타났다. 도시(동부)지역보다는 농어촌(읍면부)지역이, 여자보다는 남자가 더 오랜 시간을, 연령별로는 20대가 평균 5.3시간으로 가장 오랜 시간을 참여하였다.

〈표 3-6〉 자원봉사활동 참여 횟수와 시간 (단위: 회, 시간, %)

| 구 분 | | 참여횟수 | | | | | 참여시간 | | | | |
|---|---|---|---|---|---|---|---|---|---|---|---|
| | | 평균 | 1회 | 2~3회 | 4~5회 | 6회 이상 | 평균 | 1~2 시간 | 3~4 시간 | 5~6 시간 | 7시간 이상 |
| 2009년[1] | | 6.6 | 22.1 | 36.0 | 15.2 | 26.7 | 5.1 | 25.3 | 37.6 | 14.7 | 22.5 |
| 2011년 | | 7.1 | 17.1 | 35.0 | 18.8 | 29.0 | 4.4 | 31.3 | 36.4 | 14.2 | 18.1 |
| 지역별 | 도시(동부) | 7.1 | 18.1 | 34.5 | 18.4 | 28.9 | 4.4 | 31.6 | 37.0 | 13.6 | 17.9 |
| | 농어촌(읍면부) | 7.2 | 12.4 | 37.4 | 20.7 | 29.5 | 4.7 | 30.1 | 33.8 | 16.8 | 19.3 |
| 성별 | 남 자 | 6.5 | 17.0 | 36.9 | 19.2 | 26.9 | 4.6 | 30.6 | 35.5 | 13.8 | 20.2 |
| | 여 자 | 7.6 | 17.2 | 33.3 | 18.5 | 31.1 | 4.3 | 32.0 | 37.3 | 14.6 | 16.2 |
| 연령별 | 13 ~ 19세 | 4.3 | 17.1 | 39.5 | 23.6 | 19.9 | 4.2 | 35.2 | 37.4 | 12.4 | 15.0 |
| | 20 ~ 29세 | 8.1 | 22.5 | 34.2 | 14.7 | 28.6 | 5.3 | 21.0 | 32.0 | 17.5 | 29.4 |
| | 30 ~ 39세 | 8.7 | 21.6 | 32.1 | 12.9 | 33.5 | 4.2 | 32.3 | 37.0 | 14.6 | 16.1 |
| | 40 ~ 49세 | 8.3 | 17.7 | 29.9 | 17.1 | 35.3 | 4.7 | 28.6 | 36.0 | 14.9 | 20.6 |
| | 50 ~ 59세 | 10.1 | 12.1 | 30.6 | 15.2 | 42.1 | 4.9 | 25.0 | 37.2 | 15.9 | 21.9 |
| | 60세 이상 | 12.4 | 10.0 | 33.7 | 14.7 | 41.5 | 4.0 | 37.8 | 34.9 | 15.2 | 12.1 |

주: 1) 조사대상이 15세 이상 인구임.
30~40대는 '자녀교육 관련분야'에 많이 참여하였다.
출처: 통계청(2011), 2011년 사회조사 결과(나눔문화).

### (4) 자원봉사활동 분야

지난 1년간 자원봉사활동에 참여한 분야는 '아동, 청소년, 노인, 장애인 등과 관련된 분야'(58.2%)가 절반 이상을 차지하고 있으며, '환경보전 · 범죄예방 등과 관련된 분야'가 다음으로 나타났다. '아동, 청소년, 노인, 장애인 등과 관련된 분야'에 이어서, 10대와 50대 이상은 '환경보전 · 범죄예방 관련분야'에 많이 참여하였고, 20대는 '국가 및 지역행사 관련분야', 그리고 30~40대는 '자녀교육 관련분야'에 많이 참여하였다.

〈표 3-7〉 자원봉사활동 참여분야(복수응답) (단위: %)

| 구 분 | | 아동, 청소년 노인, 장애인 | 환경보전 범죄예방 | 자녀교육 관련 | 국가 및 지역행사 | 재해지역 주민돕기 및 시설복구 | 기 타 (무료상담) |
|---|---|---|---|---|---|---|---|
| 2009년[1] | | 43.7 | 25.4 | 12.1 | 11.3 | 11.3 | 16.1 |
| 2011년 | | 58.2 | 20.6 | 8.8 | 7.7 | 4.4 | 16.0 |
| 지역별 | 도시(동부) | 59.5 | 18.4 | 9.3 | 7.7 | 4.0 | 16.3 |
| | 농어촌(읍면부) | 52.1 | 31.3 | 6.1 | 7.7 | 6.3 | 15.0 |
| 성별 | 남 자 | 55.1 | 24.4 | 4.4 | 8.6 | 6.2 | 17.7 |
| | 여 자 | 61.0 | 17.1 | 12.9 | 6.7 | 2.6 | 14.5 |
| 연령별 | 13 ~ 19세 | 58.3 | 21.9 | 1.9 | 7.0 | 1.8 | 26.4 |
| | 20 ~ 29세 | 74.8 | 8.3 | 4.0 | 11.9 | 7.0 | 8.4 |
| | 30 ~ 39세 | 54.2 | 14.2 | 29.0 | 6.3 | 4.8 | 5.3 |
| | 40 ~ 49세 | 55.1 | 18.5 | 20.8 | 7.6 | 5.9 | 8.0 |
| | 50 ~ 59세 | 57.5 | 26.6 | 6.6 | 8.1 | 8.1 | 10.5 |
| | 60세 이상 | 48.6 | 35.7 | 1.5 | 6.8 | 6.0 | 8.0 |

주: 1) 조사대상이 15세 이상 인구임.
출처: 통계청(2011), 2011년 사회조사 결과(나눔문화).

### (5) 자원봉사활동 참여 시간

지난 1년 동안 자원봉사활동 분야별 평균 참여시간은 '재해지역 주민돕기 및 시설복구 분야'가 5.2시간으로 가장 길었고, 이어서 '국가 및 지역행사 분야'(4.6시간), '아동, 청소년, 노인, 장애인 관련분야'(4.0시간) 등의 순으로 나타났다. 남자는 '재해지역 주민돕기 및 시설복구 분야'(5.4시간)에, 그리고 여자는 '국가 및 지역행사 분야'(4.9시간)에 가장 많은 시간을 참여하였다. 대부분의 연령대가 '재해지역 주민돕기 및 시설복구 분야'에 많이 참가한 반면, 10대는 '국가 및 지역행사 분야'(4.2시간)에 가장 많이 참여하였다.

〈표 3-8〉 분야별 참여시간 (단위 : 시간)

| 구 분 | | 아동, 청소년 노인, 장애인 | 환경보전 범죄예방 | 자녀교육 관련 | 국가 및 지역행사 | 재해지역 주민돕기 및 시설복구 | 기 타 (무료상담) |
|---|---|---|---|---|---|---|---|
| 2009년[1] | | 4.5 | 3.5 | 2.8 | 4.9 | 5.9 | 4.0 |
| 2011년 | | 4.0 | 3.4 | 3.0 | 4.6 | 5.2 | 3.7 |
| 지역별 | 도시(동부) | 3.9 | 3.4 | 3.1 | 4.6 | 4.9 | 3.7 |
| | 농어촌(읍면부) | 4.0 | 3.6 | 3.0 | 4.9 | 6.1 | 3.6 |
| 성별 | 남 자 | 4.1 | 3.5 | 3.2 | 4.5 | 5.4 | 3.8 |
| | 여 자 | 3.8 | 3.3 | 3.0 | 4.9 | 4.8 | 3.6 |
| 연령별 | 13 ~ 19세 | 3.7 | 3.2 | 3.7 | 4.2 | 3.9 | 3.4 |
| | 20 ~ 29세 | 4.5 | 4.2 | 3.8 | 5.1 | 6.0 | 5.0 |
| | 30 ~ 39세 | 4.0 | 3.4 | 2.5 | 4.9 | 6.1 | 4.4 |
| | 40 ~ 49세 | 4.1 | 3.7 | 3.2 | 4.8 | 5.4 | 4.7 |
| | 50 ~ 59세 | 4.2 | 3.7 | 3.4 | 5.1 | 5.3 | 4.4 |
| | 60세 이상 | 3.8 | 3.5 | 3.5 | 4.4 | 4.4 | 3.7 |

주: 1) 조사대상이 15세 이상 인구임.
출처: 통계청(2011), 2011년 사회조사 결과(나눔문화).

### (6) 전문성 활용 현황

자원봉사에 참여한 사람 중에서 자신의 전문성을 활용하여 자원봉사를 한 경우가 15.9%로 나타났다. 전문성을 활용한 자원봉사활동 중 '아동학습지도'가 24.1%로 가장 많았다.

〈표 3-9〉 전문성을 활용한 자원봉사 (단위 : %)

| 구 분 | | 활용경험 | | 전문성 활용분야 | | | | | | | | | | |
|---|---|---|---|---|---|---|---|---|---|---|---|---|---|---|
| | | 없음 | 있음 | 이/미용 | 요리 | 의료 | 아동학습지도 | 통역/번역 | 공연 | 평생학습관련 | 전문상담 | 운전 | 주택수리 | 기타 |
| 계 | | 84.1 | 15.9 | 4.6 | 9.7 | 11.6 | 24.1 | 2.8 | 9.1 | 7.7 | 5.0 | 9.6 | 10.1 | 5.7 |
| 지역별 | 도시(동부) | 83.5 | 16.5 | 4.3 | 9.8 | 12.1 | 25.3 | 3.0 | 8.5 | 7.9 | 5.3 | 9.4 | 8.9 | 5.6 |
| | 농어촌(읍면부) | 86.6 | 13.4 | 6.3 | 9.1 | 8.7 | 17.2 | 1.9 | 12.3 | 6.4 | 3.2 | 11.1 | 17.3 | 6.5 |
| 성별 | 남 자 | 86.5 | 13.5 | 3.0 | 6.0 | 8.8 | 14.5 | 2.3 | 7.7 | 8.4 | 7.0 | 15.9 | 22.0 | 4.3 |
| | 여 자 | 81.8 | 18.2 | 5.8 | 12.3 | 13.6 | 30.8 | 3.1 | 10.0 | 7.2 | 3.6 | 5.2 | 1.8 | 6.7 |

출처: 통계청(2011), 2011년 사회조사 결과(나눔문화).

### (7) 자원봉사자 교육 현황

자원봉사자에 대한 교육은 22,532회 실시하여 1,067,647명이 참여하였으며 기초교육 62%, 보수교육 13%, 전문교육 25%의 분포를 보이고 있다. 교육 인원은 신규 봉사자가 70%, 기존 봉사자가 30% 참여하였다.

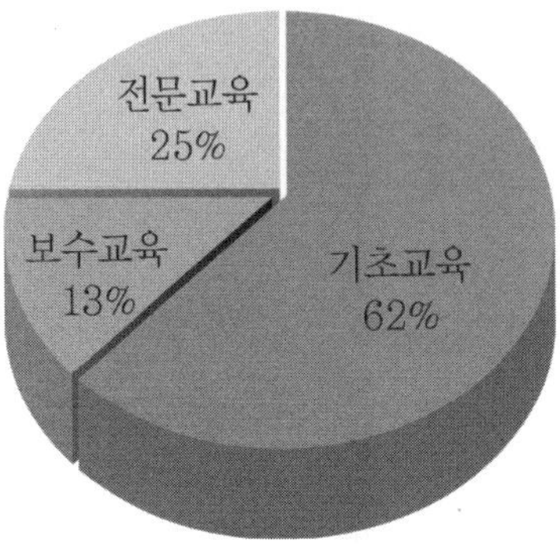


[교육과정별]

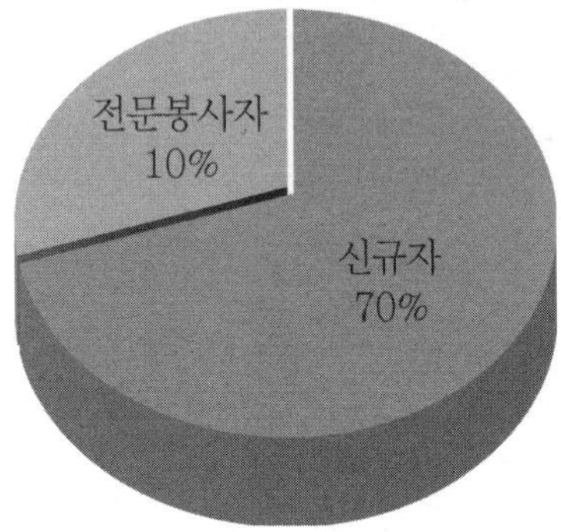


[참여인원]

(단위: 회수/명)

| 연도별 | 교육과정별 | | | | 참여인원 | | |
|---|---|---|---|---|---|---|---|
| | 계 | 기초교육 | 보수교육 | 전문교육 | 계 | 신규자 | 기존봉사자 |
| 2005 | 24,062 | 18,341 | 3,089 | 2,632 | 570,991 | 377,789 | 193,202 |
| 2006 | 10,866 | 4,855 | 2,463 | 3,548 | 675,965 | 449,793 | 226,172 |
| 2007 | 11,800 | 6,090 | 2,355 | 3,355 | 696,156 | 429,552 | 268,604 |
| 2008 | 13,389 | 7,123 | 2,033 | 4,233 | 830,458 | 605,478 | 224,980 |
| 2009 | 16,048 | 8,191 | 2,286 | 5,571 | 947,539 | 657,951 | 289,588 |
| 2010 | 22,532 | 13,880 | 2,923 | 5,729 | 1,067,647 | 743,782 | 323,865 |

출처: 행정안전부(2010), 2010년 자원봉사센터 현황.

[그림 3-2] 자원봉사자 교육현황

### 2) 주요국가의 자원봉사활동 참여율

자원봉사 활동에 대한 관심이 높아지고 있음에도 불구하고 전체 국민의 참여율은 주요 선진국과 비교하여 상대적으로 낮은 수준에 머무르고 있다.

통계청의 e-나라지표에 제시된 우리나라 20세 이상 성인의 자원봉사 참여율은 2003년 3.3%에서 2009년에는 10.2%로 점진적 증가 추세를 보이고 있다. 이러한 참여율은 미국 26.2%('07년), 영국 59%('08년), 호주 34%('06년) 등과 비교하여 상대적으로 낮은 수준이다. 주요 국가의 자원봉사 활동 참여율의 조사방법, 조사대상 연령 등의 차이가 있어 직접 비교가 용이하지 않으나, 전반적으로 주요 국가의 참여율이 우리나라 수준을 크게 상회하고 있다.

주요 국가의 자원봉사활동 참여율은 <표 3-10>과 같다.

<표 3-10> 주요 국가의 자원봉사활동 참여율

| 국 가 | 영 국 | 미 국 | 호 주 | 싱가포르 | 한 국 |
|---|---|---|---|---|---|
| 참여율 | 59% | 26.2% | 34% | 16.0% | 10.2% |
| (조사 연도) | (2008) | (2007) | (2006) | (2008) | (2009) |

주: 영국의 경우에는 16세 이상 인구 중에서 단체 또는 이와 유사한 조직을 통한 공식 자원봉사 활동 경험자의 비율임. 미국의 자원봉사자 통계는 Bureau of Labor Statistics에서 발표한 16세 이상의 인구 중에서 등록된 기관을 통한 공식적이고 무보수(활동비용 제외) 활동을 한 사람들의 비율임. 호주 자원봉사활동 비율은 호주 통계국(Australian Bureau of Statistics)에서 발표한 전체 국민 대비 18세 이상 공식 자원봉사 활동자의 비율임. 한국은 통계청 e-나라지표 자료임.

## 5. 자원봉사 전문인력 및 교육 현황

### 1) 자원봉사 전문인력 현황

자원봉사활동을 전문적 · 체계적으로 관리하는 자원봉사 전문인력을 일반적으로 자원봉사 관리자라 칭한다. 대표적인 자원봉사관리자는 자원봉사 전문기관인 자원봉사센터 종사자 및 민간 자원봉사센터 종사자, 사회복지기관 및 비영리민간단체의 자원봉사담당 직원 등이라 할 수 있다.

### 2) 자원봉사관리자 교육 현황

자원봉사관리자 교육은 관련 중앙부처의 지원에 의한 각급 자원봉사센터 주체의 교육과 민간 교육전문기관에 의한 자체적인 자격과정 교육으로 구분할 수 있다. 자원봉사관리자를 위한 대표적인 전문 교육과정으로는 '한국자원봉사연합의회'의 "볼런티어 리더십 아카데미", '한국자원봉사아카데미'의 "자원봉사전문관리 자격요건"과 '볼런티어 21'의 "자원봉사관리자 아카데미 자격과정, 자원봉사관리자교육-

단기과정"이 있다.

한국자원봉사협의회는 자원봉사관리사 자격과정으로 '볼런티어 리더십 아카데미'교육과정을 개설하여 2012년 현재 운영하고 있다. 교육의 주된 내용은 총 9과정이며, 자원봉사의 이해, 자원봉사 분야론, 워크샵, 자원봉사 전략기획론, 자원봉사 홍보 및 자원개발, 자원봉사 인격관리론, 자원봉사 프로그램 개발과 성과평가, 자원봉사 리더십과 자원봉사 조직운영론, 자원봉사정책론, 자원봉사 이슈, 그리고 특강으로 구성되어 있다.

## 확인평가

**1.** 한국의 전통적인 자원봉사에 관한 설명 중 가장 적절한 것은?

① 두레: 농경사회의 공동경작, 공동채집에 자발적으로 참가하는 공동작업 조직이다.
② 향약: 조선시대 향촌사회의 자치규약이다.
③ 품앗이: 농촌에서의 비교적 단순한 협동노동형식이다.
④ 동피칠화(同被七禍): 이웃이 불행을 당하면 함께 피를 흘리며 슬퍼하는 풍습이다.

**2.** 5 · 31교육개혁 조치로 중 · 고등학교 학생들이 의무적으로 참여시킴으로써 청소년자원봉사활동이 등장하게 된 해는?

① 1995년 ② 1997년 ③ 2001년 ④ 2003년

**3.** 자원봉사활동 관련법이 아닌 것은?

① 자원봉사활동 기본법 ② 건강가정기본법
③ 여성발전기본법 ④ 아동복지법

**4.** 19세기의 산업혁명기에 자원봉사활동의 시발점이 되지 못한 것은?

① 자선활동 ② 구제행위들
③ 민간인의 자발적인 문제해결 활동 ④ 사회문제

**5.** 한국의 '자원봉사활동 기본법'이 제정된 해는?

① 1988년 ② 2001년 ③ 2002년 ④ 2005년

**정답**

1. ④ ; 동피칠화(同被七禍) : 이웃이 수화재(水火災), 도난, 질병, 사상(死喪), 고과(孤寡), 무왕(誣枉), 빈궁(貧窮) 등 일곱 종류의 화가 있을 때 동병상련의 마음으로 아무런 조건 없이 서로 도와주는 풍습 **2.** ① ; 1995년이다. **3.** ④ ; 자원봉사활동 관련법으로는 자원봉사활동 기본법, 건강가정기본법, 여성발전기본법, 노인복지법, 사회복지사업법, 국민기초생활보장법, 청소년활동진흥법, 재해구호법 등이 있다. **4.** ④ ; 사회문제가 아니라 그것을 해결하는 활동들이 시발점이 되고 있다. **5.** ④ ; 2005년 6월 29일 '자원봉사활동 기본법'이 제정되었다.

제 2 편

# 자원봉사자 및 자원봉사관리자

# 제4장

# 자원봉사자의 이해

◈ **생각해보기**

1. 자원봉사자의 개념은 무엇인가?
2. 자원봉사자의 자세는 어떻게 가져야 하나?
3. 자원봉사자의 동기는 무엇인가?
4. 자원봉사자의 역할은 무엇인가?
5. 자원봉사자의 권리와 책임은 무엇인가?
6. 자원봉사자의 활동유형은 어떠한가?

자원봉사자는 누구이며 어떤 역할을 하는 사람일까? 자원봉사활동이 활성화 되기 위해서는 가장 중요한 부분은 다름 아닌 자원봉사자일 것이다. 왜냐하면 자원봉사활동의 정신과 철학을 실천하는 사람은 바로 자원봉사자이기 때문이다. 자원봉사는 누구나 할 수 있다. 그러나 아무나 하는 것은 아니다. 진정한 자원봉사자가 되기 위해서는 자원봉사에 대한 지식과 기술이 요구된다고 하겠다.

## 1. 자원봉사자의 정의

### 1) 자원봉사자의 어원

자원봉사는 서양, 특히 미국에서 시작되었으며 기독교와 민주주의의 사회적 배경에 타인을 위한 봉사정신에 입각하여 발전되었다.

자원봉사라는 말은 외국에서 들어 온 Volunteer(자원봉사자), Volunteerism(자원복지) 등에서 따온 것으로 볼 수 있으며, 이러한 자원봉사란 낱말은 라틴어인 Voluntas(자유의지)와 eer(사람)의 복합어에 연유한 것으로 이해되고 있다. 따라서 자원봉사자란 자유의지를 가지고 자기 스스로 강제받지 않는 상태에서 다른 사람이나 사회를 위해 헌신하는 사람을 일컫는 개념으로서 의미를 지니며, 자원봉사활동이란 이러한 자원봉사자의 개인적, 집단적 행위와 활동의 모두를 일컬으며 물질적인 반대급부 없이 자발적으로 개인이나 사회를 위해 돕는 사람들의 다양한 행위를 의미하는 것으로 볼 수 있다.

### 2) 자원봉사자의 개념

(1) Encyclopedia of Social Work(1995): 개인, 집단, 지역사회에서 발생하는 여러 가지 사회 문제를 예방하고 통제하며 혹은 개선하는 일에 종사하고 있는 공·사의 여러 조직체에서 주어진 여러 가지 참여활동에 대한 가치에 상응하는 보수 없이 자발적으로 참여하는 개인이다.

(2) Darvill & Munday(1984): 자신의 친족이 아닌 사람을 위하여 자발적으로 무보수로 봉사하는 사람으로서 비공식적인 이웃과의 만남을 통해서보다는 어떤 공식적인 조직을 통해서 봉사하는 사람이다.

(3) 자원봉사 기본법(3조3항): "자원봉사자"라 함은 자원봉사활동을 행하는 자를 말한다.

(4) 조휘일(1988): 자원봉사자란 개인 집단(가정 포함), 지역사회 문제를 치료하고 예방하며, 공동복지 목표를 위한 개인적·사회적인 노력에 반대급부 없이 자발적으로 협력 또는 직접 참여하는 사람이다.

(5) 구혜영(2008): 다른 사람과 사회복지 증진을 위하여 자신의 능력과 시간을 자발적으로 할애하여 물질적 보상 없이 비교적 규칙적으로 봉사하는 활동에 참여하는 사람을 자원봉사자로 정의한다.

(6) 위키백과: 해비타트(Habitat for Humanity)의 자원봉사자(自願奉仕者, Volunteer)는 사회 또는 공공의 이익을 위한 일을 자기 의지로 행하는 사람이다. 자원봉사자를 줄여서 봉사자라고도 한다. 이들의 봉사활동은 보통 비영리단체(非營利團體, NPO, Non-Profit Organization)를 통하는 경우가 많다. 때때로 이 방식의 봉사 활동은 공식 봉사활동(Formal volunteering)으로 불린다. 하지만 이들 공식 봉사단체와는 별도의 개인 또는 몇몇 사람들이 비교적 격식을 차리지 않고 자유롭게 봉사활동을 펼치는 경우도 있다.

### 3) 자원봉사자의 철학

#### (1) 자발성, 자주성

오로지 개인의 자유의지에 따라 이루어지는 활동이라야 한다. 아무리 도덕적으로 옳더라도 다른 사람에 의해 의무로 강제되어서는 안 될 것이다.

#### (2) 이타성, 사회성

생명을 존중하며 이웃과 더불어 사는 가치관에 바탕을 두고 공동체 번영을 위한다는 자각에서 출발해 끝까지 이를 지켜가야 한다.

#### (3) 무보수성, 무급성

정신적인 보람과 만족 외에 어떠한 물질적 보상도 기대해서는 안 된다. 따라서 교통비와 같은 최소한의 실비지원이 허용될 수 있으나 원칙은 아니다.

#### (4) 개척성, 계속성

모두가 복된 삶을 누리는 공동체 건설에 헌신한다는 개척적 사명의식이 필요하다. 이는 일회성이어서는 안 되며 꾸준히 실천되어야 한다.

## 2. 자원봉사자의 자세

자원봉사자의 정신적(내면적) 자세로 자신에 대한 이해와 성찰에서 시작된다.

자원봉사자는 겸손한 태도와 감사한 마음을 가져야 하며 가족과 친구들의 지원과 배려가 있어야 한다. 자원봉사활동 시간을 정해두어야 한다. 자원봉사활동 및 프로그램에 대한 이해가 필요하다. 그러기 위하여 계속 공부하며 배우는 자세가 요구된다. 자원봉사 교육 프로그램은 평생교육의 차원에서도 활용가능하다.

### 1) 자원봉사자의 기본수칙

#### (1) 책임감을 가져라

자원봉사활동을 자신의 일처럼 생각하라. 약속시간은 항상 지키도록 한다. 만약 약속 시간에 갈 수 없으면 그곳의 누군가에게 전화로 알려준다. 봉사활동하는 곳의 사람들이 자원봉사자에게 거는 기대에 어긋나지 않게 일하는 것을 보여준다.

자원봉사활동은 자원봉사자와 자원봉사활동을 필요로 하는 사람(기관)과의 관계이므로 만약 약속을 지킬 수 없는 상황이 발생하였을 경우에는 빨리 관련자나 기관에 연락하여 활동의 공백을 최소화해야 한다.

### (2) 활동에 관한 업무세칙을 받아라

활동이 아주 단순한 일이 아니면 담당자와 함께 활동 세칙에 대해 구체적으로 이야기를 나누는 것이 좋다. 어떤 기관에서는 자원봉사자의 직무에 관해서 매우 명백하게 규정하고 있다. 그러나 어떤 기관에서는 '당신이 원하는 것을 무엇이든지 하라'는 식으로 자원봉사자 재량에 맡기는 경우가 있다. 이러한 경우 활동세칙을 받는다는 것은 오해를 피하기 위해 필요한 것이다.

활동을 점검하고, 일의 경과를 기록하여 평가와 지도, 발전의 자료로 비치한다.

### (3) 반응을 물어보라

대부분의 정규 업무에 있어서는 자신의 일에 대한 반응을 기대한다. 그러나 자원봉사계에서는 항상 그런 것은 아니다. 만약 자신이 필요하다고 생각되는 안내나 혹은 이해를 얻지 못하고 있다고 느껴지면, '내가 하고 있는 것이 어떻습니까?' 하고 물을 수 있다.

### (4) 자신의 한계를 알아라

자신의 능력 이상으로 많은 일을 할 수는 없을 것이다. 무엇을 하고 싶다 혹은 하고 싶지 않다는 것에 대한 죄의식을 느낄 필요가 없다. 그리고 관계하는 다른 사람들의 기대가 현실이 되도록 그들과 한계 문제에 관해 이야기하는 것도 좋은 생각일 것이다. 자원봉사자는 조연이고 주연은 상대방이라는 사실을 잊어서는 안 된다. 따라서 자원봉사자는 상대방이 도움 받기를 원하는 경우에 도움을 주어야 한다.

### (5) 지원체계를 만들어라

자원봉사활동은 매우 도전적이고 정서적인 경험일 수 있다. 자신의 말을 들어주는 사람들, 즉 다른 자원봉사자들, 친구들, 가족에게 이야기하는 것은 협조를 얻는데 좋은 일이다. 그리고 자신의 열의, 자신이 묻고 싶은 것 등 이것저것에 관해서 이야기를 나누어라.

### (6) 조정을 하라

활동에 있어서 중요한 것은 자원봉사자가 어떻게 도와야 하는가를 생각하는 것이다. 자신의 능력에 맞는 활동을 사전에 기관과 협의해야 한다.

### (7) 현실적이어야 한다

물론 자신이 하는 활동이 어떤 효과가 있기를 원할 것이다. 그러나 자신의 기대가 비현실적이라면 직원이 개입하게 될 것이다. 자신의 한계를 이해하고 그들과 마음 편한 관계를 갖도록 한다. 자신의 기대를 현실적인 수준에 맞추는 한 가지 방법은 사전에 담당자와 함께 업무와 활동 효과에 관해 충분히 이야기하는 것이다. 활동의 효과는 조금씩 느린 속도로 온다. 그러므로 인내를 가지고 꾸준히 활동할 필요가 있다.

사람은 각자 자신이 잘하고 좋아하는 영역이 있기 때문에 흥미를 가지고 오래 지속적으로 활동하기 위해서는 관심 있는 영역부터 시작하는 것이 좋다.

그리고 자원봉사활동 일거리의 변동 상황을 쉽게 파악할 수 있고, 활동을 위해 이동하는데 소요되는 시간과 비용을 최소화 할 수 있기 때문에 자신의 생활근거지 주변에 있는 활동거리를 선택하는 것이 좋다.

### (8) 무리하지 말라

너무 많은 일을 하려고 하다가는 결국 지치고 만다. 일반적으로 사람들은 일을 많이 하는 것이 일하는 보람이라고 생각한다. 그러나 오히려 과중한 일은 흥미를 잃게 하고, 또 쉽게 열의가 식어버리게 된다. 가장 좋은 방법은 적게 시작하고 천천히 진행하는 것이다. 자신의 에너지 수준을 알고 서두르지 말아야 한다.

자원봉사활동은 세밀한 계획 하에 서비스를 마칠 때까지 하되 무리하지 말아야 한다. 자원봉사활동의 효과는 대개 장시간이 경과한 후에 나타나며, 상대방과의 관계형성에서도 지속적인 활동을 하는 가운데 신뢰를 쌓아 원만하게 활동하게 된다.

### (9) 담당자와 상의해라

만약 자신이 열심히 활동하고 있음에도 불구하고 활동이 자신에게 적합치 않아 그만 두거나, 또는 상황이 좋지 않으면, 지금 당장 해야할 의무를 마치고 담당자에게 다른 일을 맡겨 달라고 부탁한다. 만약 자신이 마음에 먹고 있는 일을 다 마쳤거나 혹은 기관에서 원하는 일을 완수했다면 아무런 죄의식을 느끼지 않고 그만둘 수 있을 것이다.

#### (10) 새로운 활동을 하고 싶은 때를 알아라

지금 자신이 하고 있는 활동을 좋아하고 있더라도 1~2년 후에는 같은 기관이나 혹은 다른 곳에서 새로운 경험을 해볼 때가 있을 지도 모른다. 그래서 몇 개월마다 지금 하고 있는 활동이 괜찮은지 확실히 점검해 볼 필요가 있다. 만약 일이 맞지 않는다면 자신이 해보고 싶은 다른 일이 있는지 알아본다. 변화와 도전은 사람들로 하여금 융통성 있게 하고 그들을 진화시킨다. 새로운 자원봉사 활동으로 옮긴다는 것은 활동을 저버린다는 것이 아니다. 그것은 자기 자신의 인생의 질을 위한 건전한 생각인 것이다.

#### (11) 겸손한 태도와 감사하는 마음을 가져라

자원봉사자는 자원봉사활동을 통해 삶의 풍요로움과 보람, 나눔의 기쁨을 맛보게 되므로 감사의 마음을 잊지 말아야 한다.

#### (12) 활동 중에 알게된 비밀은 반드시 지켜라

자원봉사자가 오랜 기간 사회복지기관에서 활동하게 되면 기관의 업무나 사회적 약자에 대한 비밀을 알게 되는 경우가 많다. 이런 경우 사생활보호 차원에서 그 비밀을 지켜주는 것이 자원봉사자의 도리이다. 활동 중에 알게 된 비밀은 반드시 지켜야 한다.

### 2) 자원봉사의 기본적인 예절

#### (1) 차림새

- 복장: 밝고 차분한 색의 청결하고 활동하기 쉬운 형태의 것이 좋다.
- 신발: 뒤축이 낮은 것, 바닥이 평평하고 소리가 나지 않으며 미끄러지지 않는 것이 좋다.

- 머리: 항상 청결하게 감고, 긴 머리의 경우 묶거나 뒤로 말아 올린다.
- 향수: 삼가는 것이 좋다.
- 악세사리 등: 되도록 착용하지 않도록 한다.

#### (2) 첫인사

처음 자원봉사대상과 만나면 상대방이 맞는지 확인하고 예의 바르게 인사한 후 대상 및 그 가족들에게 본인의 소개와 방문목적을 설명한다. 그리고 해당 사회복지사가 대상이나 가족에게 설명한 후라도 봉사자 본인이 다시 한 번 자신의 활동영역에 대해 이야기 해주고 자원봉사 대상은 물론 가족들과도 긴밀하고 친밀한 관계가 형성되도록 노력한다.

#### (3) 대화법

공손한 말도 그 정도가 지나치면 '겸손한 척 한다'거나 '업신여겼다'고 받아들이는 사람이 있을 수 있으므로 상대방에 따라 적절한 말의 선택이 필요하다.

#### (4) 방문 예절

- 기관측이 안내하는 시설 이외의 장소를 개인적인 호기심으로 기웃거리지 않는다.
- 동정하는 듯한 시선이나 표현, 자세를 나타내지 않는다.
- 필요한 경우가 아니면 사진 촬영은 가능한 삼간다.
- 기관 내에서 마주치는 대상자에게 웃는 얼굴로 눈인사를 나눈다.
- 호기심이나 동정심을 나타내지 않도록 주의한다.

### 3) 자원봉사자가 기관에 지켜야 할 사항

- 활동하는 기관에 정성과 신의를 다한다.
- 조정 · 관리자 및 기관의 안내와 결정에 따른다.
- 직무안내 훈련에 적극 참여한다.
- 매사에 약속을 지켜야 한다,

- 활동하는 기관의 업무에 관련된 비밀을 보장한다.
- 상대방이 필요로 하는 활동을 한다.
- 활동의 한계를 명확히 한다.
- 신속하고 확실하게 업무를 수행한다.
- 활동을 점검하고, 일의 경과를 기록한다.
- 겸손한 태도로 상대방의 입장을 이해하며 지나친 자만심을 갖지 않는다.
- 자원봉사자 간에 서로 존중하고 이해하며 공감대를 형성한다.
- 항상 웃는 얼굴로 공손한 언어를 사용하고 검소하며 단정한 복장을 한다(조휘일, 1997).

### 4) 자원봉사자가 근무 시 지켜야 할 태도와 유의사항

- 봉사활동을 너무 쉽게 생각하지 않는다.
- 자칫 자기도취와 우월감에 사로잡혀 자만에 빠지지 않는다.
- 자원봉사활동은 스스로의 삶을 성숙하게 하는 과정임을 잊지 않는다.
- 매사에 약속을 지켜야 한다.
- 자원봉사활동 시 알게 된 기관 · 봉사자에 대한 비밀을 절대로 누설하지 않는다.
- 수혜자가 필요한 사항만 지원하고, 잘못의 추궁과 비판을 금해야 한다.
- 개인사정으로 마음이 불안하고 긴장상태의 감정이라면 그 날은 잠시 중단한다.
- 자원봉사활동의 일방적인 중단은 있을 수 없는 일이다.
- 소속기관의 정책이나 봉사 정신, 종교 등 그 기관 고유의 특수성과 체제 등을 인정하고 수용하여야 한다.
- 자원봉사자 자신의 자아성장을 위한 질문을 수시로 자신에게 해야 한다.
- 자원봉사자는 타인을 위한 진정한 의미의 봉사활동 속에서 자아의 발견을 위한 자신의 노력도 게을리 해서는 안 된다(사회복지자원봉사 정보안내센터, 1997).

## 3. 자원봉사자의 동기와 권리

자원봉사자의 동기란 자원봉사활동이라는 구체적인 행동을 하게 하고 이를 지속시킬 수 있도록 하는 힘을 의미한다. 자원봉사자들의 참여 동기는 자원봉사활동을 시작하거나 지속시키는 하나의 척도이며 활동분야를 결정짓는 밀접한 요인으로 간주된다. 자원봉사자의 중도탈락의 원인 중의 하나가 자원봉사자 자신이 자원봉사활동에 대한 동기가 약하기 때문이다.

자원봉사자의 동기부여와 관련된 이론들은 매우 다양하게 제시할 수 있지만, 여기에서는 매슬로우(Maslow)의 욕구이론, 맥클리랜드(McClelland)의 성취동기이론, 허즈버그(Herzberg)의 동기위생이론, 잭커만과 올드햄(Jackeman & Oldham)의 직무특성이론에 대해서 살펴보려고 한다.

### 1) 자원봉사자의 동기

#### (1) 욕구이론(need theory)

매슬로우의 욕구위계이론에 따르면 개인이 가지는 욕구 수준에 따라 적절한 동기가 부여될 필요가 있다. 매슬로우의 욕구위계이론에 따른 자원봉사자의 동기를 살펴보면 〈표 4-1〉과 같다.

〈표 4-1〉 매슬로우의 욕구위계이론에 따른 자원봉사자의 동기

| 충족될 수 있는 욕구 | 자원봉사자 배치유형 | 잠재적 자원 봉사자 |
|---|---|---|
| 자기실현의 욕구 | 능력을 발휘할 수 있는 기회 | 활용하지 못하는 능력, 재능있음 |
| 자아존중감의 욕구 | 보상, 공개적 인정, 주목의 기회 | 타영역에서 가치절하,<br>인정받지 못하는 느낌 |
| 애정의 욕구 | 타인과 만남의 기회 | 외로움을 느낌 |
| 안정, 안전의 욕구 | 새로운 직업기술, 경험의 기회 | 실직에 대한 두려움 |
| 생리적 욕구 | 무료음식,<br>쾌적한 환경에서 업무 기회 | 저소득임 |

출처: Meneghetti, Miliena, 1995:21.

이 이론이 자원봉사 관리에 주는 시사점은 다음과 같다.

첫째, 자원봉사자에게 학습과 성장의 기회를 제공하는 정도가 자원봉사활동에서 중요하다.

둘째, 자원봉사활동기관은 신규자원봉사자모집 활동 시 자원봉사자에게 자기성장을 증진시키는 기회를 제공하는 것을 목표로 삼아야 한다.

셋째, 향후 자원봉사활동의 보편화로 낮아질 것이다.

넷째, 자원봉사활동은 특정인의 사회복지활동이나 영리활동이라기보다는 전 국민적 교육차원으로 인식될 것이다(Knowles, 1972).

### (2) XY이론

맥그리거는 인간성에 대한 새로운 이념을 주장하였는데, 인간에 대한 올바른 이해와 신념은 정확한 인간관의 확립 여하에 달려 있다고 하였다. X이론은 전통적 인간관, 운명적, 통계적이므로 자발적인 동기를 부여하는 방법으로는 부적당하다. Y이론은 현대적 인간관으로 자원봉사자들을 의사결정에 참여시키고, 최소한의 지시와 통제를 강조한다. 자원봉사자들은 상상력, 진실성, 창의성의 발휘능력을 갖고 있다고 여긴다. 맥그리거의 X, Y 이론을 정리하면 〈표 4-2〉와 같다.

〈표 4-2〉 맥그리거의 X, Y 이론

| X이론(전통적 인간관) | Y이론(현대적 인간관) |
|---|---|
| · 본래 태만하고 가능한 한 일을 피함<br>· 야망이 없고 책임지기를 싫어함<br>· 선천적으로 이기적임<br>· 변화에 저항, 창의력 부족함<br>· 생리적 · 안정적 수준에서 동기부여됨<br>· 인간은 통제와 강제의 대상임 | · 일을 놀이와 같이 자연스럽게 생각함<br>· 목표달성을 위한 자기 통제가 가능함<br>· 수동적인 성향을 지닌 것은 아님<br>· 변화에 저항적으로만 반응하지 않음<br>· 친화, 자존, 자기실현의 수준에 동기부여됨<br>· 자율성, 창조성을 지님 |

### (3) 성취동기이론

맥클랜드는 개인의 욕구를 성취욕구(need for achievement), 친교욕구(need for affiliation), 권력욕구(need for power)로 분류하였다(McClelland, 1962). 이 이론은 〈표 4-3〉과 같이 설명할 수 있다.

〈표 4-3〉 맥클랜드의 성취동기 이론

| 욕구 | 설명 | 활동내용 |
|---|---|---|
| 성취 욕구 | · 어려운 일의 성취욕, 성공적인 능력 발휘로 자긍심을 높이려는 마음<br>· 높은 성취욕구를 가진 사람에게는 약 50%의 성공 확률을 가진 과업이 이상적<br>· 이 성향의 자원봉사자들에게는 정기적인 피드백이 매우 중요한 동기부여가 됨 | 기금모금, 회원모집, 연구분석, 리더십, 지위획득의 기회 |
| 친교 욕구 | · 다른 사람과 친근하고 일정한 관계욕구<br>· 의미 있는 개인적 상호작용을 제공하는 소비자 서비스 및 클라이언트와 상호작용하는 자원봉사활동에 적합 | 접수계원, 환영위원회, 축제위원회, 바자회 |
| 권력 욕구 | · 영향력과 통제력을 행사하려는 욕구 | 공적 연설, 뉴스사설 쓰기, 많은 사람의 관리 과업 |

성취동기 이론이 자원봉사 관리에 주는 시사점은 다음과 같다.

첫째, 자원봉사자들의 동기수준은 교육훈련을 통하여 개발할 수 있다.

둘째, 자원봉사자의 모집, 배치, 봉사활동 전환 등에 있어서 자원봉사자의 욕구를 고려하여 적재적소에 배치를 해야 한다.

셋째, 자원봉사활동의 내용과 목표를 보다 도전적으로 설계해야 한다.

넷째, 자원봉사자의 관리에 있어서 자원봉사자의 지배적인 동기의 유형과 수준을 이해하는 것이 조직성과에 기여한다.

### (4) 동기위생이론

허즈버그(Frederick Herzberg)는 만족과 불만족을 상호 독립된 개념으로 보고, 인간행동의 만족에 영향을 미치는 요인들을 동기요인(motivators)이라 하고, 불만족에 영향을 미치는 요인들을 집합적으로 위생요인(hygiene factors)이라고 명명하였다(Herzberg, 1966). 이들 두 요인의 구체적인 내용은 〈표 4-4〉와 같다.

이 이론이 자원봉사자 관리에 있어서 주는 시사점은 다음과 같다.

첫째, 물질적 보상과 같은 위생요인을 추구하는 자원봉사자들은 조직에 위험요인이 될 수 있고, 이는 동기요인의 결핍 때문에 발생한다. 따라서 자원봉사자들이 위생요인보다는 동기요인을 추구하도록 설계된 교육과정을 만들 필요가 있다.

둘째, 성취감, 인정감, 자극, 책임감, 발전성 등 자원봉사자들이 동기요인들을 체험할 수 있도록 자원봉사활동의 배치를 재구성해야 한다.

셋째, 자원봉사조직구조 측면에서 자원봉사 관리부서를 위생요인 담당부문과 동기부문 담당부문으로 양분할 필요도 있다.

〈표 4-4〉 허즈버그의 동기위생이론

| 위생요인 | 동기부여요인 |
|---|---|
| · 조직의 정책과 행정 | · 업무성취 |
| · 지도감독 | · 성취에 대한 인정 |
| · 대인관계 | · 업무자체 |
| · 보상 | · 책임감 |
| · 업무조건 | · 발전 |
| · 지원 | · 성장 |

출처: 류기형 외(2011), 자원봉사론, p.137.

### (5) 직무특성이론

직무특성이론은 직무의 특성이 직무수행자의 성장욕구 수준에 부합될 때 긍정적인 성과를 낳게 된다는 이론이다. 이러한 직무특성이론에는 다섯 가지의 핵심적 직무특성 요소가 있다(Scott, Kirk and Walter, 2005).

첫째, 기술다양성(skill variety)으로서 과업을 수행함에 있어 요구되는 여러 가지 기능이나 재능의 정도와 관련된다.

둘째, 과업정체성(task identity)은 작업의 내용이 하나의 서비스를 끝까지 완성될 수 있도록 구성되어 있는가 아니면 어느 한 부분만을 생산하는 것인가와 관련된다.

셋째, 과업유의미성(task significance)은 과업 자체가 일반사회의 다른 사람들의 생활에 실질적인 영향을 미치는 정도와 관련된다.

넷째, 과업자율성(autonomy)은 직무계획을 세우거나 직무를 수행하는 절차를 결정하는 데 있어서 자원봉사자에게 허용된 자유, 독립, 재량권의 정도를 의미한다.

다섯째, 피드백(feedback)은 자원봉사자가 직무 즉 자원봉사활동으로부터 받게 되는 직접적이고 확실한 정보의 양을 의미한다.

이러한 직무특성이론이 자원봉사활동에 주는 시사점은 다음과 같다.

첫째, 자원봉사관리시스템을 이론적 관점에서 진단할 수 있도록 한다.

둘째, 자원봉사활동에 대한 의미성과 책임감을 목표로 한 자원봉사자의 배치 및 교육훈련, 보상 등의 원칙을 제공할 수 있다.

셋째, 자원봉사활동의 질적인 성과를 평가할 수 있다.

넷째, 자원봉사활동을 직무 차원에서 파악하므로 조직의 인적관리 차원으로 자원봉사자를 인식하는 데 유용하다.

### (6) 자원봉사자 동기 분류

① 이타심(Altruism): 이타적 동기이론. 다른 사람의 안녕을 위해 봉사 활동을 한다. 역사적으로 볼 때 한 개인이 이타적 또는 비이타적으로 행동하는 것은 개인의 성격 내지 품성의 한 부분으로 보아왔다. 따라서 개인의 친사회적(pro-social) 혹은 이타적 행동을 예측하는 데는 개인적 차이보다는 상황의 측면이 보다 더 유용하다는 것이 증명되었다.

도움을 주는 주체는 자기 자신의 개인적인 이득에 대한 기대를 갖지 않는 것이 특징이며 자기 자신의 복지를 위한 이기적 관심을 배제한다. 진정한 애타심에서 우러나온 봉사 활동이 없다고 주장하는 사람도 있다. 애타심은 봉사 활동을 하는 이유 중에 하나는 될 수 있다. 하지만 애타심만으로 봉사 활동에 지속적으로 전념하기는 불가능하다.

② 삶의 질(Quality of life): 이기적 동기이론. 봉사 활동이 봉사자 자신의 삶을 윤택하게 한다. 자아실현이나 성취욕구 등 자아지향적 동기이며 이것은 봉사 활동의 가장 중요한 동기가 될 수 있다.

자원봉사자의 동기는 크게 보아 타인중심적인 이타적 동기와 건강한 자기이익(self-interest) 동기인 자기중심(self-centered) 또는 이기적(selfish) 동기들의 결합에 의해 이루어진다고 볼 수 있다.

자원봉사자의 참여 동기는 이타적이고 사회적인 책임을 기반으로 한 것보다는 이기적이고 경험추구적인 동기 또는 욕구에 의해 주도되는 특징이 있으며 이는 자원봉사의 기본원리와 자발성을 무시한 것으로 인해서 관리상 새로운 문제점이 제기되기도 한다.

③ **상호작용(Interaction, Sense of community and fellowship)이론**: 애타적 동기 이론과 이기적 동기 이론은 각기 동기적 영향의 단일 측면 만에 초점을 두는 것 같다는 비판을 받는다. 그래서 상호작용적 이론이 이들 양측면의 상호작용을 허용하는 것이다. 봉사활동을 하면서 봉사자는 다른 사람들과 어울릴 수 있으며, 사회활동을 유지할 수 있다. 무엇보다도 삶의 다른 영역에서는 느끼기 힘든 끈끈한 유대감(紐帶感)을 얻을 수 있다는 점이 많은 사람에게 봉사활동을 하는 이유가 된다.

④ **신앙심(Religious conviction)**: 한층 더 높은 영적인 상태에 도달하기 위한 수단으로서 봉사활동을 하는 경우도 있고, 종교적인 의무감에서 봉사활동을 하는 경우도 있다.

⑤ **의무감(Sense of duty)**: 어떤 이들은 봉사활동을 시민, 국민으로서 당연히 해야 할 일로 받아들인다. 이 경우의 봉사자 중에는 자신들을 봉사자라고 하지 않는 사람도 있다.

### (7) 자원봉사자의 동기 활성화 대책

자원봉사자들의 동기는 다양하다. 현재 대표적인 자원봉사활동 인력으로는 10대 청소년 집단과 청년 세대, 중년 세대 그리고 노인 세대를 들 수 있다(이해주 · 곽삼근 · 최윤진, 2012).

① **신세대들의 동기**: 신세대들은 미래보다는 현재를 중시하여 현실주의적 의식구조를 가지고 있다. 따라서 자원봉사활동 관리자는 그들 자신들의 시간과 능력을 효율적으로 사용할 수 있도록 충분한 선택조건을 제시하고, 그들이 즐길 수 있는 다양한 프로그램도 준비할 수 있어야 한다. 그리고 이들은 지속성이 저하되는 편이기 때문에 중도탈락을 방지하기 위해서는 이들의 사회적 욕구를 개발하도록 노력해야 할 것이다. 그리고 교사들은 미리 이들에게 자원봉사활동에 대한 교육을 실시함으로써 자원봉사활동에 임하도록 해야 할 것이다. 청소년들은 자원봉사활동을 통하여 타인에 대한 배려심과 공동체 의식도 배우게 되기 때문에 이들의 특징과 동기를 고려한 다양한 청소년 프로그램활동이 개발되어야 할 것이다.

② **중년세대들의 동기**: 중년세대들은 보다 더 젊은 세대들에게 조언자로서 봉사할 수 있기 때문에 이들에게 자원봉사활동을 통해 이 세대들의 특징을 충족시켜 줄 수 있도록 다양한 방안을 만들어 주어야 할 것이다. 특히 대도시의 중산층 이상의 전업주부가 자원봉사활동에 대한 참여도와 관심도가 높은 것으로 나타났으므로

이들의 풍부한 자원인력을 확보할 수 있도록 방안도 모색해야 할 것이다.

③ **노인세대들의 동기**: 노인세대들은 경험이 풍부하고 시간적으로도 여유가 있기 때문에 자원봉사활동의 중요한 인력이 될 수 있다. 최근 우리 사회의 고령화 추세에 따라 건강하게 살아갈 수 있으며 여가시간도 갈수록 증가하고 있기 때문에 이들을 적극적으로 참여시킬 수 있는 봉사활동 프로그램을 많이 만들어 주고 이러한 인식을 사회적으로 확대하기 위한 홍보도 필요하다.

## 2) 자원봉사자의 권리

### (1) Mc Gregor(1982)

- 자원봉사자는 인정받을 욕구와 권리를 갖고 있다.
  - 자원봉사자에게는 심리적 보상이 더 중요하다.
- 자원봉사자는 비밀보장에 대한 욕구와 권리를 갖고 있다.
  - 보호받기 원하는 개인적 사항에 대해 미리 이야기 나누며 최대한 신의를 보장한다.
- 자원봉사자는 지지받을 욕구와 권리를 갖고 있다.
  - 자원봉사자는 동료뿐 아니라 기관의 직원으로부터 지지받고 이해받기 원한다.
- 자원봉사자는 훈련받을 욕구와 권리를 갖고 있다.
  - 지속적인 교육은 자원봉사 활동에 대한 바른 이해와 성실한 태도를 갖게 하고 자원봉사활동에 대한 만족감과 자아성취감을 갖게 한다.
- 자원봉사자는 개인적 성장 발달에 대한 욕구와 권리를 갖고 있다.
  - 활동을 통해 자원봉사자도 자기 변화나 자기 성장의 경험을 쌓는 쌍방의 관계이다.
- 자원봉사자는 개인적인 만족에 대한 욕구와 권리를 갖고 있다.
  - 자원봉사자는 자신의 활동에서 만족감을 얻기를 원한다.

### (2) 구혜영(2008)

- 자원봉사활동에 대한 정확한 시간을 인정받아야 한다.
- 자원봉사활동에 대한 인센티브 및 포상을 향유할 수 있다.

- 자원봉사활동에 대한 제도적 지원을 받을 수 있다.
- 자원봉사교육 내용이나 교육프로그램에 대하여 요구할 수 있다.
- 교육지도자(강사)에 대하여 요구할 수 있다.
- 지역사회에 필요한 틈새 계층에 대한 자원봉사프로그램을 요구할 수 있다.
- 자원봉사자는 슈퍼비전을 받을 수 있다.
- 자원봉사자를 위한 간담회 및 평가회를 요청할 수 있다.
- 봉사활동에 대한 공개 혹은 투명운영을 위한 요구가 가능하다.
- 수혜자들의 만족도를 요구할 수 있다.

## 4. 자원봉사자의 책임 및 역할

### 1) 자원봉사자의 책임(McGregor, 1982)

- 자원봉사자는 정직해야 할 책임이 있다.
  - 공감은 기쁨, 질투, 흥분, 두려움, 슬픔 등의 감정을 공유할 때 명료해진다.
- 자원봉사자는 신뢰 받을 책임이 있다.
  - 어떤 약속은 다른 약속에 비해 우선해야 할 일도 있다.
- 자원봉사자는 비밀을 지켜야 할 책임이 있다.
  - 내가 속한 조직의 신용문제가 있다.
- 자원봉사자는 수용적이며 비심판적이어야 한다.
  - 먼저 사람을 생각하고, 그 다음에 문제를 해결하도록 한다.
- 자원봉사자는 충고가 위험하다는 것을 알아야 할 책임이 있다.
  - 충고와 정보제공은 다르다.
- 자원봉사자는 잘 경청해주는 사람이 되어야 할 책임이 있다.
  - 잘 듣기는 말뿐만 아니라 표정이나 신체 등 비언어적인 것도 포함한다.
- 자원봉사자는 슬픔을 이해해야 할 책임이 있다.
  - 슬픔을 통해 상실 이전의 자신으로 돌아가는 것이 아니라 상실로 인해 새롭게 변화된 현실에 적응하도록 하는 것이다.

### 2) 자원봉사자의 역할

자원봉사활동이란 역사적으로 고찰해 볼 때 사회변화 내지 사회개발을 추진하는데 있어서 중심적인 역할을 담당해 왔으며, 개인적인 의미에서도 점차로 여가활동만이 아니라 자신의 삶을 의미 있고 보람되게 만들 수 있는 계기로서의 중요성을 지니게 되었다. 이와 같이 현재에 와서 자원봉사활동은 점차 새로운 의미와 역할을 갖게 되고, 보다 체계화 · 전문화 되어가는 추세를 보이고 있다(이성록, 1996).

#### (1) 개인적 역할

① **사람을 돕는 활동**: 도움을 필요로 하는 개인이나 집단과 직접 대면해서 관계를 맺고 서비스를 제공한다.

② **업무 및 행사 지원활동**: 서류분류 및 정리, 접수업무, 전화 응답, 우편 처리 등의 사무를 처리하거나 행정적 업무를 지원한다. 그리고 홍보활동 및 모금활동 등 각종 행사를 지원한다.

③ **정책결정 및 자문역할**: 경영행정에 경험이 많은 사람들은 정책결정을 위한 위원회 또는 자문위원회의 구성원으로 참여하여 기관의 존속과 발전에 도움을 준다.

#### (2) 사회적 역할

① **문제 예방 및 치료자로서의 역할**: 사회문제를 예방하고자 하는 기관의 방침을 결정하거나 직접 보완적 서비스 활동에 참여한다.

② **대변자 · 매개자로서의 역할**: 도움을 필요로 하는 개인, 집단, 지역사회의 문제를 알리고 도움을 중재하는 대변자 및 매개자로서의 역할을 한다.

③ **변화 · 개혁자로서의 역할**: 바람직한 사회변화와 적절한 사회적 서비스를 발전시키며 인간 존중의 정신을 실현하기 위하여 제도적 개혁을 주장하고 변화시키는 역할을 한다.

# 5. 자원봉사자의 활동유형

## 1) 자원봉사자의 임무에 따른 유형 구분

### (1) 프로그램 자원봉사자

① **일반 자원봉사자:** 특별한 기술이나 전문지식을 요하지 않는 활동을 하는 자로 대부분의 자원봉사자가 이런 형에 속하며, 육체노동과 사무 활동을 하는 자도 이에 해당된다.

② **특수 자원봉사자:** 기능 자원봉사자와 전문 자원봉사자로 분류할 수 있는데, 기능 자원봉사자란 음악, 미술, 공예 등의 예능과 이발, 미용 등의 기능을 가지고 봉사활동을 하는 자이며, 전문 자원봉사자란 사회복지, 교육, 심리 등 사회복지사업에 직접 도움이 되는 전문지식이나 기술을 활용하거나 의사, 변호사 등 전문직업인 봉사자가 여기에 속한다.

### (2) 행정 자원봉사자

이사, 평의원, 위원 등으로 활동하는, 기관행정에 없어서는 안 될 중요한 사람으로 관리업무 자원봉사자라고도 호칭된다. 우리나라 복지기관에서는 이러한 활동이 일반화되고 있지 않지만 앞으로 크게 활용되어야 할 분야이다.

## 2) 자원봉사활동의 내용 및 장(場)에 따른 유형 구분

### (1) 특수지역 자원봉사자

빈민가 등 문제가 상존하는 지역에서 구호활동이나 범죄 · 비행 방지를 위한 활동자이다.

### (2) 재가 자원봉사자

재가 노인이나 재가 심신장애인에 대한 구호활동을 하는 자로 가정을 방문하여 식사조력이나 가사, 책읽기 등을 보조하고, 병원동행 활동을 하는 자를 말한다.

#### (3) 환경 자원봉사자

보건위생이나 교통안전을 위해 활동하거나, 미화나 자연보호 운동, 놀이터 · 독서실 · 탁아소 등의 시설보수 운동을 하고, 공해대책을 세우거나 공해지역에서 원호 활동하는 자이다.

#### (4) 사회복지시설 자원봉사자

지역이 아닌 시설 내에서 시설 수용자나 그 밖의 서비스 대상자를 위해 학습지도나 캠프 · 오락 · 취미 등의 정서지도 또는 상담지도를 하거나, 복지시설의 건물수리, 목공작업 등의 활동을 하는 자원봉사자를 말한다.

### 3) 자원봉사활동의 인적자원별 유형 구분

자원봉사자의 유형(자원)은 다양하다. 연령별, 성별, 직업, 종교 등으로 다양하다. 연령별로도 어린아이에서 노인에 이르기까지 연령별로 다양하다. 최근 중 · 고등학생(청소년)의 사회봉사활동, 고령화에 따른 은퇴자들의 자원봉사 등을 들 수 있다. 기술을 가진 조기은퇴자들은 좋은 자원이라고 볼 수 있다.

## 확 인 평 가

**1.** 자원봉사자의 개념으로 가장 적절한 것은?

① 자유의지를 가지고 다른 사람이나 사회를 위해 헌신하는 사람이다.
② 물질적인 반대급부를 위하여 개인이나 사회를 위해 돕는 사람이다.
③ 자원봉사활동을 하고 있는 단체를 말한다.
④ 사회복지 증진을 위하여 자신의 능력과 시간을 소비하는 사람이다.

**2.** 효과적인 자원봉사활동을 위한 자세가 아닌 것은?

① 관심 있는 일부터 시작한다.
② 주변에 가까이 있는 일부터 시작한다.
③ 때로는 무리할 수도 있다.
④ 활동에 있어서는 한계를 정해야 한다.

**3.** 자원봉사자의 동기이론으로 가장 적절한 것은?

① 자원봉사는 건강한 자기이익(self-interest)의 동기들과 이타주의적 동기에 의해 자원봉사활동에 참여하고 있다.
② 자원봉사자는 자원봉사대상자의 욕구 수준에 따를 필요가 없다.
③ 자원봉사는 모두 자아실현의 욕구만을 갖고 있다.
④ 자원봉사자에게는 이기적 동기는 전혀 없다.

**4.** 자원봉사자의 개인적 역할이 아닌 것은?

① 대인 서비스 제공　② 행정 및 행사 업무 지원
③ 정책결정 및 자문 역할　④ 문제 예방

**5.** 인간이 일정한 행동을 하도록 움직이게 하는 근원인 것은?

① 자주성 ② 동기 ③ 자발성 ④ 민주정신

**정답**

1. ① 2. ③ ; 자원봉사활동은 세밀한 계획 하에 서비스를 마칠 때까지 하되 무리하지 말아야 한다.
3. ① 4. ④ 5. ② ; 동기는 인간이 일정한 행동을 하도록 움직이게 하는 근원을 뜻하며 목표지향적인 행동을 유발하도록 지시하고 유인하여 격려함으로써 행동을 촉진시키도록 자극하는 내적상태이다.

# 제5장

# 자원봉사관리자의 이해

### ◈ 생각해보기

1. 자원봉사관리자의 의미는 무엇인가?

2. 자원봉사관리자의 역할과 기능은 무엇인가?

3. 외국의 자원봉사관리자 자격과정은 어떠한가?

자원봉사관리자는 사회복지시설 · 기관에서 대부분 사회복지사가 담당하고 있으며, 자원봉사자를 홍보 · 모집, 교육, 배치, 사후 관리하는 역할을 하고 있다.

자원봉사관리자는 잠재적 자원봉사자들의 참여를 고취하고 자원봉사자들에게 적합한 업무를 제공하며, 동기를 부여하여 활동을 조정하는 중요한 인력임에도 불구하고 아직까지 이들을 '전문직업인'으로 교육시키고 훈련시키는 자격교육과정이 없었기 때문에 자원봉사관리의 전문성 부족이 심각한 문제로 제기되고 있다. 그러므로 향후 자원봉사관리자는 단순히 봉사 주체와 대상을 연결하고 관리하는 것만이 아니라 우리 사회의 자원봉사활동과 그것을 활성화시키는 교육전문가로서 활약해야 하는 과제를 안고 있다.

## 1. 자원봉사관리자의 의미

### 1) 자원봉사관리자의 정의

최근 자원봉사활동이 사회적으로 그 의미가 부각되기 시작하면서 자원봉사활동 관리직이 새로운 전문직으로 등장하고 있는 추세이다. 이러한 전문직은 자원봉사 관리자(volunteer administrator), 감독자(director) 혹은 조정자(coordinator)의 역할이다. 자원봉사관리자는 그 서비스를 수행하기 위해 수많은 자원봉사자를 활용하는 기관이나 조직의 최고 실무 감독자라고 할 수 있고 자원봉사관리자는 조직 내에서 자원봉사 프로그램을 책임지고 있는 중간관리자라고 할 수 있을 것이다(Schindler-Rainman & Lippitt, 1975). 이러한 대부분의 자원봉사 관리직은 상근 유급직이지만 아직도 비상근이거나 무급자원봉사자로 임명되기도 한다.

자원봉사관리자란 자원봉사관리를 담당하는 사람으로서 자원봉사 업무를 기획하고 운영하며 자원봉사 조직화와 육성을 담당한다. 자원봉사자와 직원 간의 조정, 혹은 자원봉사자와 대상자(수혜자, 기관, 유급직원) 간의 조정, 자원봉사자로 구성된 조직 운영의 책임 등 조직의 성격이나 업무분장, 혹은 조직 내에서의 직급에 따라 주요 역할이 약간씩 달라지기도 한다.

조직의 목표를 달성하기 위해 자원봉사자들과 함께, 그리고 그들을 통해서 일하는 사람으로 자원봉사자들이 효과적으로 활동할 수 있도록 지원하는 사람이다. 훌륭한 관리자는 인적자원의 조정자이다.

우리나라에서는 각 기관에 따라 자원봉사 관리를 담당하는 사람에 대해 관리자, 조정자, 관리조정자, 수퍼바이저, 감독자 등 다양한 명칭을 부여하고 있지만, 여기에서는 "자원봉사관리자"라는 명칭을 쓰기로 하겠다.

자원봉사관리자의 개념 정의는 기능 및 역할에 따라 다를 수 있지만 여기에서는 '조직의 목표를 달성하기 위해 자원봉사자들과 함께, 그리고 그들을 통해서 일하는 사람'이라고 정의 할 수 있으며, 다른 말로 '훌륭한 관리자는 인적자원의 조력자'인 것이다(Wilson, 1976).

엘리스(Ellis, 1996)는 자원봉사관리자가 갖추어야 할 특성을 다음과 같이 제시하고 있다.

- 자원봉사자에 대한 긍정적인 관심, 즉 자원봉사자가 왜 중요한가, 그들의 잠재력이 그 세팅에서 어떻게 발휘될 것인가 등을 명확하게 하는 능력을 가져야 한다.
- 자원봉사자가 무엇을 성취할 수 있는가와 기관이 미래에 어디로 갈 것인가에 대하여 비전을 제시할 수 있어야 한다.
- 상이한 용어를 사용할지도 모르지만 지난 10년간 생겨난 지역사회서비스를 위한 수많은 유형의 지역사회 자원들을 포함하여 자원봉사영역의 확대된 경위에 대하여 이해해야 한다.
- 뛰어난 관리 기술이 있어야 한다.
- 뛰어난 상호관계 기술이 있어야 하며, 효과적인 자원봉사관리자는 따뜻함과 어느 정도의 카리스마를 가져야 한다.
- 열정과 에너지가 있어야 하며, 자원봉사감독자는 자원봉사 프로그램을 위한

분위기를 창조하고 그것은 활기찬 것이어야 한다.

- 편안한 프리젠테이션 스타일과 대중 연설 능력을 가져야 한다.
- 지역사회 자원들에 대하여 정통해야 한다.
- 과업분석 기술이 있어야 하며, 업무가 일정한 때 얼마의 시간을 투자하는 자원봉사자들에게 부과할 수 있도록 다루기 쉬운 부분들로 나누어야 하기 때문이다.
- 세부사항들 특히 일정편성과 과업위임의 요구들을 다루고, 조작하는 능력이 있어야 한다.

## 2) 자원봉사관리자의 자질

자원봉사관리자의 역할을 잘 감당할 관리자는 어떤 자질을 갖추어야 할 것인가? 이에 대한 것은 몇몇 자료에서 다루고 있다.

### (1) 한국여성개발원(1994)

- 자원봉사활동의 의미, 필요성, 가치 등을 명확히 이해해야 한다.
- 자원봉사활동의 전반적인 조직과 운영에 대한 전문지식을 습득해야 한다.
- 자원봉사활동 조정자로서의 역할을 충분히 이해해야 한다.
- 자원봉사자를 귀하게 여기고 자원봉사자가 가진 능력과 특성을 최대한 발휘하도록 도와야 한다.
- 자원봉사활동의 현황 및 문제점에 관하여 알아야 한다.
- 창의적인 사고를 바탕으로 모든 일에 계획성과 추진력을 지녀야 한다.
- 자원봉사활동의 결과에 대한 정확한 평가능력을 가져야 한다.

### (2) 피터 드러커

① 사명감(commitment)

- 지속적인 참여의 격려와 공유가치 진작
- 낙관적인 견해와 유머 감각
- 모든 사람들에게 열린 마음의 진솔한 신뢰 획득
- 모든 일에 적극적으로 솔선수범하는 실천성

- 합목적적인 가치관과 업무의 융통성
- 더불어 사는 인간 공동체 구현
- 업무에 창조적 직관력 발휘
- 타인에 대한 존경과 예의

② 지도력(leadership)

- 작은 것도 꼼꼼히 살피는 관찰력과 인내력
- 좋은 언어의 구사력과 문장력
- 창조적으로 이끌어 가려는 의지와 능력
- 제반 문제를 판단하거나 구별할 수 있는 판단력과 용기
- 기존 정책을 이해하고 활용하며 새 정책을 개발할 수 있는 능력
- 조직원의 욕구 · 능력 · 기술 · 기대 등을 분석 통합할 수 있는 식견
- 업무의 개관과 우선순위에 따른 의사 결정력
- 기획 · 감독 그리고 평가할 수 있는 총괄적 조직력

③ 능력(ability)

- 계획추진 및 집행의 융통성 부여
- 조직원과 봉사자 사이에 좋은 관계로 협조하도록 업무 환경 조성
- 봉사자를 적절한 프로그램에 배치 및 전체 조직과의 조정
- 정보 및 의사소통의 통로 확장과 감독
- 프로그램 집행과정 및 조직평가
- 봉사자, 수요자, 시설물 관리 그리고 교육
- 각종 서류 및 보고서 작성 · 보관 및 개발
- 각종 인쇄물이나 홍보물의 제작 · 편집 및 광고

④ 자원봉사자 통솔력

- 생산적인 업무환경을 만들고 규범에 따른 업무수행
- 투입을 위한 경로
- 감독자들에 대한 접근의 용이성
- 제공된 시간에 대한 존경
- 선택의 자유: '싫다'고 말할 수 있는 자유
- 인정: "감사합니다"라는 말은 자원봉사자들이 받는 보수

#### (3) 박태영 외(1993)

① **적극적인 태도:** 소극적인 태도는 실패를 자초한다. 도전적이고 개척적인 태도를 가져야 한다.

② **공정성 유지:** 선입견이나 편견은 금물이다.

③ **새로운 사고에 대한 수용력:** 완전한 사람은 없다. 항상 배우려는 자세를 가져야 한다.

④ **경청과 이해:** 자신의 주장을 펴기보다는 상대방의 느낌, 의도, 신념 등을 이해하려고 노력해야 한다.

⑤ **능숙한 의사소통:** 명료한 대화와 서류 작성을 한다.

⑥ **인권의 존중:** 개인의 능력을 최대한 발휘할 수 있도록 하기 위한 개인의 권리를 존중한다.

⑦ **재치 있는 유머:** 긍정적이고 지지적인 유머를 구사한다.

## 2. 자원봉사관리자의 이해

### 1) 자원봉사관리자의 역할

자원봉사관리자는 자원봉사 프로그램이 효과적으로 운영되기 위해서는 관리과정이 전문적으로 이루어져야 하므로 조정자가 반드시 필요하다. 이러한 자원봉사관리자의 역할은 계획수립(Planning), 조직운용(Organizing), 인적자원 활용(Staffing), 지도 · 감독(Directing), 통제(Controlling) 등으로 요약될 수 있다. 이들 기능을 조정이론의 단계에 따라 살펴보면 다음과 같다(이성록, 1995).

#### (1) 계획수립

계획수립이란 무엇을 할 것인가, 그것을 어떻게 할 것인가, 그리고 누가 할 것인가, 언제 할 것인가 등에 대하여 의견을 결정하는 것이다. 계획수립 단계에서는 목적 및 목표에 대한 개념을 명료하게 제시하고 활동, 예산, 일정, 통제 및 평가 등 일련의 과정에 대한 전체적인 윤곽을 그려 보는 것이 필요하다. 즉, 계획 분야에서 일반적으로 사용되어 온 목표에 의한 관리 MBO(Management By Objective)모델에 입각하여 무엇을, 언제, 어떻게 실행할 것인가를 결정하고, 설정된 목표를 지향하면서 유연성과 개방성을 갖도록 해야 한다.

### (2) 조직운용

조직운용은 설정된 목적과 목표달성을 위하여 관련된 사람들을 구성하고 각자의 역할을 규정하는 것이다. 즉, 어떻게 목표달성을 위한 직무를 구성할 것인가를 결정하는 것이다. 조직화 과정에서 중요한 요소는 위임과 조정인데 특히 위임에 있어 사람들은 중요한 일들을 위임이 아닌 직접 수행하려는 욕구를 가지고 있기 때문에 많은 관리자들이 위임을 기피하고 있다. 그러나 자원봉사자들이 기관을 신뢰하면서 그들로 창조적으로 일할 수 있도록 하기 위해서는 관리자가 위임과 조정을 적절히 실천해야 한다.

### (3) 인적자원 활용

인적자원 활용이란 직무수행을 누가 하며, 모집 · 면접 · 배치 · 훈련의 과정을 어떻게 진행시키는가를 일컫는다. 기관에서 필요로 하는 것이 무엇인지 결정된 후에는 어떠한 사람을 어떻게 뽑아서 적절하게 배치할 것인지를 결정해야 한다. 모집과 배치는 상담과 일정한 절차를 걸쳐서 계획성 있게 추진해야 한다.

### (4) 지도 · 감독

지도 · 감독은 다른 사람이 할 수 있도록 가능하게 하는 것으로서 효과적인 지도 · 감독으로는 기관이 기대하는 것을 명확히 전달하고, 직무와 관련한 완벽한 지시를 해주며, 자원봉사활동에 대한 인정과 감사를 표시하고 부적절한 행동은 바로 볼 수 있게 도와주며, 자원봉사자의 욕구를 충족시키는 데 융통성을 발휘해야 한다는 것 등을 들 수 있다.

### (5) 통제

자원봉사 프로그램 수행에 있어서 가장 큰 과제는 활동의 지속성이다. 자원봉사자들을 모집한 후 그들이 만족스럽게 계속 활동하도록 하는 방안이 모색되어야 한다. 가장 일반적인 방법은 인정과 보상을 통해 격려해 주고 지속적으로 활동할 의욕을 갖도록 배려해 주는 것이다.

### 2) 자원봉사관리자의 책임

- 지역사회 혹은 기관에 있어서 자원봉사자들을 위한 적절한 과업과 역할을 찾도록 돕는다.
- 업무를 설계하고 기관정책을 돕는다.
- 예산을 개발하고 감시한다.
- 클라이언트에 관한 이해, 클라이언트가 요구하는 서비스, 그리고 사람들이 자원봉사자가 되고자 하는 동기부여 요인을 개발한다.
- 자원봉사자들이 모집 · 심사 · 선정된 후 업무와 연결된다는 것을 확신시켜야 한다.
- 자원봉사자들이 제공할 수 있는 서비스들을 확인하기 위해서 직원들과 함께 일할 수 있어야 한다.
- 자원봉사자들은 그들이 제공할 수 있는 서비스에 대한 보수를 받지 않기 때문에 다른 보상체계가 이용될 수 있고 그들에게 특별한 관심을 기울이고 있다는 것을 확신시킬 필요가 있다.

### 3) 자원봉사관리자의 기능과 업무

자원봉사관리자의 기능은 기관의 크기, 목적, 및 환경에 따라 다르겠지만 자원봉사자를 모집하기 위한 사전준비에서부터 이들이 자원봉사자로서의 활동을 원활하게 수행할 수 있도록 하고 나아가 이들을 계속 자원봉사자로 유지하기 위한 사후관리까지의 모든 사항을 포함한다(Brudney, 1998; McGregor, 1982; AVA).

#### (1) 자원봉사관리자의 기능

① 미국자원봉사자 관리협회(Association for Volunteer Administration: AVA)

- 프로그램 기획과 조직
- 직원배치와 감독
- 통제

- 기관, 지역사회, 전문인과의 관계
- 예산과 기금 모집

② Brudney(브루드니)

- 자원봉사자 참여를 위한 근거를 마련하는 것
- 자원봉사 프로그램 설계에 유급직원을 참여시키는 것
- 조직에 자원봉사 프로그램을 통합시키는 것
- 프로그램 리더십의 지위를 창조하는 것
- 자원봉사자 지위 부여를 위한 업무 설계를 준비하는 것
- 자원봉사자를 모집하는 것
- 자원봉사자를 관리하는 것
- 자원봉사자의 노력을 평가하고 인정하는 것

③ 자원봉사자 원조 기능

- 자원봉사자가 적절히 선발되고 배치되도록 원조한다.
- 자원봉사자가 자신의 역할을 이해할 수 있도록 원조한다.
- 자원봉사자가 다른 사람들의 역할을 이해할 수 있도록 원조한다.
- 명확한 직무기술서를 통해 자원봉사자가 활동내용을 정확히 알 수 있도록 원조한다.
- 자원봉사자가 공개적인 의사소통의 채널을 가지도록 원조한다.
- 자원봉사자를 지지(support)함으로써 원조한다.
- 정해진 장소에서 자원봉사자들이 손쉽게 이용 가능하도록 원조한다.

Wilson은 자원봉사 프로그램 관리의 기능과 요소를 다섯 가지 기능으로 제시하고 구체적 요소를 10가지로 제시하고 있다. Wilson의 자원봉사 프로그램 관리의 기능과 요소는 〈표 5-1〉과 같다.

〈표 5-1〉 자원봉사 프로그램 관리의 5가지 기능과 10가지 요소들(S.Vinyard, 1984)

| 기 능(function) | 요 소 들(components) |
|---|---|
| 1. 기획(Planning) | 1. 목적(goal) |
| 2. 조직화(Organization) | 2. 목표들(objectives) |
| 3. 직무화(Staffing) | 3. 활동계획(Plan of Action) |
| 4. 지시 및 지도(Directing) | 4. 업무설계 |
| 5. 통제 또는 평가(Controlling & Assessment) | 5. 모집(recuitment) |
| | 6. 면접 |
| | 7. 배치(place) |
| | 8. 훈련 |
| | 9. 지도감독 |
| | 10. 평가 |

출처: wilson, M(1976), *The Effective Management of Volunteer Programs*, 12-16.

### (2) 자원봉사관리자의 업무

자원봉사관리자의 자원봉사관리 접근방법으로는 인사관리 방법(Personnel management approach)과 프로그램관리 방법(Program management approach)이 있다. 고문 역할로 직원이 참여하거나, 직접 개입보다는 직원의 지식과 기술개발에 도움을 제공한다. 그리고 프로그램 개발자이며 프로그램 서비스 전달에 필수 역할을 하여 청소년 프로그램 서비스, 문맹퇴치 서비스, 병원기금 조성, 집단과 회원 조직, 자원봉사자를 위한 업무설계 등의 모든 관리업무를 수행한다.

자원봉사관리자의 과업 및 업무들을 세분화하면 자원봉사프로그램의 기획, 업무설계와 모집, 선발과 배치 및 업무부여, 자원봉사자의 유지 및 보존활동, 기록유지 활동, 재정적 관리, 위험과 책임 대책 등으로 나뉘어진다.

자원봉사관리자 및 자원봉사전문가의 업무는 다음과 같이 구성된다(이강현, 2000, pp. 22-25).

① **욕구사정**: 자원봉사 프로그램의 필요성과 타당성을 조사한다.

② **사명과 비전의 수립**: 강력한 자원봉사활동은 지역사회의 변화를 향한 긍정적인 비전에 기초하고 있다. 그리고 사명선언문은 비전을 달성하는 방법에 초점을

두는 것이다.

③ **자원봉사 프로그램 개발 및 기획**: 지역사회 욕구 및 기관의 사명에 적합한 새로운 자원봉사 프로그램을 개발한다. 측정 가능한 목표를 가진 계획을 설정하고 업무 일정을 수립한다.

④ **자원봉사 업무 개발**: 자원봉사자들이 하게 될 구체적인 업무를 파악하고 창조적으로 개발하며, 그 업무들에 대해 문서화된 자원봉사자 업무 설명서를 마련한다. 모집과 교육을 위한 근거 자료가 될 수 있으며 자원봉사자에 대한 기대를 명확히 하는 데 도움이 된다.

⑤ **위험 관리 대책수립**: 자원봉사자들은 유급직원과 마찬가지로 안전한 환경에서 일할 권리가 있다. 이를 위해 기관에서 자원봉사자 관련 보험에 관한 정책 및 안전 교육에 관해 검토하며 위험관리 대책을 늘 새롭게 수립하도록 해야 한다.

⑥ **정책과 시스템 수립**: 자원봉사자 관리에 관한 전반적인 과정과 원칙을 만들고 자원봉사자들이 일할 수 있는 시스템 및 환경을 지원해야 한다.

⑦ **예산개발과 관리**: 자원봉사자들의 활동은 비용 효과성이 있어야 한다. 그들을 관리하는 것에 돈이 안 드는 것은 아니다. 자원봉사자 유지 · 관리 비용이 자원봉사자들이 산출하는 활동결과의 생산성을 초과하지 않는 범위 내에서 집행되어야 할 것이다.

⑧ **자원봉사자 모집, 면접, 배치**: 모집은 잠재적 자원봉사자의 관심과 이루어야 할 업무를 잘 매치하는 것에 초점을 두어야 한다. 면접은 자원봉사자들의 욕구를 잘 파악해서 적합한 업무에 사려 깊게 배치해야 한다.

⑨ **자원봉사자 오리엔테이션과 교육**: 자원봉사자들에게 오리엔테이션을 제공하고 업무를 잘 수행해 낼 수 있도록 업무 교육과 보수 교육을 시킨다.

⑩ **갈등관리**: 자원봉사자와 직원, 도움 수혜자와 기관 등의 상호 갈등에 있어 중재하고 조정한다.

⑪ **자원봉사자 활동 지도감독 및 슈퍼비전**: 자원봉사자들에게 그들의 수준에 따라 적절한 감독과 슈퍼비전을 제공해야 한다.

⑫ **자원봉사자들의 활동에 대한 인정**: 자원봉사자들에 대한 인정은 공식적 비공식적일 수 있다. 인정은 개별 자원봉사자들에게 진솔하고 적절할 때 이루어져야 한다. 자원봉사자들을 잘 관리하는 유급직원들 역시 인정해 주어야 한다.

⑬ **자원봉사팀관리 및 지도자 양성**: 자원봉사팀을 조직화하고 이들의 지도력을 양성한다. 자원봉사관리 및 팀관리 역할은 자원봉사지도자나 팀리더 혹은 행정자원봉사자들에게 위임할 수도 있다. 이러한 코디네이터 역할을 할 자원봉사관리 담당 전문자원봉사자를 양성하는 것도 필요하다.

⑭ **자원봉사자 지지와 옹호**: 자원봉사자들의 성과에 관하여 널리 알려 사람들이 자원봉사자들의 활동 성과와 공헌에 대해 긍정적으로 인정하고 평가하도록 한다. 기관내의 직원 및 관련자, 지역주민을 비롯한 일반 사람들이 자원봉사자를 존경하고 공정하게 대하도록 자원봉사자를 대변하고 자원봉사자의 권리를 고취한다.

⑮ **자원봉사자 활동기록 관리와 행정**: 자원봉사자 인적사항 활동사항과 활동결과에 대한 기록을 보관해야 한다. 자원봉사자 활동기록은 기관의 이사회나 고위경영자, 언론, 후원자, 지역사회, 직원, 자원봉사자들에게 자원봉사자들의 공헌을 널리 알리고 인정하는 데 유용하다.

⑯ **결과 평가**: 기획당시부터 측정 가능한 목표를 세워 평가할 수 있도록 기초를 마련해야 한다. 이러한 메커니즘을 통해 성공과 실패를 확인할 수 있고 적절한 변화가 창출할 수 있다. 평가는 자원봉사자, 지역사회, 클라이언트들에 대한 영향을 포함한다.

⑰ **자원봉사자 활동 종료 관리**: 기관이나 자원봉사자 별로 의미 없는 관계일 경우 자원봉사자에게 활동중단을 권유할 수도 있다. 이는 자원봉사자들이 적합하지 않은 업무에 배치되었을 수도 있고 여러 가지 개인적 사정상 혹은 기관의 사정상 상호 기대가 맞지 않을 수 있다. 그럴 경우 자원봉사자와 상담하고 추가적인 교육이나 코치를 제공해야 한다. 또한 필요하면 다른 업무를 부여할 수도 있다. 만약 그러한 노력이 다 성공적이지 못할 경우 자원봉사자들이 활동을 중단하도록 권유하거나 다른 기관에 배치되도록 소개할 수도 있다.

⑱ **네트워크**: 기관의 주요 사명이나 자원봉사 프로그램과 관련된 지역사회 문제 해결을 위해 타기관이나 단체 개인들과 연대한다.

⑲ **전문 기술 개발**

### 4) 자원봉사관리자의 핵심능력

평생학습사회를 맞이하여 사회의 변화를 예측하고 관리할 수 있도록 자원봉사자 교육을 담당하는 교육담당자의 교육이 절실하다. 현재 자원봉사 관련교육을 위해서는 자원봉사활동자, 교수, 지역인사, 연구원 등 수백여 명의 강사진이 있는 자원봉사 교육강사인력은행을 활용할 수 있으며 여기에서 제공되는 강좌는 자원봉사 일반, 자원봉사관리자, 지역사회, 보건 · 의료, 장애인, 아동, 청소년, 여성, 환경, 교통, 문화예술, 레크리에이션 등으로 매우 다양하다. 자원봉사관리자를 위한 교육과정은 역할을 중심으로 다음의 다섯 가지로 제시할 수 있다(한국사회복지연구회, 1997 ; 한국방송통신대학교, 2012).

### (1) 오리엔테이션 담당능력

자원봉사자들이 프로그램에서 다른 사람들과 알게하는 것과 자원봉사자에 기초한 프로그램의 조직 및 목적을 배우고, 그것에서의 그들 자신의 역할을 아는 능력이다.

### (2) 서비스 이전의 훈련 능력

자원봉사자들이 과업의 책임을 수행하는 데 필요한 기술을 가지게 하는 것이 서비스 이전 훈련의 목적이다.

### (3) 배치업무 능력

자원봉사관리자는 자원봉사자의 배치에 다양한 상황을 준비하는 능력을 갖추어야 한다. 만약 자원봉사자가 그 일에 적당하지 않다고 생각되면 자원봉사관리자는 그 자원봉사자의 과업을 변경시킬 수 있는 능력이 필요하다.

### (4) 현업훈련 능력

자원봉사자관리자는 자원봉사자를 적임 부서에 배치하기 전에 이들이 필요로 하는 개인적 학습의 진단과 적절한 내용영역을 선택하여 교육과정을 검토하고 보완해 주어야 한다.

### (5) 경험의 의미화 능력

자원봉사자들이 자원봉사활동을 통하여 경험하게 되는 모든 과정에 대하여 의미를 발견하거나 부여해 줄 수 있는 의미부여 능력이 필요하고 경험해석 능력이 필요하다. 이는 자원봉사활동의 영역확장과 자원봉사 경험에 대한 의미부여 욕구가 확산되면서 더욱 필요해진 능력이라 하겠다.

### 5) 자원봉사관리자의 업무

자원봉사관리자의 업무를 파악하는 방법은 몇 가지로 구분할 수 있지만 여기에서는 쓰쓰이 노리코(1992)의 이론에 기초하여 기술하고자 한다.

#### (1) 자원봉사활동 요청에 대한 반응

자원봉사활동을 요청하는 반응은 개인이나 기관으로부터 자원봉사자 활용 욕구의 접수, 욕구의 확인을 위한 면접 혹은 방문, 사정, 필요한 자원봉사자의 모집, 자원봉사자와 자원봉사를 필요로 하는 기관의 편성, 그리고 그 자원봉사자 소개를 위한 방문으로 이루어진다.

① 욕구의 접수

자원봉사자의 서비스를 필요로 하는 의뢰가 있을 때 기본적으로 파악해야 하는 내용은 〈표 5-2〉와 같다.

〈표 5-2〉 자원봉사활동 요청 시 파악할 내용

| 구분 | 내용 |
|---|---|
| 의뢰자에 대해 | 성명, 관계, 소속, 연락처, 자원봉사활동의 이해 정도 |
| 자원봉사자를 필요로 하는 기관에 대해 | 성명, 주소, 교통기관, 심신의 상태, 보호상황, 가족형태, 경제상황, 가족, 친족 등의 도움, 관계기관과의 관계 |
| 의뢰 내용 | 요구하는 서비스 내용, 빈도, 요일과 시간대, 자원봉사자의 조건 |

② 방문과 면접

접수된 사례에 대해서는 가능한 한 가정방문을 하는 것이 바람직하다. 사정상 방문할 수 없는 경우에는 기관으로 직접 오도록 하여 의논할 수 있도록 한다.

③ 사정(사전평가)

관리자가 행하는 사정에는 두 가지 단계가 있다. 첫째, 자원봉사를 필요로 하는 기관에 대한 전체적인 상황에 대한 사정이다. 둘째는 자원봉사자가 관계할 과제에 대한 사정이다. 왜 자원봉사자가 그 부분을 맡는가, 어디까지 자원봉사자가 해야 할 것인가, 자원봉사활동으로 인하여 어떤 것이 기대되는가 등에 대한 질문에 명확히 답할 수 있어야 한다.

④ **자원봉사자 모집**

자원봉사자의 모집에 대해서는 각 기관의 특성과 지역적 여건을 감안한 독자적인 연구가 필요하다.

⑤ **편성**

편성은 자원봉사를 필요로 하는 기관의 욕구와 자원봉사자 사이에 관계를 맺게 하는 것이다. 편성은 기능의 수준과 공감의 수준으로 나누어 볼 수 있다. 기능의 수준은 자원봉사활동이 성립하기 위한 단순한 요소로 연령, 성별, 구성, 직업, 이동거리, 희망하는 활동내용, 활동가능한 업무와 시간, 체력, 활동경험 등이 있다. 공감의 수준은 기능의 수준요소처럼 명확히 하기는 어렵지만 수용력, 유연성, 허용도, 안정도, 공감도, 가치관, 생활 스타일 등으로 구성된다.

⑥ **자원봉사자와의 대면**

자원봉사활동을 감당할 자원봉사자가 결정되면 자원봉사자와 만나게 하는 단계로 나아가게 된다. 방문시 구체적인 조정내용은 다음과 같다.

- 자원봉사활동 내용의 한정
- 시간, 빈도, 기간
- 교통비, 식사비 등의 금전적 내용
- 연락방법
- 자원봉사활동 중의 사고
- 구체적인 서비스 방법

### (2) 자원봉사활동 희망자에 대한 대응

자원봉사활동은 양이 아닌 질이고, 성과나 결과 못지않게 과정과 절차를 중시하는 영역이다. 자원봉사활동 희망자에 대한 관리자의 대응은 접수, 면접, 자원봉사활동의 제안 및 소개 순서로 이루어지며 구체적인 절차는 다음과 같다.

① **접수**: 방문하는 사람을 위하여 센터에서는 다음과 같은 내용에 관심을 가지도록 한다.

- 안내판의 설치
- 접수창구의 설치
- 근무자세의 강화
- 필요한 자료의 배치
- 편안한 분위기의 조성

② **면접**: 면접시 관리자가 준비해 두어야 할 것들은 다음과 같다.

- 활동 신청 용지
- 관리자의 명함
- 센터의 홍보용 책자
- 자원봉사활동에 관한 책자
- 자원봉사활동 내용
- 자원봉사자 등록 카드

③ **자원봉사활동의 제안 및 소개**: 자원봉사관리자는 자원봉사활동에 대한 문의에 답변할 수 있도록 될 수 있는 대로 많은 정보를 가지고 있어야 한다.

- 자원봉사활동 조정기관 명단
- 사회복지 관계기관 명단
- 각종 자원제공처의 명단
- 자원봉사활동 그룹의 명단
- 교육, 강습회의 명단
- 사회복지시설의 명단
- 자원봉사활동을 요청하는 기관의 명단
- 자원봉사활동 관계 자원 리스트

## 3. 외국의 자원봉사관리자 자격과정

외국에서 자원봉사관리자 '자격과정'을 체계적으로 개발하여 사용하고 있는 대표적인 예가 미국 AVA(Association of Volunteer Administration)와 호주의 Onkaparinga Institute of TAFE이다. 한국자원봉사협의회의 "자원봉사교육과정 표준화 연구(2003)"에서 조사한 해외사례를 참고로 하여, 이 두 자격과정의 특징 및 교육내용을 요약하면 다음과 같다.

가장 대표적인 특징은, 다른 일반 자원봉사자교육 혹은 자원봉사관리자 일반교육과 자격과정을 엄격히 구분하고 있다는 것이다. 다른 일반 자원봉사자교육이나 자원봉사관리자 일반교육이 필요에 따른 단편적인 교육들을 실시하고 있다면, 자격과정의 경우는 직업으로서의 자원봉사관리자 업무분석과 역량 파악을 기초로 하여 종합적인 역량 교육에 중점을 두고 있다. 최근에 자원봉사관리자를 표준 직업화 하려는 영국(VSNTO)에서도 이러한 업무분석과 역량파악을 기초로 한 종합적인 역량 교육에 초점을 둔 자격과정 개발을 수행하고 있는 중이다. 따라서 교육내용은 국가마다 매우 상이한데, 각 국가에서 자원봉사관리자가 이미 수행하고 있는 업무, 각 사회에서 자원봉사가 갖는 사회적, 정치적, 문화적 의미 등이 반영되어 있기 때문이다. 업무는 자원봉사관리업무와 기관관리업무로 크게 구분될 수 있지만, 세부적인 교육내용에는 많은 차이가 있다. 또한 호주의 경우는 자원봉사관리업무와 기관관리업무 이외에도 지역사회 기여의 부분이 많이 강조되고 있어 자원봉사가 시민사회의 중요한 영역으로 자리 잡고 있다는 것을 확인할 수 있다.

또 다른 특징은 자격과정의 경우 다른 일반교육과정과는 달리 교육시간이나 질의 측면에서 매우 강력한 요구사항을 제시하고 있다. 미국 AVA의 경우는 시험을 치르는 방식으로, 호주 Onkaparinga Institute of TAFE는 1년 이상 총 505시간의 교육기간을 수료할 것을 요구하는 등, 각기 다른 방식으로 교육 결과로 산출된 자격의 질(Qualification)을 엄격하게 관리하고 있다(이강현, 2004).

외국의 자원봉사관리자 자격과정을 살펴보면 〈표 5-3〉과 같다.

〈표 5-3〉 외국의 자원봉사관리자 자격과정

| 구분 | 미국 AVA 교육과정 | | 호주 Onkaparinga Institute of TAFE | | |
|---|---|---|---|---|---|
| 명칭 | AVA 아카데미 | CVA(Certified in Volunteer Administration) | 일반수료증 (Diploma)과정 | 자격증IV (Certificate IV) 과정 | 고급수료증 (Advanced Diploma) 과정 |
| 교육대상 | 자원봉사활동 경험 3년 이하, 기초교육을 받은 개인과 기초자원봉사관리에서 교육을 필요로 하는 자원봉사관리자들 | 전일제 자원봉사관리자 경험 3년 이상인 자, 현재의 직무 중 자원봉사관리자 업무가 50% 이상인자, 또는 이 자격과정에 적절하여 이에 대해 수퍼바이저 또는 전문가의 추천서가 있는 자 | 자원봉사관리자의 역할을 하기 원하는 사람들 | SACE 1단계 수료자, VET자격증 소지자 현재 유급 또는 무급의 자원봉사관리자 | 현재 자원봉사관리자 또는 자원봉사 수퍼바이저의 역할을 하고 있는 사람들 |
| 특징 | 비종합적인 기초통합교육과정 소그룹 워크샵 | - 직무 분석을 기초로 개발<br>- 필기시험과 포트폴리오를 통한 자격증(1년에 한번) | 전공필수4과목, 공통필수6과목, 선택5과목 (총15과목) | 전공필수3과목, 공통필수5과목 선택4과목 (총12과목) | 전공필수4과목, 공통필수7과목, 선택5과목 (총16과목) |
| 교육시간 | 8개 과정 각각 90분 | | 1년 이상/ 총870시간 이상 | 1년 이상/ 총505시간 이상 (80시간의 현장실무 포함) | 1년 이상/ 총 1025시간 이상 |

## 확인평가

**1.** 자원봉사관리자가 갖추어야 할 특성이 아닌 것은?

① 자원봉사에 대한 긍정적 관점
② 뛰어난 프리젠테이션 조작능력과 엄숙한 대중연설능력
③ 뛰어난 관리 기술
④ 과업분석 기술

**2.** 자원봉사관리자의 역할이 아닌 것은?

① 리더의 역할
② 직무활동을 억제 · 통제하는 역할
③ 동료이자 친구의 역할
④ 리더 역할

**3.** 효과적인 지도 · 감독(supervision)의 기술이 아닌 것은?

① 보호적인 환경 창출
② 팀조직
③ 효과적인 의사전달
④ 환류제공

**4.** 자원봉사 지도 · 감독(supervision)의 중요성이 아닌 것은?

① 자원봉사자들이 역할을 잘 수행하도록 정보와 피드백 제공
② 문제점 예방과 문제발생 시 조정
③ 의사소통을 원활하게 함
④ 관리자들이 그 기관에서 담당하고 있는 역할을 잘 수행할 수 있도록 도움

**5.** 권력지향적 자원봉사자에게 인정 · 보상을 제공 방법으로 적절하지 않은 것은?

① 리더의 위치에 있게 함　　② 보다 도전적인 업무 부여
③ 승진이 가장 중요한 인정 방법　　④ 유명인사로부터의 칭찬

**정답**

**1.** ② ; 편안한 프리젠테이션 스타일과 대중연설능력　**2.** ② ; 직무활동을 지휘 · 통제하는 역할　**3.** ① ; 지지적인 환경 창출　**4.** ④ ; 자원봉사자들이 그 기관에서 담당하고 있는 역할을 잘 수행할 수 있도록 도움　**5.** ② ; 보다 도전적인 업무 부여는 성취지향적 자원봉사자를 위한 방법임.

제 3 편

# 자원봉사 관리 및 프로그램 개발

# 제6장

# 자원봉사 관리과정

◈ 생각해보기

1. 자원봉사 관리를 위하여 계획수립은 어떻게 하는가?
2. 자원봉사 관리를 위하여 업무설계는 어떻게 하는가?
3. 자원봉사자는 어떻게 모집해야 할까?
4. 자원봉사자는 어떻게 면접해야 할까?
5. 자원봉사자는 어떻게 배치해야 할까?
6. 자원봉사자는 어떻게 교육 · 훈련하는가?
7. 자원봉사자는 어떻게 지도 · 감독하는가?
8. 자원봉사자는 어떻게 인정 · 보상하는가?

자원봉사 관리과정에 관하여 여러 가지가 논의될 수 있으나 볼런티어 21은 자원봉사 관리과정으로 기관(조직)의 비전(사명) 수립, 기관(조직)의 자원봉사 관리체계 수립, 자원봉사 프로그램 기획, 자원봉사 업무 개발, 자원봉사자 모집, 면접 · 배치, 오리엔테이션 및 교육 · 훈련, 감독 및 동기부여 · 인정, 평가의 9단계를 제시하였다. 본 서에서는 자원봉사 관리를 위한 계획수립, 자원봉사 관리를 위한 업무설계, 자원봉사 프로그램 개발, 자원봉사자 모집, 자원봉사자 면접, 자원봉사자 배치, 자원봉사자 교육 · 훈련, 자원봉사자 지도감독, 자원봉사자 인정 · 보상의 과정으로 알아보도록 한다. 단 자원봉사프로그램 개발 및 평가는 제8장에서 따로 설명하기로 한다.

관리(management)는 결과에 대한 책임감을 가지고 어떤 활동을 계획, 조직, 조정, 직무배정, 통제 그리고 지도감독 하는 것이라고 정의할 수 있다. 자원봉사관리는 자원봉사활동을 원하는 측의 욕구와 자원봉사활동의 원조를 받는 측의 욕구를 연결시켜 효과적인 자원봉사활동이 이루어지도록 하는 일련의 절차와 방법을 연구하는 것을 의미한다.

최근 들어 자원봉사 관리의 필요성이 부각되고 있는데 그 이유는 자원봉사 프로그램이 급속히 성장, 발달하면서 국민들에게 실질적으로 제공되는 중요한 사회서비스로서의 역할이 커지고 있기 때문이다. 그리고 자원봉사활동을 제공하는 측과 서비스를 원하는 측을 보다 효과적으로 연결할 필요성이 더욱 증가하고 있다.

자원봉사 관리의 기본은 자원봉사활동 중에 자원봉사자와 클라이언트가 함께 참여하며 더불어 계획하는 것이다. 함께 계획하며 공감하고 그 공감을 토대로 문제를 해결하기 위해 동반자로 참여하는 기회가 주어지도록 하는 관리가 필요하다. 이런 실질적인 도움이 될 수 있도록 차별화된 관리의 필요성이 요구된다.

자원봉사 관리의 기본원칙은 모든 자원봉사활동에 동일하게 적용된다. 그러나 구체적인 관리방법은 구조화된 운영방식에서 자발적 운영방식으로 다양화, 개별화되고 차별화된 전문적인 관리의 필요성이 요구된다.

# 1. 자원봉사 관리를 위한 계획수립

자원봉사 관리과정은 과학적이고 전문적이어야 하며 단순한 임시방편으로 운영되어서는 안 된다. 자원봉사의 관리과정이 제대로 행해지지 못할 경우 자원봉사자를 효과적으로 활용할 수 없고 자원봉사자의 기대도 충족시킬 수 없다. 자원봉사자의 관리과정이 어떻게 행해지느냐 하는 것은 자원봉사자의 소속기관에 대한 만족도 및 지속성에 결정적인 역할을 할 뿐 아니라 지역주민들에게 제공하는 서비스의 질과 효율성을 결정하는 중요한 부분이다.

## 1) 계획수립 단계에서의 고려사항

### (1) 조직의 목적과 지도이념

자원봉사 관리를 위한 계획수정 단계에서 자원봉사조직 및 기관 그리고 자원봉사활동사업 및 프로그램의 존재의 의의 또는 목적이 규명되고 명백하게 진술되어야 한다. 이것은 조직의 존재, 사명 및 지도이념에 대한 타당성으로도 간주되어 질 수 있다. 지도이념(guiding philosophy)은 제공된 프로그램 운용과 프로그램에 대한 지도감독의 보편적 구성체계를 통하여 최대한 제시할 수 있다.

### (2) 목표 설정 방법

목표는 명확성(Specific) · 측정 가능성(Measurable) · 성취 가능성(Achievable) 및 상이한 여러 가지 목표와 전체적 목적의 양립성(Compatible)이라는 조건을 충족시키는 것이어야 한다. 예컨대 '나의 목표는 저소득층 밀집지역에서 향후 6개월 동안 재가복지 사업의 일환으로 사회복지사와 함께 일할 주부 자원봉사자 25명 모집'이 될 수 있을 것이다.

#### (3) 구성원 개인의 목표

직원, 자원봉사자 등 모든 조직성원들의 개인적 목적과 목표는 조직의 목표달성을 위한 계획수립에 있어서 반드시 고려되어야 할 사항이다. 구성원의 개인적 목표와 조직의 목표가 일치될 수 있도록 조성하고 양자를 모두 만족하게 하려면 조직목적과 개인목적은 일치되어야 한다.

#### (4) 우선순위 설정

과업의 중요성과 실현 가능성에 관한 가중치를 부여하는 것이 필요하다. 어떤 과업은 다른 것들보다 더 중요할 수 있고 즉각적인 조치를 요구하는 것도 있는 반면에 어떤 것은 지혜롭게 연기해야 할 일도 있다. 계획에 따라 목표를 행동으로 옮길 수 있다는 것은 매우 중요한 일이며 이를 위하여 계획에는 실행자의 업무 우선순위가 고려되어야만 한다.

### 2) 계획수립 참여자

계획 설정은 자원봉사자와 직원과 관리자가 함께 참여한다. 그리고 여기에는 클라이언트 역시 포함되어야 한다. 계획 안에 포함되어 그 영향을 받는 사람들은 가능한 한 모두 참여하도록 한다.

### 3) 계획의 시기와 융통성

주변 욕구의 변화, 담당자의 변화, 지역사회의 변화 등 모든 환경이 변화하고 있기 때문에 관리자는 계획수립에 있어서 환경의 변화를 파악하고 민감하게 대응해야 한다. 관리자는 계획수립에 있어서 우선순위를 둘 수 없는 장 · 단기 목적 및 목표를 조화롭게 만들기 위해 노력해야 한다. 단기계획은 장기계획에 통합시킨다.

### 4) 효과적인 계획수립

MBO(Management by objectives)는 목표에 의한 행동을 장래에 있어서 주기적으로 평가하기 위하여 관리자 및 구성원이 다 같이 목표 설정하는데 널리 사용되는 기법이다. MBO 프로그램은 일반 기업체에서 계획의 수립, 통제체제, 조직의 목표와 개별적인 조직 구성원의 목표를 통합하려는 보다 광범위한 접근방법으로 활용되고 있다. 일반적으로 MBO는 보다 효과적인 자원봉사 관리를 위한 계획을 수립하는데 도움이 되는 것으로 누가, 무엇을 어떻게, 언제 할 것인가를 결정하는 것이다.

## 2. 자원봉사 관리를 위한 업무설계

### 1) 업무설계의 이해

#### (1) 업무설계의 의미

업무설계의 의미는 대상자에게 높은 질적 서비스를 제공하기 위하여 업무상의 책임, 자원봉사자의 자격조건, 책임의 구분, 활동기간과 시간 등을 계획하는 것이다.

#### (2) 업무설계의 사전과정

무엇을 위한 업무이며, 어떤 종류의 사람들이 활동하길 원하는지에 대해 이해하도록 한다.

#### (3) 업무설계의 요인

자원봉사자를 활용해서 어떤 일을 하려고 하는지를 정한다. 이 일을 하는 것이 왜 중요한지, 직원보다 자원봉사자가 하는 것이 더 효과적인지 생각해 본다. 이 활동이 자원봉사자에게 새로운 기술습득의 기회가 되고 의미 있는 상호작용의 경험이 될 수 있도록 한다.

#### (4) 업무설계의 과정

- 모든 업무사항을 기록한다.
- 진행할 능력이 없거나 진행하고 있지 않는 업무를 분류한다.
- 하고는 싶으나 진행할 시간이 없는 업무를 기록한다.

- 차트에 제시된 업무 몇 개를 기록한다.
- 조직이 진행하길 바라는 프로그램과 서비스를 브레인스토밍한다.
- 차트를 연구하여 이미 나와 있는 업무나 직원과 자원봉사자들이 바라는 것들로부터 시작해서 새롭고 재미있고 창의적인 자원봉사활동 업무로 발전시킨다.
- 업무 소위원회가 업무를 정리하고 업무설계를 발전시킨다.

## 2) 업무지침

### (1) 업무지침의 의미

자원봉사자가 진행할 업무의 책임, 업무를 진행할 자원봉사자의 자격조건, 감독과 책임의 체계, 업무의 업적을 평가하는 방법을 기술한다.

### (2) 효과적인 업무지침의 설계(Lynch)

자원봉사자는 업무에 대한 생각뿐 아니라 그 업무를 진행하는 데 있어서 기회와 권한을 가지고 있다는 사실을 확인시켜야 한다. 그리고 지침서에 기관의 사명과 목표달성 결과에 대한 직접적인 책임이 있음을 확인시킨다. 효과적인 지도감독을 위해서는 업무에 관해서는 완벽하게 지시하고 기관이 기대하는 것을 명확히 전달하며 자원봉사자의 욕구동기를 충족시키는데 융통성을 발휘하여 어떤 질문에도 응답할 준비를 해야 한다. 그리고 부적절한 행동을 바라볼 수 있게 도와주고 자원봉사자의 활동에 인정과 감사를 표시해야 한다.

### (3) 자원봉사자의 업무지침

자원봉사자의 업무지침은 직원 또는 자원봉사자에 의해 만들어질 수 있으며, 가장 정확한 업무지침은 그 업무를 실제로 진행하는 자원봉사자와 그들을 지도 · 감독하는 직원에 의해 작성되는 것이다. 업무지침은 모집 · 홍보 시기부터 활용될 수 있다. 업무지침이 일단 준비된 이후에, 이러한 업무진행에 필요한 사람들을 모집해서 채우는 노력이 뒤따르게 된다. 건전한 마케팅 전략은 훌륭한 인사정책과 정확하고 의미 있는 업무지침들에 의해서 효과적으로 실천될 수 있다(N.L. Macduff, 1987).

① 업무지침에 포함되어야 할 사항

- 자원봉사자들이 진행해야 할 것으로 기대되는 의무사항들
- 자원봉사자 업무 진행에 요구되는 시간
- 자원봉사자를 담당하는 직원의 지위(위치)
- 자원봉사자에게 정규직으로 작업을 배정하는 사람
- 자원봉사자의 자격조건(교육 및 특수한 기술)
- 교육내용(현임 교육 또는 공식적 교육)
- 제공될 수 있는 혜택들(예를 들면, 차량운행거리에 따른 상환, 식사 제공, 행사초대 등)
- 최상의 업무지침은 정교하거나 복잡한 것이라기보다는 명확하고 정확한 것이다.
- 평가방법 및 평가시기

② 업무지침이 중요한 이유

- 자원봉사자들이 결정을 내리는 데 필요한 정보를 제공
- 자원봉사자들이 자신들의 업무가 중요하며 기관이 업무들을 심각히 생각하고 있다는 것을 알려준다.
- 업무지침은 자원봉사자들과 정규직원들 간의 관계를 명확히 해준다(P.C. Dunn, 1995).

### (4) 업무지침서 작성 시 주의점

- 직위: 솔직하고 정확한 내용을 기술한다. 꾸미지 않는다.
- 활동과 책임: 막연한 진술은 피하고 이해하기 쉽게 쓴다.
  "역사박물관에서의 안내 좌석 지킴과 안내"
  "시립미술관에서의 영어통역 및 미술작품 설명"
  "남산공원에서의 학생 대상으로 생태 설명"
- 필요한 특성, 경험, 설명: 만일 절대적으로 요구되는 요인(예: 외국어에 대한 기준 부여)을 제시한다면 모집은 훨씬 용이해진다.
- 시간약속: 시간약속이 분명한 것이 좋으며, 서로 분명한 시간을 정할 수 있어 좋다.
- 서명: 만일 자원봉사자가 업무를 받아들이고 기꺼이 하고자 한다면 서명(자원봉사 신청서를 통한)을 받고 관리자도 서명한다.

### 3) 업무설계에 있어서의 관리자의 역할

계획 및 리더십을 발휘하고 자원봉사자와 직원 사이의 긍정적인 업무 관계 유지를 위한 기반을 조성한다.

| 업무설계(job design)의 4가지 요소 |
|---|
| ① 주인의식(ownership)<br>② 기획할 수 있는 권한(The Authority to Think): 권한이란 계획, 조직, 결정과 평가를 말한다.<br>③ 결과에 대한 책임의식(Responsibility for Result)<br>④ 평가 · 성과 측정(Keeping Score) |

## 3. 자원봉사자 모집

자원봉사자 모집이란 자원봉사자와 조직의 욕구를 조화시키는 과정이다. 모집 과정은 조직의 욕구와 부합되는 욕구를 가진 자원봉사자를 확인하여 구하려는 노력이 된다. 자원봉사자 모집은 자원봉사활동의 토대가 되는 것으로 잠재적인 자원봉사자를 실제로 서비스 활동에 참여하게 하는 과정으로 볼 수 있다.

### 1) 모집 전 준비단계

- 업무설계(job design)와 업무분장(job description)이 행해져야 한다.
- 기관 내 직원들에게 자원봉사자 이해에 관한 교육이 필요하다.
- 자원봉사자들이 활용할 수 있는 방이나 비품, 명찰, 자원봉사 일지, 출근부, 자원봉사 시간표, 자원봉사 신청서 등 자원봉사자들이 참여할 수 있는 프로그램이 준비되어 있어야 한다.
- 잠재적 자원봉사자의 동기와 욕구 및 관심이 무엇인가를 파악해야 한다.

## 2) 자원봉사자 모집 전 준비사항

- 기관 내 직원들에게 자원봉사의 이해에 관한 교육 필요
- 자원봉사자를 받아들일 때 그들을 적절히 활용할 수 있는 자리 필요
- 자원봉사자가 자신의 능력을 최대한 활용하도록 기관 내의 정보 제공 필요
- 자원봉사자가 활용할 수 있는 물품 및 참여할 수 있는 프로그램이 준비되어야 함

## 3) 자원봉사자의 모집 방법

### (1) 홍보활동을 통해 모집하는 방법

대중 매체, 지역주민 중심 모집 등 여러 가지가 있으며 후원회를 조직하여 활용할 수 있는 방안도 모색할 필요가 있다.

### (2) 자원봉사센터나 타 기관을 통해 모집하는 방법

지방사회복지협의회, 자원봉사센터, 대학 부설 사회봉사센터, 사회봉사단 등을 통해 모집한다.

### (3) 기관별로 후원회 조직을 활용하는 방법

사회문제에 보다 효과적으로 대처하기 위해서는 기관이나 후원회의 조직을 서둘러야 한다.

## 4) 자원봉사자의 모집과정

자원봉사활동이 자아실현의 기회라는 것을 이해하도록 한다. 자원봉사자 서비스의 기반은 모집 시 구축되므로 모집과정은 매우 중요하다. 자원봉사자의 특성을 이해하고 참여 동기를 이해한다.

- 그것은 즐겁고 흥미로울 것 같으므로 해 보고 싶다.
- 남을 돕는 것은 당연한 의무이다.
- 누군가 해야 할 일이다.

- 그들은 나를 원하고 필요로 하고 있다.
- 만약 내가 참여해서 도와주지 않는다면 그들은 실패할 것이다.
- 이 조직과 당면 문제에 보다 깊은 관계를 갖고 내가 도와서 그것을 변화시키고 싶다.
- 가능한 직업 분야로서 탐색해 보고 싶다.

### 5) 자원봉사자의 참여 동기 유형

#### (1) **순응적 참여**(Compliant participation)

회사가 자원봉사자 활동을 위한 유급휴가 등 인센티브를 주기 때문에 자원봉사자 프로그램에 참여하는 경우이다.

#### (2) **동일시 참여**(Identification participation)

사회적 덕망이 있거나 자신이 선망하는 사람들이 자원봉사자 활동을 하고 있기 때문에 자신도 참여하는 경우이다.

#### (3) **지식에 근거한 참여**(Knowledge-based participation)

자원봉사자 활동이 자기발전과 새로운 환경에 대한 합리적 적응이라고 생각하기 때문에 참여하는 경우이다.

#### (4) **내부화 참여**(Internalization participation)

그렇게 하는 것이 옳은 일이라고 믿기 때문에 자원봉사자 활동에 참여하기도 하는데 그들은 자신의 가치관으로서 새로운 규범이나 표준을 혹은 새로운 행동을 내부화한 것이다. 자원봉사자 모집에 있어서 이러한 자원봉사자의 참여 동기를 이해하고 그것을 지지하는 일은 매우 중요하다.

## 6) 마케팅식 접근

### (1) Stone and Hanson-Stone(1987)

① 단순 마케팅(Undifferentiated marketing)

광범위하고 일반적인 문구들을 사용한다(예: 참여하세요, 변화를 가져보세요, 일하는 기쁨을 맛보세요, 당신의 도움이 필요합니다).

② 특수 마케팅(Differentiated marketing)

연령과 직업에 맞는 다양한 자원봉사 업무들과 자원봉사자들의 욕구와 관심에 기초를 둔 광고를 개발한다(예: 각 특수 집단의 채용을 위한 각기 다른 호소력을 개발한다).

③ 집중 마케팅(Concentrated marketing)

조직의 목표에 어울리는 특수한 자원봉사자 모집을 위해 한 집단만을 목표로 삼는다(예: 박물관 안내 자원봉사자 모집을 위해 정년 퇴직한 선생님 집단에만 마케팅 노력을 한다).

### (2) 적절한 표적시장 선택

대상을 세분화하고 표적대상의 욕구와 상황에 맞는 마케팅 프로그램을 개발한다.

### (3) 표적대상 선정

모집자의 필요(needs)와 유사한 관심 및 우선순위를 가진 목표 집단을 채택할 때보다 유용하다.

## 7) 자원봉사자 모집을 위한 홍보

자원봉사관리자는 지역사회의 모든 분야를 개선 · 발전시킬 수 있는 기회를 자원봉사자에게 준다는 생각을 가지고 다양한 사람들의 문화와 환경 및 생활양식을 이해하고 나서 모집캠페인을 시도해야 한다.

### (1) 자원봉사자 모집을 위한 홍보전략 단계

① 1단계: 모집 대상 결정

표적집단, 모집인원, 모집기간, 모집장소를 정해야 한다.

② 2단계: 홍보 수단 결정

각 홍보 매체의 특성을 잘 파악해야 한다.

③ 3단계: 홍보 메시지 결정

모집 대상에 대한 분석을 바탕으로 업무계획서에 나와 있는 내용을 가지고 만들 수 있다.

④ 4단계: 모집 활동 수행

비용의 효과성을 바탕으로 연속적으로 여러 번 홍보한다. 홍보 이미지나 프로그램 가치가 직원의 공감대를 형성해야 하며 적절한 업무분담이 필요하다.

⑤ 5단계: 평가

모집 대상, 모집장소가 적합했는지, 자원봉사자에게 동기부여와 인정의 분위기를 만들어 주었는지 평가한다.

### (2) 홍보 수단

① 매스 커뮤니케이션에 의한 모집

신문사(중앙지, 주간, 월간신문 특히 지역신문사), TV 및 라디오 등 대중매체

② 정기간행물

반상회보, 특정한 청중을 위해 나오는 소식지, 기타 주기적으로 나오는 잡지류 내용을 기사화 해서 넣는 것이 효과적이다.

### (3) 홍보 시기

① 연차적 모집 계획을 수립한다.

② 잠재 자원봉사자의 생활주기를 파악하여 시장을 세분화하고 시장에 따른 적기를 설정한 연차적인 모집계획을 수립한다.

③ 성인은 초가을이나 3월이 홍보시기로 적절하다.

④ 젊은 주부는 자녀들을 학교에 입학시킨 후를 기하여 홍보한다.

⑤ 중 · 고교생은 여름방학에 자원봉사 활동(모집 시기는 여름방학 직전)을 할 수

있도록 홍보한다.

⑥ 대학생은 대학의 학사일정을 수립시기에 맞추어 모집 홍보에 관한 계획을 수립하고 대학 자원봉사자 사무국과 자원봉사자 프로그램 관리를 위한 업무 협정을 체결한다.

### 8) 자원봉사자 모집에 있어서 유의점

#### (1) 자원봉사자의 요구에 부응하는 것

자원봉사자들이 하고 싶은 업무를 개발해야 한다.

#### (2) 적합한 자원봉사자를 발굴하는 것

자원봉사자가 해야 할 업무가 없는데 받아들이는 것은 피해야 하며 지원자들 가운데서 자격이 있는 사람을 잘 구분해야 한다.

## 4. 자원봉사자 면접

### 1) 자원봉사자 면접이란

면접은 자원봉사 지원자가 자원봉사를 시작하기 전에 관리자와 만나는 첫 번째 대면 접촉으로 정보의 교환과 상호성을 기초로 서로 정보를 교환하는 과정이다. 면접은 자원봉사센터(기관)에서 먼저 이루어지며, 자원봉사 지원자가 수요처에 배치되었을 때 기관의 담당자에 의해 또 이루어진다. 또한, 자원봉사자 면접은 잠정적 자원봉사자의 능력과 욕구가 직무와 부합하는지 평가한다. 그래서 면접을 통해 자원봉사관리자는 자원봉사자를 적절하게 배치할 수 있다.

### 2) 자원봉사자 면접의 목적

- 자원봉사 지원자와 자원봉사활동 부서 간의 상호 적합성을 확인한다.

- 자원봉사 지원자가 실제로 활동할 수 있도록 유도한다.
- 자원봉사 지원자의 의욕, 기술, 능력이 기관 및 클라이언트의 욕구와 관련될 수 있는지를 결정한다.
- 상호의견 및 정보교환을 통하여 자원봉사자 개개인의 동기, 의욕, 구체적 목표가 결정되고, 이 정보를 바탕으로 최종적으로 업무를 배정하는 데 활용한다.

### 3) 자원봉사자 면접 과정

#### (1) 1단계: 면접 준비

면접공간을 마련하고 적절한 시간을 계획한다. 질문 목록을 마련하고 자원봉사 활동 신청서를 작성하면서 업무 정보를 제공한다.

면접 시 준비할 것은 자원봉사신청서, 자원봉사에 관한 팸플릿, 기관 소개자료, 자원봉사 관리자의 명함, 자원봉사자 교육 및 모임에 관한 정보 등이다.

#### (2) 2단계: 면접 시작

자원봉사 지원자와의 친밀한 관계를 형성하며 감사의 표시를 한다. 면접의 목적을 설명하고 단체에 대해서 소개하면서 시간 계획을 세운다.

#### (3) 3단계: 면접 실행

자원봉사자의 구체적인 정보를 얻을 수 있도록 질문하면서 탐색한다. 업무의 목적과 활동내용, 중요성에 대해서 설명하며 업무에서 요구하고 있는 자격 및 책임사항에 대해서 설명한다. 그리고 면접관은 자원봉사 지원자의 질문에 성실히 응답할 수 있어야 한다.

#### (4) 4단계: 면접 종결

면접 내용을 재검토하고 요약한다. 마무리는 유쾌하고 명쾌하게 하도록 하면서 업무조건에 대하여 논의한다.

### 4) 면접 시 주의사항

전화나 온라인 신청만으로 배치하는 것은 위험하며, 모든 질문은 자원봉사 지원자의 입장에서 해야 한다. 거절은 명확하고 정직하게, 그러나 주의 깊게 해야 한다.

### 5) 면접 시 중요한 점

자원봉사자가 자원봉사자를 모집하는 방법이 가장 중요하며 기관이나 시설에 맞지 않는 자원봉사자는 다른 기관이나 시설로 의뢰해야 한다.

### 6) 면접지침

- 자원봉사 지원자에 의해 완성될 수 있는 적절한 면접양식을 준비한다.
- 자원봉사 지원자에게 가능한 활동업무, 책임, 의무사항에 관한 정보를 제공한다.
- 자원봉사 지원자들은 기관 또는 프로그램 배치에 대한 자신들의 선호도를 논의할 수 있는 기회를 제공한다.
- 자원봉사 지원자들의 창의적 능력, 사회적 태도, 전문적 기술, 지도력을 사정하는 계기가 되어야 한다.
- 자원봉사 지원자가 하는 말에 주의를 기울여 듣고, 질문에 솔직하게 대답하고 부정적인 측면의 업무내용에 대해서도 솔직하게 말해주어야 한다.

### 7) 면접자(Interviewer) 또는 관리자가 갖추어야 할 바람직한 태도

- 낯선 사람과 쉽게 대화를 풀어 갈 수 있는 능력을 갖추어야 한다.
- 타인에 대하여 수용하고 호평을 할 수 있어야 한다.
- 타인의 반응 · 태도 · 관심과 인격적 특성들에 대하여 관찰하고 감지하는 기술을 갖추어야 한다.
- 주의 깊고, 정확하게 듣는 경청기술을 갖추어야 한다.
- 자원봉사자로서의 경험을 해야 한다.

- 조직에 있어서 자원봉사자 업무에 관한 지식을 갖추어야 한다.
- 명확하게 말하고 잘 설명 할 수 있는 기술을 갖추어야 한다.
- 개인적인 장점과 잠재력을 인정할 수 있는 기술을 갖추어야 한다.
- 다양한 종교, 교육, 경제적 배경을 가진 사람들과 함께 경험을 공유하는 것이 좋다.
- 프로그램과 기관 또는 조직에 대하여 숙지해야 한다.
- 민감한 부분을 건드리지 않으면서 대화를 이끌어 가는 기술을 갖추어야 한다(자원봉사자 면접과 배치방법(How to Interview and Place Volunteer): 스탠리 레빈(S. Levin)).

〈표 6-1〉 성공적인 면접을 위한 전략

| 구분 | 바른 지침 | 유의해야할 점 |
|---|---|---|
| 면접을 위한 단계 설정 | · 정직하고 개방된 마음을 갖도록 편안하고 안정된 분위기를 선택하라.<br>· 대화하는 동안 경험의 형태, 비언어적 · 신체적 동작을 주의 깊게 관찰하라 | · 피면접자로 하여금 신경 쓰이게 하거나 방해받는다고 느낄 수 있는 바쁜 환경을 피하라.<br>· 끈질긴 질문, 오만한 질문을 함으로써 피면접자로 하여금 방어적 태도를 갖게 하는 것을 피하라. |
| 질문을 위한 전략 | · 개방형 질문을 하라.<br>· 자원봉사활동의 철학이나 동기 등 관련 정보를 얻을 수 있는 질문을 하라. | · Yes나 No라는 대답이나 피면접자로 하여금 유도하는 듯한 질문은 피하라.<br>· 더 많은 정보를 얻기 위해 무례한 행동은 피하라. |
| 면접 과정 | · 특정한 업무에 대한 설명과 프로그램의 목적을 설명하라.<br>· 자원봉사자들과 빠른 라포를 형성하도록 이해와 관심을 보여라.<br>· 당신이 찾고자 하는 정보가 무엇인지를 알아라. | · 면접 과정에서 서두르지 마라.<br>· 거칠거나 위협적이거나 위압적이라고 느낄 자세를 피하라.<br>· 무계획적이거나 융통성 없는 것을 피하라. |

자료: 류기형 외, 2002.

## 5. 자원봉사자의 배치

### 1) 배치

배치란 자원봉사자의 기술과 재능을 자원봉사 수요기관의 특별한 요구와 연결시키는 것이며, 배치과정은 활동을 하면서 자원봉사자와 수요기관의 욕구에 따라 활동분야가 조절될 수 있다. 이는 활동의 지속도와 만족도를 높이기 위해 매우 중요하다. 그러므로 자원봉사 관리자는 사전에 배치 상담을 반드시 해야 한다. 배치 상담 시 유의해야 할 점은 다음과 같다.

- 자원봉사 지원자의 동기, 관심, 능력 등을 파악한다.
- 지원에 대한 정보를 얻기 위해서는 배치상담을 하는 동안 그 목적을 늘 염두에 두어야 한다.
- 간단하고 비형식적이며 함축적인 질문목록을 준비한다.
- 기관과 업무에 대한 지원자의 느낌을 알아본다.
- 기관에서 실시되고 있는 활동, 현재와 미래의 주안점에 대해서 가능한 한 모든 정보를 제공한다.
- 배치상담을 하는 동안 지원자가 압박감을 느끼지 않고 생각할 수 있는 시간을 충분히 준다.
- 의사소통의 실마리를 찾을 수 있는 좋은 경청자가 되도록 노력한다.
- 기관의 자원봉사활동에 참여가능한 기회를 설명할 수 있는 준비를 한다.
- 가능한 한 기록양식을 사용하여 면접내용을 요약하도록 한다.

### 2) 적재적소의 원칙

자원봉사자를 모집, 교육 · 훈련한 이후에는 자원봉사자들의 기대, 능력, 기관의 욕구를 고려하여 적절한 업무에 배정하는 것이 필요하다. 이러한 업무배치에 있어서 고려해야 될 점은 다음과 같다.

첫째, 자원봉사 수요기관의 조건이다. 자원봉사자를 필요로 하는 기관에서 요구하는 업무내용과 조건, 기관에 대한 기본적인 이해, 그리고 기존의 자원봉사자가 활동 현황 등을 고려해야 한다.

둘째, 자원봉사활동 집단 또는 조직에 대한 조건이다. 자원봉사자들이 팀으로 활동할 경우 집단이나 조직의 주요 활동, 구성원의 속성, 정기모임, 가입방법 등에 대한 정보를 알아야 한다.

셋째, 자원봉사자의 조건이다. 자원봉사자가 희망하는 활동내용은 물론 지역과 시간의 한정 여부, 자원봉사자의 속성, 의식 등을 고려해야 한다. 또한, 업무내용을 명확히 제시한 직무지침에 대한 설명도 해야 한다. 좋은 지침은 자원봉사자의 각 업무에 있어서 자원봉사자와 유급직원과의 최선의 과제를 유지하는 방법과 어떻게 서로의 기대감에 의해 발생되는 혼란을 피하고 조직의 목표 달성에 기여할 수 있는가를 분명하게 밝혀준다(유성호 역, 1998).

### 3) 자원봉사자 배치 시 고려해야 할 사항

자원봉사관리자는 인력의 적재적소 배치를 위하여 필요한 노력을 다해야 한다. 우선 지원자 면접과정에서 지원자가 기대하는 직무가 무엇인지를 파악하고 실제 그가 가지고 있는 기술과 잠재력을 판단해야 한다. 또한 관리자는 지원자에게 적절한 직무를 안내 또는 제안하기 위하여 직무에 관련된 다음과 같은 정보와 자료를 충분히 파악하고 있어야 한다. 직무배치 시 고려해야 할 사항은 다음과 같다.

- 가능한 자원봉사자와 일대일 상담을 통해 배치한다.
- 상호 충분한 의견교환 후, 자원봉사자의 봉사활동에 대한 기대, 목표, 참여동기에 따라 적합한 업무를 부여한다.
- 기술이나 재능, 잠재력을 소유한 자원봉사자가 희망하는 업무가 없을 때는 무리하게 배치하지 말고, 타 기관에 의뢰하거나 새로운 업무개발에 노력한다.
- 단체 자원봉사자를 배치 시에 단체의 경력, 목적, 구성원의 속성별로 분류해 배치한다.
- 혼자 활동을 원하는 경우에는 자원봉사자의 요구를 최대한 존중한다.
- 새로운 봉사자와 기존의 봉사자를 함께 배치하여 공감대 형성 및 경험을 배울 수 있도록 한다.

### 4) 자원봉사자 배치 행동지침

- 유급직원을 대치하는 역할은 금지한다.
- 자원봉사자들의 기술, 능력, 욕구를 반영할 수 있는 역할에 배치한다.
- 자원봉사자들의 능력과 그들에게 요청되는 일을 수행하겠다는 의욕에 따라 배정한다.
- 기관에 대해선 헌신적인 마음을 줄 수 있을 정도로 도전적이고 자원봉사자에게 성장의 계기를 마련할 수 있는 업무를 제공한다.
- 클라이언트는 물론 기관에 대해서도 책임성을 강조한다.
- 초기 접촉 후에 최소한의 시간 내에서 배정한다.
- 자원봉사자가 특정 업무에 배정되기를 원하더라도 적합하지 않으면 수용만 한다.
- 장기간의 봉사를 약속 받기 전에 견습을 위한 대리기회를 부여한다.
- 상호협정에 의해 체결된 계약은 봉사자의 욕구보다는 능력에 맞게 조정한다.
- 봉사자의 독특한 기술, 경험, 재능을 충족시키기 위해 새로운 업무를 창조한다.
- 기관은 의뢰된 봉사자들을 의뢰받는다.
- 자원봉사자는 반드시 기관에 배속되어야 하며, 개인에게 전적으로 의뢰하는 것을 금지한다.

### 5) 자원봉사활동 배치 시 자원봉사자가 알아야 할 일

- 자원봉사자의 역할을 명확히 한다.
- 자원봉사활동 일정(날짜 및 시간)을 숙지한다.
- 기관의 위치 안내도를 익힌다.
- 자신의 관리자 및 보고체계를 이해한다.
- 자원봉사대상자에 대한 사전 이해를 충분히 한다.

# 6. 자원봉사자 교육 · 훈련

## 1) 자원봉사자 교육 · 훈련의 의미

### (1) 자원봉사자 교육 · 훈련의 정의

- 자원봉사활동에 참여하도록 동기를 부여한다.
- 참여하고 있는 사람들이 자원봉사활동을 효과적으로 수행해 낼 수 있도록 하기 위한 과정이다.

### (2) 자원봉사자 교육 · 훈련의 역할

- 기관에 대한 설명, 일에 대한 지침을 들음으로써 활동할 기관에 대해 신뢰하고 자원봉사에 대한 확신을 가진다.
- 자원봉사의 가치를 포괄적으로 이해하게 되고, 바람직한 자원봉사자의 자세를 형성한다.
- 자원봉사에 필요한 기술을 배움으로써 전문적인 자원봉사활동을 한다.
- 자원봉사자로서의 사명감을 얻는다.
- 그들에게 맞는 자원봉사활동을 찾고 지속적인 자원봉사활동으로 변화하고 발전시키도록 한다.

## 2) 자원봉사자 교육 · 훈련의 필요성

자원봉사자의 교육훈련은 자원봉사자의 권리이다. 자원봉사자의 자원봉사활동에 대한 동기를 강화하고, 자원봉사활동의 사회적 의미를 이해하도록 도와주며, 자원봉사자로 하여금 수행되는 업무에 기술적, 심리적으로 적합하도록 준비시키는 것이 필요하다.

## 3) 자원봉사자 교육 · 훈련의 가치

자원봉사자들은 교육을 통하여 조직의 목표, 프로그램, 조직의 욕구에 대해 정확한 정보를 얻고 자원봉사자들은 자신의 책무에 대한 정보를 정확히 알게 되고 자원봉사업무에 필요한 지식과 기술을 보유하게 된다. 또한, 교육을 통하여 자원봉사자들은 봉사활동에 대한 동기를 갖게 되고 최선을 다하게 되며, 조직의 문화에 동화되고 조직의 목표를 위해 열심히 노력하게 되어, 결과적으로 개인의 성장을 가져오며 특히 활동에 대한 능력과 자신감을 소유하게 된다.

### 4) 효율적인 자원봉사자 교육 · 훈련 단계 및 방법

#### (1) 효율적인 교육 · 훈련 단계

김영호는 자원봉사자 교육과 훈련에 대해 다음과 같은 5단계를 제시하고 있다(김승용 외, 2011).

① 제1단계: 만남과 인식 단계

시청각교육, 장애인체험(역할극), 소그룹을 통한 만남의 장을 마련한다.

② 제2단계: 상호 간의 관심 단계

1단계에서 느낀 바를 토의함으로써 회원 상호간에 자기성찰과 깨달음의 기회를 갖는 단계. 다른 사람과 사회문제에 대한 관심을 갖게 한다.

③ 제3단계: 문제 발견 및 협의 단계

회원들이 협의과정을 통하여 인간의 삶의 의미를 깨닫고 가정과 지역사회 문제를 발견하고 자신들이 할 수 있는 실천과제를 협의 · 모색한다.

④ 제4단계: 문제해결을 위한 계획과 실천 단계

자원봉사자들이 실천해야 할 과제를 스스로 선택하고, 선택 과제를 계획적으로 세우고 생활체험을 한다.

⑤ 제5단계: 문제해결 결과에 대한 파악 단계

실천을 통하여 변화된 결과를 파악하고 가족들과 지역사회 주민(기관)이 더불어 연구하고 발전하도록 한다.

#### (2) 효율적인 자원봉사자 교육 · 훈련 방법

① **사회복지에 관한 이해**: 기관의 사업을 이해하고 자신의 역할이 사회문제를 해결하는 일과 준전문가로서 참여하는 일이라는 긍지를 심어 주어야 한다.

② **자원봉사에 관한 이론과 실제교육**: 자신의 소속된 기관이나 단체의 보완적인

역할을 하는 자원봉사자의 역할을 수행할 수 있는 교육이 필요하다.

③ **기관 및 자원봉사활동에 대한 오리엔테이션**: 자원봉사자들에게 기관의 사명을 인식시켜야 하며, 기관의 성격이나 프로그램에 따라 훈련 내용 및 과목을 보충한다.

④ **자원봉사자 담당직원 교육**: 자원봉사자 업무에 관한 행정적인 절차나 지원에 관해서도 항상 관심을 가져야 한다.

## 5) 자원봉사자 교육 · 훈련의 종류

### (1) 오리엔테이션

오리엔테이션 과정을 통해 자원봉사자들로 하여금 스스로 기관의 사업에 참여하고자 하는 동기를 갖도록 해주는 것이 중요하다. 교육을 받음으로써 새로운 환경에서 일하게 될 두려움도 감소시킬 수 있는 기회가 된다. 그런데 오리엔테이션은 반드시 봉사활동 시작 전에 해야 한다.

### (2) 업무 중 교육 · 훈련

① **초기 훈련(start-up training)**: 자원봉사자가 훈련을 받았다 하더라도 직접 활동에 참여하게 되면 많은 지원이 필요하다. 이에 대한 교육이 초기 훈련 활동을 마친 후 자원봉사자가 자원봉사관리자와 직접 만나거나 전화를 통해서도 행할 수 있고, 활동에 참여한 자원봉사자들이 그룹별로 모여 토의를 하거나 단기모임을 통해 행해진다.

② **인서비스 훈련(in-service training)**: 자원봉사자의 활동이 진행되는 중에 자원봉사자의 기술을 향상시키고 매너리즘에 빠지지 않도록 함으로써 자원봉사자 활동의 계속성과 서비스의 질을 향상시키기 위해 지식, 기술, 태도를 강화하고, 새로운 기술, 지식 등을 끊임없이 학습해야 한다.

### (3) 전문교육 · 업무교육

자원봉사자에게 업무와 관련된 기술과 특정 업무를 수행할 수 있는 구체적인 원리와 기술을 교육해야 한다. 이때 자원봉사자들이 활동할 특정한 업무에서 강조되어야 할 사항은 업무수행의 표준화이다. 반드시 교육되어야 할 내용은 특정한 업무를 어떻게 수행할 것이고, 해서는 안 되는 일들은 어떤 것들이며, 위급한 경우나 예기치 않은 일이 발생 시 어떻게 처리해야 하는가이다.

### (4) 재교육

재교육을 통해 새로운 정보제공과 자원봉사자의 자질 향상과 아울러 갈등해소를 위한 기회가 된다. 재교육 기간 동안 새로운 봉사활동이 진행되고 있거나 이미 진행되고 있는 우수한 다른 자원봉사활동기관의 견학 및 교류기회를 통해 참여교육을 실시한다. 그리고 재교육시 효과적인 교육방법으로 주입식보다는 자원봉사자가 직접 참여하는 토론, 역할극, 분임토의, 사례발표 등이 더 교육 효과가 높다.

### (5) 실무자 및 팀장 지도력 개발교육

신입직원들을 대상으로 오리엔테이션이 있을 경우, 이들을 대상으로 교육을 직접 수행하는 것으로 지도력을 증진시킬 수 있다. 실무자를 비롯한 봉사활동 관리자들의 교육은 내부로부터 준비된 교육도 좋으나 외부에서 준비되고 있는 관련훈련에 참여하는 것도 포함된다.

## 6) 자원봉사자 교육 · 훈련 개발과정

### (1) 1단계: 계획수립

왜, 누구를 위해, 무엇을, 어떻게 전달할 것인가를 결정한다. 그리고 교육프로그램 계획 시 목표, 참가 대상, 주요 내용, 예산, 전달방법, 평가, 기타(실시 시기와 기간, 교육장소, 참가인원 등) 사항들을 고려하여야 한다.

### (2) 2단계: 홍보 및 참가자 모집

효과적인 홍보 방법 및 수단을 선택하여 전달하고자 하는 교육내용과 목표에 맞는 참가자를 모집한다.

#### (3) 3단계: 사전 준비

장소 선정, 강사 섭외, 교재준비, 교구준비, 일정 홍보 등을 준비해야 한다.

#### (4) 4단계: 실행

장소 점검, 준비물 점검, 접수 및 등록, 진행 등이 이루어져야 한다.

#### (5) 5단계: 평가

평가방법, 평가내용, 평가시기, 평가원칙이 평가 시 포함되어야 한다.

### 7) 자원봉사자 교육 · 훈련 시 고려사항

- 자원봉사자는 다양한 경험, 지식, 재능을 가지고 있다.
- 대체로 자원봉사자들은 자발적이고 동기가 뚜렷하며 관심을 갖고 배우려 한다.
- 자원봉사자는 활동방법을 배우기 위해 교육훈련에 참가한다.
- 많은 자원봉사자들은 딱딱하고 재미없고 연관성도 없는 학교 교실과 같은 상황을 전에도 많이 경험했다.
- 자원봉사자들은 다른 책임들도 많이 지고 있어 시간을 아껴 쓰는 사람들이다.
- 자원봉사의 세계에서는 교육훈련에 참여하는 것을 지원하거나 그것 자체를 보상하는 규범이나 절차가 발전되어 있지 않다.
- 교육훈련 방식과 내용은 여러 해에 걸쳐 반복되는 동안 특정한 시기와 특정한 참가자에게 맞게 수정되지 못한 채 계속되어 왔다.
- 교육훈련은 흔히 자원봉사자를 위해 계속적인 재교육훈련이 필요하다. 맨 처음부터 후속교육훈련의 중요성을 충분히 주지시켜야 한다.
- 자원봉사지도자도 교육훈련은 보통 한 기관(단체)에 의해서 특정계층의 자원봉사자를 대상으로 실시된다(김범수, 2011).

## 7. 자원봉사자의 지도 · 감독(supervision)

### 1) 자원봉사 지도 · 감독(supervision)

지도 · 감독(supervision)이란 기관 내에서 책임 있는 위치에 있으며 경험 있는 직원이 슈퍼바이저로서 행정적, 교육적, 지지적 기능을 수행하여 경험이 적고 덜 숙련된 자원봉사자에게 지식과 기술을 전수함으로써 자원봉사자가 보다 효율적이고 효과적으로 업무를 수행하도록 도와주는 과정이다. 슈퍼바이저는 자원봉사자들에게 필요한 도움을 제공하고 효과적인 활동 관리체계를 수립하여 활동 관리의 효율성을 높일 수 있도록 자원봉사자에게 지속적인 슈퍼비전을 제공해야 한다. 자원봉사자가 기관의 일에 있어 동등한 위치를 갖고 있다고 느낄 수 있도록 하면서 자원봉사활동의 진행과정을 점검하고 자원봉사자들의 능력을 고취시키는 기술을 필요로 한다.

지도 · 감독(supervision)을 통하여 자원봉사자들이 역할을 잘 수행하도록 정보와 피드백을 제공하는 것은 물론이거니와 문제점을 예방하고 문제발생 시 조정하고 의사소통을 원활하게 한다. 지도 · 감독은 자원봉사자들이 그 기관에서 담당하고 있는 역할을 잘 수행할 수 있도록 돕는다. 지도 · 감독은 동등한 입장에서 지지해주거나 옹호해 주고 도움을 주는 관계이며, 상하관계에 의한 감독이 통제가 되어서는 안 된다. 코너스(Connors, 1995)는 자원봉사자의 지도 · 감독 시 고려해야 할 사항에 대해서 다음과 같이 제시하고 있다(류기형 외, 2009).

- 과업과 역할이 무엇을 수반하는지 그리고 왜 그것이 중요한지에 관해 자원봉사자가 확실히 이해하도록 하라.
- 긍정적이고 정확한 피드백을 제공하라.
- 직접적으로 과업과 관련하여 계획과 의사결정에 자원봉사자를 참여시켜라.
- 직원, 자원봉사자, 클라이언트와 파트너십적인 환경을 만들어라.
- 자원봉사자가 권위를 갖도록 하고, 궁극적으로 책임을 지도록 해서는 안 된다.
- 자원봉사자의 투입에 가치를 두고 귀 기울이라.
- 주저하거나 이중적이지 않게 접근하라.
- 해결을 위한 문제와 계획을 기대하라.
- 성취한 것을 인정하고 감사하라.

• 자원봉사자의 시간을 결코 낭비하지 말라.

### 2) 지도 · 감독(supervision)의 지침

• 자원봉사자들이 달성해야 할 목표에 도달할 수 있는 기본적인 방법을 제시해 주어 자원봉사자가 업무수행에 대한 책임의식을 느끼도록 한다.
• 자원봉사자들이 갖기 쉬운 지식과 기술에 대한 불안과 걱정들에서 발생하는 방어기제를 파악하고 이해해야 한다.
• 자원봉사관리자가 자원봉사자들 개개인에 대해 애정을 가지고 있고, 조직을 위해 그들이 할애하는 시간과 재능에 대해 감사하고 있다는 사실을 자원봉사자들이 인식하도록 해야 한다.
• 자원봉사자가 활동을 하는 동안 책임을 함께 나눌 수 있는 직원에게 접근할 수 있는 통로를 제공해주도록 한다.

### 3) 효과적인 지도 · 감독을 위한 기술

#### (1) 지지적인 환경 창출

자원봉사자들의 자율성을 지지해주고 통제를 최소화하며 봉사활동 업무결과에 대해 긍정적인 태도를 보이고 그들이 생각하는 바를 인정해주어야 한다.

#### (2) 팀조직

자원봉사자와 유급직원과의 관계를 조직의 목표를 달성하기 위하여 조직에서 함께 일하는 팀을 형성하는데 중점을 둔다.

#### (3) 책임의 위임

다른 사람에게 책임을 효과적으로 위임하는 능력과 기술을 개발한다.

#### (4) 효과적인 의사전달

자원봉사관리자는 자원봉사자들에게 조직의 지도자를 대표하여 조직의 의사를 전달하고, 또 자원봉사자를 대표하여 조직의 관리자와 지도자에게 자원봉사자들의 의사를 전달한다. 그러므로 자원봉사관리자에게 경청 기술이 특히 중요하다.

#### (5) 환류(Feedback) 제공

자원봉사자의 업무수행에 대한 환류 제공. 하나의 팀 조직으로서 달성한 업적에 대해, 그리고 목표를 달성할 수 있는가에 대한 환류를 제공한다.

### 4) 자원봉사자 지도 · 감독 시 고려사항

자원봉사자에 대한 지도 · 감독은 자원봉사자들이 그 기관에서 담당하고 있는 역할을 잘 수행할 수 있도록 돕는다는 의미에서 매우 중요하다. 자원봉사자들은 종종 지도 · 감독과 평가를 두려워하는 경우가 있다. 그러나 지도 · 감독이나 평가 모두 자신의 일을 더 잘 할 수 있도록 정보와 피드백을 제공하기 위한 것이다. 자원봉사자들에게 지도 · 감독 제공시 주의사항은 다음과 같다(장현, 2011).

- 자원봉사자들은 무급직원이지만 중요한 인력으로, 중요한 직원과 같다는 것을 인식해야 한다.
- 자원봉사자들이 보다 더 효과적으로 일할 수 있도록 투자를 아끼지 말아야 한다.
- 지도 · 감독은 관계를 맺고 유지하는 일이다. 슈퍼바이저는 자신이 지도 · 감독하는 모든 자원봉사자들과 관계를 잘 맺고 유지해야 한다.
- 지도 · 감독은 자원봉사 프로그램 운영과 깊은 관련성이 있다.

## 8. 자원봉사자의 인정(recognition) · 보상(reward)

자원봉사자의 인정과 보상은 '과정'이며 자원봉사자 인정과 보상은 일회성 행사가 아니다. 성공적인 자원봉사자 프로그램에 절대적으로 중요한 인정 · 보상 형태는 평상시에 자원봉사자를 인정해 주는 분위기를 조성할 필요가 있다. 따라서 자원봉사자 인정과 보상은 최종적인 결과가 아니라 이 결과를 달성하기 위한 과정이며,

자원봉사자들의 직무만족도를 높여주어서 기관과 자원봉사자 사이의 동등한 가치의 교환이 된다.

### 1) 자원봉사자 인정 · 보상의 개념

인정 · 보상은 자원봉사자들을 인정해주고, 그들의 봉사에 대해 보상을 해주는 것이며, 자원봉사자에게 훌륭한 일을 해준 것에 대한 감사를 표현하는 일이다.

자원봉사 프로그램의 가장 큰 과제는 자원봉사자들이 계속 보람을 느끼면서 자원봉사활동을 지속적으로 전개할 수 있도록 도와주는 것이다. 이를 위해 활용되는 것이 인정과 보상으로, 인정과 보상은 자원봉사자들 개개인이 기여한 바에 대해 알아주고 그 가치를 인정해줌으로써, 자원봉사자들이 자원봉사의 경험에서 만족감을 느끼고 지속적으로 활동하도록 격려하고 자극하는 중요한 매개체 역할을 한다.

자원봉사자의 인정 · 보상은 훌륭한 일을 해 준 것에 대한 감사를 표현하는 수단이 된다. 평상시 진행되는 전체적인 관리과정의 한 부분으로 자원봉사자가 기여한 바에 대해 끊임없이 알아주고 그 가치를 인정하고 보상하는 것이다. 이를 통하여 자원봉사자들이 조직에서 일할 때 좋은 감정을 증진시킬 수 있다.

### 2) 인정 · 보상 기준 표준화의 필요성

자원봉사자를 모집, 유지, 개발하여 과업수행을 위해 동기를 부여하기 위하여 자원봉사자의 인정 · 보상 기준의 표준화가 필요하다. 체계적이고 객관적인 기준에 의한 인정 · 보상은 자원봉사활동을 하고 있는 사람들과 앞으로 하려는 사람들의 욕구를 만족시킬 수 있다. 자원봉사자의 욕구를 만족시키기 위해 가능한 보상방법을 활용할 필요가 있다.

자원봉사시간 산정에 있어서의 차이로 인한 형평성 문제가 대두될 수 있다. 자원봉사센터 및 자원봉사 단체 간 자원봉사 시간인증, 보험적용 등 자원봉사 인정 · 보상에 대한 양적기준 적용의 표준화 필요성이 제기되고 있다.

자원봉사활성화를 위해 기본적으로 인정 · 보상이 확대되어야 하되, 자원봉사의 근본 가치를 퇴색시키지 않도록 인정 · 보상의 적절성을 보편적 특성인 무보수성에 비추어 판단하고 유형별로 일정한 범위 내의 합의와 이를 바탕으로 한 표준지침이 필요하다.

### 3) 자원봉사자의 인정 · 보상 방법

효과적인 자원봉사자의 인정 · 보상은 자원봉사자의 개별 욕구를 만족시키고 행동을 동기유발시키고 기관 목표를 지원하는 것이 가능하다.

효과적인 인정 · 보상 방법은 생산성을 높이며, 지속적인 자원봉사활동으로 연계된다. 자원봉사자가 기관에 오래 남아 있게 한다. 효과적인 인정 · 보상은 자원봉사자들의 사기와 봉사 정신을 높여 준다.

김범수(2011)는, 자원봉사자 인정과 보상의 구체화 방안으로 인정과 보상의 제도화를 통하여 자원봉사활동의 사회경력 인정, 자원봉사활동 중의 사고에 대비한 보험 도입, 자원봉사활동과 관련된 최소한의 경비지원, 사회적 분위기 조성할 것을 주장하고 있다. 그리고 인정과 보상에 대한 활용기관에서의 구체화 방법으로 ① 자원봉사자 인정과 보상에 대한 내규 설정 ② 전담인력의 배치 및 재교육 ③ 기관의 정책 ④ 예산 확보 및 편성 ⑤ 신분보장 ⑥ 자원봉사자 편의시설을 제공할 것을 들고 있다.

전담직원 측면에서의 구체화 방법으로 ① 자원봉사자에 대한 관심 표현 및 격려 ② 자원봉사자에 대한 소속감 부여 ③ 자원봉사자에 대한 인정과 보상의 가시화 ④ 자원봉사자 직책 및 직위 부여 ⑤ 유대관계 강화 ⑥ 자원봉사자 평가회 및 연수 ⑦ 자원봉사자에 대한 지도 · 감독을 제시하고 있다.

### 4) 인정 · 보상에 관한 주요쟁점들

#### (1) 실비보상 금액의 한계

어디까지를 실비보상이라 규정할 수 있느냐의 문제이다.

#### (2) 실비보상의 형평성

실비보상에 대한 분야별, 기관별 차이에 대한 문제이다. 보상이 많은 기관을 선호하게 된다. 이것은 보상을 받는 봉사자와 받지 못하는 봉사자 사이에 갈등을 야기시킬 우려가 있다. 보상의 한계를 넘어 봉사활동의 가치를 훼손할 우려가 있으며 실비보상으로 순수 민간차원에서 일하는 자원봉사활동이 위축될 우려가 있다.

### (3) 인정 · 보상 기준의 문제

혜택을 제공하는 기준으로 봉사시간이 주가 되고 있는데, 봉사시간이라는 하나의 잣대만으로 일률적으로 평가하기 어렵다.

### (4) 자원봉사 시간 인정기준이 상이한 문제

자원봉사활동의 정신을 퇴색시키지 않으면서 자원봉사활동을 활성화할 수 있도록 자원봉사자 인정 · 보상 방안에 대한 전반적인 검토가 필요하다.

## 확인평가

**1.** 자원봉사자 업무지침에 포함되어야 할 사항이 아닌 것은?

① 자원봉사자 업무 진행에 요구되는 시간　② 제공되는 권리들
③ 자원봉사자의 자격조건　④ 교육내용

**2.** 자원봉사자의 면접의 목적이 아닌 것은?

① 자원봉사 지원자와 자원봉사활동 부서 간의 상호 적합성 확인
② 자원봉사 지원자가 실제로 활동할 수 있도록 유도
③ 자원봉사 대상자가 기관 욕구와 관련될 수 있는지를 결정하는 것
④ 자원봉사자의 정보를 바탕으로 최종적으로 업무를 배정하는 데 활용

**3.** 자원봉사자 배치 시 고려해야 할 사항이 아닌 것은?

① 자원봉사자와 일대일 상담을 통해 배치
② 자원봉사자에게 적합한 업무를 부여
③ 혼자 활동을 원하는 경우에도 자원봉사자를 혼자 보내면 안 된다.
④ 새로운 봉사자와 기존의 봉사자를 함께 배치

**4.** 자원봉사자의 교육 · 훈련의 가치가 아닌 것은?

① 조직의 성장을 가져오기 위하여 개인은 희생함
② 좋은 업무성과를 나타내고 업무에 자신감을 갖게 됨
③ 조직 내에서 봉사활동을 독자적으로 수행할 수 있게 됨
④ 조직의 문화에 동화되고 조직의 목표를 위해 열심히 노력하게 됨

**5.** 자원봉사자 교육 · 훈련의 종류가 아닌 것은?

① 오리엔테이션
② 업무 후 교육 · 훈련
③ 전문교육 · 업무교육
④ 실무자 및 팀장 지도력 개발교육

**6.** 자원봉사자의 인정 · 보상의 유형 중 공식적인 방법은?

① 진정한 지지와 감사의 표현
② 보다 중요한 책임부여
③ 감사장
④ 칭찬편지 보내기

**정답**

**1.** ② ; 제공될 수 있는 혜택들 **2.** ③ ; 자원봉사 지원자가 기관 및 클라이언트의 욕구와 관련될 수 있는지를 결정하는 것 **3.** ③ ; 혼자 활동을 원하는 경우에는 자원봉사자의 요구를 최대한 존중한다. **4.** ① ; 개인의 성장을 가져옴. 특히 활동에 대한 능력과 자신감을 소유하게 됨 **5.** ② ; 업무 후 교육 · 훈련 **6.** ③ ; 공식적인 방법은 배지, 인증서, 감사장, 연례만찬초대, 시상, 표창, 기관소식지 게재, 지역사회신문 게재, 장기근속자 표창, 자원봉사 마일리지 제공 등

# 제7장

# 자원봉사활동에서의 갈등관리 및 위험관리

◈ 생각해보기

1. 자원봉사활동에서의 갈등관리는 무엇인가?
2. 자원봉사활동에서의 위험관리는 무엇인가?

현대사회로 오면서 많은 다양한 문제들과 조직원들 사이에서 갈등을 겪으며 살아가고 있다. 자원봉사활동분야라고 해서 예외가 아니다. 자원봉사자 개인은 각종 욕구 및 목표의 상충이나 가치관, 신념 등의 차이로 인하여 개인 상호 간, 집단 간, 그리고 업무 간에 여러 가지 갈등을 겪고 있다.

## 1. 자원봉사활동에서의 갈등관리

자원봉사활동에서 관리란 자원봉사활동을 원하는 측의 욕구와 원조를 받는 측의 욕구를 연결시키는 것으로 효과적인 자원봉사활동이 이루어지게 하는 일련의 절차와 방법을 강구하여 자원봉사자와 자원봉사활동을 조정, 감독, 지지, 인도함으로써 봉사활동의 본래 목적을 실현하는 전문적인 활동이다.

자원봉사관리자는 전문적인 교육·훈련을 받고 기관이나 시설에서 자원봉사자 관리 및 조정 업무를 하는 전문가로 자원봉사 관리과정에서 자원봉사자의 참여 동기와 욕구를 통합하고 적용하여 효과적으로 활용해야 한다. 그리고 자원봉사 프로그램의 지도자로서 도움을 필요로 하는 대상에게 적절한 자격을 갖춘 자원봉사자를 연결시켜야 하므로 다양한 상황과 각양각색의 사람들에 대하여 적절히 대응할 수 있는 유연성과 융통성을 필요로 한다. 이런 상황에서 때때로 갈등상황이 빚어질 수 있다.

### 1) 갈등의 정의

갈등이란 희소자원이나 작업 활동을 배분하게 될 때나 목표, 가치, 인지 등의 측면에서 존재할 때 둘 이상의 개인 간이나 집단 내에서 일어나는 대립적 상호작용으로 정의한다(James & Stooner, 1987). 또한 갈등이란 개인이나 두 사람 이상의 집단에서 자원이나 업무 배분의 불균형 또는 목표와 방법, 가치와 욕구의 대립, 인지의 차이 등으로 인하여 개인이나 집단 및 조직의 감정이나 행동에 나타나는 대립과 충돌의 상호작용이라고 정의한다(김범수, 2011).

조직생활에서 갈등이 존재하느냐의 문제는 인식의 문제라고 할 수 있다. 즉, 개인이 갈등을 인식하지 않는다면, 이는 갈등이 없다고 할 수 있을 것이다. 조직에서 갈등이 거의 없거나 반대로 그 정도가 너무 높은 것도 모두 바람직한 현상이 아니며, 조직의 유효성을 향상시킬 수 있는 집단의 바람직한 행동을 유발하기 위해서는 적당한 정도의 갈등을 조성 · 유지하는 것이 필요하다고 할 수 있다. 그러므로 갈등관리란 갈등을 제거시키는 것이 아니라, 적정수준의 갈등을 유지시키는 것이다.

### 2) 자원봉사 조직의 갈등 원인

#### (1) 과업의 상호의존성(Interdependence)

개인이나 집단이 각각의 목표를 달성하는데 있어 상호간의 협조와 정보 제공, 동조 혹은 협력행동을 요하는 정도를 의미한다.

① **자원에 대한 상호의존성**: 자원봉사자와 직원은 한정된 자원의 범위 안에서 활동해야 하므로 동일자원에 대한 의존성이 증가할수록 갈등이 일어날 가능성도 커진다.

② **활동 시간의 상호의존성**: 자원봉사자와 직원의 활동 일정에 관한 것으로서, 타이밍과 일정이 밀접할수록 양자 간의 갈등이 발생할 가능성은 커진다.

#### (2) 목표와 역할의 기대 차이

자원봉사 조직에 있어서 구성원들은 그들의 역할이 강화됨에 따라 보다 상이한 목표를 갖게 되며, 이 두 집단의 구성원들은 상이한 시각과 행동을 취하게 된다.

① **개인적 목표 차이**: 자원봉사자들은 다양한 동기를 가지고 프로그램에 참여하고 있으므로 개인이 추구하는 목표는 상이할 수밖에 없다.

② **역할의 기대 차이**: 동일한 역할에 대한 관계집단 또는 구성원간의 기대의 불일치는 갈등을 유발하게 된다.

③ **역할 불만**: 자원봉사자들은 어떤 역할을 맡게 되면 그에 대한 희망과 포부를 갖게 되는데 이러한 기대가 충족되지 않으면 여러 가지 방법으로 좌절을 표출하게 된다.

### (3) 지각의 차이(Differences in Perceptions)

현실에 대한 지각 차이는 의견의 불일치를 촉진시키고 공동 의사결정이나 협력을 어렵게 만들어 갈등의 요인이 된다. 지각 차이는 구성원들의 배경, 가치관, 교육 정도, 연령, 정보체계, 사회적 관계유형 등과 같은 차이점에서 기인하며 이러한 이질감은 조직의 분위기를 저하시키고 협력을 감소시킨다. 자원봉사 조직에 있어서 특정 사안에 대하여 직원은 주로 전문성을, 자원봉사자는 사명감을 토대로 하여 각기 다른 입장에서 지각하기 때문이다.

### (4) 조직의 제도

① **의사결정 과정**: 조직의 의사결정 정책, 공식화의 정도, 보상체계 등 조직의 제도 역시 갈등의 원인이 될 수 있다. 어떤 결정에 영향을 받게 될 구성원이 의사결정 과정에 참여하지 않을 경우 갈등은 보다 크게 표면화 된다.

② **공식화 정도**: 공식화의 정도가 낮을수록 갈등의 소지는 커진다. 상호작용의 방식을 표준화하지 않은 경우 역할규정이 불분명하여 관할권의 분쟁 소지가 증가하게 된다.

③ **보상 체계**: 자원봉사에 대한 상이한 보상 체계는 특히 갈등의 원인이다.

④ **가치기준의 차이**: 대개 자원봉사자는 새로운 변화로서 창의성을 중요하게 여기며 직원은 안정성을 소중하게 여긴다. 이런 가치기준의 차이가 조직에서 갈등을 유발하게 한다.

⑤ **의사소통**: 수직적인 관계보다 수평적 관계에서 의사소통의 왜곡이 일어나며 상호 불신과 갈등을 일으키게 된다.

## 3) 자원봉사조직 내의 갈등 종류

조직 내의 갈등의 종류는 외부 갈등과 내부 갈등 두 가지로 크게 구분할 수 있다(Donovan & Jackson, 1991).

### (1) 외부 갈등의 종류

- 조직 내 가치와 목적이 현 정치적 · 제도적 양상과 상충할 경우 생기는 갈등.
- 조직과 조직의 가치 지향 그리고 사회적 규범 사이에 발생하는 갈등.
- 조직 내 가치와 목적과 상충되는 가치와 목적을 가진 이익집단과 발생하는 갈등.
- 현존하는 조직망에 새롭게 진입하거나 경쟁하려는 다른 조직과 기존조직 간의 갈등.
- 조직의 업무수행과 타조직의 업무수행이 상충하여 생기는 갈등.
- 클라이언트에 대한 개입 과정상의 계획이나 지원망에서 조직들 간의 기능이나 역할 문제로 야기되는 분쟁에 의한 갈등.
- 정부기관과 비정부기관(NGO) 간의 재정, 책임성, 통제와 관련된 갈등.

### (2) 내부 갈등의 종류

- 인간봉사조직 내 일반 사회복지실천가와 전문 사회복지실천가 사이에 생기는 갈등.
- 사회복지사와 비사회복지사 간의 갈등이나 인간 대상 봉사직과 비인간 대상 봉사직과의 갈등이 생길 수 있는데, 예를 들어보면 일반관리자와 사회복지관리자 사이에 생기는 갈등.
- 조직 내 행정부문과 서비스 전달체계 부문 사이에 생기는 갈등.
- 현상유지를 지향하는 구성원과 발전을 지향하는 구성원 사이에 발생하는 갈등.
- 조직 내 정책, 관리, 서비스에 관련된 영역 사이에 발생하는 갈등.
- 책임소재의 분할과 관련된 업무수행 방법과 우선성의 문제에서 발생하는 갈등.
- 상이한 서비스 조직이론이나 가치, 실천방식을 가진 구성원들이 협력을 요구하는 팀으로 서비스를 제공할 때 발생하는 갈등.
- 조직의 관리여부와 관련된 전문가와 비전문가 사이에 발생하는 갈등.
- 과도한 업무나 직위에 대한 기대와 개인의 능력이 맞지 않을 경우 생기는 일과 개인 사이에 발생하는 갈등.
- 부족한 자원으로 인해 갈등의 소지를 지닌 프로그램으로 인하여 발생하는 갈등.

### 4) 자원봉사 조직의 갈등관리

#### (1) 자원봉사자와 직원과의 갈등

① 위치에 대한 불안감: 자원봉사자들은 전문직으로서 직원보다 변화에 유연하며 창조적이고 지역사회에 관한 많은 정보를 가지고 있다. 따라서 우수한 자원봉사자들의 활동에서 직원들은 자신의 지위에 불안감을 느낄 수 있으며, 도전받는다는 피해의식을 갖게 된다.

② 서비스의 질에 대한 우려: 자원봉사자에 대한 직원의 거부감은 서비스 질에 대한 우려에서 기인한다. 대부분의 자원봉사자는 업무와 관련된 충분한 훈련과 교육을 받지 못하기 때문에 전문성을 가진 직원들은 자원봉사자의 업무진행에 불만족을 느끼게 되고 책임성 있는 업무를 맡기지 못하게 된다.

③ 역할에 대한 인식 부족: 많은 직원들은 자원봉사 활용을 일시적 편의와 단순 노동력의 지원책 또는 예산 절감 차원에서 접근하고 있다.

④ 이전의 나쁜 경험: 자원봉사자와 함께 일한 이전의 나쁜 경험으로 거부감이 생기며, 이로 인하여 조직과 직원이 심각한 곤경에 처하게 되는 경우도 종종 발견된다.

⑤ 성취감의 상실: 자원봉사 활용이 확대되면서 직원들은 클라이언트에게 직접적 서비스를 제공하던 역할을 점차 자원봉사자에게 위임하게 된다. 따라서 클라이언트와 직접적 서비스의 피드백 과정에서 얻을 수 있는 보람과 성취감 등 정서적 보상을 상실하게 되므로 자원봉사자에 대한 거부감이 잠재적으로 발생하게 된다.

#### (2) 동료 자원봉사자 간의 갈등

자원봉사자들은 동료관계를 매우 소중히 여긴다. 좋은 동료관계를 자원봉사 활동에서 얻게 되는 기쁨과 보상으로서 받아들이기도 한다. 좋은 동료관계는 자원봉사자의 헌신과 기여를 높이는 요인이 되기도 하지만, 반대로 동료와 갈등을 일으키거나 관계가 어긋나게 되면 활동을 중단하고 결국 조직을 떠나게 된다.

동료 자원봉사자 간에 자주 발생하는 갈등요인으로는 직무의 상호 의존성, 목표와 역할의 기대 차이, 보상과 인정과 관련된 경쟁심에 의한 것들이다. 자원봉사자는 지도자나 동료, 그리고 도움수요자로부터 자신이 보통 이상의 존재로 인정되기를 원한다. 서비스의 경쟁은 긍정적 측면도 있으나 많은 경우 서비스의 에스컬레이터 현상으로 발전하다가 결국 오래 지속되지 못하고 스스로 소진되거나 동료 간의 갈등으로 팀이 깨어지게 되는 결과를 초래하는 것이다.

### (3) 클라이언트와의 갈등

① **무지성**: 클라이언트 문제에 대한 무지성이 갈등을 일으키는 요인이 된다. 자원봉사활동은 클라이언트를 위한 활동이 아니라 함께하는 활동으로서 클라이언트의 문제를 바르게 이해하고 함께 그 문제를 해결해 나가는 과정이다. 자원봉사자는 클라이언트의 세세한 부분까지 알지 못하기 때문에 여러 가지 문제들을 일방적으로 해석하여 일방적으로 행동하는 실수를 범할 수도 있다. 따라서 진짜 문제점이 어디에 있는지를 생각하고 판단하면서 클라이언트로 하여금 조금이라도 행복한 방향으로 발전할 수 있도록 자립을 지원하며 용기를 가져오는 활동인 것이다.

② **시혜성**: 자원봉사활동은 동정적 자선활동이 아니다. 정성이 실리지 않은 동정심이나 위선적인 마음을 줄 때 상대는 베풂을 받는 크기만큼의 상처를 입게 될 것이다.

③ **자기도취성**: 자원봉사자는 해야 되는 것과 해서는 안 되는 것을 구별해야 한다. 자신이 마치 사랑의 화신이라도 된 것처럼 도취되어 영웅주의적 행동을 하지 않도록 해야 한다.

④ **충동성**: 단계적이고 체계적인 활동이어야 한다. 특정목적을 위해 즉흥적으로 하는 자원봉사 활동, 그리고 한번 해 보는 것으로서의 활동자세는 위험한 일이다. 활동현장이 시설이나 집단이라면 그들의 목적, 방침, 연간계획, 현상과 문제점, 욕구 등을 파악하고 이해하는 것이 무엇보다 중요하다.

⑤ **일회성**: 자원봉사활동의 궁극적인 목적은 결국 자신의 행복을 위한 것이다. 따라서 평생 해야 할 일이다. 자원봉사활동에 참여한 많은 사람들이 중도하차 함으로서 클라이언트들은 상처를 입고 불신감에 차게 된다.

⑥ **클라이언트의 무리한 요구**: 자원봉사자가 수용할 수 없는 욕구와 기대를 강요할 때 갈등이 야기되고 거부감과 대립양상이 발생한다. 특히 이성문제의 경우가 자주 발생할 수 있다.

### 5) 갈등상황 하에서의 증상

- **갈등회피**: 결근, 도피, 은신, 상사에게 무조건 따르기 등의 행동으로 갈등상황을 회피하는 증상을 보일 수 있다.
- **갈등에 대한 억압적인 반응**: 질병, 음주, 낮은 직무만족도, 불규칙한 업무성과를 나타내는 행동으로 갈등상황을 억압하는 반응으로 증상을 보일 수 있다.
- **갈등에 대한 표현적인 반응**: 나쁜 소문 퍼뜨리기, 도벽이나 기물 파손 행위, 반조직적 행위, 거센 파업 등으로 갈등상황을 표출하는 증상을 보일 수 있다.

### 6) 갈등해결의 기본전략

갈등을 최소화하기 위해서 자원봉사자는 자원봉사자로서의 기본적 철학과 원칙을 가지고 있어야 한다. 그리고 자원봉사활동의 역동성을 항상 명심해야 하고 거절할 수 있는 능력도 필요하다. 중요한 것은 상호 신뢰와 인격적 관계이다.

개인 간 또는 집단 간 갈등을 해결하는 방법은 크게 두 가지 차원에서 접근하게 된다. 즉 자기 자신의 관심사를 충족시키려는 방법인 주장과 상대방의 관심사를 충족시켜주는 방법인 양보가 있다.

#### (1) 지배

상대방의 입장은 전혀 고려하지 않고 자신의 관심사를 위해서 공식적인 권위를 사용하여 상대방을 지배(dominating)하고 복종을 강요하기 때문에 강요(forcing)라고도 한다. 따라서 이는 일방적 승리(win-lose)를 가져올 수 있다.

#### (2) 회피

당면한 갈등 문제를 무시하거나 도외시 하는 것으로서 문제를 회피(avoding)함으로써 유리할 경우에 선택하는 적합한 대안이다.

#### (3) 타협

자신과 상대방이 서로의 관심사를 양보하는 것을 말한다. 타협은 당사자들이 다른 목표를 갖고 있거나 비슷한 힘을 갖고 있을 때 가능하며 협상 · 표결 또는 제3자의 개입에 의하여 이루어지는 것이 보통이다.

## 7) 자원봉사 기관에서의 갈등관리 전략

### (1) 자원봉사활동의 갈등해소 방법

따뜻한 마음으로 귀담아 듣는 것과 함께 사실을 알려고 해야 한다. 갈등 문제를 해결하기 위한 행동을 취하며 냉정함을 유지하도록 한다. 만약 당신이 옳다면 화를 낼 필요가 없으며, 그르다면 더더욱 화를 낼 자격이 없다. 그리고 화합의 끝맺음은 원만하게 한다.

갈등수준을 적정수준으로 유지하기 위한 갈등 해소기법에는 다음과 같은 방법들이 있다(김범수, 2012).

① 순응(accommodation): 집단 간의 목표가 양립할 수는 있으나 집단 간의 상호작용이 목표달성에 중요하지 않다고 생각될 때 한 집단이 다른 집단에 항복함으로써 소극적으로 갈등을 해소하려는 방법으로 '회유'라고도 한다. 다른 사람을 만족시키려고 다른 사람에게 동조하면서 자기희생을 감수한다.

② 지배(dominating): 모든 집단이 하나의 목표를 향해 경쟁을 하게 되는데 이때 상대방의 입장은 고려하지 않고 공격적인 행동을 하거나 공식적인 권위를 사용하여 상대방을 지배하고 복종을 강요하는 방법이다.

③ 회피(avoidance): 갈등 해소보다는 갈등을 피하려는 소극적인 방법으로서 집단 간의 목표가 양립할 수 없을 때나 문제가 중요하지 않을 때 당면한 문제를 인식하지 않거나 미루는 것이다.

④ 협동(cooperation): 집단 간의 목표가 양립 가능하고 집단 간의 상호작용이 집단의 목표달성에 중요할 때 사용하는 방법으로 모든 집단에 최선의 해결방안을 제시하여 갈등을 해소하는 것이다.

⑤ 타협(compromise): 집단 간의 목표가 양립할 수 없고 또 목표달성이 불가능하지도 않을 때 서로 주고받으며 갈등을 해소하려는 방법으로 협상이라고도 한다. 집단이 서로 다른 목표를 가지고 있거나 비슷한 힘을 갖고 있을 때 가능한 방법이다. 협상, 표결, 제3자의 개입으로 타협이 이루어지게 된다.

### (2) 직원과 봉사자 간의 분쟁 예방법

기관의 직원과 자원봉사자 간의 분쟁을 예방하려면 다음과 같은 점들을 고려해야 한다(스티브 맥컬리 · 수비나드, 이강현 역, 1995).

① 자원봉사 활용에 관한 결정에 직원을 참여시킨다. 왜냐하면 모든 사람들은 갑작스러운 결정을 좋아하지 않기 때문이다.
② 자원봉사자들을 위한 업무와 자원계획 그리고 감독체계에 대해 미리 계획, 그들 스스로가 일들을 알아서 할 것으로 기대하지 마라.
③ 지위 때문에 자원봉사를 하려는 사람은 누구든지 받아들여서는 안 된다. 또한 자질을 고려하며, 많은 사람이 참여하는 것이 반드시 중요하지는 않다.
④ 자원봉사를 하려는 사람은 누구나 필요한 기술 혹은 지식을 봉사하면서 배울 수 있다고 간주하지 말고, 자원봉사자들에게 훈련이 필요하면 그들과 함께 한다.
⑤ 직원은 적절히 자원봉사자의 활용에 필요한 모든 것을 이미 안다고 간주하지 말고, 더 좋고 더 많은 교육을 받아야 한다.
⑥ 자원봉사자들이 기관에 기여하는 것에 대해 감사를 표시한다.
⑦ 자원봉사자들과 함께 업무를 잘 수행한 직원에게도 포상한다. 비록 그들이 단지 자신의 일을 한 것뿐일지라도 자원봉사자들에 대한 감독 활동은 함께 할 수 있도록 하고, 단지 조정자만이 할 수 있는 것은 아니다.
⑧ 주의를 끄는 문제가 발견되면 덮어두지 말고 경청은 결코 불만을 제고시키지 않음을 안다.
⑨ 분쟁 발생 시에 있어 '직원은 항상 옳다'든지, 혹은 '나의 자원봉사자들이 옳다 또는 그르다'라는 흑백논리를 적용하지 말고 타협하는 것이 최선의 방법이다.

## 8) 효율적인 갈등해결 방법

(1) 협조적인 사람은 지배 보다는 배려의 방식을 선호하는 경향이 있다. 따라서 개인의 성격에 따라 갈등을 다루는 방법은 달라진다고 할 수 있다.

(2) 통합은 효율성을 높여주는 데 비하여 배려는 업무의 효율성과는 관계가 없는 것으로 나타났다.
(3) 반대의사는 무조건 부정적인 것으로 인식된다. 따라서 상대방의 의사에 반대할 때 어떤 방법으로 반대 의사를 표현할 것인가는 갈등상황에 매우 큰 영향을 준다.
(4) 상대방에게 자신의 의견을 강요하거나 위협하는 것은 상대방의 반대 의지를 강화시켜주는 경향이 있다.
(5) 갈등관리에 있어서 통합이 회피보다 집단의 만족도를 높여준다(Kreitner & Kinicki, 1989).

## 2. 자원봉사활동에서의 위험관리

### 1) 위험관리의 정의

위험관리(risk management)는 기관의 자산을 보호하고 유지하는 데 활용되는 일반적인 업무관리 기술로써 자원봉사자와 직원, 물리적 자산, 자원봉사 대상자 등 모두에 대한 위기관리를 실시해야 한다. 이때 위험이라고 말할 때는 다음 3가지 의미를 포함하고 있다.

(1) 사고 발생 가능성으로서의 사건으로 큰 사고에는 이르지 않았지만 사고를 유발할 가능성이 있는 실수이다.
(2) 사고 그 자체로서 사고(불상사)이다.
(3) 사고발생의 조건, 사정, 상황, 요인, 환경으로서 생각하지도 않았던 일들, 우연한 사고나 불가항력의 사고 등이 포함된다(박경일, 2007).

### 2) 자원봉사활동에서의 위험유형

자원봉사활동 시 발생하는 위험에는 어떤 것들이 있을까? 일반적으로 조직에서 발생할 수 있는 위험에는 다음과 같은 것들이 있다(류기형 외, 2012).

#### (1) 업무리스크

업무리스크로서 서비스의 제공 중에 수반되는 이용자의 사고나 고충처리의 내용에 대한 실수, 전염병이나 감염의 발생 확대 등에 대한 위험이다.

#### (2) 경영리스크

경영상의 문제로 인하여 발생하는 리스크로 경영수지의 악화나 경쟁사업체의 진출, 재무운영의 실패 등이 해당된다.

#### (3) 사회적 리스크

사회적 리스크는 조직관리와 시설경영에 따르는 리스크 중에 부정행위 또는 범죄행위, 종업원의 불상사로 시설의 사회적 평가를 손상시켜 하루아침에 사업의 존속 및 사회복지법인 그 자체의 존속마저 악영향을 미치는 위험을 말한다.

#### (4) 재해리스크

재해리스크는 화재나 풍수해, 지진 등의 재해에 기인하는 리스크이다.

### 3) 자원봉사활동과 법적 책임문제

#### (1) 자원봉사자 개인의 법적 책임

자원봉사자는 형사적 책임, 민사적 책임, 기관에 대한 의무불이행 등의 법적 책임문제에 직면할 수 있다.

#### (2) 자원봉사자에 대한 자원봉사센터 및 활동처의 법적 책임

자원봉사자가 수행하는 업무에 관련된 위협을 제거하거나 그 위험을 경계하고 대비하게 해야 할 의무가 있다.

#### (3) 자원봉사자의 행동으로 인한 자원봉사센터 및 활동처의 법적 책임

자원봉사자가 업무수행 중에 타인에게 피해를 입힌 경우 자원봉사센터 및 활동처는 법적 책임을 지게 된다.

## 4) 위험관리의 과정

### (1) 1단계: 잠재적인 위험 확인하기

자산손실, 책임손실, 자원봉사활동 중 발생하는 상해, 질병, 사기나 범죄행위, 자원봉사자의 불성실로 발생하는 위험에 유의한다.

### (2) 2단계: 잠재적 위험 평가하기

자원봉사관리자는 자원봉사센터에 대한 손실 및 충격 정도를 평가하고 측정위험의 형태와 빈도, 심각도에 따른 측정지표를 마련한다.

### (3) 3단계: 위험 발생 시 조정하기

활동 중단, 위험 제거, 손해의 최소화, 책임 이전 등이 조직에서 폭넓게 사용하는 방법이다.

### (4) 4단계: 평가와 갱신

추가되는 정보에 대한 평가와 갱신은 전체 위험관리 체계를 점차 안전하게 만들어 준다.

## 5) 위험관리의 계획의 수립

### (1) 자원봉사 업무에 잠재된 위험 확인

자원봉사활동을 하는 중에 위험이 잠재되어 있는 경우가 있다. 그러므로 자원봉사자의 신체적 활동수행 능력, 각종 설비를 안전하게 사용하는 기술, 자원봉사 활동처의 환경과 활동 조건, 자원봉사 대상자의 성격 등을 파악하여 잠재된 위험에서 그 피해를 줄일 수 있다. 또한 적절한 절차를 따라야 하는 이유나 필요성을 앎으로써 잠재된 위험요소를 확인할 수 있다.

### (2) 자원봉사 업무설명서의 재작성

자원봉사활동 중에 확인된 위험요소들을 피하거나 대처하는 데 필요한 기술,

지식, 신체능력에 대한 요구와 설명을 업무설명서에 자세히 기입한다.

#### (3) 잠재적인 위험에 있는 잠재적 자원봉사자의 심사

자원봉사자의 면접 및 선발 과정에서 자격 미달이거나 추가 훈련이 필요한 자원봉사지원자들에 대해 확인해야 할 점검 목록을 개발한다.

#### (4) 자원봉사자들에 대한 위험대비 훈련

자원봉사자들이 위험에 대비할 수 있도록 하기 위하여 확인된 위험에 기초한 위험대비 훈련 프로그램을 개발한다.

#### (5) 직원들의 훈련

자원봉사자들에게 각 업무에 내재한 위험요소를 분명히 숙지하고 설명해 줄 수 있도록 직원들을 훈련하여야 한다.

#### (6) 위험 발생에 대비한 관리감독 절차 개발

자원봉사활동 중에 발생하는 문제 상황에 대한 처리절차와 실행규칙에 관한 지침서를 개발한다.

#### (7) 평가 및 개선

전체 자원봉사 프로그램의 평가와 자원봉사자의 활동평가에 위험관리 평가를 포함한다.

### 6) 기본적인 위험관리 대책

자원봉사활동에는 사고의 위험성이 언제나 있다. 일반적으로 자원봉사 관리과정에서 고려해 볼 수 있는 위험관리 대책으로 다음의 다섯 가지를 생각해 볼 수 있다(권미영, 2008).

#### (1) 위험에 대비하는 관리 및 감독 절차 마련

문제상황에 대하여 자원봉사 지침 및 운영규칙, 위험발생 시 대처방법 등의 목록을 작성하여 자원봉사자에게 교육시킨다.

### (2) 자원봉사자 자신의 재점검

자원봉사 프로그램 평가에 위험관리 점검을 포함한다. 예견할 수 있는 위험 목록을 작성하고 갱신하며 그것을 교육하고 훈련자료에 포함시킨다.

### (3) 자원봉사 변호사 선임

자원봉사활동 중에 일어나는 위험에 대비하기 위해 자원봉사 변호사를 선임하여 각종 사고가 발생했을 때 신속히 대처하도록 한다.

### (4) 자원봉사 보험 가입

자원봉사관련기관에서는 각종 사고에 대비하여 상해보험에 가입시킨다. 특히 위험성이 농후한 업무에 배치된 자원봉사자들에 대해서는 반드시 자원봉사 상해보험에 가입해야 한다.

### (5) 기타 사고보상에 대비한 재원 마련

자원봉사 상해보험 외에도 자원봉사활동 중에 발생하는 불의의 사고에 대비하여 일정액의 예산을 자체적으로 편성하는 것이 필요하다.

## 확 인 평 가

**1.** 자원봉사 계획수립에서의 고려사항이 아닌 것은?

① 조직의 목적과 지도이념　　② 목표설정방법
③ 구성원 전체의 목표　　④ 우선순위 설정

**2.** 자원봉사자 갈등의 원인이 아닌 것은?

① 과업의 상호의존성　　② 목표와 역할의 기대 차이
③ 지각의 차이　　④ 가치기준의 차이

**3.** 자원봉사자와 클라이언트와의 갈등 사항이 아닌 것은?

① 무지성　　② 영속성　　③ 자기도취성　　④ 충동성

**4.** 자원봉사자와 직원과의 갈등이 아닌 것은?

① 위치에 대한 불안감　　② 서비스의 질에 대한 우려
③ 역할에 대한 인식 부족　　④ 성취감의 보상

**정답**

**1.** ③ ; 구성원 개인의 목표를 고려해야 한다. **2.** ④ ; 가치기준의 차이는 조직 제도에 대한 차이이다. **3.** ② ; 일회성 **4.** ④ ; 성취감의 상실이다. 자원봉사 활용이 확대되면서 직원들은 클라이언트에게 직접적 서비스를 제공하던 역할을 점차 자원봉사자에게 위임하게 된다. 따라서 클라이언트와 직접적 서비스의 피드백 과정에서 얻을 수 있는 보람과 성취감 등 정서적 보상을 상실하게 되므로 자원봉사자에 대한 거부감이 잠재적으로 발생하게 된다.

# 제8장

# 자원봉사 프로그램 개발 및 평가

◈ 생각해보기

1. 자원봉사 프로그램이란 무엇인가?
2. 자원봉사 프로그램 개발을 위한 기획과 계획은 어떠한가?
3. 자원봉사 프로그램 개발 시 고려해야 할 사항은 무엇인가?
4. 자원봉사 프로그램 개발 계획에 반영할 내용은 무엇인가?
5. 자원봉사 프로그램의 정책적 내용은 무엇인가?
6. 자원봉사 프로그램 개발의 단계는 어떻게 이루어지나?
7. 자원봉사활동 프로그램의 종결은 어떻게 이루어지나?
8. 자원봉사활동 프로그램 평가는 어떻게 이루어지나?
9. 자원봉사 프로그램의 실제는 어떠한가?

자원봉사자들로 하여금 자원봉사를 하면서 어떻게 하면 효과적으로 참여하게 하며 그 의미를 느끼면서 활동에 참여하게 만들 수 있을까? 이에 자원봉사 프로그램 개발이 처음부터 독창적이고 창의적으로 이루어지기를 바라는 것은 우리 모두의 희망사항이지만 대부분 모든 프로그램은 기존의 형식을 모방하는 데 그치고 있다. 이에 본 장에서는 자원봉사활동을 하는데 있어서 구체적인 프로그램 개발과정을 알아보고자 한다.

## 1. 자원봉사 프로그램의 개요

### 1) 자원봉사 프로그램(Program)의 개념

프로그램(Program)이란 '의도된 계획에 따라 어떤 목적을 달성하기 위하여 인적 · 물적 자원을 활용하는 일련의 집합적인 행동'이라고 정의할 수 있다(박경일, 2000). 특정한 목표를 달성하기 위해 시도하는 다양한 활동들의 집합체이다. 프로그램의 사전적 의미는 진행계획이나 순서로 해야 할 일을 명시해 놓은 시간표나 계획표, 차례표 등이다.

프로그램 개발의 개념은 문제발견과 정의로부터 시작하여 포괄적인 목적과 구체적인 목표를 조작, 설정하고 이를 성취하기 위한 실행체계를 구성하는 과정을 의미한다.

자원봉사 프로그램은 자원봉사조직에서 자원봉사활동의 목표를 달성하기 위한 활동들의 집합체를 말한다. 자원봉사활동을 통하여 사회구성원에 대한 자원봉사활동을 제공함으로써 사회의 욕구를 충족시킴과 동시에 자원봉사자에게는 성취감과 만족감을 주는 수단이 되기도 한다.

자원봉사 프로그램은 의도된 계획에 따라 구체적인 목표를 달성함으로써 사람과 지역사회를 변화시키고자 하는 것이다. 아울러 서로 다른 역할과 책임을 가진 구성원들의 행동을 기술한 것이고, 변화를 창출해내는 자원봉사자 및 클라이언트 등 관련된 구성원 간의 관계에 대한 방법과 규범을 제공하는 것이라고 할 수 있다(이성록, 1998). 자원봉사 프로그램은 자원봉사 기관이나 자원봉사 단체, 자원봉사자들의 조직적 과정을 거쳐 전문가들의 개입을 통해 실시되는 문제해결을 위한 노력의 총체라고 할 수 있다. 자원봉사 프로그램은 운영의 스타일에서도 다양성이 요구된다. 즉 자원봉사자에 대하여 비교적 영속적으로 직원의 지도감독을 실행하는 매우 구조적인 프로그램(예를 들면 교도소내의 자원봉사 프로그램)으로부터 기본적으로 자원봉사자들 자신들에 의해서 운영되는 비구조적인 프로그램(예를 들면 지역사회 방범활동)에 이르기까지 다양하다(S.M.Curley, 1989).

### 2) 자원봉사 프로그램(Program) 개발의 필요성

효과적이고 효율적인 자원봉사활동을 전개해 나가기 위해서는 프로그램 개발이 반드시 필요하다. 훌륭한 프로그램의 개발은 만족스런 자원봉사활동을 전개해 나가는데 있어서 필수적인 작업이다. 프로그램 개발은 문제발견과 정의로부터 시작하여 목적과 구체적인 목표를 조작·설정하고 이를 성취하기 위한 실행체계를 구성하는 과정을 의미한다.

자원봉사활동을 수행할 경우 자원봉사활동의 대상과 분야, 자원봉사 공급자인 자원봉사자, 자원봉사의 매개체인 자원봉사기관, 자원봉사활동의 방법, 자원봉사활동의 영향 등에 대하여 다각적 측면에서 검토를 한 후에 만들어진 자원봉사 프로그램은 자원봉사를 시작하기 전에 반드시 개발되어야하며, 자원봉사활동을 시작하는데 필수요소이다. 자원봉사 프로그램은 이러한 맥락에서 필요하고 중요한 것이다.

자원봉사 프로그램은 특정의 목표를 달성하기 위해 만들어진 조직적인 활동이다(현외성, 2011). 자원봉사활동이 클라이언트의 욕구에 부합하는 방향으로 설계되어야 한다는 점에서 더욱더 프로그램의 필요성을 갖는다. 자원봉사 프로그램의 필요성은 각 분야에서 실시하고 있는 자원봉사자의 중요성을 통해서 알아볼 수 있다. 지역사회의 복지관은 물론 개인이나 단체, 각 기관, 학교 등 모든 분야에서 자원봉사활동의 중요성과 필요성이 더욱 강조되고 있다(김승용 외, 2011).

자원봉사 프로그램을 개발하는 이유를 송인주는 첫째, 지역사회의 해결해야 할 문제들이 있어서, 둘째, 지역사회의 다양한 욕구들이 있어서, 셋째, 자발적으로 참여하고자 하는 주민들의 욕구가 있어서, 넷째, 지역사회를 강화시키려는 기관(단체)의 욕구가 있어서, 다섯째, 지역사회의 문제해결능력을 강화하여 궁극적인 사회문제 예방에 기여하기 위하여, 여섯째, 기존의 활동이 매너리즘에 빠져, 이를 개선해야 할 필요성이 있어서, 일곱째, 성과를 제대로 측정하기 위하여 필요하다고 하였다.

자원봉사 프로그램 개발에 필요한 자원봉사관리자의 태도로는 첫째, 서비스의 사각지대를 중심으로 문제를 찾아내는 관심과 정보를 습득한다. 둘째, 자원봉사자의 요청과 불평불만을 발전적으로 수용한다. 셋째, 적극적으로 자원을 개발한다. 넷째, 일을 성사시키기 위해 노하우를 축적한다. 다섯째, 창조적 아이디어와 도전정신을 갖고 임한다는 것이다.

자원봉사 프로그램 개발은 자원봉사활동에 참여할 잠재적 자원을 개발하기 위하여 적극적으로 노력하는 방법의 하나이다. 자원봉사 프로그램 개발을 통해서 스스로 찾아오는 사람뿐만 아니라 자원봉사자의 욕구를 충족시킬 수 있는 프로그램을 개발하여 잠재적 자원봉사자들을 이끌어내어 자발적으로 참여시킬 수 있는 수단으로서 자원봉사 프로그램의 개발이 절실히 필요하다. 자원봉사자를 효과적으로 활용하기 위해서는 자원봉사 프로그램 개발의 필요성이 더욱 인식되고 있다.

자원봉사 프로그램은 자원봉사활동 개시 전에 반드시 개발되어야 한다. 자원봉사활동이 즉흥적으로 이타적인 감정에 의하여 실행된다면 클라이언트나 자원봉사자 모두에게 만족스런 결과를 기대하기 어렵게 된다. 자원봉사 프로그램은 자원봉사활동에 참여하는 자원봉사자의 욕구를 충족시킬 뿐만 아니라 클라이언트의 욕구도 충분히 충족시킬 수 있도록 하여야 한다. 만약에 어느 한쪽만의 만족으로 그친다면 자원봉사활동의 지속적인 연계가 어려울 수 있다. 자원봉사자는 준비된 프로그램에 따라 사전에 자원봉사활동에 대한 충분한 실천적 지식이나 방법 등을 교육받고 프로그램 계획에 따라서 자원봉사활동을 시작하는 것이 필요하다. 클라이언트의 욕구와 자원봉사자의 욕구가 모두 충족될 수 있으려면 합당한 자원봉사 프로그램의 개발이 필요하다.

## 2. 자원봉사 프로그램 개발을 위한 기획과 계획

자원봉사 프로그램에서 다루어야 할 내용으로는 자원봉사활동에서 구체적으로 해야 할 일, 자원봉사활동 방법 및 시기, 자원봉사활동의 필요성, 자원봉사활동을 책임질 사람을 구체적으로 정하기, 여러 대안 중 가장 적절한 것을 가려내는 작업, 미래에 일어날 일을 예측하고 대비책을 강구하는 것, 과거에 자원봉사활동 중에 있었던 시행착오를 시정하는 조직화된 노력, 그리고 대안을 선택하는 일련의 의사결정과정도 포함시켜야 한다. 이런 점을 모두 포함하여 자원봉사 프로그램을 개발하는데 있어서 기획과 계획을 어떻게 하는지 그 개념부터 알아보고자 한다.

계획은 어떤 일을 하기에 앞서서 방법, 순서, 규모 등을 미리 생각하여 세운 내용을 의미한다. 사업계획은 기획의 일반적이고 포괄적인 과정이 어떤 구체적인 사업에 적용된 것이다.

기획은 그 계획을 수립하는 과정이다. 결국 기획의 산출물이 계획이라고 할 수 있다. 기획은 계획의 의미를 포함하는 것이다. 사업기획은 사업계획 수립을 의미한다.

프로그램 기획은 어떤 기관에서 구체적인 프로그램을 설계하기에 앞서 어떤 목적 하에 언제, 어디서, 어떠한 방법으로 어떻게 문제를 해결할 것인가에 대하여 장기 또는 연차별 활동을 개별적으로 수립하는 것이라고 할 수 있다. 프로그램 기획이란 어떤 활동에 있어 여러 가지 대안들 중에서 선택하는데 전망, 체계적 사고(system thinking), 조사 그리고 가치선호의 실천(exercise of value preference) 등으로 점차의 활동과정을 통제하고 문제를 해결하고자 하는 의식적 시도이다(N.Gilbert & H.Specht, 1977).

효과적인 자원봉사 서비스는 효과적인 기획에서 이루어진다. 기획 없이는 목적이나 방향 또는 성취에 대한 감각이 거의 없게 된다. 기획은 현재 자신이 처한 위치를 분별할 수 있게 도와주고 또한 자신의 목표에 도달하도록 하는 길을 제시해준다. 기획은 미래의 생존 문제를 처리할 수 있도록 도와주며 자원봉사 프로그램과 유급직원들이 부딪히는 매일 매일의 문제들을 다루는 데 있어서 도움을 줄 수 있다(S.M.Curley, 1989). 조직은 기획을 장기적 목표에 기여하는 단기의 목표들을 달성하는 도구로서 활용해야 한다. 이렇게 함으로써 조직은 자체의 목적을 성취할 수 있고 효과적으로 기능할 수 있게 된다(S.M.Curley, 1989).

기획의 실제에 있어 필수적 과업은 프로그램의 목적(purpose) 또는 사명(mission)을 명확히 확인하는 것이며, 이는 프로그램의 구체적 목적들(goals)과 목표들(objections)을 확립하는 기반이 된다. 구체적 목적들은 프로그램의 일반적인 의도들을 의미하며, 이들은 프로그램의 사명이나 큰 목적에서 나온다. 목표들은 측정 가능하고 성취 가능한 자원봉사활동을 통하여, 어느 정도로 어떻게 구체적인 목적에 도달하는가를 의미한다. 기획이란 구체적 목적들과 목표들이 현실적 예산집행, 업무의 규정, 조직구조의 설계 그리고 시간계획의 확립 등의 과정을 통해서 어떻게 달성될 수 있는가를 천명하는 것이다(P.C.Dunn, 1995).

자원봉사 프로그램의 기획은 현실과 목표 사이를 이어주는 가교역할을 하는 것으로 자원봉사 프로그램 기획단계에서 프로그램의 목적과 측정 가능한 하위목표들을 수립하고 적절한 대안을 선택한다(김범수, 2011).

### 1) 자원봉사 프로그램 계획의 특성

자원봉사 프로그램 계획의 특성은 미래에 대한 불확실성을 감소시키며 문제해결과 정책결정을 위한 제반 활동에 합리적인 기술을 제공한다. 자원봉사를 활용하는 사업에 대한 책임성을 증가시키고 자원봉사활동을 위한 정책을 결정하는데 있어서 참여를 증진시킬 수 있다. 뿐만 아니라 자원봉사 프로그램을 진행하는 기준을 마련하여 프로그램의 정책 수행과 운영에 안전을 기하도록 한다.

### 2) 자원봉사 프로그램 계획 시 고려사항

미국 사회복지사협회에서는 프로그램은 '수행되어야 하는 것'들에 대한 계획과 지침이며, 클라이언트의 욕구에 부합하여 설계된 조직과 절차라고 하였다. 자원봉사활동 프로그램을 계획할 때 고려해야 할 사항은 조직의 이념과 목적에 따라 우선순위를 선택하고, 클라이언트와 자원봉사자, 기관의 욕구와 현실적인 현황인 재정, 장소, 물리적 환경, 지역의 환경 등에 대한 고려를 포함하며 자원봉사자 개인의 목표나 능력, 관리자의 오리엔테이션 등이 우선순위 결정에 영향을 미치도록 하는 것이다.

자원봉사 프로그램 기획 시 반드시 고려해야 할 사항은 목적 설정, 목표 설정, 구성원 개인의 목적과 목표 설정, 우선순위 결정 등이다.

### (1) 목적(goal) 설정

자원봉사 프로그램 기획과정에서는 우선적으로 프로그램의 목적이 명확히 규명되고 진술해야 한다. 그것은 프로그램의 존재 의의 및 이념에 대한 타당성을 제공하게 된다.

목적들은 가까운 장래에 시도될 수 있는 기관 및 조직의 노력이 구체적으로 어떤 영향들을 미칠 수 있는지에 관하여 나타내야 한다. 대부분 자원봉사기관들에서는 2년을 내다보는 목적이 최적이라고 할 수 있다. 이러한 목적은 달성 가능하고, 측정 가능하며, 융통성이 있고 그리고 실제로 부담이 될 수 있는 성격의 것이어야 한다(N.L.Macduff, 1987).

자원봉사 조직이 지향하는 목적이 사회로부터 자원을 제공받아 이용자의 욕구를 충족시키고 궁극적으로 이들의 복지수준을 향상시켜야 할 사명을 완수한다는 것이다. 또한 전문적인 관리를 통해 조직 자체를 유지시키는 것이며 자원봉사 프로그램은 대부분 외부의 자원 제공자와 이용자에게 프로그램 운영비용을 의존하기 때문에 프로그램의 효율성과 효과성을 가시화해야 할 책임이 있다.

자원봉사 프로그램의 목적은 문제를 어떻게 진단하느냐에 따라 결정된다. 자원봉사 프로그램의 목적은 프로그램의 존재 의의 및 이념에 대한 타당성을 갖도록 한다. 이는 자원봉사 프로그램의 근본 목적이 자원봉사 활동을 통하여 궁극적으로 사람과 사회를 변화하게 만드는 데 있기 때문이다. 목적을 설정할 때는 클라이언트의 욕구가 무엇인지 정확하게 알도록 하고, 인과관계에 대한 설명이 선행되어야 한다. 그리고 자원봉사 프로그램 실행에 대한 한계와 지침까지 숙지하도록 한다.

### (2) 목표(objective) 설정

기관 또는 조직의 구체적인 표적들은 목표들을 통해서 나타날 수 있다. 목표들 또한 달성 가능하고, 측정 가능하며, 관찰 가능하고, 융통성 있는 것들이어야 한다. 목표들은 기관 운영의 모든 영역들에서 이끌어 낼 수 있다.

프로그램의 목적이 설정되고 나면 이를 토대로 구체적이며 상세한 하위목표들이 세워져야 한다. 세부목표는 성취해야 할 결과에 중점을 두어 명확히 규명되고 진술되어야 한다. 필요에 따라 몇 차례의 단계별 순위목표를 가질 수 있다.

#### (3) 구성원 개인의 목적과 목표 설정

자원봉사자들과 직원들은 각자 개인적인 목적과 목표들을 반드시 고려하여 설정해야 한다. 이러한 노력은 기관의 집행부서 또는 기관장이 각 목적과 목표들의 달성여부를 감독할 수 있는 적절한 방법으로 진행되어야 한다. 따라서 구성원의 개인적 목표와 프로그램 전체의 목표가 일치되어야 하고 개인과 조직의 목표가 일치되도록 계획을 수립할 필요가 있다. 생산적인 여건을 조성하고 양자를 모두 만족하게 하려면 프로그램의 목적과 개인의 목적은 양립되어야 한다. 이들 역시 달성 가능하고, 측정 가능하며, 관찰 가능하고 융통성이 있어야 한다.

#### (4) 우선순위 결정

자원봉사 프로그램을 기획하면서 우선순위를 결정하는 것은 매우 중요한 측면 중의 하나이다. 어떤 프로그램이 프로그램의 목적과 목표 달성에 가장 바람직한가를 결정하는 것이다. 어떤 프로그램은 다른 것들보다 더 중요하고 즉각적인 조치가 요구되는 반면, 어떤 프로그램은 지혜롭게 연기해야할 필요가 있다.

프로그램의 대안은 우선순위 비교와 자원동원 가능성에 따라 결정된다. 이러한 우선순위 비교와 계획에 관련된 사람들의 대체적인 합의가 요구되는데, 이를 위해 당사자의 자유로운 의견 개진과 그에 관련된 타협과 조정이 필요하다.

### 3) 자원봉사 프로그램 기획의 검토

프로그램 기획은 기관이 자원봉사자를 왜, 어떻게 활용하려고 하는가에 대한 구체적 결정이다. 그리고 이 결정은 자원봉사 관리자뿐만 아니라 기관의 일반 직원이나 핵심 관리층과 충분히 논의하여 이루어지는 것이 중요하다. 어느 정도 프로그램의 기획이 완결되었다고 판단되는 경우에는 체크리스트로 기획 내용이 충분한가 검토해 볼 필요가 있다(McCurly & Lynch, 1989).

**• 기획내용 체크리스트 •**

- 자원봉사자와 함께 일하게 될 직원과 상의했는가?
- 자원봉사자와 함께 일할 직원은 자신의 역할을 분명히 인식하고 있는가?

- 각각의 위치에 맞추어 정확한 직무 설명이 이루어졌는가?
- 직위별 직무 설명은 각 직무에 필요한 자질과 일치하는가?
- 자원봉사자의 작업환경은 적절한지 확인되었는가?
- 각 직무에 적절한 자질을 갖춘 지원자를 찾기 위한 계획이 마련되었는가?
- 적절한 지원자와 그렇지 않은 지원자를 구별하기 위한 선발 방법이 마련되었는가?
- 자원봉사자를 교육, 훈련시킬 방법과 계획이 마련되었는가?

던(Dunn)은 자원봉사 프로그램을 기획함에 있어서 다음과 같이 몇 가지 질문을 해야 한다고 하였다(Dunn, 1995; 조휘일, 1998).

- 자원봉사 프로그램을 통해 무엇을 성취하려 하는가의 목적 또는 사명을 명확히 하고, 이에 따른 구체적 목표를 설정한다.
- 자원봉사 프로그램을 확립하고 운영하는데 이사회 그리고 상급관리자들이 얼마나 책임감을 느끼고 있는가를 확인한다.
- 자원봉사자에 대한 직원들의 태도는 어떠하며, 직원들이 자원봉사자와 함께 일할 수 있도록 동기화되고, 필요한 훈련을 제공하고, 지도감독의 의무를 감당할 사명감을 가지고 있는가를 알아야 한다.
- 기관이 자원봉사자에 대한 확고한 정책을 가지고 있거나, 가지려고 하고 있는가를 확실히 해야 한다.

이러한 응답을 통해서 자원봉사활동에 관한 긍정적 분위기가 확립되어 있다고 결정되면, 프로그램을 시작하거나 확정할 수 있는 올바른 시기라고 볼 수 있으며, 기획 과정에 착수할 수 있다. 기획은 성공적인 자원봉사 프로그램의 초기구상에 중요할 뿐 아니라 실제 적용과정에서 나타날 수 있는 가능한 장애물들을 확인하고 해결책을 마련하는데 필요한 지속적인 평가과정에도 매우 중요하다(Dunn, 1995; 조휘일, 1998).

제이콥슨(A.Jacobson)은 자원봉사 프로그램 기획 시에 다음 사항들을 반드시 고려해야 한다고 하였다(A.Jacobson, 1987).

- 기획은 합리적이어야 하고 조직의 목적한 목표들과 일치해야 한다.
- 매년 단기목표 그리고 장기목표를 설정하고 매 분기마다 검토하고 필요시에는 수정해야 한다.
- 기획은 현재의 목표들의 타당성을 평가해야하고 사용한 자금, 장소, 그리고 자원들과 관련되어야 한다.
- 프로그램 또는 서비스에 대한 지역사회의 사명감 및 책임감이 고려되어야 한다.
- 기획은 제공되려는 서비스들의 적용가능성을 신중히 고려해야 한다.
- 기획은 모집, 배치, 훈련, 지도감독, 기록 유지, 평가와 일정 등을 포함하는 발달적 설계를 포함해야 한다.
- 기획에는 완성일자와 수행되어야 할 구체적 과업들이 명시되어야 한다.
- 기획은 대중에 대한 정보와 대중관계를 장려해야 한다.
- 기획은 심층적인 사고와 과정, 정기적인 브레인스토밍(brain storming) 그리고 장기간 토의를 하는 현실적인 이사회 및 위원회를 계획한다.
- 효과적인 기획은 다음의 사항들을 성취할 수 있다. 즉 지역사회 내의 가용한 인적자원과 기타 자원들을 가장 효율적이고 효과적으로 활용할 수 있게 한다. 프로그램 운영의 지속성을 제공하고, 프로그램과 모든 활동을 실행할 수 있는 관리의 도구가 될 수 있다. 또한 모든 지역사회 기관들과 연관되어 서비스 중복을 막을 수 있다.

### 4) 자원봉사 프로그램 기획단계

자원봉사 프로그램의 기획단계는 다음과 같다(김범수, 2011).

#### (1) 구성원의 관심영역 파악

사람은 자기가 관심 있는 분야에는 더욱 열심인 경향이 있다. 자원봉사활동에서도 구성원들이 자발적인 참여를 할 수 있도록 자원봉사 구성원들의 관심영역을 파악하고 이에 맞게 프로그램을 개발하기 위하여 동기를 부여하는 것이 무엇보다 중요하다.

자원봉사 영역과 직무에 대한 충분한 정보를 미리 제공하여 흥미와 관심을 갖도록 하여야 바람직하다. 왜냐하면 많은 자원봉사활동은 사회복지시설 또는 소년소녀 가장, 장애인 등을 먼저 떠올리기 때문이다. 자원봉사활동 영역은 복지, 환경뿐만 아니라 교육, 문화, 정치, 경제, 보건, 교통, 스포츠 등 보다 폭넓은 활동 유형과 활동 분야의 직무에 관한 정보를 미리 알려줌으로써 흥미를 유발할 필요가 있는 것이다.

### (2) 활동분야 현황 파악

자원봉사활동을 원하는 구성원들의 관심영역을 파악하여 활동분야를 결정하게 되면 활동분야의 구체적인 현황을 파악하여야 한다. 자원봉사자를 필요로 하는 곳을 파악하여 명부를 정리하고 활동내용 및 조건 등에 대한 정보를 파악하여야 한다. 자원봉사 신청자는 나름대로 기대하는 직무를 가지고 있으므로 이러한 정보가 자율적 선택의 기준이 될 수 있다.

정보에는 목적, 방침, 연간계획, 현황과 문제점, 요망사항을 포함하여 주소, 위치, 교통수단 및 소요시간, 자원봉사 서비스 수용태도, 기존 자원봉사자의 활동 현황, 직무환경과 필요한 기술, 문제점과 장점 등 도움이 될 수 있는 내용이 포함되어야 한다. 보다 좋은 정보를 획득하기 위해서는 사전에 현지조사를 하거나 지역 관계기관의 설명 및 전문가의 의견을 충분히 들어야 한다.

### (3) 문제파악과 목적 설정

자원봉사활동에 있어서 문제 파악은 무엇보다 중요한 과정이며 자원봉사 프로그램은 문제를 파악함으로써 시작된다. 문제가 무엇인지 파악되면 이에 대한 해결방법이 있으나 문제가 무엇인지 파악하지 못하면 문제해결 방법이 없다. 문제를 파악하는 방법은 일반적으로 첫째, 현장 조사와 표적 집단에 대한 조사 등의 방법을 사용하는 직접조사, 둘째, 문서자료 활용 등을 통한 간접조사, 셋째, 전문가에게 정보제공을 요청하는 방법 등이 있다. 문제를 파악하려면 무엇보다도 문제의식을 가지고 있어야 한다. 우리가 모르면서 남을 이해하려고 한다면 문제해결이 될 수 없다. 그러므로 프로그램을 계획하고 개발하는 사람은 무엇이 본질적인 문제인가를 파악할 수 있어야 한다.

자원봉사 프로그램은 문제를 인식하고 변화를 만들어 내는 인간의 노력이라 할 수 있다. 따라서 자원봉사 프로그램을 개발하는 데 가장 먼저 선행되어야 하는 것은 문제가 무엇인지를 파악하는 것이다.

### (4) 문제의 해결책 선택

문제가 무엇인지 파악되면 다음에는 가능한 해결책을 찾아보는 것이다. 해결책을 구상할 때는 조직의 임무를 가장 잘 아는 직원, 업무를 잘 수행할 수 있는 자원봉사자, 도움을 받는 대상자의 입장을 잘 대변할 수 있는 사람 등과 자원봉사관리자, 협력기관 담당자가 함께 참여하여 의견을 듣는 것이 좋다. 문제가 무엇인지 알리고 이에 대해 누구나 자유롭게 다양한 아이디어를 제시하여 최선의 해결방법에 접근하도록 하는 방법이 좋다. 문제해결을 위한 토의를 할 경우 브레인스토밍 등의 방법을 사용하여 여러 가지 해결방안에 대한 기발한 아이디어를 낼 수 있도록 분위기를 만들고 대안을 찾을 수 있도록 한다면 생각지도 않았던 해결방안을 찾을 수 있을 것이다.

### (5) 실행계획 수립

문제가 무엇인지를 찾아내고 해결방안이 선정되면 구체적으로 실행 가능한 계획을 수립하여야 한다. 해당 지역사회의 문제해결과 대상자의 욕구를 만족시키는데 도움이 되고 인간으로서 인간의 행복을 추구하기 위해 구체적으로 해야 할 일들을 선정하여, 가능한 계획을 단계적으로 정하고 목적, 목표, 프로그램을 기술한 기본계획과 활동 시간, 장소, 예산 업무분담 등 구체적인 실천방안을 기술한 실천계획서를 작성하여야 한다.

자원봉사 실행계획서는 자원봉사자로서 수행해야 할 직무를 명확하게 기술하여, 자원봉사활동을 하는 데 필요한 비품이나 용품 준비와 예상치 못한 사태에 대비한 보험 등 다양한 대비책을 준비하고 이를 명확히 기술해 두는 것이 바람직하다.

## 5) 자원봉사 프로그램 기획 시의 오류

자원봉사 프로그램을 기획할 때 범할 수 있는 오류에 대하여 살펴보면 다음과 같다.

- 자원봉사자들은 믿을 수가 없다.
- 그들은 우리 일들을 전혀 이해할 수 없다.
- 그들과 일할 시간이 없다.
- 그들은 고객을 만족시킬 수 없다.
- 그들은 모두 제정신이 아닐 것이다.
- 그들 때문에 우리가 추궁 당할 것이다.
- 우리 주위에는 아무 문제가 없다.
- 이 일은 그들이 배우기 어려울 것이다.
- 여기서는 잘 안될 것이다.
- 자원봉사자들은 고객들을 쫓아버릴 것이다.
- 주위에 더 이상 여성이 필요하지 않다.
- 이전에 자원봉사자들을 받아들인 적이 없는데 지금 받아들이기 시작해 골칫거리를 만들 필요가 없다.
- 자원봉사자들은 집이나 지키고 애들이나 잘 보는 게 낫다.
- 이 단체는 한가하게 차나 마시는 데가 아니다.
- 자원봉사자들은 교육대원들이다(이강현 역, 1995).

## 3. 자원봉사 프로그램 개발 시 고려사항

### 1) 자원봉사 프로그램 개발의 전제조건

자원봉사 프로그램 개발의 전제조건으로 자원봉사 프로그램은 사회복지사나 자원봉사자가 잠재력이 있고 시간이 지남에 따라 성장과 변화를 성취할 수 있다는 사회복지의 핵심가치에 입각하여 설계되어야 한다. 이러한 관점에서 프로그램에 참여하는 모든 개인은 가치와 존엄성이 있으며, 다른 사람과의 관계 속에서 프로그램을 통해 학습되고 개발될 수 있는 능력이 있음을 기본 전제로 하여야 한다. 프로그램 관리자들은 이런 가치를 프로그램의 운영에 반영하여야 한다. 프로그램 참여자에 대한 자세한 정보가 필요하다. 특히 참여자의 욕구, 문제, 관심, 장단점을 프로그램에 어떻게 연결시킬 것인지에 대한 구체적인 계획이 있어야 한다. 모든 프로그램의 참여자가 서로에게 기여하고 프로그램 참여자와 사회복지사와의 우애적 관계와 변화를 기뻐할 수 있는 방법을 모색해야 한다(정무성, 1999).

프로그램 개발과정에서 고려할 사항으로는 첫째, 프로그램 관여자들이 받아들일 수 있는 가치가 반영되어 있는가에 대하여 고려하여야 한다. 둘째, 프로그램을 실행할 만한 정치적 승인과 경제적 자원의 동원이 가능한가 하는 실현가능성을 고려하여야 한다. 셋째, 프로그램의 주관 기관이나 조직이 제안된 프로그램을 진행할 만한 준비가 되어 있는지 준비성을 고려하여야 한다. 넷째, 합리성으로 프로그램이 객관적 사실에 근거한 것인가를 고려하여야 한다.

## 2) 자원봉사 프로그램 개발 시 고려할 5P

프로그램을 개발할 때는 5P(Purpose, Person, Problem, Process, Place)를 고려해야 한다. 5P에 관하여 좀 더 자세하게 살펴보면 다음과 같다.

### (1) Purpose: 합목적성 및 목표의 일관성

프로그램 내용은 목적이 제시하는 바로 그 내용에 적합해야 한다. 자원봉사자들로 하여금 참여의식을 높인다는 목적이나 목표를 세워놓고 프로그램 내용에서는 계획과 다른 특수한 경우의 활동 내용만을 포함하여 오히려 자원봉사자들을 위축되게 만든다면 목적과 목표에 일치하지 못하는 것이다. 따라서 프로그램 내용에 지나치게 치중하여 수단이 목적(Purpose)이나 목표(Objectives)에 전도되는 '목표전치' 현상이 일어나지 않도록 유의하여 작성하고 프로그램을 진행하는 중간 중간에도 수시로 점검하는 것이 바람직하다.

### (2) Person: 대상자의 능력수준과 흥미에의 적합성

프로그램 내용 선정에 있어서 가장 중요한 것은 대상자의 능력수준에 적합해야 한다는 점이다. 아무리 좋은 프로그램이라 하더라도 그 대상자의 능력에 적합하지 않다면 실행할 수 없다. 따라서 대상자의 능력수준에 적합한 프로그램을 개발해야 한다. 프로그램 내용은 대상자의 필요와 흥미 또는 능력수준을 고려하여 주제의 내용과 방법이 적합하고 친밀감이 있는 것으로 선정한다. 뿐만 아니라 참여자 및 그 가족들이 함께할 수 있는 것이 보다 바람직하다.

#### (3) Problem: **프로그램의 통합성**

프로그램에 참여하는 대상자의 문제를 통합하는 것은 대단히 중요하다. 프로그램에 참여하는 대상자의 문제해결이나 목표달성을 위하여 단편적인 프로그램을 제공하는 것이 아니라 인간의 경제적 · 사회적 · 심리적 · 문화적 제반 측면들을 통합적으로 고려하는 프로그램을 제공하는 것이 필요하다.

#### (4) Process: **프로그램의 지속성과 네트워크화**

프로그램은 일회성으로 그치는 것이 아니라 지속적이며, 정책이나 제도적인 안정성을 띠어야 한다. 모든 프로그램들은 일시적이고 일회적인 접근으로 이루어져서는 안되고, 장기적이고 체계화된 일정 계획 아래 지속적으로 정책에 반영하고 제도화된 프로그램이 되도록 하여야 한다.

프로그램 내용을 구성할 때 지식, 이해, 기능, 태도 등의 측면이 프로그램의 내용에서 의미 있게 통합되고 보다 높은 공동목표를 성취하는데 기여할 수 있도록 다양한 성격의 서비스 기관들이 네트워크를 이루며 참여하여 프로그램이 지속적으로 이루어져야 한다.

#### (5) Place: **프로그램의 지역성**

프로그램을 실시하는 기관의 지역적 · 문화적 상황이 다르기 때문에 프로그램의 내용 선정에서도 지역적 특성을 반영하고 각 지역의 독특한 특성을 발굴해 내는 일도 중요하다. 각 지역의 문화적 특성이나 전통, 관습, 방언 등을 발굴하여 프로그램명이나 집단명으로 활용할 경우, 프로그램 참여자나 팀 구성원 및 지역사회 주민들이 프로그램에 보다 쉽게 접근할 수 있고 많은 호응도를 불러일으킬 수 있는 장점이 있다(신복기 외, 2002).

### 3) 자원봉사 프로그램 개발 시 인적자원에 대한 고려사항

#### (1) 자원봉사자 자신을 위한 준비

① **자원봉사 현장의 체험 갖기**: 경험은 지식이다. 우선 자원봉사 현장체험을 해야 한다. 자원봉사활동을 하면서 느끼게 되는 여러 가지 감정을 가질 기회를 가져

야 한다. 그럼으로써 자원봉사 프로그램 개발 뿐 아니라 프로그램 실행에 있어서도 클라이언트와 자원봉사자들의 반응을 예측할 수 있으며, 다음 단계로 나아가는 데 도움이 된다. 자원봉사 현장에는 여러 가지 예측하기 어려운 일들이 있다. 따라서 자원봉사자 자신은 자원봉사현장에서 일어날 것으로 예상되는 사례들을 분석하고 이에 대한 대비책을 준비해야 한다.

② **자신감 갖기, 팀원 믿기:** 자원봉사관리자로서 잘할 수 있다는 자신감을 갖는 것은 필수이다. 리더가 자신감을 가지고 적극적으로 활동하다 보면 때때로 실수할 수도 있지만 그럼에도 불구하고 분명 자기 발전에 도움이 되는 좋은 기회가 많다는 것을 인지해야 한다. 그리고 팀원을 믿어야 한다. 먼저 걱정을 하기보다는 자원봉사 팀원에 대한 확실한 믿음을 가지고 있다면 기대하는 것 이상의 성과를 얻게 될 것이다.

③ **협력자를 발굴하고 네트워크 구축하기:** 자원봉사는 내부자원과 지역사회 자원의 협력이 있어야 가능하다. 네트워크를 구축하여 서로 협력하며 정보나 기술을 제공해주고 프로그램 계획과 실행을 도와줄 우호적인 내부 및 외부 협력자를 발굴하게 된다면 더 큰 시너지 효과를 얻어 기대하는 것 이상의 효과와 성취감을 얻게 될 것이다.

### (2) 자원봉사 팀원을 위한 배려

① **자발성을 유도하는 내용 반영하기:** 자원봉사의 기본은 자발성과 자주성이다. 자원봉사 팀원들의 욕구를 파악하고 아울러 팀원들이 스스로 선택하였다는 느낌을 갖도록 기회를 제공한다. 자원봉사 팀원들의 필요에 맞을 것이라는 막연한 생각으로 자원봉사활동을 하였다 할지라도 그것을 팀원이 싫어하면 헛수고가 되고 만다. 따라서 팀원을 배려하여 팀원 스스로가 만족한 상태가 되도록 하여야 하며 필요성이 반영되어야 한다.

② **연대감을 조성하는 내용 반영하기:** 자원봉사를 하면서 자원봉사자 상호 간에 서로 유대감도 강화할 수 있는 기회를 프로그램에 반영한다.

③ **성취감을 도모하는 내용 반영하기:** 자원봉사자에게 가장 큰 보상은 활동 직무에서 얻게 되는 성취감이므로 성취감을 느낄 수 있도록 한다. 특히 감동을 체험할 수 있는 기회를 반영하여야 한다.

#### (3) 클라이언트를 위한 배려

① **상대방이 원하는 것 반영하기:** 자원봉사는 클라이언트의 입장이 중요하게 반영되어야 한다. 자신도 모르게 클라이언트 중심이 아닌 자기중심의 독선적 자원봉사가 되어서는 안 된다. 선의라고 해서 상대방에게 억지로 밀어붙여서는 안 된다. 클라이언트 중심적인 자원봉사활동을 했다고 하더라도 클라이언트는 거부할 수 있다. 클라이언트의 욕구에 맞을 것이라는 막연한 생각으로 자원봉사를 하였다고 하더라도 그것을 클라이언트가 원하지 않으면 의미 없는 일이 되고 만다.

② **생활리듬 반영하기:** 자원봉사 프로그램을 잘 계획하여 실행하였다 하더라도 그날의 생활리듬이 나쁘면 사고가 날 수 있다. 자원봉사 현장의 실정에 대하여 충분한 정보가 없으면 충동적으로 선택하게 되고 적절한 계획을 세울 수 없게 된다. 사전에 충분한 정보를 얻도록 노력하는데 현지조사를 하거나 인터넷 사이트 등을 검색하여 본다거나 각종 홍보지를 통하여 정보를 획득한다. 전문가의 자문을 받는 것이 유익하며 자원봉사팀의 리더나 동료들 간에 의견을 교환하는 것이 좋다.

③ **세심한 마음 반영하기:** 봉사기관이나 봉사대상자의 상황에 대한 충분한 검토와 이해를 근거로 좋은 계획을 수립하였다 할지라도 돌발사태에 대한 대비책 등 세심한 마음의 준비를 하지 않으면 빗나간 봉사활동이 될 수도 있다. 세심한 마음을 반영하는 봉사활동 계획을 세우지 않으면 자원봉사활동이 오히려 피해를 줄 수도 있다. 적절한 계획수립과 교육 · 훈련을 하고 봉사활동에 대한 준비를 철저히 하는 것이 필요하다. 어떠한 상황이라 할지라도 사전에 세심한 마음을 반영하여 활동하는 데 필요한 비품이나 용품의 준비와 돌발적인 사태에 대한 대비책 등 세심한 준비가 필요하다.

### 4) 자원봉사 프로그램에서 다루어야 할 내용

자원봉사 프로그램에서 다루어야 할 내용은 다음과 같다.

(1) 구체적으로 해야 할 활동
(2) 자원봉사활동을 하는 방법 및 시기
(3) 자원봉사를 하는 일의 필요성

(4) 일을 책임질 사람을 구체적으로 정하기
(5) 문제 해결에 관하여 여러 대안 중 가장 적절한 것을 가려내는 작업
(6) 미래에 일어날 일을 예측하고 대비책을 강구하는 것
(7) 과거의 시행착오를 시정하는 조직화된 노력
(8) 대안을 선택하는 일련의 의사결정과정도 포함하도록 한다.

또한 자원봉사 프로그램의 정책적 규정내용은 다음과 같다.
(1) 출석과 결석에 대한 규정
(2) 자원봉사 활동 수행을 점검하고 검토하는 절차의 결정
(3) 자원봉사자를 위한 혜택에 대한 규정
(4) 불만사항에 대한 처리방침의 규정
(5) 경비의 상환이나 지급에 대한 방침
(6) 기관의 장비와 시설이용에 대한 안내와 규정
(7) 비밀유지와 관련된 규정
(8) 수습기간의 보호규정
(9) 활동의 종결에 대한 내용
(10) 기록에 대한 규정

## 4. 자원봉사 프로그램 개발의 단계

자원봉사 프로그램에서 다루어야 할 내용이 결정되면 단계별로 구분하여 개발하여야 한다. 학자나 자원봉사 단체에 따라서 자원봉사 프로그램의 단계를 다르게 설정하였다. 먼저 한국사회복지협의회(1997)는 자원봉사활동을 능동적으로 해나갈 때 구체적으로 진행과정을 4단계로 구분하여 이 단계가 순환함을 보여주고 있다. 각 단계별 내용을 알아보면 1단계는 문제의 소개 단계로 동기유발을 위한 활동을 하고 쟁점논의, 문제와 해결대안의 구성, 해결안 선택, 부모, 지역사회 참여방법 문제와 시간대를 결정한다. 2단계는 배경 단계이다. 한 기관에 서비스가 중복되지 않는가를 조사하고 준비조사를 한다. 3단계는 훈련 단계로 필요한 지식, 기술, 경험을 파악한다. 훈련생의 강점을 확인하고, 활동을 묘사하고, 잠정적 효과를 분석하여

사전 훈련을 실시한다. 4단계는 서비스 활동 단계이며 행동, 반성, 축하, 평가, 그리고 새서비스 활동계획을 수립한다.

이성록의 5단계(1996)는 ① 문제확인 단계로 도움이 가장 필요한 대상은 어떤 도움을 필요로 하는지를 확인하고 동원할 수 있는 자원을 확인한다. ② 프로그램 조직 단계로 목표를 설정하고 활동방법을 결정한 후 업무를 분담한다. ③ 교육 · 훈련 단계로 자원봉사활동의 정신, 활동현장 이해와 유의점에 관하여 오리엔테이션을 실시한다. 그리고 프로그램에 필요한 기술과 상식, 업무수행에 필요한 기술과 상식에 관하여 교육 · 훈련한다. ④ 봉사활동 단계로 교육받은 내용에 유의하여 계획된 프로그램에 충실하게 실제 자원봉사활동을 한다. 이때 융통성은 어느 정도 이루어지도록 한다. ⑤ 평가 단계로 자원봉사활동을 마치고 그것에 관하여 클라이언트에게 어떤 변화가 있었는가의 효과성, 나에게 어떠한 변화가 있었는가를 평가하는 성취감, 문제점과 애로사항에 관한 개선사항 등을 평가한다.

박경일의 PROGRAM 7단계(1998)는 ① Problem and assessment(문제의 구체화와 욕구 사정) 단계로 사전 모임에서 동기 유발되도록 하고 구체적으로 문제를 분석하여 욕구를 사정한다. ② Resource system identification(자원체제 확인) 단계로 클라이언트(봉사대상자)를 파악하고 인적 · 물적 자원을 확인한다. 자원체제 집단은 일반집단(프로그램에 영향을 미칠 대상 가능 인구), 위험집단(일반집단 중 해당문제 노출 위험이 있거나 욕구가 있는 집단), 표적집단(위험집단 중 봉사프로그램 영향이 구체적으로 미치는 집단), 클라이언트집단(표적집단 중 실제 봉사프로그램의 대상 집단)으로 나눌 수 있다. ③ Objectives establishment(목적 및 세부목표 설정) 단계로 비전을 제시할 수 있는 목적을 서술하고 구체적으로 측정 가능한 하위목표를 설정한다. ④ Gathering data and alternative choice(자료수집과 대안선택) 단계로 관련 자료를 수집하여 기존 유사 프로그램이 있는지의 여부를 확인한다. 브레인스토밍(BS), 브레인라이팅(BW) 등의 활동을 통하여 서비스의 활동내용을 선택하고 또 한 대안을 선택한다. ⑤ Representing action plan(실천계획의 묘사) 단계로 실천계획을 수립하고 실천방안을 구체적으로 서술한다. 역할 분담, 시간 계획을 상세하게 기술한다. 실천하기 위한 예산체계를 마련하여 묘사한다. ⑥ Action and implementation (실천활동과 실행) 단계로 오리엔테이션 및 사전연습을 하면서 슈퍼비전을 하여 실천활동을 실행할 수 있도록 한다. ⑦ Measure and evaluation(측정과 평가) 단계로 측정 및 평가를 하고 그에 따른 발표와 시상을 한다.

류기형 외는 7단계로 프로그램 개발의 단계를 서술하였다(2010). ① 문제의 구체화와 욕구사정, ② 자원체계의 검토, ③ 목적과 하위목표 설정, ④ 자료수집과 대안선택, ⑤ 실천계획의 수립과 역할 분담, ⑥ 실천활동과 실행, ⑦ 측정과 평가의 7단계 과정으로 설명하고 있다.

자원봉사 프로그램 개발의 단계는 문제의 진단 → 프로그램의 조직 → 오리엔테이션과 훈련 → 프로그램의 실행→ 평가의 단계로 설명해보면 다음과 같다.

### 1) 문제의 진단

자원봉사 프로그램은 본질적으로 특정한 사회문제에 대응하는 것이다. 사회문제를 인식하여 이를 변화시킬 계획을 수립하고, 그것을 실천하여 바람직한 상태나 환경을 만들어내려는 노력이다. 따라서 가장 선행되어야 할 것은 문제를 발견하고 그것에 대한 논의를 통하여 그 원인을 규명하고 관련되는 근본적 문제들을 진단하는 것이다. 여기서 특히 현상보다 이면에 있는 문제에 대해 접근할 수 있어야 하며 동일한 문제에 대해서도 다양하게 존재하는 여러 각도에서의 설명에 관심을 가져야 한다.

### 2) 프로그램의 조직 - 문제에 들어가는 현실적 프로그램 조직단계

(1) 목적과 목표 설정: 목적과 목표는 문제에 적절하게 연결되는 것이어야 한다.

(2) 문제 해결의 선택: 브레인스토밍을 통하여 대안을 선택하고 실천계획을 수립한다.

(3) 활동업무 분담: 의미와 가치가 있는 일인지, 팀 구성원이 수행 가능한 일인지, 상호 협력체계가 갖추어질 수 있는지 등을 감안하여 해결책으로 선정된 대안 내에서 업무를 추출해야 한다.

### 3) 오리엔테이션과 훈련

기관과 자원봉사활동 전반에 대한 오리엔테이션과 구체적 직무에 대한 훈련을 누가, 언제, 어떻게 실행할 것인가에 대한 방안이 마련되어야 한다. 훈련은 한편으로 사전훈련, 현직훈련, 직무전환훈련 등으로 구분되기도 한다.

### 4) 프로그램의 실행

적절한 이벤트 등을 통하여 공식적으로 프로그램을 실행하고 융통성을 발휘하여 프로그램을 실행한다. 자원봉사 프로그램이 끝났을 때 자원봉사자나 자원봉사관리자는 자신들이 이루었던 성과를 이야기, 보고서, 사진, 인터넷, 비디오, 그림, 조형물로 또는 어떤 형태로든지 정리하는 것이 바람직하다.

### 5) 프로그램의 평가

자원봉사 프로그램의 평가는 초기평가, 중간평가, 최종평가로 나누어 실시할 수 있다. 초기에는 프로그램 개시 전이나 개시 직후에 실시할 수 있다. 중간평가는 정기적으로 하며 프로그램의 목표에 합당한 실천이 이루어지고 있는지의 여부를 점검하여야 한다. 최종평가는 목표달성 여부를 점검하는데 때때로 조기 종결하게 되었을 경우에도 평가를 하도록 한다.

## 5. 자원봉사 프로그램의 종결

자원봉사활동은 무한정 진행되는 것이 아니다. 따라서 종결은 언제나 나타나는 것이며 이 종결과정이 긍정적인 것이 되도록 하는 것이 중요하다. 종결의 원인은 여러 가지가 있을 수 있으나 이유에 상관없이 자원봉사활동이 당사자 모두에게 충분히 예정되어 잘 마무리 되는 것은 자원봉사활동을 시작하거나 유지하는 것 못지않게 중요한 것이다.

가장 좋지 않은 것은 계획 없이 우발적으로 나타나는 활동중단이다. 자원봉사 프로그램 기획에서부터 자원봉사활동의 종결은 미리 계획되어 있어야 한다. 장기적 활동을 계획하는 자원봉사라 할지라도 일단 일정기간의 활동을 종결하고 다시 계약을 통해 활동을 연장하여야 한다. 대개 자원봉사활동은 1년을 넘지 않으며 이 기간을 넘어설 때는 재계약의 형태를 취하는 것이 바람직하다. 어느 정도의 지속 기간이 필요하므로 6개월을 최소 단위로 이루어지곤 한다.

### 1) 종결의 의미와 유형

자원봉사활동이 종결되는 유형은 활동계약기간 만료에 의한 종결, 활동목적의 달성에 의한 종결, 현장과 대상의 연결에 의한 종결, 자원봉사자와 팀의 여건에 의한 종결, 중도탈락에 의한 종결, 관리부재에 따른 개방형 종결 등으로 나누어 볼 수 있다.

### 2) 종결의 원칙

자원봉사활동의 종결은 일반 사회복지 실천의 종결처럼 큰 의미를 가지고 있으면서 동시에 자원봉사자, 자원봉사관리자, 자원봉사활동 대상자(클라이언트), 자원봉사활동현장 실무자라는 복잡한 실천 체계가 얽혀있기 때문에 더욱 신중하게 고려되어야 하며 기술적 업무처리가 중요하다.

종결 국면에서는 종결자체의 처리와 종결에 따르는 이후의 후속관리 필요성에 대한 업무가 이루어져야 하며 특히 승인 및 인정 그리고 적절한 평가를 수행하는 것이 필수적이다.

## 6. 자원봉사 프로그램의 평가

평가는 지도 · 감독과정의 중요한 부분이므로 지속적으로 이루어져야 한다. 자원봉사 프로그램 평가는 자원봉사자를 동기화 하도록 하여 자원봉사자가 자원봉사활동을 유지하는 데 결정적 역할을 할 수 있다. 평가에는 비공식적 · 공식적 평가가 있으며, 모두 효과적인 지도 · 감독에 기본적인 것이다. 지도 · 감독의 목적은 자원봉사자들이 기관의 목적을 달성할 수 있는 행동을 할 수 있게 인도하는 것이다. 평가 자체로서 충분한 것이 아니고 평가결과에 따라서 행동을 취해야 하고 업무수행과 서비스를 증진시키기 위해 필요한 변화를 시도해야 한다.

평가의 목적은 평가결과를 활용하여 변화를 유도하고 프로그램 기획과 관리과정에 필요한 정보를 수집하기 위한 것으로 자원봉사 프로그램에 대한 평가가 이루어져야 한다.

### 1) 평가의 개념

평가는 자원봉사자가 봉사대상자에게 얼마나 효과적인 서비스를 제공하고 있는지, 어떤 어려움이 있는지, 봉사대상자들이 자원봉사자의 활동을 어떻게 인식하고 있는지 등을 주기적으로 파악함으로써 자원봉사활동을 개선할 수 있고 미래에 발생할지 모르는 문제를 예방할 수 있다.

평가를 통하여 자원봉사자 자신의 활동에 대한 피드백을 받게 됨으로써 자신의 활동이 갖는 중요성을 재인식하게 되고, 그만큼 참여의식이 고취될 수 있다. 뿐만 아니라 자원봉사자 개개인의 업무수행과 성과 그리고 자원봉사 프로그램의 전반적인 평가는 개별 자원봉사자를 비롯하여 자원봉사 프로그램의 강점과 약점을 확인시켜 준다. 평가는 자원봉사활동의 효과성과 적합성을 인식할 수 있는 유일한 방법이며, 자원봉사자와 직원, 자원봉사관리자의 사기앙양을 위해서도 중요하다.

자원봉사 프로그램의 평가(evaluation)는 프로그램을 계획하고 수행한 후의 마지막 단계에서 이루어지며 프로그램 설계와 실행의 전 과정에 적용되는 개념이다. 프로그램을 통해 문제가 해결된 정도, 즉 프로그램의 목표달성 정도를 사정할 수 있는 적절한 평가지표와 타당성 있는 평가도구를 사용해야 한다(김범수, 2011). 서비스의 욕구를 가지고 있는 대상에게 정확하게 서비스가 전달되는지, 적절한 서비스인지, 효과적이며 효율적인지 판단하는 것이다. 수혜대상자와 지역사회에서 일어난 변화, 즉 생산성을 측정하는 것이며 효과성을 평가하는 것이 아니다. 따라서 평가는 구체화, 계량화해야한다.

자원봉사 프로그램의 평가는 거시적 관점에서 프로그램과 조직을 평가하고 미시적 관점에서 자원봉사자와 자원봉사활동 실천의 대상인 개인, 집단, 가족의 개입에 초점을 두고 평가한다. 이때 자원봉사 프로그램 및 평가는 사회복지사에게 윤리, 책임성, 가시성, 서비스의 확대 등의 차원에서 중요하다.

### 2) 자원봉사 프로그램의 평가유형

자원봉사 프로그램의 평가를 위하여 무엇을, 어떻게, 언제, 누가 평가할 것인가 하는 요소들이 세부적으로 제시되어 있어야 한다.

자원봉사 프로그램의 평가유형은 ① 각 개별 자원봉사자에 대한 기간별 평가 ② 자원봉사 서비스에 대한 클라이언트에 대한 클라이언트에 의한 평가 ③ 직원에 의한 자원봉사 프로그램의 평가 ④ 자원봉사 프로그램이 기관의 서비스에 주는 화폐적인 기여도의 평가 등이 있다.

자원봉사 프로그램의 평가는 모집시기부터 상호 계약되고 통보되어야 하며 자원봉사자 자신들이 업무수행 능력을 향상시킨다는 긍정적 태도를 가지고 평가활동에 참여한다(K.B. Fletcher, 1989). 자원봉사활동의 평가 시기는 프로그램 개시 직후 평가, 프로그램 진행 과정 중, 프로그램 종료 후에 할 수 있다(류기형 외, 2011). 그러나 프로그램 특성에 따라 매달, 매년, 또는 수시로 행해질 수도 있다. 과정평가는 프로그램의 원활하고 성공적인 수행을 위해 프로그램 수행 중간에 프로그램의 운영 및 활동을 분석하여 필요 시 수정, 보완할 목적으로 실시하는 평가이다. 결과평가는 프로그램이 종결된 이후 프로그램 결과를 평가하여 궁극적으로 프로그램이 미친 영향을 파악하기 위한 것으로, 문제 또는 대상의 변화정도, 활동목표에 따른 성과 정도를 측정하는 것이다. 자원봉사 프로그램 종료 후 평가기법으로는 프로그램이나 서비스의 생산성(products), 목표 달성정도(goal attainment), 효율성(efficiency), 효과성(effectiveness), 서비스 질(quality), 만족도(satisfaction) 측정 등이 있다(박경일, 2003).

통제력의 수준이 어떤 단계에 있든지 정기적 · 계획적 점검이 필요하다. 정기적인 점검은 자원봉사 프로그램이 중요하게 여겨지고 있다는 인식을 줄 수 있다. 잘못된 실천이 있더라도 활동의 마지막에 알게 되는 것이 아니라 점검주기에 확인할 수 있으므로 자원봉사 프로그램의 목적에 따른 방향이 많이 빗나가기 전에 교정할 수 있는 단계에서 이를 발견할 수 있다.

자원봉사 프로그램의 평가단계를 살펴보면 1단계에서는 '무엇을 평가할 것인가'로 프로그램 과정평가와 프로그램 결과평가를 한다. 2단계에서는 프로그램 평가계획을 수립하여 구조화된 피드백 과정을 설정하고 프로그램의 목표와 목적의 우선순위를 파악하고 평가과정에서 수행해야 할 과업과 활동에 대한 일정을 계획하며 평가를 관리감독하고 실행하는 사람을 정한다. 3단계는 평가가 실제로 이루어지는 단계로 자원봉사자들을 통하여 평가하고 실무자가 자신들이 실시했던 성과를 구체화, 계량화한다. 평가결과에 관한 기록을 관리 · 유지하고 보고서를 작성한다.

자원봉사 프로그램의 평가대상은 프로그램에 대한 평가와 자원봉사자에 대한 평가로 이루어질 수 있다. 즉 자원봉사 프로그램의 목적 및 목표의 달성, 프로그램 내용, 의의 등을 평가하는 자원봉사 프로그램 자체에 대한 평가와 자원봉사자의 업무수행 실적을 자원봉사자들의 잠재력, 욕구와 성장, 만족감, 기관과 클라이언트에 대한 공헌 등의 지표를 통해 평가하는 자원봉사자의 업무수행 기술 및 업무진행 상황에 대한 평가로 나누어 볼 수 있다.

자원봉사 프로그램의 평가주체는 주로 자원봉사관리자나 프로그램 담당실무자가 책임을 진다. 그러나 자원봉사 프로그램 평가는 관련된 내부평가자(자원봉사관리자, 자원봉사자, 실무자, 자원봉사 프로그램 책임자), 외부컨설턴트, 서비스이용자가 모두 포함되어 각자의 관점에서 평가할 기회를 가져야 한다. 자원봉사 프로그램에 대한 체계적 평가를 위해 관리자는 구성원들로 하여금 계획수립 과정에 참여하여 조직의 목표와 개인의 목표를 조정할 수 있는 기회를 제공하는 것이 바람직하다. 그리고 관리자는 연구자의 입장이나 분야에 따라 다양하게 제시되고 있는 평가과정을 참조하여 스스로 적절한 평가과정을 설계해야 한다. 이때 관리자는 다양한 평가방법과 과정들을 종합하여 내부 평가에 의해 진행할 수 있는 평가과정을 제시하는 역할을 한다. 평가주체에 따른 평가의 장 · 단점을 살펴보면 〈표 8-1〉과 같다.

〈표 8-1〉 평가주체에 따른 평가의 장 · 단점

| 평가주체 | 장 점 | 단 점 |
|---|---|---|
| 내부평가자 | · 프로그램에 대한 높은 인지도<br>· 비용절감 | · 평가에 대한 전문성 빈약<br>· 객관적 평가 곤란 |
| 외부컨설턴트 | · 평가에 대한 높은 전문성<br>· 객관적 평가 | · 프로그램에 대한 낮은 인지도<br>· 비용 증대 |
| 내부평가와<br>외부컨설턴트 연합 | · 높은 신뢰도 확보 | · 서로 다른 평가 결과 |

자원봉사자들이 자신들의 평가서를 작성해서 토의에 제시하게 하는 것도 좋다. 가장 바람직한 평가방법은 자원봉사자에게 자기 자신의 평가내용을 보도록 하여 자원봉사관리자와 평가내용을 솔직하게 토의하도록 하는 것이다. 평가회의는 건설적 비판과 아울러 행한 일에 대한 인정과 감사를 받는 기회가 되어야 한다. 평가결과를 근거로 필요한 행동 및 변화가 이루어져서 전직, 이직, 해고, 훈련의 기회제공과 상담을 권유할 수 있다(K. B. Fletcher, 1989).

### 3) 평가도구

: 설문지, 인터뷰, 프로그램 기록, 관찰

- 자원봉사자를 평가하는 방법
- 사람 자체 혹은 성격이 아니라 행위에 대해 평가
- 일을 시작할 때 평가설문지를 주며 평가시기를 세우고(일한 지 3~6개월 후), 업무결과에 대한 평가를 봉사자의 관점에서 작성하도록 하며, 자원봉사 관리자도 같은 평가양식을 작성, 자원봉사자들과 결과를 비교
- 정직하고 명확하게 평가
- 행동을 교정할 것이 있으면 가능한 한 즉각적인 평가를 할 것
- 긍정적인 말로 평가
- 다양한 관점을 통해서 평가 코멘트 개발
- 평가는 문서화할 것
- 성취해야 할 구체적인 지침서(업무계획서, 목표, 예상되는 결과)에 의거하여 평가

### 4) 평가내용

#### (1) 실무자가 하는 평가

- 자원봉사자와 직원과의 관계, 봉사자간 관계, 활동대상자와의 관계는 어떠한가?
- 시간엄수와 복장의 적절성 등은 어떠한가?
- 노력, 성실, 신뢰도, 적극성, 책임감은 어떠한가?
- 적절하고 실제적인 기술, 일에 대한 적합성은 어떠한가?

- 태도, 업무에 대한 흥미는 어떠한가?
- 전체적인 진행은 어떠한가?
- 자원봉사자가 직무가 맡을 자격이 있는가?
- 자원봉사자에게 충분한 훈련은 제공되고 있는가?
- 실무자는 자원봉사자를 잘 활용하고 있는가?
- 실무자가 자원봉사자와 함께 잘 일하도록 훈련이 제공되는가?
- 서비스 이용자의 자원봉사자에 대한 반응은 어떠한가?
- 자원봉사자 참여로 얻은 혜택은 무엇인가?
- 문제점은 무엇인가?

#### (2) 자원봉사자들을 통한 평가

- 실무자의 태도는 어떠한가?
- 의사결정에의 참여 정도는 어떠한가?
- 서비스 이용자의 태도는 어떠한가?
- 업무에 대한 자신감은 어떠한가?
- 충분한 오리엔테이션 제공여부는 어떠한가?
- 실제 임무가 직무설명서 내용과 같은가?
- 업무의 흥미, 보람, 도전 유발 여부는 어떠한가?
- 피드백 여부는 어떠한가?
- 새로운 업무가 있을 수 있다면 어떤 것인가?
- 가장 좋았던 경험, 가장 나빴던 경험은 무엇인가?
- 프로그램에 대한 종합평가 점수는?
- 개선할 점은 무엇인가?
- 기타 제안이나 코멘트할 것은 무엇인가?

### 5) 자원봉사 프로그램의 기본요건 및 평가요소

#### (1) 자원봉사 프로그램의 기본요건

① **경제성**: 각종 보고서와 통계자료의 수를 최소화한다.

② **의미성**: 일상적이거나 평가를 위한 평가가 아닌 조직과 자원봉사자 자신에게 가치가 있는 분명한 의미를 제공하는 것이어야 하며, 평가는 프로그램의 결과 가치를 검증하는 힘이 되어야 한다.

③ **적정성**: 자원봉사 프로그램을 평가할 때 사회사업가나 기관의 직원 관리자가 아니라 자원봉사자에게 적정한 기준을 적용 및 자원봉사자의 입장에서, 특정한 개인의 행동보다 개인들 사이에 일어나는 상호작용에 관심을 갖는다.

④ **적시성**: 어떤 이벤트 프로그램은 시급한 보고서를 요구하고 또 어떤 것들은 일정 시간 후에 사정될 것이다. 적절한 평가 시점을 판단함에 있어서 중요한 사실은 그 시점이 무엇을 위하여 적절한 것인가를 인식하는 것이다.

⑤ **명료성**: 평가는 새로운 시작이므로 구성원의 참여가 지속되어야 한다. 따라서 평가의 방법은 사람들의 참여가 가능하도록 명백하고 간단하게 설계되어야 한다.

⑥ **기능성**: 평가는 정보수집보다 바람직한 행동 판단이 목적이다. 어떤 특정인의 기호에 따라 수집된 자료로 평가 · 통제가 이루어져서는 안 되며, 보다 바람직한 업무 진행에 필요한 자료를 토대로 이루어져야 한다.

### (2) 자원봉사 프로그램의 평가요소

① **이직률(turnover ration)**: 이직률은 기존의 자원봉사자들 가운데 자원봉사 관리(또는 선발, 교육, 배치, 평가와 같은 특정한 활동에 있어서) 기간과 그 기간 동안 봉사활동을 그만두었다 이직한 자원봉사자들을 제외하고 현재 남아있는 자원봉사자들의 수를 비교한다.

② **자원봉사서비스의 시간당 비용(Cost per Hour of Volunteer Service)**: 자원봉사서비스의 시간당 비용은 자원봉사 프로그램에 소요된 비용을 자원봉사자들이 봉사활동으로 소비한 서비스 시간으로 나눈 비율이다.

③ **자원봉사서비스의 단위당 비용(Cost per Unit of Volunteer Service)**: 주어진 영역에서 많은 심사로 인해 고통당하는 사람들을 보호하는 프로그램을 유지하기 위하여 비용을 분류(직원봉급, 비품 구입비, 인쇄료, 우편요금, 인터넷과 전화사용료)함으로써 효율성의 비율을 산정하였다.

④ **클라이언트의 만족도/서비스를 제공받은 클라이언트 수(Client Satisfied/ Clients Served)**: 프로그램의 효과성을 측정하기 위하여 서비스를 제공받은 클라이언트 수와 제공받은 서비스에 대하여 만족하고 있는 클라이언트를 비교한다.

⑤ 자원봉사 프로그램에 소요된 비용에 대한 가치(Cost/ Value of Volunteer Program): 프로그램의 효율성을 측정하기 위해 자주 사용되는 방법으로 자원봉사 서비스로 인하여 발생한 금전적 가치를 제공하는 데 소요한 비용으로 나누어 계산한다(제임스 C. 피셔 & 캐더린 M. 콜, 유성호 역, 1997).

### 6) 자원봉사 프로그램 평가의 의의

(1) 책임성: 자원봉사단체 및 기관은 국가 및 지방정부 등으로부터 많은 재정지원을 받게 된다. 따라서 공적 자금을 지원받아 행해진 사업이나 프로그램이 당초의 목표를 효과적, 효율적으로 달성하였는지를 증명할 책임이 있다.

(2) 가시성: 자원봉사관리자는 자신과 자신의 활동을 다른 사람이나 기관, 정부에 알리고 보이는 것이 필요하다. 즉, 자원봉사자와 자원봉사기관들이 무엇을 실행하고 있는지 다른 외부에 알리는 것이 필요하다.

(3) 윤리성: 자원봉사관리자가 자원봉사자 및 대상자에게 무엇을 제공하였는가를 아는 것은 사회복지실천 윤리와 관련된다.

(4) 데이터 제공: 평가는 서비스를 확대시킬 수 있는 근거를 제공하여 당위성을 제시한다. 만약 자원봉사관리자가 자원봉사활동 관련 서비스나 프로그램을 통해 바람직한 목표를 달성하였다는 객관적인 데이터를 제공할 수 있다면 프로그램의 유지 및 추가 자금지원을 요구하는데 유리하다. 자원봉사 프로그램 평가는 자원봉사활동의 효과성과 적합성을 인식할 수 있는 유일한 방법이며 자원봉사자와 직원, 자원봉사관리자의 사기를 높이기 위해서도 중요하다. 최근에는 특히 프로그램 후원자나 기부자들도 평가에 대한 요구가 점점 증가하고 있다.

## 7. 자원봉사 프로그램의 실제

### 1) 자원봉사 교육 프로그램

#### (1) 자원봉사 교육 프로그램의 특성

① 자원봉사자의 자발성을 상승시킬 수 있어야 한다.

② 자원봉사자에 대한 수용성을 포함하는 것이어야 한다.

③ 자원봉사자들이 갖고 있는 문제나 욕구를 받아들일 수 있는 열린 교육이 되어야 한다.

④ 봉사자에 대한 개별성을 인정한 교육 프로그램이 되어야 한다.

### (2) 자원봉사 교육 프로그램의 세부 운영지침

① **교육목표를 정확히 설정한다.**: 제공될 교육에 있어 기관의 입장, 직원(자원봉사관리자)의 입장, 봉사자의 입장, 수혜자의 입장에서 어떠한 측면의 변화를 기대하는지에 대한 목표를 정확히 할 필요가 있다.

② **다양한 교육방법을 선택한다.**: 자원봉사자의 수준에 따라 다양한 교육방법을 적절히 활용하는 것이 중요하다. 그러나 지나치게 다양한 교육방법의 선택은 봉사자들에게 혼란을 가져올 수 있으므로 시간적인 안배가 필요하다.

③ **강사(지도자)를 잘 선택한다.**: 자원봉사자의 특성에 적합한 강사의 성별이나 연령 등도 강사 선택의 중요한 변수가 될 수 있다.

④ **유사한 과목의 개설을 피한다.**: 유사한 과목을 개설해야 할 경우나 같은 과목을 순서대로 개설해야 할 경우는 교육내용을 정확히 구조화하여 지도자에게 교육할 수 있도록 요구해야 한다.

⑤ **현장형 학습을 강화한다.**: 현장 속에서 실제로 일어나는 문제점이나 이슈를 중심으로 설명하고 교육하는 것이 바람직하다.

⑥ **교육 프로그램의 평가를 실시한다.**: 이수한 프로그램에 대한 평가를 위하여 구조화된 설문지를 준비한다. 교육 내용, 강사, 교육 준비 상태, 교육장, 실제 활용 정도 등에 대해 솔직한 평가를 받을 필요가 있다.

⑦ **교육진행에 대한 체크리스트를 만든다.**: 교육일정에 있어 필요한 업무를 세분하고, 이를 담당할 직원과 봉사자의 명단, 그리고 체크리스트를 만들어서 교육일정에 대한 구체성을 가져야 한다.

### (3) 자원봉사 교육 프로그램의 개발 단계

① **1단계 : 욕구사정**

자원봉사자 각각의 관심분야, 능력, 태도와 관련되어야 하며 기관의 목적에 부합하고 현실에서의 실행 가능성이 높으며, 자원봉사자 개개인의 관심분야와 상호연관성 등이 고려되어야 한다.

② 2단계 : 교육 프로그램 목표 설정

교육 프로그램에 관련된 욕구 및 의견과 자료 분석을 통하여 사실과 문제를 규명한 다음 훈련을 위한 전체적 목적과 포커스를 결정하고, 특정 개인과 그룹을 위한 특별한 학습경험에 대한 목표를 설정한다.

③ 3단계 : 교육 프로그램의 모형 개발

자원봉사자의 교육 모형은 기관과 조직의 목표, 자원봉사자의 요구 및 그 재능에 의해 좌우된다. 자원봉사자의 요구, 관심, 시간 및 기관의 재정, 목적, 그리고 지역사회의 특성, 현황을 사전에 고려하여 교육방법, 장소, 설비장치, 인적 · 물적 자원을 포함한 교육과정을 결정해야 한다.

④ 4단계 : 교육실시

교육효과를 도출해내기 위한 다양한 기술과 기법을 사용하고, 내용이 충실한 성문화된 교재를 준비해야 하며 물리적 환경 조성에도 신경을 써야 한다.

⑤ 5단계 : 평가

각각의 단계마다 평가가 포함되어 있어야 하며 목적과 대상이 명확하게 표현되어 있어야 효과적인 평가가 가능하다. 성공과 실패의 원인을 정확히 분석하여 교육 프로그램의 변경 및 재구조화가 필요하다.

### (4) 자원봉사 교육 프로그램의 교육 내용

자원봉사자를 위한 교육 프로그램의 내용은 자원봉사에 대한 국가적 · 세계적 흐름, 기관 · 조직의 목적이나 목표, 운영방식에 따라 달라질 수 있다. 그리고 지역사회나 봉사자, 수혜자에 따라서 달라질 수 있으며 봉사활동의 전문성 여부와도 밀접한 관계가 있다. 공통적인 중심 내용은 〈그림 8-1〉의 자원봉사자 교육 프로그램 중심내용과 같다.

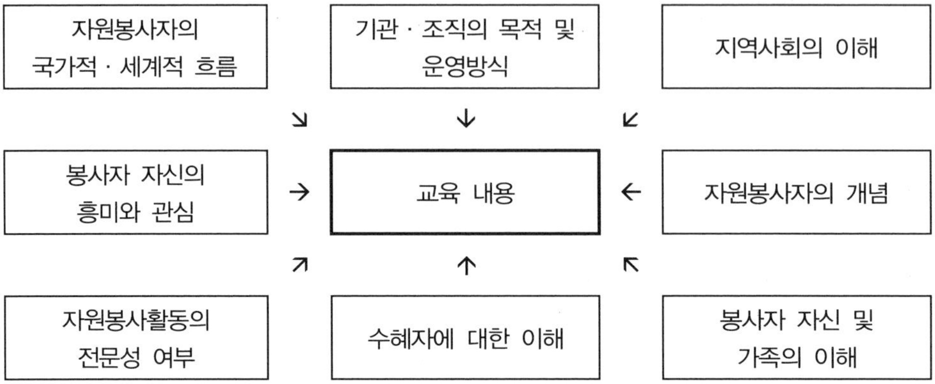


〈그림 8-1〉 자원봉사자 교육 프로그램 중심내용

### (5) 자원봉사 교육 프로그램의 평가

자원봉사 교육 프로그램이 평가될 때 계획 수립과정에 참여했던 모든 사람들이 참여해야 하는데 평가는 주관적인 평가뿐만 아니라 객관적인 평가도 중요하다.

① **객관적인 평가**: 제시된 목표에 역행하는 프로그램의 결과를 측정하고 목표가 계획대로 예산 속에서 성취되었는지 알아보는 것이다. 프로그램의 목적과 계획이 명확하게 설정된 경우에 평가는 쉬워지게 된다. 평가자는 올바르게 이루어진 것과 잘못된 것을 구별하고 정보를 분석하고, 그 자료를 기관의 다음 프로그램의 계획 수립 과정에 투여할 수 있는 능력이 있어야 한다.

② **주관적인 평가**: 사람들이 프로그램과 그것의 효과성, 결과에 관해 어떻게 생각하고 있는지를 알아보는 것이다. 이러한 평가는 설문지, 평가 점검표, 면접, 그룹토의를 이용하며 감정과 태도에 관련된 질문을 한다.

## 2) 자원봉사 프로그램 사례

### (1) 교보 다솜이 사회봉사단(2006)

| 프로그램 이름 | · Happy Birthday to you! |
|---|---|
| 프로그램 목적 | · 생일을 맞은 아동에게 다 함께 축하받을 수 있는 자리를 제공해주어 따뜻한 가족애와 심리정서적 안정을 느끼게 한다. |
| 프로그램 목표 | · 매월 'ㅇㅇ의 집' 생일을 맞은 아동들을 위해 생일잔치를 열어준다. |
| 활동 내용 | · 월1회 'ㅇㅇ의 집'을 방문하여 생일을 맞은 아동들을 위해 생일 잔치를 열어준다.<br>· 생일을 맞은 아동의 사진을 찍어주고 선물을 준다. |
| 자 격 | · 아동을 위해 사랑으로 돌보아 줄 수 있는 마음이 따뜻한 사원이면 누구나 환영<br>· 월1회 활동에 정기적으로 꾸준히 참여 가능한 사람<br>· 외근 및 내근 직원 모두 가능 |
| 관리체계 | · 자원봉사활동팀 구성추진 담당자 홍길동 대리 (교육지원과, ㅇㅇㅇ-ㅇㅇㅇㅇ) |
| 훈련제공 | · 아동에 대한 사전교육을 이수하고, 정기적으로 교육받는다.<br>· 아동대상 자원봉사 수행에 유의해야할 점에 대해 특히 집중적 교육을 받는다. |
| 혜 택 | · 자원봉사 활동 인증서 발급<br>· 자원봉사 활동 시간을 근무 시간으로 인정<br>· 매회 활동비 지원 |
| 소요시간 | · 월1회 3시간<br>· 매월 셋째 주 수요일 2시~5시 |
| 활동기간 | · 2006년 1월~12월 |
| 평 가 | · 연초에 수립한 연간 계획의 목표에 근거하여 평가 |
| 담당자 | · 'ㅇㅇ의 집' 사회복지사ㅇㅇㅇ, ☎ㅇㅇㅇ-ㅇㅇㅇㅇ |

### (2) 아름다운 동행(洞行) 자원봉사 마을 만들기(2008) – 고양시종합자원봉사센터

① **프로그램명:** 청소년 자원봉사학교(행복배움터)

② **프로그램 목적:** 주민의 자발적인 참여 분위기 조성과 그 안에서 우리 학생

들을 자연스럽게 참여시켜 우리 마을을 깨끗이 하고 아름다운 거리를 만듦으로써 함께 사는 분위기를 조성하고자 한다.

③ **프로그램 목표**: 다정한 우리 마을 만들기, 참여하는 청소년들에게 지역사회 일원으로써 소속감을 느끼게 한다.

④ **봉사장소**: 고양시 관내

⑤ **봉사주기**: 2008년 8월

⑥ **봉사내용**: 자원봉사교육, 환경교육, 마을 청결활동, 자치센터 문화체험 등

⑦ **훈련제공**

- 접근성이 강한 주민자치센터를 활용하여 체계적인 교육 및 활동을 지원하여 깊이 있는 봉사학습을 실시한다.
- 각 동별 청소년 자원봉사강사를 육성하여 자율적 프로그램의 운영이 가능하도록 교육 · 훈련을 실시한다.

⑧ **혜택**

- 청소년 자원봉사지도자를 발굴, 육성하여 완결적인 운영이 가능하도록 교육 · 훈련을 실시한다.
- 자원봉사센터는 프로그램의 전반적인 지원을 수행한다.

⑨ **기대효과**: 건전한 청소년문화조성 및 인성지도, 청소년들에게 시민의식 함양 및 자발적 사회참여 의지 부여, 주민자치센터가 주축이 되어 청소년봉사활동 활성화, 자라나는 청소년이 우리 고장을 사랑하는 애향심 고취, 주민자치센터가 청소년 봉사활동의 거점으로 활용한다.

⑩ **프로그램을 마치며(평가)**

- 참가자의 반응: 단순한 자원봉사활동을 넘어서 청소년들이 직접 지역사회에 참여하여 내가 살고 있는 지역에 대한 소속감을 새롭게 인식, 우리 동네를 발전 변화시킬 수 있는 일들을 알 수 있었다.
- 사회적 효과: 청소년들이 우리 동네의 문제를 인식하고 동참하는 기회의 장을 제공, 청소년자원봉사활동 영역의 확장, 청소년의 지역사회소속감을 증진시키면서 지역사회의 자원봉사, 어른과 청소년이 함께 봉사활동을 통해 지역사회문제를 해결하는 점이 보인다.
- 프로그램 추진 상 문제점: 청소년봉사활동 지도에 대해 지속적이고 전문적인 교육이 다양하게 전개되지 못해 어려움이 많음, 참여하는 청소년들

에게 자원봉사활동에 대한 흥미와 재미를 적절히 연결시킬 수 있는 프로그램 개발이 필요하다.

자원봉사 교육 프로그램의 평가를 위하여 프로그램의 추진 배경, 봉사대상 선정, 봉사활동 계획, 활동주기 및 인원, 준비물 및 경비 조달, 활동 세부 내용, 봉사활동 효과, 문제점 및 해결, 자체 평가, 연계활동 및 사후 계획, 전문가 조언 등을 전체적으로 점검할 필요가 있다.

## 확인평가

**1.** 자원봉사 프로그램에서 다루어야 할 내용이 아닌 것은?

① 일반적으로 해야 할 일
② 하는 방법 및 시기
③ 하는 일의 필요성
④ 일을 책임질 사람을 구체적으로 정하기

**2.** 자원봉사 프로그램 계획에 반영해야 할 것이 아닌 것은?

① 리더 자신을 위한 준비 ② 팀원을 위한 배려
③ 클라이언트를 위한 배려 ④ 미래에 대한 확실성

**3.** 자원봉사 프로그램의 종결의 의미와 유형이 아닌 것은?

① 활동계약기간 만료에 의한 종결
② 활동목적의 달성 포기에 의한 종결
③ 현장과 대상의 연결에 의한 종결
④ 관리부재에 따른 개방형 종결

**4.** 자원봉사 프로그램의 평가요소가 아닌 것은?

① 이직률
② 취업률
③ 자원봉사서비스의 시간당 비용
④ 자원봉사 프로그램에 소요된 비용에 대한 가치

**5.** 프로그램 개발과정에서 고려사항이 아닌 것은?

① 관리가능성 ② 실현가능성 ③ 준비성 ④ 합리성

**6.** 자원봉사 프로그램 종료 후 평가기법이 아닌 것은?

① 프로그램이나 서비스의 생산성 ② 목표달성 정도
③ 불만족 요소 ④ 서비스의 질

**정답**

**1.** ① ; 구체적으로 해야 할 일을 다뤄야 한다. **2.** ④ ; 미래에 대한 확실성은 자원봉사 프로그램 계획의 특성 중 하나이다. **3.** ② ; 활동목적의 달성포기에 의한 종결을 하게 됨 **4.** ② ; 취업률은 평가요소에 포함되지 않는다. **5.** ① ; 가치 – 프로그램 관여자들이 받아들일 수 있는 가치가 반영되어 있는가를 고려해야 한다. **6.** ③ ; 만족도를 평가한다.

제 4 편

# 자원봉사활동의 실제

# 제9장

# 자원봉사활동의 주체

◈ **생각해보기**

1. 청소년 · 대학생 자원봉사활동의 관점과 영역은 무엇인가?
2. 청소년 · 대학생 자원봉사활동의 효과와 필요성은 무엇인가?
3. 청소년 · 대학생 자원봉사활동의 현황과 문제점, 개선방안은 무엇인가?
4. 노인 · 장애인 · 여성 · 가족 자원봉사활동은 어떠한가?
5. 종교계 · 기업 · 시민단체 · 전문직의 자원봉사는 어떠한가?

자원봉사활동의 주체는 일반 시민, 여성 주부, 직장인, 학생, 종교인, 사회복지기관 소속인, 은퇴자 등 개인의 신분 유형을 기준으로 살펴볼 수도 있으나 사실은 개인별 활동 상황을 파악하기가 매우 어려운 실정이다. 자원봉사자들의 활동을 관장하고 있는 조직과 그들의 활동기관을 활동영역과 내용 및 기관별로 살펴보면 〈표 9-1〉과 같다.

〈표 9-1〉 자원봉사활동 영역

| 활동영역 | 활동내용 및 활동기관 |
|---|---|
| 보건 · 의료기관 | 정신보건, 정신지체, 발달장애를 위한 일반의료기관 및 재활의료기관, 약물 오남용치료 · 방지기관, 질병연구 및 공공교육기관, 병 · 의원, 요양원, 호스피스, 위기상담, 전화상담 서비스 |
| 교육(기관) | 공 · 사립 초 · 중 · 고 교육기관, 도서관, 교육기관에서의 연구, 성인교육, 비공식교육, 대학 및 부설연구소, 정부출연 연구소에서의 활동 |
| 종교단체 | 종교 관련기관, 영성훈련기관에서의 활동 |
| 사회복지(기관) | 노인 · 장애인 · 종합 사회복지관, 노인복지센터, 경로당, 어린이집, 쉼터, 주거환경개선, 수양아이의 양육(양부모 역할), 가족상담, 소비자보호법률상담, 범죄 및 비행예방 노숙자돕기, 실직자 취업상담, 먹거리 나누기, 공공안전, 위기대처 및 구호, 적십자활동, 공동모금회, 성공회, 나눔의 집, 카톨릭사회복지회, 불교사회복지재단, 기독교사회복지재단 등 |
| 환경단체 | 생태계보호, 녹색가게, 쓰레기문제 해결, 도시환경미화, 우리밀 살리기 운동, 야생동물 보호, 유기농산물 생협운동 |
| 공익민간단체 | 사회개혁, 언론개혁, 지방자치, YMCA, YWCA, 여성운동, 인권보호, 시민권리찾기 운동, 지역사회 참여활동, 대변활동, 주거권, 지역사회 생산자공동체, 자선단체, 소비자보호단체, 자원봉사단체 |

| 활동영역 | 활동내용 및 활동기관 |
|---|---|
| 지역사회개발 | 거리청소·미화, 직업훈련 소개, 식수개발, 도로정비, 벽화그리기, 마을 만들기, 길 안내판, 소득사업, 육아, 위생 등 |
| 예술, 문화, 스포츠단체 | 건축디자인, 행위예술, 역사유적지 보호하기, 박물관, 미술 전시, 오페라, 심포니, 오케스트라, 사진전, 극장, 공공 TV와 라디오 코치, 감독, 레크리에이션, 스포츠, 체육 활동 |
| 노동조합, 직능단체, 전문가단체 | 노동조합, 농민단체, 신용조합, 변호사, 의사, 약사, 기술자 등 전문직 종협회 활동 |
| 정치 및 정당 | 정당활동, 비당파적 정치 혹은 지역단체, 다른 정치적 목적의 단체들 |
| 관공서 | 구청, 동사무소, 소방서, 보건소 활동 |
| 청소년단체 | YWCA 청소년사업부, 청소년상담원, 청소년폭력예방재단, 한국보이스카우트연맹, 한국걸스카우트연맹, 청소년상담소, 지역청년회 활동 |
| 재난구호 | 재난 현장에서의 긴급 구조 및 구호 |
| 국제기구 | 국제구호활동, 유네스코, KOICA(국제협력단), UNDP, 교환학생봉사프로그램, 개발도상국 경제개발활동 |

출처: 2008 전국자원봉사 실태조사(행정안전부 연구보고서).

# 1. 청소년에 의한 자원봉사활동

청소년 자원봉사활동은 청소년 자신의 정신적·육체적 자원을 활용하여 자신이 살아갈 공동체적 삶의 영역을 두루 체험함으로써 건강한 인격 형성, 배움을 실천해 가는 수련활동의 한 영역이다.

## 1) 청소년 자원봉사활동의 대두 배경

학생 자원봉사활동의 제도화는 1995년 5월 31일 교육개혁위원회가 제시한 '신교육체제 수립을 위한 교육개혁 방안'에서 9개의 정책과정 중의 하나인 '인성 및 창의성을 함양하는 교육과정'에 나타나고 있다.

이의 추진사항으로 청소년의 수련활동과 봉사활동을 '학교생활기록부'에 반영하는 것을 주요 골자로 하고 상급학교 진학 시에 이를 반영되도록 규정하였다.

2001년부터 7차 교육과정에서 봉사활동이 특별활동의 한 영역으로 자리잡게 됨에 따라 봉사활동은 학교계획에 따라 교육적으로 지도하는 활동이 되었다. 교육부 지정 7개 학생 자원봉사활동 유형은 〈표 9-2〉와 같다.

〈표 9-2〉 교육부 지정 7개 학생 자원봉사활동 유형

| 영 역 | 활동 내용 |
|---|---|
| 일손 돕기 활동 | 복지시설, 공공기관, 병원, 농어촌 학교 내 일손 돕기 |
| 위문 활동 | 보육원, 양로원, 장애인, 병약자, 자매부대 위문 |
| 지도 활동 | 동급생, 하급생, 사회교육, 교통안전 지도 |
| 캠페인 활동 | 공공질서 확립, 교통안전, 학교주변 정화, 환경보전 캠페인 |
| 자선 · 구호 활동 | 재해 구호, 불우이웃 돕기, 헌혈-골수기증, 국제협력-난민구호 |
| 환경 · 시설보전 활동 | 깨끗한 환경 만들기, 자연보호, 문화재 보호 |

출처: 류기형 외, 2007.

### 2) 청소년 자원봉사활동의 발전과정

청소년 자원봉사활동의 활성화는 1995년 5월 31일 교육개혁안에 의해 제도화되기 시작하였으며 당시 봉사활동을 특별활동의 한 영역으로 포함시키고 있는 교육법과 수련활동의 한 영역으로 봉사활동을 포함하고 있는 청소년기본법 등이 청소년 자원봉사활동 지원의 법적 근거를 마련해 주었다. 당시 봉사활동의 지원을 위한 우리나라의 행정조직체계는 다수의 관할 정부부처, 공공기관과 민간기관 또는 민간위탁기관 등 다양하고 복합적인 체계를 가지고 있었다. 청소년 봉사활동 관련 주요 업무는 다음과 같다.

- 지역단위 청소년 자원봉사 정보망 및 관리 프로그램 운영
- 지역 청소년 봉사활동의 각종 통계 관리 · 분석
- 지역 아동 · 청소년 활동욕구 조사
- 청소년 봉사활동 전문인력 운영 및 봉사단 개발 · 운영
- 청소년 봉사활동 터전 개발, 인정기관 관리 및 마일리지 운영 등

### 3) 청소년 자원봉사활동의 교육적 효과

#### (1) 개인적 차원

청소년 봉사활동이 청소년 자신에게 미치는 대표적인 교육적 효과는 크게 다음의 다섯 가지로 볼 수 있다.

① 청소년 개개인의 자기존중감 및 자신감을 증대시키며 자신의 삶을 주체적으로 이끌어갈 수 있는 자기주도성을 함양시킨다.
② 지식, 기술, 인성 등 다양한 전인교육의 효과를 거둘 수 있다.
③ 사회성 및 공동체 의식을 키워 줄 수 있다.
④ 진로의식, 진로체험, 진로선택 등 진로교육의 효과를 보여 줄 수 있다.
⑤ 건전한 취미 및 여가능력을 함양시켜 준다.

#### (2) 지역사회와 국가적 차원

청소년 봉사활동은 봉사자인 청소년 개개인에게 교육적 효과를 부여해 줄 수 있을 뿐 아니라 지역사회나 국가 등 청소년을 둘러싼 환경에도 많은 혜택과 효과를 줄 수 있다.

① 청소년 봉사활동은 대부분 학교에 국한되어왔던 교육의 기능과 기회를 학교 밖의 지역사회 전체로 확대하여 학교에서 충족시키지 못했던 미진한 부분들을 균형 있고 종합적인 교육의 장으로 제공해 줄 수 있다.

② 세대 간의 갈등과 반목을 해소하고 상호 이해와 협력을 촉진시킨다. 또한 청소년들의 긍정적인 사회 내 역할과 기여는 청소년 비행이나 탈선 등 반사회적 행동을 감소시키고 사회적 안전망을 구축하는 데 기여할 수 있을 것이다.

③ 청소년의 사회참여를 촉진시켜서 사회 내 청소년의 지위를 높일 뿐 아니라 청소년을 중요한 인적자원으로 활용할 수 있게 한다. 청소년에 의한 사회봉사활동은 시민집단으로서의 역할과 책임을 수행할 수 있게 하고 또 장차 지역사회의 문제해결과 발전을 이끌어갈 자원인력의 확보와 사회변화를 주도해 갈 젊은 인적자원의 확보를 가능하게 할 수 있을 것이다.

### (3) 청소년 자원봉사활동의 의의와 기대효과

청소년에게 자원봉사활동은 학교교육의 보완, 성인으로의 준비라는 교육적 효과를 꾀할 수 있다. 봉사활동을 통해 자신의 잠재력을 개발하거나 사회 환경을 체험함으로써 청소년들의 정신적, 심리적 성숙과 발달을 도모한다. 봉사활동을 통한 사회참여는 사회적 연대감과 공동체 의식을 배양하여 복지문화 형성의 기반이 된다. 청소년 자원봉사활동의 의의와 기대효과를 살펴보면 〈표 9-3〉과 같다.

〈표 9-3〉 청소년 자원봉사 활동의 의의와 기대효과

| 기대 효과 | 내 용 |
|---|---|
| 개인적 성장과 발달 | 자아존중감, 개인적 유능감, 자아와 도덕 발달, 새로운 역할과 관심의 탐색, 새로운 도전의 수용과 위험의 감수, 가치와 신념의 수정과 강화, 책임감의 향상, 자기행동의 결과에 대한 수용 |
| 지적 성장과 발달 | 기본적인 학업기술(생각의 표현, 읽기, 계산하기), 높은 수준의 사고기술(편견 없는 태도, 문제 해결, 비판적 사고), 봉사경험과 직접적으로 관련된 내용과 기술, 경험으로부터 습득한 기술(관찰, 질문, 지식에 적용), 지식의 습득과 보유에 대한 동기, 책이나 강의를 통해서 설명할 수 없지만 꼭 알아야 할 통찰력, 판단 및 이해 |
| 사회적 성장과 발달 | 다른 사람의 복지에 대한 관심과 사회적 책임성, 정치적 유능성, 민주시민의 참여정신 함양, 자원봉사와 관련된 직업에 대한 지식과 탐색, 다양한 배경과 삶의 상황에 처해 있는 사람들에 대한 폭 넓은 이해와 평가 |

출처 : Conard. D. & D. Hedin.1989

## 4) 봉사학습에 의한 학생 자원봉사

봉사활동은 자발적인 태도와 인간의 존엄성을 중시하는 지속적인 희생과 헌신이 있어야 하며 이는 학생들이 성인이 되어 실현해야 할 과제이기도 하다. 따라서 학생 봉사활동은 아직 성장과정에 있는 학생들에게 완전한 의미의 '자원봉사'를 요구하기보다는 봉사활동을 통한 학습, 곧 '봉사학습(Service-Learning)'의 개념으로 이해해야 한다.

봉사학습은 학습자의 주체성을 존중하고 올바르게 육성하기 위한 사회체험학습으로 자아발견과 지역사회에 대한 이해가 학교교육의 중요한 하나의 영역이라면,

봉사학습의 궁극적 목적은 '경험교육'을 통해 '서로 돕는 법을 배우는 것'이라고 할 수 있다. 따라서 학생들이 하는 봉사활동은 활동과정을 통해 습득되는 '인성발달'에서 큰 의미를 찾을 수 있다.

### (1) 학생 봉사활동의 근거

- 초중등교육법 제25조[법률 제8917호, 2008.3.21.]
- 자원봉사활동기본법(2008.2.29.) 및 동법시행령(2010.3.15.)
- 교육부 장학자료 제 112호 '학생봉사활동운영지침' 교육부 장학자료 제113호 '봉사활동 이론과 실제' 국무총리 지시(제2000-21호, 2000.06.16.), 초 · 중 · 고등학교 학생봉사활동제도 운영개선지침(81232-2083, 2000.11.21.)
- 학교생활기록 작성 및 관리지침(교육과학기술부 훈령 제187호, 2010.7.29.) 학교생활기록 작성 및 관리지침(교육과학기술부 훈령 제205호, 2011.3.1.)
- 자원봉사 인정 · 보상 기준 시행 계획(행정안전부, 2010.3.26.), 학생 봉사활동 시간 인정기준 시행 계획(교육과학기술부. 2011.2.23.)
- 2011 서울특별시교육청 주요업무계획(2011.1.)
- 2011 서울특별시교육청 학생 봉사활동 운영 지침(2011.3.)

### (2) 봉사학습의 절차

봉사학습이란 봉사와 학습의 동시적인 효과를 거두는 데 목표가 있으며 '행동에 의한 학습' 또는 '경험에 의한 학습'이라는 교육적 가치를 중시한다. 따라서 학생 봉사활동은 보다 계획적이고 체계적인 수행을 위해 'PARC과정'으로 진행되어야 한다. 봉사학습의 절차는 〈표 9-4〉와 같은 단계에 따라 이루어진다.

〈표 9-4〉 봉사학습의 절차

| 단계 | 내용 |
|---|---|
| 준비단계 (Preparation) | 봉사활동을 계획하고 봉사활동에 필요한 지식과 봉사학습으로부터 얻을 수 있는 이점을 학생들에게 제공한다. |
| 활동단계 (Action) | 활동은 활동 그 자체 단계로서 의미가 있어야 하며, 학교 및 지역사회가 연계되어 교육적이며 학생들이 주인의식을 가질 수 있도록 적절한 감독이 이루어져야 한다. |

| | |
|---|---|
| 반성단계<br>(Reflection) | 반성은 학생들로 하여금 경험에 대해 비판적으로 생각하고, 그들의 학습 성취를 보다 학문적, 사회적, 인간적인 과정에서 적용한다. 주요방법으로는 토의, 작문, 독서, 기술적 표현, 프로젝트 등의 발표를 통해 이루어진다. |
| 축하단계<br>(Celebration) | 학생들에게 대한 칭찬을 포함하며, 활동을 마감하는 단계이다. 축하단계를 통해 청소년은 활동이 완성된 것에 만족감으로 느낄 수 있어야 한다. |

출처: 2011학년도 학생 갈라잡이, 서울시교육청.

### 5) 청소년 자원봉사활동의 현황

청소년 자원봉사활동 관리는 2008년에 사용자 편의성 확대 및 기능 강화를 위한 3개년 계획을 수립하고, 기존 지역별로 운영 · 관리되었던 시스템에서 통합 시스템으로 개편하여 청소년 자원봉사활동 관리의 안정성, 편리성, 정보제공 확대 등을 꾀하고 있다. 2010청소년백서에 의하면 2009년도에 전국 청소년활동진흥센터를 통해 자원봉사활동에 참여한 청소년 수는 2009년 12월 말 현재 1,552,870명이며, 청소년 자원봉사 교육을 받은 청소년은 720,198명에 달했다. 한편 활동분야별 · 활동터전별 활동현황을 분석해 볼 때 일손돕기(51.7%), 지역사회개발(7.4%), 지도활동(6.7%), 환경시설보존(6.1%) 순으로 나타났다. 또한 활동 참가자가 봉사활동에 참가한 장소의 경우도 공공기관 및 단체(38.0%), 공공시설(37.9%), 사회복지시설(9.6%) 순으로 나타났다. 해외봉사활동에 있어서는 대한민국청소년자원봉사단이 2009년 기준 아세안 4개국(캄보디아, 라오스, 베트남, 필리핀)에 파견되어 청소년센터 개보수 및 화장실 신축, 교실칠판 및 책걸상 교체사업, 마을 공동우물 설치, 환경캠페인 실시, 한국어 교육, 가정방문, 현지 청소년들과 공동으로 봉사단 구성 및 스포츠 교류활동 등의 프로그램을 수행하고 있다.

### 6) 청소년 자원봉사활동 지도 시 유의사항

#### (1) 언어표현에 주의

자원봉사활동 시 자원봉사관리자들은 청소년들이 나이가 어리다고 해서 무의식적으로 명령조나 권위주의적인 태도를 보이기 쉽다. 이에 대해 청소년들은 심한 거부감을 나타내므로 청소년들을 존중해주는 친근감 있는 언어표현을 하는 것이 좋다.

#### (2) 선입견 배제

청소년을 대할 때는 '나의 시각'을 버리고 있는 그대로 받아들이는 자세가 필요하다. 학교에서 문제아라고 여겨지는 청소년들이 오히려 학교에서 인정받지 못했던 것에 비해 학교 밖 활동에서는 강한 성취동기를 인정받으려는 욕구가 강할 수도 있다.

#### (3) 친숙해지려는 노력

지도자는 청소년과 함께 호흡하고 행동하는 것이 중요하다. 그러므로 가르치는 사람이 아니라 도와주는 사람이라는 입장에서 청소년을 대하도록 한다.

#### (4) 즐거운 분위기 조성

봉사활동 점수 이수로 인해 시간을 채우기 위해 억지로 나와서 봉사활동을 하는 경우가 많다. 그러므로 즐거운 마음으로 봉사활동을 할 수 있도록 분위기를 조성하는 것이 필요하다. 지도자가 명령, 지시만 하고 함께 땀을 흘리지 않으면 청소년들의 마음을 변화시키기 어렵다.

#### (5) 성숙한 행동으로 지도

청소년들이 불쾌한 행동을 한다고 해서 감정적으로 대하지 말고 성숙하게 처리하는 것이 필요하다. 활동태도에 대해 꾸중하고 훈계하면 대들고 반항하는 청소년들이 있다. 이때 지도자는 불쾌하게 여기지 말고 청소년들을 설득하고 이해시키는 등 좋은 방향으로 지도해야 한다. 때로 훈계까지는 할 수 있으나 기합이나 벌을 주는 것은 삼가야 한다.

### 7) 청소년 자원봉사활동의 발전방향

#### (1) 봉사활동처나 봉사활동 일감에 대한 정보제공의 필요성

학생들은 자원봉사활동 일감과 봉사활동처를 찾기 어려울 수도 있지만, 한편에서는 봉사자를 필요로 하는 곳이 많이 있다. 따라서 자원봉사 수요처와 필요한 봉사활동에 대한 정보나 자료의 제공이 원활히 이루어져야 한다.

#### (2) 학교 내에서 자원봉사활동에 관한 분위기 조성

학교에서 자원봉사 동아리를 조직하고 그 동아리를 지도할 수 있는 담당교사 배정, 자원봉사 수요처와 자매결연, 자원봉사활동 전문기관이나 현장견학 실습기회를 마련한다.

#### (3) 자원봉사활동에 관한 흥미 유발

수업시간 외에 자원봉사활동에 관한 모임을 갖고 토론하는 기회를 마련하며, 다른 학교 학생들과의 교류 및 국제 정보를 교환하며 교류하는 것을 통하여 흥미를 유발하도록 한다.

#### (4) 자원봉사활동의 계획과 지도

봉사학습에 의한 방법으로서 활동에 참여시키기 전에 철저한 계획과 준비를 한다. 기본계획에 봉사활동의 구체적인 목적, 프로그램 선정, 자원봉사활동 과제 진단 및 확인, 구체적 실천방안, 봉사활동 후의 평가와 인정, 개선점 등을 포함한다.

#### (5) 생활구조 속에서의 정착화

자원봉사활동을 학교교육 이외의 생활시간 속에서 구조화 하기 위하여 부모의 자원봉사 참여가 확대 될 필요가 있으며, 학교와 자원봉사 기관과의 연계 프로그램이 마련되도록 학교의 지원과 협조가 필요하다. 또한, 자원봉사 동아리를 지도할 수 있는 전담교사를 배정할 수 있도록 하되, 자원봉사활동에 대한 인식제고를 위해 자원봉사스쿨을 개최하거나 다양한 프로그램을 개발하여 제공하도록 한다.

## 2. 대학생의 자원봉사활동

대학생의 자원봉사활동은 순수한 이타적 동기보다는 직업적 고려, 사회적 경험, 대인관계 확대, 자아성취 등 다방면의 충족을 얻으려는 이기적인 동기에서 출발한다. 따라서 자신의 특기를 바탕으로 자원봉사를 통해 사회적 리더십을 기를 수 있도록 배려하는 것이 좋다. 자원봉사활동 분야로는 유아, 초등학생 학습 및 생활지도, 중·고등학생 상담 및 집단 활동지도, 사회복지시설의 수리 및 청소, 사회복지시설의 정기적인 방문 및 교류, 사회문제 해결을 위한 캠페인·계몽운동, 재가 노인 및 장애인 방문 및 보조 역할, 바자회, 기금마련을 위한 공연 등을 통한 모금활동 등이 있다.

### 1) 대학 자원봉사의 발전과정

우리나라 대학의 자원봉사활동이 본격화 된 시기는 1990년대 초이며, 1994년에 한양대학교가 국내대학 최초로 사회봉사를 교양과목으로 채택한 이후 많은 대학에서 자원봉사활동에 대한 관심이 고조되었다.

교육부의 1995년 교육개혁조치에 의하여 중고등학생 자원봉사활동을 의무화하는 방침에 따라 자원봉사에 대한 관심 고조되었다. 당시 중고등학생 봉사활동과 더불어 대학의 봉사활동을 강조한 내용이 교육개혁의 한 방안으로 제시되었다.

1996년 한국대학사회봉사협의회를 조직하여 운영하였다. 그 동안 각 대학별로 산발적으로 운영되어 오던 자원봉사 프로그램이 상호 연계되어 정보교환을 할 수 있도록 조직화되었다. 대학의 사회봉사활동을 지원하고 상호연합 및 교류증진을 위해 전국대학총장을 중심으로 조직되었다.

대학의 자원봉사활동 참여 현황을 살펴보면, 전국 169개 대학 중 138개(81.7%) 대학이 사회봉사 관련 교과목을 개설하였는데, 대부분 교양과목으로 개설하였다. 봉사활동시 학점부여는 1학점(46.3%), 2학점(22.1%), 3학점(21.4%)의 순이었으며, 사회봉사전담 기구가 설치된 대학은 127개(75.1%)이었다(한국대학사회봉사협의회, 2010).

### 2) 대학생 자원봉사활동의 의의

전통적으로 대학이 수행하는 3대 기능은 교육, 연구, 봉사의 기능이다. 대학은 21세기에 접어들면서 진리의 탐구와 기초 지식체계의 교육 외에도 대학이 속한 사회의 요구와 필요에 부응해야 한다는 자원봉사 교육의 역할이 더욱 증대되고 있다.

대학의 자원봉사 기능은 교육 및 연구기능에 의한 결과를 직접 사회에 적용 및 응용하여 사회에 환원하는 것이며, 변화하는 사회문제와 관련하여 새로운 전문가를 육성하고 사회에 참여하는 활동을 의미한다.

'2009 교육개정'에 따라 유치원 과정에서부터 초 · 중등 과정에 이어 대학생으로 연계된 창의 · 인성교육의 실천이라는 큰 맥락에서 자원봉사활동을 이해하고 수용하는 것이 필요하다. 이론교육 차원을 넘어서 전공분야를 지역사회에서 자원봉사의 형태로 실천하는 교육을 강조한다는 데서 '행함의 교육'이라고 볼 수 있고, 이런 측면에서 대학 자원봉사의 역할을 이해해야 한다. 사회의 제 분야에 대한 실천적 경험과 인간과 자연에 대한 통합적 이해능력과 종합적 사고의 폭을 넓혀주는 자원봉사활동은 교육적 가치가 대단히 높다.

### 3) 대학 자원봉사의 주요 원리 및 특징

대학생의 자원봉사활동은 자원봉사활동 현장과 교육이 연계된 봉사학습으로서 제도화 되어야 하고 자원봉사에 대한 동기부여 교육이 강화되어야 한다. 그리하여 자발적이고 성실한 봉사활동이 되도록 하고 자원봉사의 기본이념에 대한 이해와 활동기법을 체계적으로 교육하여 봉사활동에 대한 확고한 신념을 가지도록 해야 한다. 학생들의 폭넓은 참여와 사회적 기여, 교육적 효과를 유도하기 위해서는 각 대학에 적절한 행정체계 인프라가 구축되도록 하여 행정적, 재정적 지원이 이루어져야 한다.

### 4) 대학의 자원봉사 활성화 방안

#### (1) 현장과 교육이 연계된 봉사학습으로서 대학생 자원봉사활동의 제도화

지역사회의 현장이 대학의 커리큘럼에 반영되도록 대학과 지역사회는 끊임없이 연계되어야 한다. 이를 위해서 각 대학들은 각 학과의 특성에 맞는 자원봉사 프로그램을 개발하는 것이 효과적이다. 교과목과 연계된 프로그램을 통해 학생들의 다양한 욕구와 기대를 최대한 수용할 수 있으며, 대학의 바람직한 문화로 정착할 수 있다.

### (2) 대학생들의 자발적 · 지속적 참여를 위한 동기부여와 교육

대학생들의 자원봉사활동 참여동기를 높이기 위하여 그들의 참여기대를 충족시켜서 자원봉사에의 만족도를 높여야 할 것이다. 대학생들은 이러한 자원봉사기회를 통하여 자신에게도 발전과 성장의 기회가 될 수 있음을 경험하게 하는 중요한 계기가 될 것이다. 이를 위해 봉사활동에 대한 홍보활동과 자원봉사에 대한 체계적인 교육이 필수적이다.

### (3) 대학생 자원봉사활동 육성, 지원체계 구축

봉사활동의 기획, 조정 및 이를 조직적으로 지원하는 대학 내의 전담기구의 설치를 확대하여야 하며 잘 훈련된 봉사활동 전문인력을 확보해야 한다.

### (4) 봉사활동 안내망 체계 구축

대학생 자원봉사자의 봉사활동의 지속성을 높이기 위해서 활동경력, 활동횟수와 교통편의, 시간 제약 등의 활동상황 특성을 반드시 고려해야 할 것이다. 자원봉사활동 정보안내센터를 설치하여 교통제약을 덜 받으면서 봉사활동을 할 수 있도록 안내망 체계를 구축해야 한다.

### (5) 자원봉사자 인센티브제도 강화

자원봉사활동을 학점으로 인정하거나 각종 유인책을 도입하여 봉사활동을 장려하고 대학에서 봉사활동에 대한 행정적, 재정적 지원을 제공해야 한다. 또한, 우수봉사자 표창, 봉사활동실적의 학적부 기재, 자원봉사의 날을 제정하여 기념하고, 장학생 선정 시 자원봉사활동의 경력 가산점을 부여해야 할 것이다.

### (6) 다른 교과목과 연계된 프로그램의 개발

대학의 봉사활동은 다른 과목과 연계되어야만 성공할 수 있다. 각 학과의 특성에 맞는 프로그램을 개발하여 봉사에 기초한 학습이 이루어지도록 한다. 대학생들의 다양한 욕구와 기대를 최대한 수용하여, 대학의 바람직한 문화로 정착되어야 할 것이다.

## 3. 노인의 자원봉사활동

### 1) 노인의 의미

인구적 측면 즉 연령면에서 우리나라는 65세 이상 고령인구가 2000년을 기점으로 총 인구의 7%를 상회하여 고령화사회(Aging Society)에 진입하였다. 2018년에는 14%를 넘어 고령사회(Aged Society)에 진입될 것이며, 2026년에는 20.8%가 되는 초고령사회(super-Aged Society)에 도달할 것으로 예측하고 있다.

케어 및 복지서비스를 받아야 하는 노인인구의 급격한 증가라는 측면에서, 능력과 재능, 지혜를 가진 노인 인력풀(pool)을 활용하여 자조적 케어(self care)나 지역사회 역량을 강화해야 한다는 측면에서 노인을 생각할 필요가 있다.

### 2) 노인 자원봉사활동의 효과

노인복지증진 차원에서 노인에 의한 노인자원봉사의 필요성은 다음과 같다(김영호, 2004:212-214 ; 김범수 외, 2001:222~223 ; 고양곤, 1999:136-138).

첫째, 노인의 경우 사회·심리적인 욕구를 적절하게 충족하지 못하면 활기찬 노후생활을 영위하기가 어려운데 이 욕구를 아주 효과적으로 충족시킬 수 있는 활동이 바로 자원봉사활동이다. 노인은 자원봉사활동을 통하여 자기성숙이 가능해질 것이다. 그러나 현재의 취약한 여건으로는 날로 증가하는 노인의 서비스 욕구를 충족하지 못하고 있다. 정부의 부족한 시책을 보완하기 위해서는 민간 차원의 자원봉사활동이 절실히 요구되고 있다.

둘째, 노인도 그 지역사회에 살고 있는 주민이므로 지역사회의 한 구성원으로서의 역할을 수행해야 한다. 노인이 인생의 선배로서 생활의 지혜와 경험을 갖춘 자로서 공동체의 발전을 위해 새로운 노인상을 정립해 준다면 지역사회의 어른으로서 존경을 받을 수 있게 될 것이다.

셋째, 노인의 자원봉사활동에의 참여는 사회복지에 큰 공헌을 하게 되고, 나아가서 사회의 개선과 발전에 큰 기여를 하게 되어 노인 자신에게뿐만 아니라 국가나 지역사회를 위해서도 매우 바람직한 요청이라 할 수 있겠다.

### 3) 노인 자원봉사활동에 대한 이론

#### (1) 교환이론(exchange theory)

교환이론에 의하면 노인문제는 노인이 갖고 있는 교환자원의 평가가 절하됨으로써 교환관계에서의 불균형이 초래되고 따라서 노인이 가진 교환자원의 가치를 높이거나 노인의 권력 또는 힘을 증가시켜 균형적이고 상호의존적인 교환관계를 만들 수 있는 대책의 일환으로 노인의 자원봉사활동을 제시하고 있다. 새로운 자격이나 지위를 획득하는 하나의 방법으로서 노인을 사회봉사활동에 참여시키는 프로그램 개발이 필요하다.

#### (2) 활동이론(activity theory)

중년기 이후의 활동수준을 계속 유지함으로써 노년기 행복감을 증진시킬 수 있다는 것으로, 노인의 행복감은 노년기의 상실된 혹은 감소된 역할이 다른 것으로 대체될 때 높아질 수 있다는 이론이다.

이때 노년기의 대체적 역할로서 자원봉사활동이 한 방법이 될 수 있으며, 노년기에 중요한 역할의 상실이나 감소가 자원봉사를 하게 하는 유인책이 될 수 있다고 본다.

#### (3) 계속이론(continuity theory)

계속이론은 전 생애를 통한 성장발달의 연속성에 초점을 맞추면서 개인의 인성적 특성에 의한 노년기 대처, 적응과정을 설명한다.

계속이론의 시각에서 노인의 자원봉사활동은 이전의 봉사활동을 지속적으로 유지하거나 노년기에 와서 더 확장된 것으로 설명할 수 있다.

### 4) 노인 자원봉사활동의 현황

보건복지가족부 · 한국사회복지협의회(2007)의 노인자원봉사활동 현황을 살펴보면 다음과 같다.

#### (1) 1,000명당 사회복지 자원봉사활동 참여자 수

1,000명당 사회복지 자원봉사 참여자 수를 연령대로 살펴보면 20대 22명, 30대 10명, 40대 15명, 50대 15명, 60대 이상 7명이었는데, 60대 이상 노인연령대가 가장 낮은 것으로 나타나, 향후 노인 자원봉사 참여유도를 위한 노력들이 더욱 필요한 것으로 보인다.

#### (2) 노인 사회복지 자원봉사활동 시간과 횟수

60대 이상 자원봉사자 1인당 연간 평균 자원봉사시간은 57.06시간으로 전 연령대 평균 20.39시간보다 월등히 높았다. 60대 이상 자원봉사자 1인당 연간 평균 자원봉사 횟수는 18.56회로 전 연령대 평균 5.80회보다 매우 높았다.

#### (3) 노인 자원봉사활동 참가경로

친구나 모임을 통해서(28.1%), 경로당 · 노인단체를 통해서(24.7%), 스스로(19.1%), 행정의 권유(15.2%) 순으로 나타났다.

#### (4) 노인의 자원봉사 참여동기

여가활용이 5점 만점에 평균 4.04점으로 가장 높고, 이웃에 대한 헌신 4.03점, 지역사회발전 3.83점, 대인관계 3.55점, 지식 및 기술 활용 3.52점으로 나타났다.

### 5) 노인 자원봉사활동 발전 방향

#### (1) 노인 자원봉사 전문인력의 학보

노인에 의한 자원봉사가 일시적이거나 일회적이 아닌 지속적인 봉사활동으로 이루어지기 위해서는 제도적인 전문 관리체계가 마련되어야 한다. 그런데 전국적 조직망을 갖춘 지방자치단체의 자원봉사센터에서는 아직 이들을 위한 전문 관리체계를 갖추지 못하고 있으며, 민간 노인복지기관에서는 전문인력과 재정의 부족으로 체계적인 봉사자 관리가 이루어지지 못하고 있다. 그러므로 노인의 자원봉사 참여를 유도하고 노인 자원봉사자를 체계적으로 모집 · 배치 · 관리할 수 있는 전문적인 노인 자원봉사 조직이 필수적이다.

### (2) 자원봉사 조직 간의 연계성 확대

현재 노인 자원봉사활동은 대한노인회, 지방자치단체의 자원봉사센터, 직능별 퇴직자단체, 노인복지관 등에서 실시하고 있다. 그러나 지역사회 내의 다른 기관과 연계하거나 지역간 연계를 통한 노인 자원봉사활동을 실시하는 사례는 거의 전무한 상황이다. 노인의 자원봉사활동을 발전시키기 위하여 자원봉사 조직 간 연계와 더불어 지역 간의 연계를 확대하여야 한다.

### (3) 노인 자원봉사활동에 대한 지원체계의 확대

자원봉사활동이 무보수성을 기본 원칙으로 하고 있지만, 노인 자원봉사자에 대한 교통비, 식비 등의 실비 지원과 자원봉사 관리 인력의 인건비와 운영비의 확보는 노인 자원봉사의 활성화에 필수적 요건이다. 하지만 대부분의 지방자치단체에서는 자원봉사에 참여한 노인에 대한 실비 지원에 그치고 있으므로 노인 자원봉사활동을 위한 사회적인 지원체계가 마련되어야 한다.

### (4) 노인 자원봉사자에 대한 사회적 보상체계의 확대

2005년 자원봉사활동 기본법의 제정으로 자원봉사활동 중의 신체적 상해, 경제적 손실, 재물 손괴 등에 대비한 보험이나 공제에 가입하도록 함으로써 노인 자원봉사자에 대한 기본적인 보상체계는 갖추어졌다고 할 수 있다. 그러나 노인 자원봉사자의 신분인정, 각종 포상제도, 자원봉사 저축제, 봉사경력의 인정, 세금감면 혜택, 노인복지 서비스이용 우선권 부여 등의 사회적 보상체계는 아직 미흡한 부분이 많이 있다(보건복지부, 2008). 따라서 노인 자원봉사자에 대한 사회적 보상체계를 확대하여야 한다.

### (5) 맞춤형 노인 자원봉사자 DB화

맞춤형 봉사프로그램은 노인 자원봉사자들에 대한 정보를 인력뱅크화한 후 그것을 DB화 하는 것이다. 즉, 노인 자원봉사들이 가진 경험이나 지식, 기술 등을 활용하여 그들이 가진 자원을 적재적소에 배치하는 방식이다. 따라서 이들에게 맞는 맞춤형 프로그램 개발이 시급하다.

#### (6) 봉사에 대한 동기부여와 인식의 변화

노인 자원봉사에 대한 가치인식 강화 교육이 강조되어야 한다. 노인 자원봉사활동은 노인 자원봉사자에 의해 자발적으로 사회를 변화시키는 활동이다. 따라서 노인 자원봉사가 노인들에게 지속적으로 자원봉사에 대한 위상과 자부심을 높여줄 수 있어야 하며 또 이들의 참여를 위한 홍보도 적극적으로 지속적으로 해야 한다(류기형 외, 2009).

## 4. 장애인의 자원봉사활동

### 1) 장애인 자원봉사활동의 의의

장애인은 전통적으로 자원봉사의 주요 대상으로 여겨져 왔으며 사회복지 서비스의 수혜자로만 인식되어 왔다. 그러나 최근 장애인을 자원봉사의 대상이 아닌 주체로서 인식하기에 이르렀다. 이러한 인식은 자원봉사활동을 단순히 받는 자와 주는 자의 양분법적인 관계가 아닌 자원봉사 대상자와 참여자간의 상호작용을 통한 협력자로 보는 것이다.

장애인 자원봉사활동의 의의를 개인적인 측면과 사회적인 측면에서 살펴보면 먼저 개인적 측면에서 서비스 수혜자로서의 입장에 처해있던 사람이 서비스 제공자로서 자원봉사활동에 참여할 경우 스스로 유용감을 느끼거나, 사회적 고립으로부터 탈피하여 소외감이 감소되며 의사소통을 할 수 있는 기회를 부여 받고 유용한 여가시간을 보낼 수 있게 된다. 동시에 사회적 지위와 역할을 보충하게 된다.

사회적 측면에서는 사회적 의식 변화로 장애인들의 가치 있는 역할수행을 통해, 그리고 지역사회에 참여하고 일반인들과 접촉함으로써 장애인에 대해 보다 긍정적 태도를 갖게 하여 사회적 인식변화에 기여한다. 모두가 더불어 살 수 있는 사회통합을 성취할 수 있다.

장애인의 자원봉사활동은 저가치화된 장애인의 사회적 역할에 대한 사회적 인식을 긍정적으로 변화시킨다. 동시에 장애인은 자원봉사활동을 함으로써 자신감과 여러 가지 사회적 기술을 발전시키고 새로 습득하여 능력을 개발하게 되며, 대인관계를 형성하면서 자기 발견 및 자기표현의 기회를 가지게 된다. 장애인의 자원봉사활동은 사회복지의 궁극적 목표인 사회통합과 장애인 삶의 질 향상에 기여하는 사회참여이다.

### 2) 장애인의 자원봉사활동 참여 실태

장애인이 자원봉사활동의 주체로 인식되기 시작한 것은 최근의 일이며, 아직 이에 대한 논의가 활발하게 전개되지 못하고 있는 실정으로 장애인의 자원봉사활동 참여에 대해 아직 사회적으로는 물론 장애인 자신들조차도 그 중요성과 가능성에 대해 그다지 크게 인식하지 못하고 있는 상황이다. 장애인은 장애에 의한 신체기능의 상실로 인해 봉사활동 참여영역이 제한된다. 지체장애인의 경우 다른 유형의 장애인에 비해 사회참여율이 비교적 높은 편이지만, 장애 부위와 정도에 따라 활동상의 제약으로 일반인들에 비해 참여 가능한 영역이 극히 제한된다.

그러나 장애인의 사회참여를 제약하는 인적·물리적 장벽이 제거된다면, 장애인이 한 사람의 시민으로서 자신이 가진 자산을 최대한 활용하여 보다 폭넓고 다양한 자원봉사활동에 동참할 것으로 기대된다.

장애인의 자원봉사 참여경향을 간접적으로 보여주는 자료로, 장애인가구의 자원봉사활동 현황 조사 결과(부산시 사회복지기초욕구조사, 2005년) 장애유무와 자원봉사활동의 관계는 장애인가구와 비장애인가구 모두 9.8%가 자원봉사활동을 하는 것으로 조사되어 두 집단 간 자원봉사활동의 정도는 차이가 없는 것으로 나타났다. 2004년에 1년간 자원봉사활동 빈도는 거의 매일 자원봉사를 한 봉사자는 장애인가구가 17.5%로 비장애인가구의 5.5%에 비해 훨씬 높게 나타났다. 정신장애인 자원봉사 프로그램 사례로는 정신장애인(진단명 : 정신분열증) 봉사자가 장애인복지시설에서 청소, 빨래, 산책보조, 침구 및 옷장정리, 오락 등의 자원봉사활동을 하였고, 노인요양원에서 목욕시키기, 안마, 말벗 등의 자원봉사활동을 하였다.

### 3) 장애인 자원봉사 프로그램의 특징

많은 장애인들이 자원봉사활동을 희망하지만 능력이나 지식의 부족, 장애 자체의 문제, 인식부족 등으로 실제 봉사활동으로 이어지기 어렵다. 장애인의 자원봉사활동을 현실화하기 위해서는 이들이 적절한 활동을 선택하고 필요한 능력을 갖추도록 활동여건을 조성하는 준비과정이 필요하다.

예를 들어 장애인 자원봉사자와 비장애인 자원봉사자가 짝을 이루어 봉사활동을 하게 하여 비장애인 봉사자들이 역할모델을 제공한다. 이는 장애인과 비장애인과의 긍정적인 상호작용 기회를 제공하면서 지역사회에 대한 접근을 좀 더 용이하게 할 수 있다. 이때 협력자는 전문가가 아닌 일반인으로 하는 것이 바람직하다. 따라서 필요할 경우 이들에게 장애인에 대한 교육을 제공할 필요가 있다. 장애인 자원봉사자보다 앞서거나 혼자 모든 것을 하려고 하지 않도록 주의하도록 하며, 봉사과정에서 장애인이 수행하는 역할에 대해 강화, 지지하는 역할을 한다.

### 4) 장애인 자원봉사 프로그램의 단계

#### (1) 준비

① **사정**: 자원봉사자로서 장애인에 대하여 개별 및 집단의 역량, 욕구, 한계 등을 사정한다.

② **자원개발**: 장애인이 자원봉사를 할 수 있는 지역사회의 장소 및 자원을 탐색하고 발굴한다.

③ **교육 · 훈련**: 장애인이 지역사회에서 자원봉사활동을 하기 전에 미리 숙지하고 익혀야 할 기본적인 사항 및 기술에 대한 교육 · 훈련을 한다.

#### (2) 자원봉사활동 실시

봉사기관별로 준비된 구체적 매뉴얼에 따라 자원봉사활동을 진행한다. 이때 일반인 협력자가 함께 참가하도록 한다.

#### (3) 평가 및 종결

자원봉사활동 전체 과정 및 목표 달성에 대하여 평가하고 종결한다.

### 5) 장애인 자원봉사활동 활성화 방안

#### (1) 자원봉사 영역의 차별화

자원봉사 영역에서 장애인의 인력 활용을 극대화하기 위해서는 장애인 개개인이 '할 수 있는 것'과 '할 수 없는 것'에 대한 정확한 사정이 이루어져야 한다. '할 수 없는 것' 가운데서도 활동의 차별화를 통해 가능성의 증대를 도모하거나 일정 보조장치나 편의시설 확충을 통해 '할 수 있는 것'으로의 전환을 최대화하는 것이 필요하다. 예를 들어서 지체장애인은 차량봉사, 전화상담, 안부전화, 말벗하기 등의 자원봉사활동을 하고 시각장애인은 안마, 침술, 지압서비스, 점자교육, 전화상담, 말벗하기 등의 자원봉사 영역에서 활동할 수 있다.

#### (2) 팀워크를 활용한 참여유도

여러 가지 기능을 요구하는 복합적인 활동의 경우 봉사활동을 세분화하여 관련 자원봉사자들을 팀으로 구성해서 활동하도록 한다. 예를 들어서 중증장애인 외출동반서비스에서 운전이 가능한 지체장애인과 외출동반이 가능한 노인으로 2인1조 봉사팀을 구성하여 팀으로 참여하도록 유도한다.

#### (3) 인터넷 기술 활용

인터넷은 예전에는 물리적인 환경 때문에 접근하지 못했던 자원봉사활동 현장에 대한 제한을 없애줄 수 있다.

#### (4) 장애인들의 자원봉사활동 환경기반 강화

장애인의 자원종사활동을 원활하게 하기 위하여 장애인들의 교통이용에 대한 접근성 증진 및 이용 편의성과 적절성을 보장하도록 하는 환경을 조성한다. 예를 들어서 교통약자이동편의 증진계획의 실행에 관한 모니터링 활동 강화, 장애인교통지도 및 보급 등을 통하여 참여할 수 있다.

장애인들을 특수한 욕구가 있는 개인으로 인정하고 사회참여의 기회를 제공한다. 자원봉사활동에 참여하는 장애인들의 모든 기능이 반드시 최고 수준에 달해야 하는 것으로 보지 않고 그들이 갖고 있는 능력을 최대한 발휘할 수 있는 기회를 주고, 그럴 수 있는 환경을 조성하는 것이 필요하다.

## 5. 여성의 자원봉사활동

### 1) 여성 자원봉사활동의 의의

우리나라의 자원봉사활동에 대한 기존 연구들을 살펴보면 여성 자원봉사자들을 중심으로 주로 사회복지분야에 편중되어 이루어져 있다. 여성들은 우리사회 자원봉사활동의 중추적 역할을 담당해 온 주체들이며, 여성 개인의 발전측면에서나 사회적 영향력의 측면에서 자원봉사활동을 통해서 다양한 의의를 찾을 수 있다.

### 2) 여성 자원봉사활동의 연혁과 현황

#### (1) 여성 자원봉사활동의 연혁

우리나라의 현대적 의미의 자원봉사활동은 근대 조선 이후 기독교와 민주사상이 들어오면서 교회와 일반단체, 여성단체들을 통하여 시작되었다(김영호 외, 2004). 1903년 한국기독교청년회(YMCA)에서 청년들의 자원봉사활동이 시작되었으며, 여성이 주축이 되어 자원봉사활동을 시작한 것은 1921년 마이어스 선교사가 태화기독교 여자관에서 빈민여성과 아동의 복지를 위해 사업을 시작한 것에서 그 기원을 찾을 수 있다. 해방 이후인 1947년에 대한적십자사가 적십자부녀봉사대를 발족하여 활동을 시작하였고 이후 1960년대를 거치면서 자원봉사활동의 조직화에 많은 기여를 했으며 현재에도 우리나라의 대표적 여성 자원봉사단체로 전국적 조직망을 갖고 다양한 자원봉사활동을 전개하고 있다.

#### (2) 여성 자원봉사의 현황

1999년 여성 자원봉사자 실태조사에서 여성 자원봉사자의 89%가 전업주부인 것으로 나타났다(한국여성개발원, 1999).

자원봉사활동에 참석하게 된 경로를 보면 친구, 직장동료 등 아는 사람을 통한 경우(37%), 친선모임이나 종교단체 등을 통해서 참여한 경우(30.9%), 방송이나 신문(7.4%), 자원봉사 관련단체(4.9%) 등의 순으로 나타났다. 자원봉사활동의 참여 동기는 종교적 소신(44.4%), 자기발전(32.1%), 사회문제 해결(22.2%), 지역사회 공헌(27.2%)

으로 나타났다. 자원봉사활동의 애로사항으로는 교육 · 연수의 불충분(49.7%), 조언자의 부재(19.8%), 담당직원과의 불화(17.3%), 수혜자의 자기중심적 태도(9.9%), 수혜자의 고마움 결여(8.9%)순으로 나타났다.

또한, 향후 주부 자원봉사자의 희망 참여 형태로는 단독(7.6%), 조직(40.8%)이나 집단(34.1%) 소속해 활동하는 것, 특히 가족단위의 활동을 상대적으로 선호(12.8%)하는 것으로 나타났다. 선호 활동 시간대는 평일 낮(43.6%)과 주말이나 공휴일(23.7%)로 나타났다. 선호 봉사 대상자는 소년소녀가장, 장애인, 노인, 말기환자의 순이었다.

그리고 자원봉사활동에 대한 개선사항을 묻는 질문에서는 자원봉사에 대한 인식과 개선(47.9%), 자원봉사자의 적재적소 배치(44.5%), 오리엔테이션과 교육(38.9%), 자원봉사자들의 조직화(25.6%), 모집 전략과 방법(11.4%)순으로 나타났다.

### 3) 여성 자원봉사활동의 발전 방향

#### (1) 여성 자원봉사자의 양적 · 질적 개발 필요

주부 자원봉사자 수의 확대, 높은 중도 탈락률을 고려하여 기존의 자원봉사자를 지속화시키고 활동을 다양화하는 질적 개발이 필요하다. 또한, 현재 활동 중인 여성 자원봉사자들이 일부 계층에 한정되어 있음을 고려하여 더 많은 여성들이 자원봉사활동에 참여할 수 있도록 여성 자원봉사자의 수를 확대시켜야 한다.

#### (2) 여성의 특성을 고려한 전문적 프로그램 개발의 필요

여성의 자원봉사활동 참여형태는 개별적인 활동보다는 조직이나 집단에 소속하여 활동하기를 원했다. 그러므로 더 많은 여성들의 자원봉사활동 참여를 유도하기 위하여 소집단 중심의 활동 프로그램 개발이 필요하며 우리 실정에 맞는 가족단위의 활동 프로그램 개발이 필요하다.

#### (3) 아동 및 노인 부양기능을 지원할 수 있는 인프라 구축의 필요

여성들의 자원봉사활동 참여를 위해서 육아시기의 여성들에게 시간제 보육서비스의 제공, 가정봉사원 파견 사업, 주간보호사업 등의 서비스 등이 필요하다고 하겠다.

### (4) 여성 자원봉사 준전문가 및 전문가 양성

자원봉사활동은 개인적 차원에서 여성들의 자기발전의 기회를 제공해 줄 뿐만 아니라, 사회적 차원에서도 여성들의 지속적인 자원봉사활동 참여를 위하여 여성지도자 개발 및 인력 개발에 기여할 수 있는 준전문가 및 전문가 양성이 필요하다.

### (5) 빈곤가정 주부를 위한 지원확대의 필요

빈곤가정의 주부가 자신도 서비스 대상자의 신분에서 벗어나 사회에 기여할 수 있다는 것을 확인시켜 줌으로써 자긍심은 물론 사회적 박탈감을 완화화고 사회적 통합을 증진시킬 수 있는 유용한 경험이다. 자원봉사활동에 참여한 시간에 해당되는 경제적 지원 및 소요 경비를 지원해주는 것과 함께 공공시설 및 문화공연 무료이용 등의 인센티브를 제공하는 것을 고려해 볼 수 있다.

### (6) 자원봉사활동에 대한 전 국민 계몽의식 및 의식교육

여성 자원봉사활동이 국가적 · 사회적 차원에서 이루어질 수 있도록 하기 위하여 범국민적 홍보나 교육이 필요하다.

## 6. 가족의 자원봉사활동

가족 자원봉사활동이란 가족이 한 단위로서 봉사활동에 함께 참여하는 것을 의미하는 것으로, 대체로 최소한 2명 이상의 가족 구성원이 함께 봉사활동에 참여하는 것을 말한다. 보통 참여하는 가족의 구성은 부모와 자녀, 부부, 조부모와 손자녀, 형제나 자매 등으로 구성되어 있다.

## 1) 가족 자원봉사활동의 효과

### (1) 가족에 대한 효과

① 가족에 대한 이해 및 유대관계 강화

- 가족과 함께 활동하는 시간이 많아지므로 가족의 유대관계가 강화된다.
- 가족단위의 자원봉사활동은 가족 구성원들 간의 이해와 유대를 증진시켜 주고 돈독한 인간애를 느낄 수 있도록 해주므로 세대갈등을 해소할 수 있다.
- 가족 자원봉사활동은 대화의 단절로 발생할 수 있는 가족문제를 미연에 방지시켜 준다.
- 가족 자원봉사활동의 경험은 가족 구성원으로 하여금 건강한 가정을 이룰 수 있도록 노력하게 만든다.
- 가족 단위의 실천적 체험을 통하여 공동체적으로 기쁨과 보람을 느끼게 하기 때문에 유익한 학습장이 된다.

② 자녀에게 주는 교육효과

- 가족 자원봉사활동은 함께 더불어 사는 건강한 삶의 자세를 배우게 된다.
- 가족 자원봉사활동은 자녀에게 봉사활동을 통하여 사회적 연대감과 공동체의식 및 시민의식을 강화시켜 줄 수 있다.

### (2) 지역사회에 주는 효과

가족 자원봉사활동이 지역사회에 미치는 효과는 인식의 변화, 사회문제의 예방, 지역사회 연대의식 강화로 나누어진다.

① **인식의 변화**: 가족 자원봉사활동은 지역사회나 기관에서 다수의 자원봉사자를 제공하여 자원봉사에 대한 인식을 변화시키므로 저변확대의 계기를 마련한다.

② **청소년문제 예방**: 가족 자원봉사활동은 비행청소년의 문제를 감소시켜 치료 및 예방의 효과에도 일조할 수 있다. 또한 일반 청소년들도 자기성찰의 기회를 가짐으로써 향후 진로를 결정하는 데 도움을 줄 수 있다.

③ **지역사회 연대의식 강화**: 가족 자원봉사활동을 통해 이웃간의 화합을 도모하여 공동체 의식을 함양하고, 어린 자녀들로 하여금 민주시민으로써 성숙한 소양의 장을 마련해 주어 좋은 사회적 유산을 후세대에 전달할 수 있다.

### 2) 가족 자원봉사활동 영역

- **사회복지**: 사회복지시설 봉사활동, 모금활동 돕기, 어려운 이웃 방문봉사 등
- **지역사회 운동**: 공원, 놀이터 가꾸기, 쓰지 않는 장난감이나 책 수집 캠페인
- **환경**: 자연보호활동, 생태환경탐사 등
- **문화예술**: 문화 행사 및 유적 보존활동 등

### 3) 가족 자원봉사활동의 발전 방향

많은 자원봉사센터에서 하나의 대안으로서 가족 자원봉사활동에 대한 관심이 증대되고 있으나 아직 해결해야 할 과제들이 많다(이팔환 · 백남덕 · 권정임, 2012).

#### (1) 자원봉사센터 행정지원체계의 통합화

현재 운영되고 있는 대표적인 자원봉사센터는 시도별 자원봉사센터, 청소년자원봉사센터, 여성자원봉사센터, 자원봉사안내센터 등이 있는데, 각기 소관부서가 다르며, 지방자치단체 수준에서도 업무가 구분되어 있다. 가족 자원봉사단은 주로 시도별 자원봉사센터에서 운영을 하고 있으나 그 현황은 아직 파악하기 힘들다(최덕경 외, 2006).

#### (2) 가족 봉사활동의 특성을 고려한 가족단위 프로그램 개발

현재 가족 자원봉사활동은 일반 자원봉사활동과 동일하게 사회복지 분야에 치중이 되어 있다. 그러나 가족단위 자원봉사활동의 활성화를 위해서는 봉사가족의 특성을 고려한 다양한 분야의 프로그램 개발이 필요하다.

#### (3) 수요처를 고려한 프로그램 개발

가족 자원봉사활동을 실시한 수요처에 따라서 유의해야 할 점이 있다. 가족 자원봉사활동을 계획하는 기관에서는 자원봉사 수요처와 활동내용에 대한 정확한 자료 수집과 진단을 통해 가족 자원봉사활동이 효과적으로 이루어질 수 있도록 하는 프로그램 개발이 필요하다.

#### (4) 중도탈락에 대한 예방책 마련

가족 자원봉사활동에 참여하는 가족의 경우 중고등학교에 다니는 자녀를 둔 가족들이 큰 비중을 차지하고 있다. 그 이유는 상급학교 진학 시 유리한 사회봉사활동 점수를 얻기 위해서 자원봉사활동을 한다. 또한 가족 자원봉사활동은 가족이 함께 참여할 수 있는 시간계획이 어렵기 때문에 봉사활동이 일회성으로 끝나거나 중도탈락하는 경우가 많다. 이러한 특성을 고려하여 가족 봉사단을 운영하는 과정에서 중도탈락 가정을 미연에 예방하는 전략이 필요하다.

#### (5) 유급휴가제도 시행

가족 자원봉사활동의 장애요인 중에는 가족이 함께 참여할 수 있는 시간계획이 어렵다는 점이다. 앞으로 직장인의 주5일 근무제와 학교에서의 토요일의 휴일로 인해서 주말을 이용한 가족 단위의 자원봉사활동은 더 증가하게 될 것이다. 따라서 자원봉사센터에서도 직원들의 근무시간을 탄력적으로 조정할 필요가 있으며 가족 구성원의 학교, 직장의 적극적 협조가 필요하다.

#### (6) 가족 자원봉사활동에 대한 적극적 홍보

청소년들의 봉사활동 의무제나 각 기업의 봉사활동에 대한 인센티브로 인해 가족 자원봉사활동은 증가를 하고 있는 추세이나 이 경우 필요한 시간을 채우고 나면 탈락하는 경우가 많다. 이는 자원봉사활동에 대한 기본인식의 부족 때문으로 볼 수 있다. 그러므로 자원봉사활동에 대한 지속성을 위해서 그 의미와 정신, 효과에 대한 홍보가 필수적이다.

## 7. 종교계의 자원봉사활동

### 1) 종교계 자원봉사활동의 필요성과 의의

복지다원주의(Welfare pluralism) 시대를 맞이하여 복지사회의 이념에 따라 다양한 사회안전망 장치를 마련하고 인간생활의 문제를 예방하고 해결하고자 노력하고 있다. 그러나 국가의 사회복지적 대책과 노력만으로는 한계가 있음을 인식하고 종교단체 구성원 모두가 함께 책임질 필요가 있다.

민간부문 중 종교계는 인적, 시설, 제정 자원 등 다양하고 풍부한 자원을 보유하거 있어 사회복지의 공급주체로서 많은 잠재력을 갖고 있고, 실제로 다양한 사회복지활동을 전개하고 있다. 뿐만 아니라 종교계는 빈민구제 및 사회봉사 등을 기본철학으로 하고 있어 사회복지의 기본이념과 상통하는 점이 많이 있다. 종교는 사회복지의 주요한 다섯 가지 동기 가운데 하나인  신자에게 자선활동으로 서로 협동하는 것을 의무화하고 있고, 일반사회에서 구제를 필요로 하는 사람들에게도 자선활동을 펼치도록 하기 때문에, 종교계의 잠재적 자원을 조직화하고 활성화한다면 종교계의 자원봉사활동은 21세기의 복지공동체문화을 형성하는데 기여를 할 것이다(Macarov,1978).

종교단체와 같은 민간차원에서의 사회복지실천은 “시민들의 참여를 확대시키고 조직적으로 자원봉사를 활용함으로써, 지역사회를 위한 사회복지서비스의 중요성에 대한 사회적인 인식을 증폭시키고 실질적인 서비스가 제공되도록 할 수 있다.”는 정책적 효과를 가진다고 하였다(Weddell, 1986).

### 2) 종교계 자원봉사활동의 원칙

종교계 자원봉사활동은 종교의 이념적 사명인 이웃사랑, 자비심 등에 바탕을 두고 실천하고 있다. 평등성에 입각하여 성별, 연령, 지역, 종교 등에 관계없이 필요한 서비스를 제공한다. 복지공동체 문화를 형성하기 위하여 신자들의 자발성에 기초하여 전개하는데, 종교계 자원봉사활동은 기본적으로 국가책임의 역할을 명확히 하고  공적복지의 한계를 보완한다는 입장을 전제로 하여 공적사회복지관 기관의 역할을 보완하거나 보충적 기능을 수행하도록 한다. 각 종교의 특성에 입각한 창의적 프로그램을 개발하는데 주력하며, 각 종교계의 조직과 기구인 사찰, 교회, 성당 등뿐만 아니라 다른 종교계의 조직과 단체들이 함께 네트워크를 구축하여 실시한다. 그리고 단순한 자선활동의 수준을 넘어서 수요자의 문제예방과 치료 및 자립을 지향하는 활동을 전개한다.

### 3) 종교계 자원봉사활동의 현황

통계청(2005년) 조사에 따르면 우리나라 종교인구는 전 인구의 53.1%로 불교(43.0%), 기독교(34.5%), 가톨릭(20.6%), 유교(0.4%), 기타(1.4%) 순으로 분포되어 있다.

각 종교에 내재된 가치나 이념인 이웃사랑, 자비 등이 자원봉사실천에 있어서 중요한 사상적 기반으로서의 역할 수행한다. 봉사활동에 필요한 자원봉사 관련 조직 및 기구, 예를 들어 사회복지재단, 사회복지국, 사회부, 자원봉사센터 등을 갖추고 있다. 각 종교계는 종교적 특성을 갖춘 서비스를 제공함으로써 공공복지 부문에 대해 보완적 기능을 훌륭히 수행해 나가고 있다. 전반적으로 단체에 소속되어 있는 사람들이 그렇지 않은 사람들에 비해 자원봉사 참여를 많이 하는 것으로 나타났는데, 그 중 종교단체에 소속되어 있는 사람들의 자원봉사 참여율이 39.5%로 높게 나타난 편에 속하였다(이강현 외 3인, 2005).

### 4) 종교계 자원봉사활동의 문제점

종교계 자원봉사활동의 문제점을 정무성(1999)은 예산편성의 소극성, 사업의 비전문성, 전달체계의 비체계성, 전문 인력의 부족, 종교사회복지 개념의 미정립 등의 다섯 가지로 이야기 하였다.

종교계는 봉사활동에 필요한 기본적인 구조는 갖추고 있으며, 수직적 조직체계는 마련되어 있으나 각 종교의 기초단위 조직간 상호연계 및 통합을 위한 수평적 조직시스템의 구축이 미약하다. 기초단위 조직의 자원봉사활동 활성화를 위한 마스터플랜이 마련되어 있지 못하다. 자원봉사단체, 수요처와의 연계가 잘 안되어 있고, 전문 인력이 부족하며 예산편성의 소극성, 사업의 비전문성, 종교 사회복지(자원봉사) 개념의 미정립, 선교사업의 일환, 시혜적 차원에서의 봉사활동이라는 문제점이 있다.

### 5) 종교계 자원봉사활동의 활성화 방안

자원봉사활동에 대한 올바른 이해가 필요하다. 자원봉사활동을 효과적으로 추진할 수 있도록 전달체계를 체계화하고 자원봉사활동의 전문적인 실천방법과 프로그램의 활용 및 개발이 필요하며, 이에 대한 지원체계가 강화되어야 한다.

전문적인 영역에서 자원봉사를 할 수 있는 인력 개발과 자원봉사에 대한 교육 · 훈련을 실시하여 자원봉사에 필요한 태도, 지식, 기술을 습득하도록 한다. 종교계 자원봉사활동의 전문화를 위해 전문 인력이 충원되어야 한다. 지역사회 전문기관과 협력체계를 구축하여 교육 · 훈련, 자원봉사 관리에 대해 도움을 받도록 하고, 자원봉사활동을 협력하여 추진한다. 자원봉사활동에 대한 예산 지원을 확대하고 종교계의 자원봉사활동 실태에 대한 체계적인 기초자료를 확보하여 자원봉사활동 방향을 수립하는 것이 종교계의 자원봉사활동 활성화를 위하여 필요하다.

## 8. 기업의 자원봉사활동

기업 자원봉사활동은 기업의 사회공헌활동을 표현하는 용어로써 기업이 임직원들의 자원봉사활동을 정책적으로 유도하며, 시간과 기술을 지역 사회에 제공하고자 하는 임직원들의 자원봉사활동을 공식적으로 지원하는 활동을 의미한다.

기업과 사회의 올바른 관계형성은 건전한 자유 기업체제의 발전을 위해서 매우 중요하다. 최근 기업의 사회적 기대가 상승되고 있음을 감안할 때 기업은 이러한 사회 · 심리적 변화에 대응하여 선도적 기업들을 중심으로 기업 자원봉사 프로그램 개설과 같은 혁신적 노력이 전개되고 있다.

### 1) 기업 자원봉사활동의 발전과정

'기업의 자원봉사' 또는 '기업의 사회봉사'라는 단어는 1970년대 이후 미국 기업들이 사원들의 자원봉사활동을 기업차원에서 제도적으로 지원해 주면서 등장하였다. 우리나라에서 기업차원의 자원봉사활동이 시작된 것은 1990년대 이후로, 1994년 삼성에서 최초로 그룹차원에서 사회봉사단을 창단하였다.

기업의 자원봉사활동은 '사회적 책임의 수행'이라는 새로운 경영이념에 의한 것으로, 기업도 사회 속에서 다른 구성원과 더불어 잘 살 수 있는 길을 모색해야 하며, 여러 가지 문제해결과 윤리준수의 주체로서 적극 참여해야 한다는 의도에서 권장되고 있다. 기업 자원봉사활동은 기업의 사회적, 경제적 목적들을 달성하게 도와

주고, 근로자들의 욕구를 충족시키는 역할을 하고 있어 기업들이 전략적으로 전개하고 있는 추세이다.

## 2) 기업 자원봉사활동의 중요성 및 필요성

### (1) 기업 자원봉사활동의 중요성

기업 자원봉사활동은 기업체 자체들이 추구하는 전반적인 경제적 · 사회적 목적을 달성하고, 기업의 다양한 구성요원들 및 이해 당사자들의 기대에 부응하는 데 있어서 가장 적절하고 효과적인 도구로서의 역할을 한다. 그리고 지역사회가 열망하는 인간적 · 사회적 그리고 경제적으로 매우 어려운 문제를 해결하기 위한 인간적 재능과 에너지를 공급할 수 있는 근원이 된다. 기업은 다른 어느 곳에서도 얻기 어려운 특정 기술과 전문성을 구비한 사람들로 구성되어 있으며, 자발적인 의지로 참여하는 봉사의 손길을 제공할 수 있다.

기업은 개인이 일생을 통해서 자기 자신과 타인을 도울 수 있는 방편으로서의 자원봉사활동을 지원하고 격려함으로써 기업이 도덕적으로 올바른 위치를 지키고 이것이 자체의 노동인력을 강화하게 한다.

### (2) 기업 자원봉사활동의 필요성

기업 자원봉사활동은 기업의 공공이미지와 평판을 높이고, 지역사회와의 관계 증진 및 우호관계의 형성이라는 장기적인 경영전략의 차원에서 필요하다.

사회구성원이면 누구나 참여해야 한다는 사회에 대한 책임감, 도덕윤리 의식을 고취시키는 기회를 마련하여 개인의 사회적 사명을 성취하는 보람을 느끼게 한다. 도덕적이고, 자선적인 차원에서 참여가 이루어지는 가운데 직원들의 인성계발과 좋은 조직문화를 형성하여 사기를 높이는 등 인력 및 조직 개발의 차원에서 필요하다.

### 3) 기업 자원봉사활동의 효과

#### (1) 기업의 효과

직접적으로 이윤확대에 기여하는 측면에서는 기업의 이미지 제고 효과가 있다. 기업의 자원봉사활동 참여는 소비자에게 우호적인 기업 이미지를 갖게 하고, 그 기업의 상품을 선호하게 하는 효과를 가진다. 직원 간 인화 및 인적자원 개발의 측면에서 사원들은 자원봉사활동을 통해 각자의 기술을 발휘하며 팀워크의 필요성을 깨닫고, '우리'라는 집단 가운데 '나' 자신의 역할을 찾는 기회를 가지며, 지도력과 자기계발 훈련기회를 가지게 된다.

기업은 자원봉사활동을 통해 보다 나은 지역사회와의 관계를 형성할 수 있으며, 기업의 이미지를 증진시키는 효과를 얻을 수 있다. 기업에 유리한 환경을 조성하여 장기적 이윤창출에 기여한다는 점을 생각해볼 수 있다.

#### (2) 자원봉사 참여 임직원의 효과

팀워크를 통해 개인역량을 강화할 수 있고, 창의적이고 미래지향적인 사람이 될 수 있다. 다양하고 특정한 분야의 사람들과 일하는 경험을 통하여 문제해결을 위한 전략기술을 습득하고 리더십과 관리기술을 배양하여 자의식을 강화시킬 수 있다. 그리고 위험을 감수하고 어떤 일을 할 수 있는 사기가 증대될 수 있다.

사기 진작과 새로운 생활체험을 통해 자기 스스로에 대한 성찰의 계기를 갖게 하며 임직원들의 자기가치 향상에 기여할 수 있다. 자신의 재능을 발휘해 사회에 기여한다는 느낌과 도움을 제공하는 것을 통해 자신의 존재가치를 확인할 수 있는 계기가 마련되며 새로운 삶의 기술을 습득하고 새로운 사람들을 접촉함으로써 성장의 기회를 제공받는 기회가 될 수 있다.

#### (3) 자원봉사 활용기관의 효과

기업의 우수한 인적 자원 및 풍부한 물적 자원을 활용할 수 있는 좋은 기회가 되며 기업과의 파트너십을 통해 자원봉사활동을 효과적으로 추진할 수 있다.

#### (4) 지역사회의 효과

기업이 가진 풍부한 자원들이 지역사회에 제공됨으로써 지역사회의 발전에 기여하도록 한다. 따라서 지역사회가 안고 있는 다양한 사회문제를 해결하는데 일조할 수 있다는 점에서 중요한 이점이 된다.

### 4) 기업의 자원봉사활동 현황

전경련(2005)의 “기업 · 기업재단 사회공헌 백서”에 의하면 전체 직원의 76% 이상이 사회공헌활동에 참여하고 있었으며, 연간 평균 기업의 자원봉사 건수는 1,094건, 1인당 투입하는 평균 봉사활동시간은 7시간으로 나타났다. 또한, 전경련 · 한국비영리학회(2005)의 “기업사회공헌 공동지표 개발 연구보고서”에 의하면 봉사활동분야는 봉사시간과 참여인원 모두 사회복지 분야에 집중되어 있었으며, 다음이 환경분야, 문화예술, 응급재난 등의 분야에서의 봉사활동은 미미한 것으로 나타났다. 한편, 기업 자원봉사활동의 애로사항으로는 봉사처 및 프로그램 개발의 어려움(36.4%), 시간과 재정적 여건 부족(29.5%)이 가장 많이 지적되었다.

‘2009 사회공헌백서(전경련 발간)’에 의하면 기업의 90.3%가 사회공헌활동을 위해 전담 또는 담당자를 두고 있었으며, 사회공헌활동을 위한 예산제도를 정비한 곳도 전체의 89.9%에 달했다. 또한, 임직원들의 사회봉사활동을 촉진하기 위한 제도의 도입률을 살펴보면, 전사차원의 봉사조직 도입(80.9%), 봉사활동 휴가제도 도입(58.6%), 사회봉사활동자 등록제도의 도입(51.4%), 봉사활동 교육프로그램의 도입(48.7%)으로 보여진다. 이처럼 기업들의 사회공헌활동이 왕성하게 추진되고 있는 것은 우리 기업의 사회적 책임의식이 과거에 비해 한층 성숙해졌음을 보여준다고 하겠다. 그러나 아직까지 우리나라의 경우 기업 임직원들이 조직적으로 참여하는 기업 자원봉사활동은 그다지 활발하게 전개되고 있지는 못하고 있다. 자원봉사활동이 기업에 주는 혜택들에 대해 기업들이 긍정적으로 인식하기 시작하였고, 기업의 자원봉사활동의 중요성에 대한 공감대도 크게 확산되고 있어 기업차원의 자원봉사활동은 점차 확대될 것으로 전망된다.

### 5) 기업 자원봉사활동의 발전 방향

#### (1) 자원봉사에 대한 기업의 확고한 정책 수립

기업 자원봉사프로그램의 존속 및 성공에 가장 크게 영향을 미치는 요소는 경영진인 기업 집행부의 지원이다. 따라서 기업의 자원봉사가 성공적으로 전개되기 위해서는 먼저 자원봉사에 관한 기업차원의 확고한 정책이 수립되어야 한다.

### (2) 자원봉사 실행기구의 설립

기업의 공식조직과 담당자를 지정하여 기업의 자원봉사활동을 수행함으로써 기업의 자원봉사를 정착시키는 것이 필요하다. 자원봉사 전담기구를 설치하거나 기업 내 기존 부서 중 하나를 지정하여 자원봉사 업무를 담당하게 하며, 활동의 중심적 조정자로서 전문관리자 혹은 전담인력을 확보하는 것이 필요하다.

### (3) 자원봉사자 인정과 자원봉사활동 홍보 강화

자원봉사자의 활동사항을 사내 및 외부 홍보매체에 적극 소개하여 자원봉사하는 직원의 사기를 진작시키도록 한다. 그리고 사보 등 정기간행물에 자원봉사 고정란을 배정하거나 연말보고서의 특집란 등을 신설하여 운영하면 자원봉사활동의 홍보에 효과적이다.

### (4) 캠페인 등 특별프로그램 실시

자원봉사활동 분위기를 고양시켜주고 참여를 유도할 수 있는 캠페인 등의 특별프로그램이 효과적이며, 자원봉사대축제가 대표적(미국 촛불재단은 매년 행사 개최)이라고 할 수 있다.

### (5) 인센티브 제공

우수봉사자(팀)에게 포상휴가나 시상제도를 적용한다. 그리고 자원봉사활동 해당 봉사처에 기부금을 제공해 주는 것이다. 자원봉사자 인센티브의 일환으로 우수 자원봉사자가 지정하는 시설에 기업이 기부하도록 한다. 이는 자원봉사자에 대한 직접적 혜택이 아니라 타인에 대해 혜택을 주고 자원봉사자의 결정권을 높여주는 것이다.

### (6) 봉사활동 경비 지원

기업의 임직원 및 직원의 봉사활동 경비 중 일정부분을 회사에서 지원하는 것이 바람직하다.

#### (7) 외부 단체와의 연계 및 공동프로그램 참여 독려

자원봉사활동은 봉사 대상기관의 담당자나 관리자와의 긴밀한 협의와 협조체계가 이루어져야 한다. 그리고 지역의 자원봉사센터나 관련 전문가의 자문과 활동지도를 받을 수 있는 체제를 갖추어 외부 단체와 연계하도록 하고 자원봉사프로그램에 공동 참여하도록 독려하는 것이 바람직하다.

## 9. 시민단체의 자원봉사

### 1) NGO와 시민단체

현대사회의 구조가 날로 복잡, 다양해지는 가운데 개인의 삶의 질을 향상시키려는 욕구가 커지면서 비정부기구(NGO)인 각종 시민단체의 역할이 보다 중요하게 인식되고 있다.

시민단체의 활동은 다양하고 증대된 국민의 복지욕구를 충족시키는 데 중요한 요소가 된다. 특히 소외계층에 대한 보호와 대변, 옹호를 위한 시민단체의 활동은 이들의 복지욕구를 충족시켜 계층 간 위화감을 완화하고 지역사회에의 참여와 사회통합을 위한 중요한 역할을 담당할 수 있다.

### 2) 시민단체의 자원봉사활동 현황

행정안전부 자료에 의하면, 2011년 12월 말까지 1만여 개의 NGO가 정부에 등록되어 있다. 〈표 9-5〉는 우리나라에서 활동하는 대표적인 NGO 활동영역과 그에 따른 주요 단체를 정리한 것이다.

〈표 9-5〉 한국의 영역별 주요 NGO

| 활동영역 | 주요단체 |
|---|---|
| 환경 | 환경운동연합, 녹색연합, 환경정의시민연대, 생명의숲가꾸기운동, 기독교환경운동연대, 한국야생동물보호협회, 한국그린크로스 |
| 인권 | 인권운동사랑방, 민주화실천가족운동협의회, 한국정신대대책협의회, 민주사회를 위한 변호사모임, 강제동원진상규명시민연대 |
| 평화 · 통일 | 우리민족서로돕기운동, 평화를 만드는 여성회, 민족화해협력범국민협의회, 세계평화여성연합, 우리겨레하나되기운동본부 |
| 여성 | 한국여성민우회, 한국여성의 전화연합, 대한YWCA연합회, 한국여성단체연합, 한국여성단체협의회, 한국여성정치문화연구소, 원불교여성회 |
| 예술 · 문화 · 체육 | 문화연대, 여성문화예술기획, 두레, 책사랑회, 국민생활체육협의회, 자전거타기운동연합, 범국민자전거생활진흥회 |
| 교육연구 | 참교육을 위한 전국학부모회, 인간교육실현부모연대, 학벌없는 사회를 위한 모임, 민족문제연구소, 한국인간교육원 |
| 정치문화 | 공명선거실천시민운동협의회, 정치개혁시민연대, 의회를 사랑하는 사람들, 한국여성유권자연맹, 지방의정연구회 |
| 시민계몽 | 새마을운동중앙회, 신사회공동운동연합, 기독교윤리실천운동, 성숙한사회가꾸기모임, 한국장묘문화개혁범국민협의회, 정신개혁시민협의회 |
| 의료 · 보건 | 사랑의 장기기증운동본부, 새생명찾아주기운동본부, 생명나눔실천회, 인도주의실천의사협의회, 청년한의사회, 한국금연운동협의회 |
| 청소년 · 아동 | 흥사단, 청소년을 위한 내일여성센터, 한국YMCA전국연맹, 청소년폭력예방재단, 색동회, 한국걸스카우트연맹, 한국보이스카우트연맹 |
| 복지일반 | 한국백혈병어린이재단, 자비의 집, 이웃을 돕는 사람들, 장애우권익문제연구소 |
| 소비자권리 | 소비자문제를 연구하는 시민의 모임, 한국소비자연맹, 녹색소비자연대 |
| 권력감시 | 참여연대, 반부패국민연대, 민주언론시민운동연합, 한국시청자 연대회의, 사회를 위한 시민회의, 부산참여자치연대 |
| 자원봉사 | 볼런티어21, 곰두리봉사대, 녹색어머니회, 부름의 전화, 생명의 전화, 자원봉사애원, 한국자원봉사연합회, 섬기는 사람들 |
| 경제정의 | 경제정의실천시민연합, 함께하는 시민행동, 한국납세자연맹 |
| 노동 · 농민 | 외국인노동자대책협의회, 외국인노동자의 집, 한국노동연대, 보천노동문화센터, 우리밀살리기운동본부, 전국귀농운동본부, 가톨릭농민회 |

| 활동영역 | 주요단체 |
|---|---|
| 교통 | 녹색교통운동, 어린이교통안전협회, 자동차 10년타기 운동연합, 교통문화운동본부, 한국교통시민협회, 걷고싶은 도시만들기 시민연대 |
| 공동체 | 열린사회시민연합, 다일공동체, 한살림, 두레마을, 인드라망공동체 |
| 국제협력 | 굿네이버스, 월드비전, 지구촌나눔운동, 글로벌케어, 한국어JTS, 세계청년봉사단, 한국국제기아대책기구, 한민족복지재단, 선한사람들 |
| 대안사회 | 나무를 심는 사람들, 미내사클럽, 대안연대회의, 새문명아카데미 |
| 기타 | 아름다운재단, 시민운동정보센터, 헤비타트한국지부, 전국철거민협의회, 시민운동지원기금, 한국청년연합회, 독도수호대, 아름다운가게 |

출처: 김범수 외, 2012, p. 254-255.

### 3) 시민단체 자원봉사활동의 의의

현대의 사회구조가 날로 복잡·다양해지는 가운데 개인의 삶의 질을 향상시키려는 욕구가 커지면서 비정부기구인 각종 시민단체의 역할이 보다 중요하게 인식되고 있다. 정부와 기업의 제3영역으로서 시민사회의 역할이 매우 중요한 위치로 인정되고 있다.

우리사회의 소위 말하는 약자, 즉 빈민, 장애자, 아동, 노인 등과 소외계층에 대한 보호와 대변·옹호를 위한 시민단체의 활동은 이들의 복지욕구를 충족시켜 계층 간의 위화감을 완화하고 지역사회에의 참여와 사회통합을 위한 중요한 역할을 담당하고 있다.

최근 시민단체의 활동은 대단히 다양해져서 인간생활의 모든 영역에서 다양하고 활발한 자원봉사활동이 완성하게 이루어지고 있으며 장차 이러한 활동은 더욱 증가할 것이다.

### 4) 시민단체 자원봉사활동의 발전 방향

#### (1) 조직의 역량 및 전문성 강화

자원봉사자들을 효율적으로 동원할 수 있고, 장기적인 재원 조달 방식안을 기획할 수 있는 인적자원의 확보가 필요하다.

### (2) 시민과의 관계구축을 통한 자발적 참여의 강화

시민단체의 역할과 힘은 커지고 있지만 활동의 주체가 되는 일반시민의 참여가 저조하다. 따라서 일반시민들에게 보다 자연스럽고 친근하게 다가설 수 있도록 실생활과 밀접하게 관련되어 있는 보편적이면서 공감대를 형성할 수 있는 활동을 강화해야 한다.

### (3) 시민단체 상호 간의 연대체계 구축

지역 차원의 문제해결 과정에 효과적이고 효율적으로 대응하고, 직접적인 관여와 감시, 감독을 위해 시민단체 간의 상호협력과 보완의 연대체계 구축이 필요하다.

### (4) 홍보 강화

시민단체 활동에 대한 일반인들의 인식과 이해가 부족하므로 시민단체활동에 대한 이해를 높이고 일반인들의 인식변화를 통한 적극적인 참여를 유도해야 한다.

## 10. 전문직의 자원봉사활동

전문직의 자원봉사란 전문 자격을 가진 자가 그의 자격이나 기술을 통해 전문적 서비스를 제공하는 활동을 의미하는 것으로 최근에 와서 그 중요성이 더욱 강조되고 있다.

노인, 장애인, 아동 등 요보호대상의 증가로 자원봉사자 수요가 증가하고 있다. 이에 따라 서비스의 다양화와 개별성이 요구되면서 서비스 제공에 필요한 전문적 기술이나 지식을 소유한 자원봉사자의 개입이 요구된다.

전문직 자원봉사활동 영역 및 종류는 〈표 9-6〉과 같다.

〈표 9-6〉 전문직 자원봉사활동의 영역 및 종류

| 영 역 | 자원봉사활동 종류 |
|---|---|
| 의 료 | 내과, 치과, 정신과, 정형외과 등 의사, 한의사, 간호사, 물리치료사, 임상병리사 등 |
| 전문교육 | 각종 악기, 미술, 발레 등 예체능 교육지도, 전문학습지도 |
| 상 담 | 청소년상담, 가족상담, 법률상담 등 |
| 외국어 | 영어, 일어, 중국어, 불어 등 |
| 전 산 | 컴퓨터 유지 · 보수, 컴퓨터교육 등 |
| 시설 · 기관 유지관리 | 전기, 안전설비, 위생설비 등 |
| 사진 · 비디오 촬영 | 행사시 사진 · 비디오 촬영, 영정사진 촬영 등 |
| 문 화 | 역사, 예술 분야, 레크리에이션 봉사 |
| 기 타 | 환경, 재난구호 |

## 1) 전문직 자원봉사활동 현황

보건복지가족부 · 한국사회복지협의회(2011)의 “2010년도 사회복지 자원봉사 통계연보”에 의하면 〈표 9-7〉에서 보는 바와 같이 4.04%에 지나지 않는다.

또한, 전문직 자원봉사자 1인당 연간 평균봉사 시간은 19.29시간으로 전체 평균봉사시간인 20.39시간보다 다소 낮았다. 전문직 자원봉사자 1인당 연간 평균봉사 횟수는 5.80회(전체 평균과 동일)로 나타났다. 또한 전문직 자원봉사자들의 주요 활동시간은 주로 주말보다는 주중이 많고, 시간대는 오후 12시부터 18시 사이가 가장 많았다. 전문직 자원봉사자들의 자원봉사 교육 이수자 현황을 보면 4.38명으로 전체 전문직 자원봉사자 30,573명 중 1.4%에 지나지 않았다(보건복지부 · 한국사회복지협의회, 2008).

직업별 자원봉사자 현황을 살펴보면 〈표 9-7〉과 같다.

〈표 9-7〉 직업별 자원봉사자 현황 (단위 : 명, %)

| 총계 | 사무직[1)] | 전문직 | 자영 · 서비스직 | 노무직[2)] | 주부 | 학생 | 기타[3)] |
|---|---|---|---|---|---|---|---|
| 1,353,476 | 123,668 | 54,683 | 23,738 | 36,107 | 157,632 | 725,401 | 232,247 |
| (100%) | 9.14 | 4.04 | 1.75 | 2.67 | 11.65 | 53.60 | 17.16 |

1) 사무직: 공무원, 군인, 사무직
2) 노무직: 기술 · 단순노무직, 농수산업, 무직(퇴직자포함)
3) 기타: 직업을 밝히기를 꺼려한 자원봉사자
출처: 보건복지부 · 한국사회복지협의회(2011). 2010년도 사회복지 자원봉사 통계연보.

### 2) 전문직 자원봉사활동의 의의

전문직의 자원봉사자는 이미 전문적인 기술과 지식을 가지고 있어 서비스의 확대 및 서비스의 질을 향상시킬 수 있으며, 기관에서는 최소한의 시간과 비용으로 경제적 효율성과 효과성을 거둘 수 있다. 이들은 시간적 · 경제적 여유가 있고 시간에 대한 통제력이 있어 자원봉사자로 활동하기에 유리한 조건을 가지고 있다. 지역사회에서의 활동력과 설득력을 가지고 있어 문제해결에 필요한 인적 · 물적 자원을 동원하는데 효과적이다. 자원봉사활동의 계획과정부터 전문적인 자문이나 조언을 통해 자원봉사관리자를 도울 수 있으며 교육 · 훈련에 투입되어 이론과 실제를 통합시키는데 유리하다. 더욱이 이들의 참여는 사회계층간의 통합에 기여할 수 있다는 점에서 의의를 찾을 수 있다.

### 3) 전문직 자원봉사자의 자원봉사활동 발전 방향

#### (1) 전문직 자원봉사에 대한 사회복지시설의 인식 및 운영 체계의 변화

- 전문직 자원봉사자에 대한 가치 인식과 그 활동에 의미를 부여하는 일이 선행되어야 한다.
- 전문직 유입을 위한 다양한 자원봉사 프로그램이 개발되어야 한다.
- 전문직 자원봉사자를 위한 관리 체계의 유기적인 통합체계를 구축한다.
- 관리 직원은 전문직 자원봉사 조정자로서의 역할을 인식해야 한다.

### (2) 전문직 자원봉사자 관리방식의 제고 및 개선 방안

- 전문직이 있는 곳을 직접 찾아가서 홍보하는 등 모집 방식의 개선이 필요하다.
- 전문직 자원봉사자를 위한 별도의 교육프로그램을 개설하고 그 운영을 참가집단 단위별로 다양화 할 필요가 있다.
- 전문직 자원봉사활동의 적합성 향상을 위한 참가 단위별 혹은 직업별 활동지도 방법이 개발되어야 한다.
- 시간 가치에 초점을 둔 실질적인 정신적 보상체계가 마련되어야 한다.
- 활동 지속화를 위한 참가집단의 단위를 중심으로 하는 인정과 평가방식이 마련되어야 한다.

### (3) 외부관련 기관과의 연계활성화

- 지역사회 내 자원봉사활동 관련 기관 간의 전문직 자원봉사자 관리 업무를 위한 연계 방안이 마련되어야 한다.
- 각 전문직 협회와의 공동 협력사업 추진을 통한 연계 통로를 개발해야 한다.

### • 재능나눔 자원봉사 •

조선일보는 창간 90주년을 맞아 한국자원봉사협의회 · 사회복지공동모금회와 공동으로 '재능을 나눕시다' 캠페인을 시작하였다. 봉사자가 자신의 재능으로 나눔을 실천하는 기부 운동으로 재능을 나누고자 하는 기업이나 사회단체, 개인 모두 참여할 수 있다. 도움을 원하는 개인과 단체의 접수를 받아 재능 기부자와 연결하고 있다. 누군가의 슈바이처 · 오드리 헵번 · 마더 테레사 · 키다리 아저씨 · 헤라클레스가 되어 의료, 보건, 건강과 관련된 분야, 문화 · 예술관련 분야, 저소득층 및 사회복지분야, 멘토링, 상담, 교육, 결연분야, 스포츠분야 봉사활동을 하는 것이다. '목소리 재능기부'는 시각장애인들을 위해 오디오북을 녹음하거나, 직접 책을 읽어주는 봉사활동이다. '교육 재능기부'는 부득이한 사정으로 학업을 중도 포기해야 했던 사람에게 무료로 중고등 과정을 가르치는 봉사활동이다. 자신의 재능을 나눌 곳을 찾고 있다면 '재능을 나눕시다(volunteerkorea.or.kr)'를 통해 자신에게 맞는 재능봉사를 찾아보면 된다. 양천수의봉사단은 한국자원봉사협의회에서 주최하고 SK텔레콤에서 후원하는 전문자원봉사 활성화를 위한 재능나눔 공모사업에 선정됐다. 양천수의봉사단은 장수복 제작 기능교육을 수료한 60세 이상 노인 15명으로 구성돼 주1회 장수복을 제작하는 봉사활동을 하고 있다. 지난 2001년부터 총 280여명의 노인들에게 장수복을 전달해 이웃사랑을 몸소 실천하고 있다. 재능을 나눈다는 것이 자신의 전공이나 가장 잘 할 수 있는 분야의 봉사활동을 하는 것으로 봉사자나 수혜자 모두에게 서로 윈윈할 수 있는 좋은 점이 있다. 그러나 이런 활동에서 가장 아쉬운 점으로는 지속성을 꼽고 있다. 앞으로 지속적으로 참여할 수 있는 기반을 조성하는데 주력하여야 할 것이다.

## 확인평가

**1.** 청소년 자원봉사활동의 개인적 필요성이 아닌 것은?

① 인간존중과 태도 형성
② 사회성 개발
③ 진로 선택에 도움
④ 보람 있는 회사생활

**2.** 청소년 자원봉사활동의 의의라고 하기 어려운 것은?

① 성인으로의 준비라는 교육적 효과
② 자신의 잠재력을 개발
③ 청소년들의 정신적 성숙과 발달도모
④ 민주시민의식을 배양

**3.** 기업 자원봉사활동의 활성화 방안으로 적합하지 않은 것은?

① 자원집행부의 무관여
② 자원봉사자 인정 강화
③ 인센티브 제공
④ 봉사활동 경비 지원

**4.** 종교계 자원봉사활동의 문제점으로 적합하지 않은 것은?

① 전문인력의 다양함
② 전달체계 미약
③ 예산편성의 소극성
④ 사업의 비전문성

**5.** 전문직 자원봉사활동의 종류로 적합하지 않은 것은?

① 의료봉사 ② 상담봉사 ③ 문화봉사 ④ 대학생봉사

**6.** 기업 자원봉사활동의 자원봉사 참여 임직원이 얻는 이점으로 적합하지 않은 것은?

① 팀워크를 통해 개인역량강화
② 리더십과 관리기술 배양
③ 문제해결을 위한 동지확보
④ 다양하고 특정한 분야의 사람들과 일하는 경험 획득

**정답**

**1.** ④ ; 보람 있는 여가생활 **2.** ④ ; 공동체 의식을 배양 **3.** ① ; 기업 자원봉사프로그램의 존속 및 성공에 가장 크게 영향을 미치는 요소는 경영진인 기업 집행부의 지원임 **4.** ① ; 전문인력이 부족함. **5.** ④ ; 대학생봉사는 자원봉사자 유형임 **6.** ③ ; 문제해결을 위한 전략기술을 습득할 수 있다.

# 제10장

# 서비스대상별 자원봉사활동

### ◈ 생각해보기

1. 아동 · 청소년을 위한 자원봉사활동은?
2. 청소년을 위한 자원봉사활동의 종류는 어떤 것들이 있을까?
3. 노인 · 장애인의 개념 및 특징은 무엇인가?
4. 노인 · 장애인을 위한 자원봉사활동 시 유의사항은 무엇인가?
5. 병원에서의 자원봉사활동은?
6. 사회복지 시설(기관)에서의 자원봉사활동은?
7. 재난구호 현장에서의 자원봉사활동은?

삶의 질을 추구하는 21세기는 제4의 물결, 이른바 자원봉사의 시대라고 할 수 있다. 이러한 21세기는 자원봉사에 참여하는 사람들과 그들의 활동에 따라 자리매김을 할 것이다. 성장과 평등을 조화시키는 자원봉사자들의 노력이야말로 미래사회의 희망과 행복을 결정시키는 대안이 될 것이다.

## 1. 아동을 위한 자원봉사

아동을 위하여 자원봉사를 할 때에는 봉사에 대한 의욕에 앞서 이 시기의 아동에 대한 충분한 이해가 필요하다. 그래야 효율적으로 자원봉사를 수행할 수 있기 때문이다.

### 1) 아동을 위한 자원봉사활동의 종류

아동들을 위한 자원봉사활동은 아동의 일반적 특성과 요보호아동에 대한 이해를 바탕으로 하여 아동의 욕구를 파악하고, 이들의 삶의 질을 향상시킬 수 있는 프로그램을 개발하여 제공하여야 한다. 아동을 위한 자원봉사활동의 유형을 살펴보면 〈표 10-1〉과 같다.

〈표 10-1〉 아동을 위한 자원봉사활동 유형

| | |
|---|---|
| 상담 | 면접상담, 전화상담, 가족상담, 학교부적응상담, 문제행동상담 |
| 심리적 지지 | 결연, 정서지도 |
| 교육지원 | 학습지도, 학습부진아지도, 컴퓨터지도 |
| 여가선용지도 | 취미교육, 동아리활동지도, 캠프, 레크리에이션, 독서, 전통문화놀이지도 |
| 사회활동지원 | 동반외출, 농촌활동 지도 |
| 보호활동 | 방과후아동보호지도, 일일위탁부모, 영유아보호시설 및 탁아시설아동 돌보기 |

## 2) 아동을 위한 자원봉사활동 시의 유의사항

### (1) 대상아동에 대한 지속적인 관심과 이해

자원봉사활동에서 가장 중요한 것은 대상아동에 대한 지속적인 관심과 진정한 이해이다. 아동은 주변사람들의 사랑과 관심, 보호를 필요로 하고, 주위 환경과 타인의 감정에 민감하여 욕구충족에 대한 기대가 강렬하므로 아동들의 욕구충족에 대한 계속적인 실패는 불안과 불신을 조장하고 아동기의 바람직한 가치관 형성에 장애를 초래한다. 따라서 자원봉사자는 대상아동에 대해 지속적인 관심을 가지고 아동의 심리, 정서적 변화와 주위 환경의 변화를 관찰할 수 있도록 해야 한다.

### (2) 약속시간 엄수와 신뢰관계 형성

자원봉사자가 대상아동과의 약속시간을 자주 어기게 되면 아동은 자원봉사자를 신뢰할 수 없고 바람직한 관계형성이 어렵게 된다. 따라서 봉사활동 시간을 너무 무리하게 잡지 않도록 하며, 자원봉사 약속을 반드시 지키도록 하고, 불가피하게 약속을 못 지킬 경우에는 사전에 알리도록 한다.

### (3) 원만한 대인관계 기술 및 일상생활 지도

가정과 학교, 사회에서의 부적응 현상을 나타내는 아동들에게 사회적 인간으로 성장할 수 있도록 원만한 대인관계 기술과 일상생활 지도를 통하여 적응력 향상을 도와야 한다.

#### (4) 눈높이 자원봉사

아동들은 진정한 마음으로 자신과 대화를 나누고 이야기를 들어주며 자연스럽게 어울려 놀 수 있는 봉사자를 원한다. 따라서 아동의 욕구를 세밀히 관찰하고 그들의 수준에서 원하는 방향과 방법을 선택해 봉사활동을 하도록 한다. 자선이나 동정심에 의한 일방적인 시혜성의 선물은 자칫 잘못하면 아동에게 수치심, 무력감, 상처, 의존심을 줄 수 있다.

#### (5) 아동의 솔직한 자기감정 표현과 긍정적인 감정의 유도

아동기에는 다양하고 강한 욕구를 가지게 되고 이러한 욕구의 표현을 통한 충족을 필요로 하는데, 아동이 가지는 욕구가 적절하게 충족되지 못하면 아동은 심리적, 정서적 상처뿐 아니라 욕구 충족을 위해 거짓말 등의 왜곡된 욕구의 표현과 도벽 등의 비행행동을 유발할 수 있다. 따라서 자원봉사자들은 아동의 올바른 사회화를 위해 이들로 하여금 스스로의 감정을 말로 표현하도록 격려하며, 적의나 소극적인 감정을 희망적인 것으로 전환시킬 수 있도록 도와주어야 한다.

## 2. 청소년을 위한 자원봉사

### 1) 청소년을 위한 자원봉사활동의 종류

청소년을 위한 자원봉사활동은 청소년이 당면한 문제나 어려움을 극복할 수 있도록 돕는 것에서부터 청소년의 성장 가능성을 최대한 발현할 수 있도록 돕는 것까지를 포함한다.

#### (1) 자립기능 향상(직접서비스)

개인이나 집단 및 지역사회 등 대상자에게 직접 프로그램이나 서비스를 행하는 것을 의미하는 것으로 심리적 지지, 사회성 증진, 생활안정의 기능을 수행한다.

〈표 10-2〉 청소년을 위한 자원봉사 유형: 직접서비스

| | |
|---|---|
| 심리적 지지 | · 상담: 전화상담, 면접상담, 집단상담, 학교상담 자원봉사활동, 법무부, 검찰청과 관련된 비행청소년상담 등<br>· 결연: 소년소녀가장, 비행청소년과 개별결연 등 |
| 사회성 증진 | · 교육지원: 컴퓨터나 피아노 등의 기능교실이나 방과후 청소년학습지도, 야학 등의 교육지원활동<br>· 사회활동 지원: 산업시찰, 역사탐방, 농촌활동지도<br>· 여가선용: 음악, 연극, 문학, 캠프지도, 전통놀이지도 |
| 생활안정 | · 취업지원 서비스: 직업훈련, 취업알선 및 사회적응훈련<br>· 생활 및 가사지원 서비스: 결식청소년 무료급식 및 노력봉사, 불우청소년 도시락 및 밑반찬 배달, 이·미용 서비스, 차량지원, 청소, 식사준비 및 취사 등<br>· 보호활동: 가출청소년 일시보호(쉼터), 민간가정위탁 |

### (2) 사회적 지지(간접서비스)

대상자에게 직접적인 활동을 하기 보다는 대상자들을 위한 서비스를 행하는 기관이나 대상자가 속한 사회환경을 변화시키려는 개입활동 등이 있다.

〈표 10-3〉 청소년을 위한 자원봉사 유형-간접서비스

| | |
|---|---|
| 시설지원 | · 업무보조: 시설환경정리, 행정업무보조, 차량지원<br>· 시설정비: 각종 시설 정비, 놀이터 등 장비정비 등<br>· 방문활동: 레크리에이션 지도, 보호관찰소·소년원 등의 방문활동 |
| 사회환경 조성 | · 조사, 정보제공, 캠페인: 청소년과 관련된 사회조사, 청소년유해환경 단속 및 계몽, 바자회, 청소년 관련 캠페인, 가출청소년을 위한 아웃리치(outreach) 등 |

## 2) 청소년을 위한 자원봉사자의 역할 및 자세

### (1) 자원봉사자의 역할

① 지지자의 역할: 심리적인 지지를 제공한다.

② 조언자, 안내자의 역할: 다양한 정보와 안내를 해주고 문제해결 과정에서 청

소년이 올바른 선택을 할 수 있도록 돕는 역할을 한다.

③ **중개자의 역할**: 다양한 지역사회서비스 자원을 연결한다.

④ **대변자의 역할**: 청소년의 상황과 어려움을 지역사회에 알리고 옹호한다.

### (2) 자원봉사자의 자세

① **긍정적인 초기관계의 수립**: 긍정적인 초기관계의 수립은 원만한 자원봉사활동에 있어서 가장 중요한 요소이자 그 자체가 청소년에게 치료적 의미를 제공한다. 이를 위해 청소년의 이야기를 경청하고 긍정적인 관심을 말로 표현하며 대상청소년의 개별성을 인정해주고 수용적이고 비심판적 태도를 갖는다.

② **자신의 역할과 업무 및 한계에 대한 명확한 이해**: 자원봉사자로서의 역할과 더불어 배치된 업무에 대한 자신의 역할과 한계를 분명히 하는 것이 필요하다.

③ **청소년의 서비스에 대한 욕구와 현재 감정에 대한 검토**: 청소년이 서비스를 받는 것에 대한 생각과 기대, 희망하는 것에 대해 파악하는 것이 필요하며, 중요한 것은 청소년 자신이 무엇을 문제라고 생각하고 있고 이에 대해 어떻게 느끼고 생각하는가 하는 것을 검토해야 한다.

④ **공동의 목표 선정 및 대안 선택**: 자원봉사자와 서비스를 받는 청소년은 일방적인 관계가 아닌 수평적인 관계이며 협력적인 관계이다. 따라서 청소년의 욕구와 자원봉사자의 업무한계 등을 고려하여 자원봉사자와 청소년이 서로 어떤 일을 할 것인가를 합의하여 공동의 목표를 정한다.

⑤ **청소년에게 도움을 줄 사회적 자원탐색 및 의뢰**: 주위에 도움을 줄 자원이 있는지 탐색하는데 내부적 자원이 없다면 지역사회의 다양한 자원과 연결시킨다.

⑥ **활동과정에 있어 교육적 요소 중시**: 청소년과의 봉사활동 과정은 청소년의 부정적인 면을 강조하기 보다는 긍정적이고 강한 면을 강조하여 자존감을 향상시키고 희망적일 수 있도록 한다. 청소년의 반응이 지연될 경우 성급하게 판단하여 실망하거나 포기하지 말고 여유와 인내를 갖는 것이 필요하다.

⑦ **청소년의 자기결정에 대한 존중**: 자원봉사자의 역할은 근본적으로 문제해결이 가능하도록 도와주는 것이지 문제해결 그 자체가 아니다. 따라서 원조과정에서 청소년의 결정이 존중되어야 한다. 그런데 청소년 본인 뿐 아니라 부모의 의사도 존중되어야 한다.

## 3. 노인을 위한 자원봉사

노인들은 일반적으로 신체적, 정신적 기능이 쇠퇴하고 사회적 역할이 감소되는 특징을 지니고 있다. 노인들은 시력의 약화, 청각장애, 언어장애, 신체의 부자유 등 신체적 장애와 함께 가정적, 사회적 활동이 제한되고 심리적 소외가 야기된다. 그리고 지능 저하와 사고력 저하로 적응능력이 감퇴되고 욕구불만이 증가하는 특징을 갖고 있다. 또한 노인의 신체적, 심리적, 사회적 노화는 보편적으로 나타나지만, 이는 다양한 과정으로서 노인 개개인에 따라 상당한 차이와 다양성을 보인다.

### 1) 노인의 문제

#### (1) 건강약화

신체적 노화로 인해 다른 연령층에 비해 상병률이 높아진다. 만성질환, 합병증이 많으며 신체적 건강약화로 인한 심리적 부담, 배우자, 친구 등 가까운 사람들의 죽음, 퇴직 및 사회적 역할상실로 인한 소외 및 고독 등으로 인한 스트레스 등으로 정신건강 장애를 가진 노인 증가 추세에 있다.

#### (2) 수입 감소

노후대비가 미흡한 상태에서 퇴직에 따른 수입 감소로 노후생활비 부족 등 경제적 어려움이 있다.

#### (3) 역할 상실

사회적으로 직업적 역할을 상실하게 된다. 가정의 생활비를 제공하던 가장의 역할도 상실함에 따라 보조적, 주변적 역할을 담당하게 된다.

#### (4) 소외 및 고독

교육수준에 따른 세대 간의 지식수준의 차이와 사고방식의 차이로 세대 간 갈등과 대화 단절, 노인집단의 고립감, 소외감을 초래한다.

#### (5) 부양, 보호문제

노인 부양기능 약화로 노인 단독세대가 증가하면서 노인의 보호문제가 대두되게 되었다.

#### (6) 여가활용 문제

수명 연장으로 인해 은퇴하고 노년기를 보내야 하는 절대 시간이 길어지고 있어 노년기의 여가활용 문제가 중요하게 대두되고 있다.

### 2) 노인을 위한 자원봉사활동의 필요성

고령화의 진전과 가족보호기능의 저하, 정상화(normalization)의 이념 확산 등으로 인해 취약한 노인, 즉 혼자 사는 노인, 거동 불능 또는 치매성 노인(혹은 그 가족) 등의 보호와 지원을 위해서 자원봉사활동이 필요 불가결하다고 하겠다.

건강한 노인의 문제, 즉 삶의 보람 만들기, 사회참가의 촉진 등과 관련해서 자원봉사활동은 더욱 중요한 시대적 과제가 되고 있다. 최근 두드러진 노인들의 욕구변화는 자원봉사활동이 단순한 신변수발과 관련된 범위를 넘어 삶의 보람이라는 문제까지도 포함되어야 함을 시사하고 있다.

날로 증가하는 노인들의 서비스 욕구를 가족이나 정부의 자원만으로는 감당하기 어렵기 때문에 노인을 위하여 시민들의 자발적인 봉사활동이 필요하다.

### 3) 노인을 위한 자원봉사활동 종류

#### (1) 장소에 따른 자원봉사활동

① 재가노인을 위한 봉사

- 지역사회에 거주하는 노인의 가정을 방문하거나, 이용시설에서 노인 및 부양자들에게 필요한 서비스를 제공하는 봉사활동이다.
- 가정방문 봉사활동에는 가사봉사(청소, 세탁 등), 간병봉사(방문간호, 병원동행, 수발 등), 심리사회적 봉사(말벗, 상담 등), 도시락 배달 등이 있다.
- 주간보호, 단기보호 시설에서의 자원봉사활동은 심신이 허약한 노인을 낮 동

안 또는 단기간 보호해 주는 시설에서의 봉사활동으로 급식, 목욕, 기능훈련, 오락, 말벗 등이 있다.

- 교육봉사(사회교육봉사, 여가프로그램 등)를 할 수 있다.
- 임종간호(호스피스)를 할 수 있다.

② 시설노인을 위한 봉사

말벗, 상담, 급식, 목욕서비스, 취미교육, 오락지도, 물리치료 보조, 각종 행사 돕기, 위문활동, 시설환경정리 등이 있으며 시설노인을 위한 후원자 결연사업, 재정후원, 시설장비, 도구지원 등 다양한 서비스 프로그램을 계획하고 지원할 수 있다.

#### (2) 목적에 따른 자원봉사활동

① **삶의 보람을 증진시키기 위한 자원봉사활동**: 노인대학 운영보조, 문맹노인 학습지도, 독거노인 모임, 노인체육지도, 노인취미활동 그룹지도, 노인 특기개발지도, 노인 취업알선 등이 있다.

② **간호 및 재활을 위한 자원봉사활동**: 치매노인 사회적응 지도, 욕창 관리 지도, 작업요법지도, 인지치료, 회상치료, 노인건강 강좌, 노인진료, 목욕보조, 이·미용 등이 있다.

③ **기타**: 노인의 정기적 외출 및 복지기관의 노인대상 도시락 배달, 노인수송 등 노인대상 지원사업이 효과적으로 수행될 수 있도록 차량운행 봉사활동 등을 할 수 있다.

### 4) 노인을 위한 자원봉사자의 자세

- 기본적인 예의는 갖추도록 한다. 예를 들면 항상 단정한 외모와 겸손한 태도를 가지고 봉사활동에 임하도록 하는 것이다.
- 노인들의 신체적, 정신적, 사회적 특성을 구체적으로 이해하는 것이 좋다.
- 여러 가지 일들 중 노인들이 관심을 두는 일부터 시작하는 것이 좋으며, 노인들의 욕구를 고려해서 활동해야 한다.
- 봉사활동의 내용을 정할 때는 가능한 한 노인과 함께 의논하도록 한다.
- 봉사활동의 한계를 분명히 하고 지나치게 무리한 행동을 하지 않도록 한다.
- 봉사활동 약속을 잘 지켜서 상호신뢰를 유지하도록 해야 한다. 노인들과의

약속을 사전 양해 없이 어기는 것은 마음의 상처를 줄 수 있기 때문이다.

- 노인들의 자존심이 상하지 않도록 각별히 유의해야 한다.

## 4. 장애인을 위한 자원봉사

장애인은 신체적 · 정신적 장애로 인하여 장기간에 걸쳐 일상생활 또는 사회생활에 상당한 제약을 받는 자를 말한다(장애인복지법). 장애인은 생활상의 어려움과 건강을 유지하는데 있어서의 어려움이 있을 수 있다. 일상생활상의 동작을 하는데 있어서의 어려움은 신체운동기능장애 자체가 저해요소이며 사회생활에서의 참가 곤란에서 오는 어려움으로는 교육, 직업, 경제활동, 친구관계, 취미생활 등의 어려움이 있다.

장애인을 대상으로 하는 자원봉사활동 시의 이념적 성격을 알아보면 첫째, 장애인은 인간으로서의 모든 권리를 가지며, 권리를 보장 받아야 한다. 둘째, 정상화 개념으로 개인의 성장과 발달에서 정상적인 발달경험, 인생주기에서 선택의 자유, 이웃들과 함께 생활하는 가정에서의 삶, 지역사회에 통합되어 있는 삶을 강조한다. 셋째, 사회통합(social integration)이념이다. 장애인이 생활하는데 있어 가장 어려운 점은 사회로부터 소외되는 것이다. 장애인을 이해하고, '더불어서 함께 살 수 있는 사회'가 진정한 의미의 복지사회이며, 사회통합을 촉진시킬 수 있는 중요한 매개체가 장애인을 대상으로 한 자원봉사활동이다.

### 1) 장애유형별 특성

#### (1) 지체장애

사지와 몸통의 중추신경계, 근육, 뼈, 관절 등의 운동기능장애를 말한다. 절단장애, 관절장애, 지체기능장애, 변형 등의 장애를 갖고 있다.

#### (2) 뇌병변장애

중추신경의 손상으로 인한 복합적 장애. 뇌성마비, 뇌손상, 뇌졸중 등의 장애를 갖고 있다.

#### (3) 시각장애

눈의 기능상 장애로서 시력장애, 시야장애, 광각장애(명암구분 곤란), 색각장애(색채식별 곤란)등이 있다. 눈으로 보아야 할 것을 촉각이나 청각에 의존해서 식별해야 하므로 정보의 습득, 이동을 비롯한 일상생활에서 어려움을 겪고 있다.

#### (4) 청각장애

소리를 듣는 구조와 들을 소리를 뜻있는 소리로 인지, 구별하는 중추의 인지구조에 어떤 결함이 있어 소리를 듣지 못한다.

#### (5) 언어장애

언어장애는 조음의 이상(발음 부정확)이나 음성의 이상, 말더듬, 언어발달 지체, 실어증 등의 장애를 갖고 있다.

#### (6) 지적장애(정신지체)

지적장애는 지능지수가 70 이하인 경우로, 지적 기능수행이 보통보다 크게 낮으며, 적응기술에 한계가 있기 때문에 학습, 일상생활, 사회생활 등에서 어려움이 많다.

#### (7) 발달장애(지체)

소아자폐증 등 자폐성장애로 인해 일상생활 혹은 사회생활을 영위하기 위한 기능 수행에 제한을 받는다.

발달장애는 태어날 때부터 사람과 주변 환경에 대하여 관계형성이 어렵고, 언어 발달에 심각한 장애가 있으며 과잉운동증, 공격적 행동, 자해적인 행동 등 여러 종류의 행동장애를 동반한다.

#### (8) 정신장애

정신분열증, 정동장애(기분의 극적인 변화가 특징인 정신질환: 조증, 울증), 반복성

우울장애 등에 의한 기능 및 능력장애로 인해 일상생활 혹은 사회생활을 영위하는 기능수행에 현저한 제한을 받는다.

### (9) 내부기관의 장애

주로 신체 내부의 장기의 기능과 관련된 장애로 신장장애, 심장장애, 간장애, 호흡기장애, 장루 · 요루장애, 간질장애, 안면장애를 갖고 있다.

현재 장애인복지법 제32조의 규정에 의하여 장애인으로 등록할 수 있는 사람은 아래 장애인의 분류에 해당되는 사람으로서 장애인복지법시행규칙 다음의 장애인의 장애등급표에서 정하는 기준에 부합하는 정도의 장애가 있는 사람이다.

〈표 10-4〉 장애인의 분류

<table>
<tr><th>대분류</th><th>중분류</th><th>소분류</th><th>세분류</th></tr>
<tr><td rowspan="13">신체적 장애</td><td rowspan="6">외부 신체기능의 장애</td><td>지체장애</td><td>절단장애, 관절장애, 지체기능장애, 변형 등의 장애</td></tr>
<tr><td>뇌병변장애</td><td>뇌의 손상으로 인한 복합적인 장애</td></tr>
<tr><td>시각장애</td><td>시력장애, 시야결손장애</td></tr>
<tr><td>청각장애</td><td>청력장애, 평형기능장애</td></tr>
<tr><td>언어장애</td><td>언어장애, 음성장애, 구어장애</td></tr>
<tr><td>안면장애</td><td>안면부의 추상, 함몰, 비후 등 변형으로 인한 장애</td></tr>
<tr><td rowspan="7">내부기관의 장애</td><td>신장장애</td><td>투석치료중이거나 신장을 이식 받은 경우</td></tr>
<tr><td>심장장애</td><td>일상생활이 현저히 제한되는 심장기능 이상</td></tr>
<tr><td>간장애</td><td>일상생활이 현저히 제한되는 만성 · 중증의 간기능 이상</td></tr>
<tr><td>호흡기장애</td><td>일상생활이 현저히 제한되는 만성 · 중증의 호흡기기능 이상</td></tr>
<tr><td>장루 · 요루장애</td><td>일상생활이 현저히 제한되는 장루 · 요루</td></tr>
<tr><td>간질장애</td><td>일상생활이 현저히 제한되는 만성 · 중증의 간질</td></tr>
<tr><td colspan="0" style="display:none"></td></tr>
<tr><td rowspan="3">정신적 장애</td><td rowspan="2">발달장애</td><td>지적장애</td><td>지능지수와 사회성숙지수가 70 이하인 경우</td></tr>
<tr><td>자폐성장애</td><td>소아청소년 자폐 등 자폐성 장애</td></tr>
<tr><td>정신장애</td><td>정신장애</td><td>정신분열병, 분열형정동장애, 양극성정동장애, 반복성우울장애</td></tr>
</table>

출처: 보건복지부, 장애인등급판정기준(보건복지부 고시 2011-91).

## 2) 장애유형별 봉사활동

### (1) 지체장애인과 관련된 봉사활동

대다수의 지체장애인들은 이동이나 운동의 불편 때문에 보행이나 외출하는데 제약이 따르거나 생활상 신체를 사용하는 일들에 있어서 도움이 필요하다. 보행훈련, 보장구 사용지도, 외출동행, 각종 기술 및 취미활동지도 등이 필요하다.

### (2) 시각장애인과 관련된 봉사활동

시각장애인은 일상생활과 관련된 동작상의 지원 외에도 시각적인 정보를 청각(예: 음성녹음)적으로, 촉각(예: 점역)적으로 전환시켜주는 도움이 필요하다.

시각장애인 이동훈련보조, 시각장애인을 위한 녹음서 제작보조, 도서 전산화 등이 필요하다.

### (3) 청각, 언어장애인과 관련된 자원봉사활동

청각, 언어장애인은 의사소통에 있어 가장 어려움이 크기 때문에 청각적인 정보를 수화나 문자 안내와 같은 시각적 정보로 전환시켜 주는 도움이 필요하다. 청각장애인은 수화지도, 보청기 사용 지도, 각종 취미생활 지도, 사회성 개발 훈련 등이 필요하며, 언어장애인은 자주 말을 시키고 그림이나 사진을 보면서 설명해 주는 것이 필요하다.

### (4) 발달장애인과 관련된 자원봉사활동

인간관계의 폭이 좁고 사회적 경험과 사회환경에 대한 적응력이 부족하므로 경험의 폭을 넓혀주는 도움이 필요하다. 예를 들면, 친구되기, 대중교통 이용지도 및 보조, 지역사회시설 이용지도 및 보조 등이 필요하다.

### (5) 정신장애인을 위한 자원봉사활동 종류

정신장애인에게는 칭찬이 중요하며, 행동, 언어, 대소변 가리기 등이 원활하지 못하는 경우도 있으므로 실수를 책망하기 보다는 잘하는 것을 칭찬해주고 반복시킨다. 또한 외부세계 즉, 친구들과도 자연스럽게 만날 수 있는 기회를 자주 가지도록 한다. 학습지도, 신변처리 훈련, 일상생활 동작, 친구 사귀기, 집 찾아오기, 대중교통수단 이용하기, 물건사기 등의 지도가 필요하다.

### 3) 장애인을 위한 자원봉사활동의 목표

- 장애인이 주류사회에 통합되어 정상적인 생활을 할 수 있도록 한다.
- 장애인도 비장애인이 하는 경험과 같은 경험을 할 수 있도록 한다.
- 장애인의 잠재력이나 소질이 충분히 계발되고 장애가 개선되도록 한다.
- 장애인이 많은 체험과 지식을 갖게 하고, 생활에 필요한 기술을 획득할 수 있도록 한다.
- 장애인이 여가를 선용하고 풍부한 정서생활을 할 수 있도록 하며, 기타 원하는 활동이나 해야 할 활동을 할 수 있도록 한다.
- 장애인이 보다 많이 취업하고 직장에서 적응을 잘 할 수 있도록 한다.
- 장애인이 지역사회 및 기관을 편하게 이용할 수 있도록 한다.
- 장애인이 자신감과 삶의 의욕을 가질 수 있도록 한다.
- 장애인을 지원하는데 필요한 정보나 자료를 단기간 내에 확보하여 이를 활용할 수 있도록 한다.
- 비장애인들로 하여금 장애인을 이해하고, 그들에게 필요한 지원이 무엇인지에 대해 관심을 가질 수 있도록 한다.
- 비장애인은 물론 장애인도 사회적 의식(공동체 의식)을 가질 수 있도록 한다.

### 4) 장애인을 위한 자원봉사활동의 종류와 내용

#### (1) 자립기능 향상(직접대인 서비스)

심리적 지지활동으로 정서적 위문과 심리적 자립지원활동을 할 수 있다. 정서적 위문 활동으로는 재활전화상담, 책 · 신문 읽어주기, 말벗 등이 있으며 심리적 자립지원활동으로는 친구되기, 장애인 홈페이지 운영, 심리재활 프로그램 안내 및 보조 등의 활동이 있다.

사회성 증진을 위한 사회활동 지원으로 전화상담, 장애인 친구되기, 장애인 대중교통 이용 및 지역기관 이용지도, 의사소통을 위한 수화통역, 중증장애인 외출동행 및 나들이 보조 등의 활동을 할 수 있다. 그리고 교육 지원으로 장애아동 학습 보조 및 학습지도, 장애인 컴퓨터교육, 장애아동 통학보조, 시각장애인 이동훈련 보조, 체육 및 여가활동 보조 등의 활동을 할 수 있다.

생활안정을 위하여 여가선용 지원활동으로 체육활동 지도, 현장학습 보조, 운동회 개최, 견학 및 야외학습 보조 등이 있으며 취업지원활동으로 구직처 개발, 구직 장애인을 위한 직업상담, 취업알선 및 사후지원, 작업지도 및 보조 등의 활동을 할 수 있다. 생활지원활동으로 목욕보조, 반찬지원, 이 · 미용지원, 가사활동 지원 등이 있으며 보호활동으로 장애아동 돌보기, 장애인 그룹홈 관리 보조활동을 할 수 있다. 그리고 의료분야의 지원활동으로 병원이용 안내, 병간호, 신체적 수발, 물리치료 및 재활치료 보조, 건강관리 지도 등을 할 수 있다.

#### (2) 사회적 지지(간접 서비스)

장애인 시설 지원활동으로는 업무보조 활동으로 시설거주 장애인의 일상생활 지원, 관련시설 업무보조, 시각장애인을 위한 녹음도서 제작보조, 장애인 관련 행사 보조, 후원자 개발 및 관리 보조 등이 있다. 기술지원으로는 시설설비 및 장비보수, 환경관리 등이 있다.

사회환경 조성을 위한 활동으로 조사개발 지원활동을 할 수 있는데 구체적으로 장애인 관련 조사연구 보조, 강연회 개최, 영화상영, 계몽서 출판활동을 할 수 있다. 그리고 캠페인 지원활동을 위하여 장애인 관련 각종 행사 및 캠페인 보조활동을 할 수 있다.

### 5) 장애인을 위한 자원봉사자의 자세

#### (1) 자원봉사활동의 목표 숙지

자원봉사활동의 목표는 장애인이 사회에 통합되어 함께 생활할 수 있도록 하고, 비장애인과 같은 경험을 할 수 있도록 도우며, 장애인의 잠재력이나 소질을 충분히 계발하고 삶에 대해 자신감과 의욕을 가질 수 있도록 하는 것이라는 점 등을 충분히 숙지하고 자원봉사활동을 해야 한다.

#### (2) 도움 받은 장애인과 공감대 형성

장애인이 처한 상황을 공감하고 이해해주어야 한다. 장애인도 비장애인과 똑같이 생활의 즐거움이나 인생의 의의, 경제적 풍요함을 갈구하고 있다는 것을 권리적인 측면에서 이해해야 한다. 장애인이나 가족이 장애를 심리적으로 수용하는 과정이 결코 평탄하지 않았을 것이다. 장애인이 과거에 극복해온 좌절감이나 절망감, 상실감으로 거듭 고통받지 않도록 배려할 필요가 있다.

#### (3) 전문지식 및 기술 습득

케어의 순서대로 올바르게 행하고, 장애인이 신체동작들을 자립적으로 할 수 있도록 유도해야 한다. 도움을 받을 장애인의 상황에 맞추어 사전에 준비해야 할 것들이 무엇인지 점검해야 한다.

#### (4) 개별화

장애를 가진 사람도 개인차가 있음을 인정하고, 이러한 개인차를 존중하여 개별화된 처우를 해야 한다.

#### (5) 자원봉사활동 현장과 물리적 상황 고려

장애인 및 장애의 도구화에 대한 경계이다. 자원봉사활동에서 만나는 비장애인에 대한 배려이다.

### 6) 장애인을 위한 자원봉사활동 시 유의사항

- 장애인에 대하여 표현하는 용어사용에 유의한다. 장애인에 대한 반대 용어로 '비장애인'을 사용한다. 장애인을 비하하는 장님, 벙어리, 귀머거리 등의 용어를 사용하지 않도록 조심한다.
- 대부분의 장애인들은 장애와 관련해서 도움을 받는 것에 대해 열등감이나 좌절감을 가질 수도 있기 때문에 이러한 감정들을 자극하지 않도록 사소한 일에도 유의해야 한다.
- 보장구를 사용하는 장애인에 대한 예절을 갖추도록 한다. 장애인 보장구는 장애로 인해 손상된 능력을 회복시킨다는 의미에서 장애인에게는 신체의 일

부나 다름없고, 장애인의 개인공간의 일부로 간주되어야 한다. 따라서 보장구를 비하하는 표현을 사용하거나, 보장구를 가지고 장난을 치는 것은 절대 금물이다. 장애인의 휠체어를 잡지 않으며, 장애인이 휠체어를 밀어주기를 바란다고 지레 짐작해서는 안 된다. 항상 먼저 묻고 나서 행동해야 한다.

- 시각장애인에 대한 예절은 계단, 엘리베이터 또는 예외적인 곳에서는 우선 멈춰서서 상황을 잘 설명해주어야 한다. 주변 상황을 설명할 때 여기, 저기라는 말보다는 방향, 거리를 정확하게 말해주어야 한다. 함께 걸을 때는 장애인의 팔을 잡는 것보다 자신의 팔을 잡게 하는 것이 더 안전하다. 안내견이 있을 경우 안내견을 함부로 쓰다듬거나 음식물을 주면 안 된다.
- 청각 · 언어 장애인에 대한 예절로는 청각장애인과 대화할 때는 우선 발음을 확실하게 하며, 입 모양을 크게 하여 천천히 말한다(구화). 또 글을 쓰거나(필담) 수화로 대화하도록 한다. 대화 중에는 자연스러운 분위기와 웃는 얼굴로 대하며, 청각장애인들이 잘 듣지 못한다고 하여 함부로 대하거나, 반말을 하는 것은 절대 금물이다.
- 지적장애인에 대한 예절은 지적장애인의 발음은 대부분 불명확하고 단어 선택이 미숙한 경우가 많다. 다소 이해하기 어렵더라도 끝까지 주의 깊게 들어주어 이들이 말하려는 의사를 정확히 파악하도록 노력해야 한다. 지적장애인에게 말할 때는 발음을 분명하게, 천천히 쉬운 단어를 골라 이야기해야 한다. 또한 더 정확한 의사 전달을 위해 필요하다면 몸짓을 덧붙여 이해를 돕도록 한다. 지적장애인이 지능이 부족하다고 무조건 반말을 하거나 나이 어린 사람으로 대하는 것은 절대 금물이다. 연령에 맞는 호칭을 사용해야 한다.

## 5. 병원에서의 자원봉사

병원에서의 자원봉사자의 활용은 환자들에게 의료서비스의 질적 향상을 가져다주며 보다 전문적인 서비스를 제공하게 한다. 병원 자원봉사활동 유형의 예로는 〈표 10-5〉와 같다.

〈표 10-5〉 병원에서의 자원봉사 활동 유형

| 영역 | 봉사 내용 |
|---|---|
| 병실봉사 | · 간병, 말벗, 식사보조, 휠체어 밀기, 목욕, 책읽어주기, 도서대여, 이 · 미용, 학습지도, 기저귀 갈아주기, 세탁물 정리 및 청소, 환자위문, 호스피스 봉사, 집단활동 프로그램, 레크리에이션 보조, 놀이실 운영 등 |
| 외래봉사 | · 안내센터 상담, 외래 안내, 입원수속 보조, 질서유지, 거동불편 환자 부축 등 |
| 응급실 봉사 | · 환자지원, 간호업무보조, 전화안내 등 |
| 의료서비스 지원 | · 의무기록과 차트정리 등 업무보조, 의료소모품 정리 및 포장, 제약보조 등 |
| 기타 | · 사회사업업무보조, 환자의 행정업무 대행, 헌혈 · 장기기증봉사, 후원금 지원봉사, 병원 환경정비 등 |

### 1) 병원 자원봉사활동의 필요성

사람은 누구나 지역사회 내에서 생활해야 하기 때문에 병원에서 생활하게 되는 경우에도 지역사회로부터 지지받고, 지역사회와 교류할 수 있는 형태의 서비스가 필요하다. 건강에 대한 일차적 보호책임을 지고 있는 가족구조가 핵가족화 되고, 여성의 사회활동 참여 증가로 인해 가족이 환자의 간호수발을 책임지는 것이 점점 더 어려워지고 있다. 특히 의료서비스의 사각지대에 놓여있는 취약계층은 더욱 외부의 도움이 필요하다.

병원이 대형화 되고 의료체계가 더욱 복잡해짐에 따라 봉사자의 역할이 더욱 필요하게 된다. 특히 말기환자, 만성질환자, 와상노인, 산재사고로 인한 환자, 교통사고로 인한 환자들처럼 치료보다는 보호와 재활이 강조되어야 하는 특수병원이 많이 늘어나면서 의료기관에서의 자원봉사활동의 필요성은 더욱 강조되고 있다.

병원 자원봉사활동은 환자를 치료하는 데는 보건, 의료진뿐만 아니라 전문직에서 일반인에 이르는 모든 사람이 도움을 줄 수 있다. 만성질환과 싸우는 환자가 완치와 생명에 대한 희망을 갖도록 하기 위해 의료적, 사회적, 물리적 환경을 풍부하게 하기 위해 절대적으로 필요한 것이다.

## 2) 병원 자원봉사자의 역할

### (1) 정보제공

병원을 이용하는 과정에서 직면하는 여러 가지 궁금증을 해소해주고, 보험관련 내용, 진료과 선택에 관련된 내용에 대해 적절한 정보를 제공하는 등 병원을 손쉽게 이용하도록 한다.

### (2) 환자 보호와 심리상담

환자 주변에 간호할 사람이 없거나 무의무탁 환자, 보호자가 없는 환자가 병실생활을 원활히 할 수 있도록 일상적인 생활을 도와주며, 심리적으로 동기를 강화해주는 상담자의 역할을 수행한다.

### (3) 알선

지역사회 기관과 긴밀한 유대관계를 맺고, 병원서비스에 대한 내용을 알려 지역주민들이 정확한 정보를 갖고 병원을 이용하도록 돕는다. 필요한 경우 환자의 재활시설 안내 등을 담당하며 지역사회와 연대의식을 갖도록 지원하기도 한다.

### (4) 대변

병원을 이용하는 과정에서 이용자들의 불만사항을 들어주고 그들의 입장을 대변하며 매개하는 역할을 수행한다. 적절한 통로를 통해 이용자들의 건의사항을 병원당국에 전달하고 문제 사항들이 해결되도록 조력하는 역할을 한다.

### (5) 후원

질병이나 장애와 관련된 교육프로그램 등을 후원하여 프로그램에 직접 참가하거나 조언을 제공하며 필요한 경우 자금동원자로서의 역할을 수행하거나 헌혈 및 장기기증 봉사를 행함으로써 환자를 후원한다.

### (6) 조사

질병의 치유와 원인 방지에 관한 의료적 조사를 지원하며, 지역사회 특성 등에 관련된 조사를 실시함으로써 지역사회에서 필요로 하는 서비스가 무엇인지를 파악하여 이를 병원에서 실시할 수 있도록 한다.

### 3) 병원 자원봉사자의 자세

#### (1) 환자의 인격과 개성 존중

환자를 하나의 독립된 인격체로 받아들이고 그들의 개성을 존중하여 진정한 관심을 가진다. 약속한 봉사시간을 정확히 지키고 단정한 복장을 해야 하며 환자와 보호자에게 수용적인 태도를 지녀야 한다.

#### (2) 병원방침을 충실하게 이행

의료분야 자원봉사자는 인간의 생명과 건강을 다루는 기관에서 봉사활동을 하는 것이기 때문에 의료기관이 요구하는 사항을 성실히 이행하고 그에 반하는 행위를 해서는 안된다. 의료기관이나 단체가 자원봉사자에게 실시하는 교육에 참여하도록 하고 봉사시간 중에는 개인적인 업무를 보거나 면회를 하는 것은 삼간다.

#### (3) 환자에 대한 충분한 이해와 배려 및 비밀보장 준수

의료분야의 자원봉사자 중 특히 환자를 직접 대하는 사람은 그 환자의 질병이나 상태에 대해 충분히 이해하고 지식을 가져야 한다. 환자의 신상에 대해서는 환자가 자살이나 자해 또는 다른 환자 폭행 등의 자신이나 타인에 대한 심각한 위해나 인권 위반 가능성이 있을 때를 제외하고는 비밀을 준수해야 한다.

### 4) 호스피스 자원봉사활동

#### (1) 호스피스란

임종 단계에 있는 환자가 남은 생애를 끝까지 평안하게 살고, 인간의 품위를 유지하며 평화롭게 자신의 죽음을 맞이할 수 있도록 환자와 그의 가족을 위하여 신체적, 정신적, 사회적, 영적 돌봄, 즉 총체적인 돌봄(wholistic care)을 제공하는 지지적 프로그램이다.

### (2) 호스피스 자원봉사자의 바람직한 자질

호스피스 자원봉사자는 호스피스 교육을 받은 후 전문 의료진과 협력하여 임종환자와 그의 가족들을 돕는 사람을 말한다. 호스피스 자원봉사자의 바람직한 자질로는 죽음을 인생의 일부분으로 인식하며 삶의 한 과정으로 인정할 수 있는 사람, 삶과 죽음에 대한 확고한 철학과 긍정적인 태도를 가진 사람, 정서적으로 성숙하고 안정된 사람, 동정심과 사랑이 있는 사람, 겸손하고 온화한 성품을 가진 사람, 남의 이야기를 듣기를 좋아하고 유머감각이 있는 사람, 1년 내에 죽음을 맞이한 가족을 두지 아니한 사람이며 호스피스의 개념과 정신을 이해하고 임종자와 가족에게 제공되는 서비스의 범위를 이해하는 사람이 바람직하다.

### (3) 호스피스 자원봉사활동의 필요성

의사 또는 간호사의 서비스가 미치지 못하는 분야에까지 의료적 행위를 제외하고는 모두 할 수 있다. 즉 환자의 총체적 욕구를 신체적, 정서적, 사회적, 영적으로 폭넓게 돌봐줄 수 있다. 따라서 인간관계 형성이 잘 이루어져 종합적 고통에 대해 도움이 필요한 환자에게 적절하고 실제적 도움을 줄 수 있다는 면에서 필요성이 크다. 호스피스 환자를 위한 국가적인 지원이 매우 미흡하여 대부분의 호스피스 기관들이 거의 후원에 의존하여 운영하는 실정이어서 현실적으로 널리 대중화되지 못하고 있으므로 자원봉사자의 역할은 더욱 크다.

호스피스를 위한 인력 자원 중 가장 많은 수를 차지하고 있는 것이 자원봉사자로서, 호스피스 활동을 통해 자원봉사자들은 삶의 보람을 느낄 수 있다. 호스피스 자원봉사활동은 더불어 사는 민주시민을 양성하는데 많은 기여를 하므로 시민참여의 한 형태로 더욱 발전시켜 나가야 할 것이다.

### (4) 호스피스 자원봉사활동 내용

개별적 간호를 수행(신체적 돌봄)하며 정서적 서비스활동으로 책 읽어주기, 대화나누기, 편지대필, 영적 지지, 오락, 예술, 음악치료 등의 활동을 한다. 그리고 사회적 서비스활동으로 청소, 빨래, 식사보조, 반찬 만들어주기, 설거지, 시장보기, 이부자리 관리, 병원 동행 등의 활동을 수행하며 경제적으로 어려운 환자를 위해 공공기관, 사회복지기관을 통해 경제적, 물질적 도움을 받도록 요청해주기도 한다.

무엇보다 좋은 죽음을 경험하게 하여 환자가 자신의 삶을 돌아볼 기회를 가지게 하고, 죽음을 수용함으로써 평안한 가운데 임종을 맞이할 수 있도록 해준다. 환자의 마음속에 자신과 다른 사람을 용서하지 못하고 미워하는 마음이 있는 경우 자원봉사자들은 가족이나 타인과의 관계를 회복하고 임종할 수 있도록 다리 역할을 한다.

사별 가족 돌봄 활동을 하는데 환자 사후에 가족들이 사별의 슬픔을 잘 극복하고 새로운 삶에 빨리 적응할 수 있도록 사별 가족을 돌보는 활동을 하기도 한다.

## 6. 사회복지시설(기관)에서의 자원봉사

### 1) 사회복지시설 · 기관에 대한 이해

사회복지시설이란 사회복지사업을 수행할 목적으로 설치된 시설을 말한다(사회복지사업법 제2조).

서비스 이용형태에 따른 사회복지시설을 분류하면 생활시설(도움이 필요한 대상자를 입소시켜 수용, 보호하는 시설로 보통의 가정과 같이 모든 의, 식, 주를 시설 내에서 생활하며 제공받는 방식)과 이용시설(도움이 필요한 대상자들이 통원, 이용할 수 있는 시설로 대상자가 필요로 하고 관심 있는 서비스를 선택하여 이용할 수 있는 방식)으로 나눌 수 있다.

### 2) 사회복지시설의 종류

사회복지시설의 종류는 〈표 10-6〉과 같다.

〈표 10-6〉 사회복지시설의 종류

| 관련법 | 시설종류 | 세부종류 | | 소관부처 |
|---|---|---|---|---|
| | | 생활시설 | 이용시설 | |
| 사회복지사업법 | 사회복지관<br>부랑인 · 노숙인시설<br>결핵 · 한센시설 | · 부랑인시설<br>· 결핵 · 한센시설 | · 사회복지관<br>· 노숙인쉼터<br>· 상담보호센터 | 보건복지부 |
| 노인복지법 | 노인복지시설 | · 노인주거복지시설<br>· 노인의료복지시설 | · 재가노인복지시설<br>· 노인여가복지시설<br>· 노인보호전문기관 | 보건복지부 |
| 농어촌주민의 보건복지증진을 위한특별법 | 복합노인복지시설 | · 농어촌 지역에 한해 노인복지 제31조 노인복지시설을 종합적으로 배치한 복합노인복지시설을 설치 · 운영 가능 | | |
| 아동복지법 | 아동복지시설 | · 아동양육시설<br>· 아동일시보호시설<br>· 아동보호치료시설<br>· 아동직업훈련시설<br>· 자립지원시설<br>· 아동단기보호시설<br>· 공동생활가정 | · 아동상담소<br>· 아동전용시설<br>· 아동복지관<br>· 지역아동센터 | |
| 장애인복지법 | 장애인복지시설 | · 장애인생활시설<br>· 장애인유료복지시설 | · 장애인지역사회재활시설<br>· 장애인직업재활시설<br>· 장애인생산품판매시설 | |
| 정신보건법 | 정신보건시설 | · 정신요양시설<br>· 사회복귀시설 중 생활(주거)시설 | · 사회복귀시설 중 이용시설 | |
| 국민기초생활보장법 | 지역자활센터 | | · 지역자활센터 | |
| 영유아보육법 | 보육시설 | | · 보육시설 | |
| 성매매방지 및 피해자 보호 등에 관한 법률 | 성매매피해지원시설 | · 일반지원시설<br>· 청소년지원시설<br>· 외국인여성지원시설 | · 자활지원센터 | 여성가족부 |
| 성폭력범죄의 처벌 및 피해자보호 등에 관한 법률 | 성폭력피해보호시설 | · 성폭력피해자보호시설 | · 성폭력피해상담소 | |

| 관련법 | 시설종류 | 세부종류 | | 소관부처 |
|---|---|---|---|---|
| | | 생활시설 | 이용시설 | |
| 가정폭력방지 및 피해자보호 등에 관한 법률 | 가정폭력보호시설 | · 가정폭력피해자보호시설 | · 가정폭력상담소 | 여성가족부 |
| 한부모가족지원법 | 한부모자복지시설 | · 모(부)자보호시설<br>· 모(부)자자립시설<br>· 미혼모(자)시설<br>· 공동생활가정<br>· 일시보호시설 | · 여성복지관<br>· 한부모가족복지상담소 | 여성가족부 |
| 다문화가족지원법 | 다문화가족지원센터 | | · 다문화가족지원센터 | |

출처: 2012년도 사회복지시설 관리안내(보건복지부, 2012).

### 3) 사회복지관의 유형

사회복지관은 지역사회 내에서 일정한 시설과 전문인력을 갖추고 지역사회의 인적, 물적 자원을 동원하여 지역사회복지를 중심으로 종합적인 사회복지사업을 수행하는 사회복지시설을 말한다. 사회복지관의 유형을 살펴보면 일반복지관과 특수지관으로 분류할 수 있다.

#### (1) 일반 복지관

각종 사회복지서비스를 종합적으로 제공하는 기관이다. 이용 대상자를 제한하지 않고 지역 내의 모든 주민을 위해 완전히 개방되어 있는 사회복지관이며 일반적으로 '종합사회복지관'이라고 불린다.

#### (2) 특수복지관

법규상 규정된 바는 없다. 특수한 계층 즉 노인, 아동, 청소년, 장애인, 부녀자 등과 같은 일부 한정된 대상자와 관련된 서비스를 보다 전문적이고 집중적으로 실시하는 것을 목적으로 하는 복지관이다.

### 4) 사회복지시설의 자원봉사활동

사회복지시설에서의 주요 봉사활동으로는 여러 가지가 있으나 몇 가지 살펴보면 아동복지 프로그램으로 보육교사보조, 방과후 아동보호, 학습지도, 취미지도, 레크리에이션지도, 캠프, 상담, 결식아동 도시락 제공 등이 있다.

청소년복지 프로그램으로는 학습지도, 상담활동(학업, 진로, 이성관계, 친구 등), 금연교육, 성교육, 동아리 활동지도, 청소년유해환경 단속 및 계몽 등이 있으며 노인복지 프로그램으로 취미교실, 노인대학 운영보조, 무료급식, 물리치료보조, 노인체육지도, 경로관광 보조 등의 활동이 있다.

재가복지를 위한 봉사활동으로 도시락 및 밑반찬 배달, 간병, 가사 서비스, 세탁물 수거 및 배달 등이 있으며 기능 프로그램으로 각종 직업교육 프로그램(요리, 양재, 제과제빵 등)을 위한 강사, 각종 사회교육 프로그램(노래교실, 컴퓨터, 영어 등)을 위한 강사 등이 있다. 기타 복지관의 프로그램으로 환경정리, 도서실 운영, 모금, 바자회, 캠페인 활동 등 행사보조 등의 자원봉사활동을 할 수 있다.

사회복지시설에서의 자원봉사활동의 종류는 〈표 10-7〉과 같다.

〈표 10-7〉 사회복지시설의 자원봉사활동 종류

| 시설 | 자원봉사활동 종류 |
|---|---|
| 아동 및 청소년 복지시설 | · 학습지도, 상담, 캠프지도 및 보조, 취미교육, 운동과 레크리에이션지도, 식사보조, 외출동행, 이 · 미용봉사, 말벗, 시설환경미화, 일일위탁부모 등 |
| 노인복지 시설 | · 말벗 및 상담, 책읽어드리기, 외출보조, 식사 및 목욕보조, 이 · 미용, 물리치료보조, 세탁, 청소, 공연, 원예지도, 시설수리 등 |
| 장애인복지 시설 | · 말벗 및 상담, 학습지도, 수화통역, 외출보조 및 심부름 대행, 재활훈련보조, 직업훈련 보조, 물리치료 보조, 식사보조, 이 · 미용 및 목욕봉사, 보조장비 등 시설기자재 수리, 공연 등 |
| 여성복지 시설 | · 미혼모 · 성폭력피해여성 · 가족폭력 피해여성 상담, 기술교육, 취업알선, 교육봉사, 이 · 미용봉사 등 |
| 기타 시설 | · 노숙자 및 실직자 무료급식, 상담(각종 생활정보 제공) 등 |

### 5) 사회복지시설에서의 자원봉사자의 자세

#### (1) 시설의 목적과 사업내용의 올바른 이해

시설의 자원봉사활동은 시설의 목적과 사업의 내용을 알고 시작하면 보다 효과적인 자원봉사활동을 계획하고 실천할 수 있다.

#### (2) 시설에서 필요로 하는 봉사활동의 실시

시설에서 필요한 자원봉사활동의 내용이 무엇인지를 파악하여 그 시설의 여건에 맞추어 자원봉사활동에 참여한다.

#### (3) 편견이나 선입견의 배제, 인간적 존중

시설에서 생활하는 사람들과 평소 접촉할 기회가 없거나 어쩌다 방문을 하는 사람들은 일종의 동정심을 가지고 대하거나 특별시하는 경향이 있으므로 유의하여야 한다.

#### (4) 시설생활자의 개인적인 사생활 존중

시설은 대상자들을 보호하는 곳이고, 교육하고 치료하는 곳으로서 대상자들의 생활의 장이란 점을 고려하여야 한다.

#### (5) 시설직원과의 상호 협조체계 구축

시설직원과 자원봉사자는 각기 서로 다른 역할과 방법으로 대상자에게 도움을 주므로 좋은 협력관계를 이루게 되면 시설 전체의 생활에 활력을 준다. 시설직원과 자원봉사자는 활동과정에서 서로 간에 긴밀한 대화와 충분한 상호 연락을 하는 것이 중요하다. 특히 대인서비스를 할 경우 대상자의 변화 상황에 대하여 직원에게 말을 해주는 것이 필요하다.

#### (6) 지속적인 봉사활동의 실시

시설에서 생활하는 사람들은 대부분 여러 가지 부득이한 사정과 어려움으로 고통을 받은 사람들로 주위의 사람들을 불신하는 경향이 많은 편이다. 따라서 가급적 오랫동안 사명감을 가지고 지속적인 봉사활동을 하는 것이 바람직하다.

### (7) 지역사회와 시설의 교량 역할

시설의 대부분은 지역사회와 일정한 거리를 두고 있으며 생활시설에는 어느 정도 필연적인 폐쇄성이 있다. 따라서 자원봉사자의 봉사활동을 통해 시설을 개방하고 지역사회와의 거리를 좁힐 필요가 있으며, 시설의 현 상태를 지역사회에 알리고 시설에서 생활하는 분들과 시설의 운영에 관심을 가지도록 노력한다.

### (8) 무분별한 약속의 금지

대상자들이 어려운 여건 속에 있다고 해서 즉시 '내가 무엇을 해주겠다' 등의 즉흥적이고 일방적인 약속을 하는 것은 약속 이행에 문제가 있을 뿐만 아니라, 의타심 형성 등 많은 문제를 야기할 수 있다.

## 7. 재난구호 자원봉사

21세기를 살아가는 인류는 환경파괴와 산업구조의 복잡화, 다양화 등으로 인해 고도의 위험에 노출되어 있다. 최근 우리나라뿐만 아니라 전 세계적으로도 지진, 가뭄, 홍수 등과 같은 자연재난과 교통사고, 화재, 폭발사고 등과 같은 인위재난이 끊임없이 발생하고 있다.

재난은 그 유형이나 규모에 관계없이 인명, 재산상의 피해를 유발하는 것으로 이는 국민의 삶과 복지수준에 직결되는 문제이다. 재난은 누구에게나 일어날 수 있으며, 개인의 힘만으로는 극복하기 어려운 것이기 때문에 서로 돕지 않으면 살아갈 수 없다는, 즉 '더불어 살아가는 마음'이 구체적으로 재난 시의 자원봉사활동으로 표출되고 있다.

이러한 상황에서 재난 시 나와 이웃의 안전을 지켜줄 사람은 주민 스스로의 힘과 이웃들이라는 인식과 함께, 지역은 지역 주민의 손으로 지킨다는 지역중심의 자원봉사활동이 확산되고 있다.

### 1) 재난구호 자원봉사활동의 구분

#### (1) 거주지에 따른 구분

① **지역에서 이루어지는 재난구호 자원봉사활동**: 재난지역 외부에서 오는 자원봉사자들이 대부분 생활복구활동에 도움이 된다면, 지역에 살고 있는 자원봉사자는 활동에 따라 인명과 재산의 피해를 줄일 수 있는 가장 가까이에 있는 119라 할 수 있다. 재난이 발생했을 때 가장 먼저 지역주민에 의해 이루어지는 재난 자원봉사활동은 매우 중요하다.

② **현장 자원봉사활동**: 자원봉사자가 재난 발생 시 위치하고 있는 그 장소에서 이루어지는 활동을 말한다. 재난구호 자원봉사 리더교육을 받은 사람이 현장에서 슬기롭게 초기 활동에 나선다면 훨씬 많은 인명을 구하고 재산피해를 줄일 수 있을 것이다.

③ **외부 자원봉사자의 활동**: 직접 지원활동은 재난이 발생하면 가장 먼저 달려가 직접복구 활동을 하는 봉사활동이다. 재난지역이 광범위하거나 대규모 재난일 경우 지역에 살고 있는 주민들의 힘만으로는 복구활동을 하기 어려울 때 외부에서 온 자원봉사자들의 힘이 필요하다. 직접 지원활동의 경우 언론보도의 영향을 많이 받고, 활동시기가 집중되는 경향이 있다. 따라서 직접 지원활동을 하더라도 응급복구시기부터 이재민이 재난전의 상황으로 돌아가기까지, 즉 생활복구가 안정되는 시기에 이르기까지 장기적인 관점에서 바라보는 자원봉사활동이 필요하다.

간접 지원활동은 재난지역에 직접 가지 않더라도 이재민을 위한 물품이나 의연금을 모으기 위해 바자회, 알뜰시장 등을 개최하여 이재민에게 물품이나 의연금을 지원하는 활동을 할 수 있다.

#### (2) 시간경과에 따른 구분

① **인명구조기**: 굴삭기나 불도저 등의 장비를 사용해 인명구조를 위한 활동을 벌이게 되고, 전문 인력이 투입되어 인근 병원으로 사상자를 이송하는 일을 한다. 이 시기에는 자원봉사자들은 적십자사나 자원봉사센터 등에서 구호물품을 포장하는 업무를 한다.

② **대피기**: 인근의 학교라든가 공공시설에 이재민이 수용되면 본격적으로 자원봉사자가 필요한 시점이 되고, 봉사자들은 구호물품 배부와 급식을 돕는 활동을 하

게 된다. 의료진들이 투입되어서 전염병이 돌지 않도록 예방접종을 하고 봉사자들은 아픈 이재민의 간병활동을 하고 집을 잃고 가족을 잃어 삶의 희망을 잃고 있는 이재민을 위한 심리상담을 실시한다.

③ **생활복구기**: 이 시기에는 전문봉사자 뿐 아니라 일반봉사자의 손길도 많이 필요로 한다. 전문적인 기술을 가진 자원봉사자들이 집수리, 도배, 통신, 전기배선 등의 활동을 하고, 일반 봉사자들은 침수된 집의 가전제품 말리기, 집안 청소 및 세탁 등의 활동을 하게 된다.

### 2) 재난구호활동 시 유의사항

#### (1) 2차 재난을 일으켜서는 안 된다.

재난구호 자원봉사활동을 할 때 주의할 것은 2차 재난을 일으켜서는 안 된다는 것이다. 즉 봉사자들이 다칠만한 일을 하거나 그런 일을 시켜서는 안 된다는 것이다. 따라서 리더의 역할은 이러한 2차 재난이 발생하지 않도록 현장관리를 하는 일이다. 위험한 곳에는 일반 자원봉사자들을 파견하지 않으며 위험한 작업을 하지 않도록 하는 것 또한 리더에게 있어서 필요한 역할이다.

#### (2) 이재민의 상황에 대한 이해를 갖는다.

이재민은 무엇인가 잃어버린 사람들로서 다른 사람의 일을 안중에 두지 않는 것이 당연할 수 있다. 더욱이 갑자기 매일 불편한 생활이 계속되고 있으므로 이러한 환경에 있으면 평상시에는 사리판단을 올바르게 한 사람이라도 자기 마음대로만 행동하기 쉽다. 따라서 이러한 부분에 대한 이해가 없으면 자기 고집만을 피우는 이재민에게 화를 내거나 반항적인 태도를 보이게 되므로 이재민의 상황을 이해하고 이재민에게 대하는 태도에 주의해야 한다.

#### (3) 재난구호 자원봉사활동에는 규칙이 있다.

재난 자원봉사활동은 누구나 할 수 있는 일이지만, 그렇다고 아무나 할 수 있는 일은 아니다. 일정한 지식과 기능도 필요하고, 무엇보다도 규칙준수가 필요하다.

- 재난지역의 상황을 파악하여 이재민들의 요청사항을 듣고 성의를 가지고 행동하며 재난지역에 피해를 주지 않는다.
- 행정이나 전문기관과 연대하여 재난지역의 불안 요소를 제거하고, 이재민의 생활복구를 위해 협력한다.
- 무질서한 상황에서 질서를 유지할 수 있도록 하며, 약자를 지킨다.

### (4) 재난구호 자원봉사활동은 이벤트가 아니다.

재난 자원봉사활동의 기본은 자신이 무엇을 하면 재난지역에 도움을 줄 수 있는가를 살피는 것이다. 재난현장에서 많이 볼 수 있는 장면은 재난구호활동을 하기 위해 참가한 자원봉사자들이 매스컴이나 이재민의 눈에 띄기 쉬운 활동에만 몰리는 것이다. 실제로 구호활동보다는 자신의 단체에 대한 광고에 더 집중하는 경우도 있다. 이러한 행동은 이재민을 돕기는커녕 오히려 상처를 입히게 되므로 삼가야 한다.

### • 피해 현황 및 월드비전의 긴급구호 현황 •

2011년 3월 11일 규모 9.0의 강진이 일본 열도를 강타했습니다. 일본 북동부 해안으로부터 약 120km 부근에서 일어난 이 지진은 20세기 들어 네 번째로 강한 지진입니다. 강력한 지진은 약 29.6m 높이의 파도를 형성하는 쓰나미를 일으켰고, 이로 인해 **43만 3천 평방 km의 땅이 침수**되었으며, **50만 명에 이르는 사람이 대피**하기에 이르렀습니다.

7월 20일까지 집계된 **일본 경찰청의 통계에 의하면, 15,597명이 사망하였고 4,980명이 실종**되었습니다. 또한 **17,000채의 가옥과 건물이 무너지고, 138,000채의 건물이 피해**를 입었습니다. 또한 쓰나미는 후쿠시마 제1원전의 3개 원자로에 국제 원자력 사고 등급의 최고수준인 레벨 7의 원자로 융융 사고를 가져와, **예상되는 경제적 손실은 3,090억 달러**에 이릅니다. 재난 발생 48시간 이내에 일본월드비전은 첫 조사팀을 피해 지역에 파견하였습니다. 3월15일, 국제 월드비전 케빈 젠킨스(Kevin Jenkins) 총재는 일본 지진을 규모와 대응 측면에서 최고 수준의 재난인 카테고리 3, 레벨 3의 재난으로 선포하고, 3월 16일 첫 긴급구호 물자를 미야기 현에 배분하였습니다. **6월 30일까지 전세계적으로 총 35,375,960 달러가 모금되었고, 약 1,409,053 달러 상당의 자국 내 현물이 일본 재난 대응에 지원**되었습니다.

조사 결과에 따르면 비식량 물자, 식량 지원, 아동 보호 및 교육 지원이 구호 단계에서 긴급한 지원이 요구되는 영역이었습니다. **월드비전은 지진과 쓰나미로 인한 피해가 가장 심한 이와테현과 미야기현에서 구호 사업을 실시**하고 있습니다. 일본 경찰청의 기록에 의하면 7월 20일 까지 미야기현에서는 4,600명이 사망하고 2,565명이 실종되었으며 3,781명이 부상을 입었습니다. 또한 68,608채의 건물이 완전히 무너지고 226,753채의 가옥이 피해를 입는 등 총 76,902명의 주민들이 대피소에서 지내야만 했습니다. 같은 보고서는 이와테 현에서도 4,600명이 사망하고 2,131명이 실종되었으며 186명이 부상을 입었다고 발표하였으며, 21,011채의 가옥이 완전히 붕괴된 것을 포함하여 총 29,085채의 건물이 손상을 입었다고 보고하고 있습니다. 이에 따라 이와테 현에서는 총 42,726명의 주민들이 대피소에서 지내게 되었습니다.

**월드비전의 90일 긴급 구호는 2011년 3월 14일 이와테현과 미야기현을 중심으로 17,034,052달러 규모의 예산**으로 시작되었습니다. 긴급구호 다음 단계 사업의 필요를 결정하기 위한 추가 조사가 진행되고 있으며, 이 조사 결과를 반영한 사업 계획은 곧 발표될 예정입니다. 일본 긴급구호 사업은 현재 **비식량 물자 제공, 영양(공동취사장)사업, 아동 긴급구호 사업(아동쉼터)의 3가지 사업**으로 이루어져 있습니다. **총 예산은 17,034,052달러이며 초기 90일 구호에 12,313,737달러가 집행되었고, 약 74,817명의 피해 주민들이 도움**을 받았습니다.

http://www.worldvision.or.kr

## 확 인 평 가

**1.** 고령사회로의 전환에 따른 개인적 측면에서의 문제점이 아닌 것은?

① 무역할과 고립, 고독감 등의 문제
② 질병 및 장애 등의 건강약화 문제
③ 노인과의 동거여부에 대한 갈등
④ 소득감소, 빈곤문제

**2.** 노인 자원봉사활동에 대한 이론이 아닌 것은?

① Family Matters Program
② 교환이론(exchange theory)
③ 계속이론(continuity theory)
④ 활동이론(activity theory)

**3.** 병원 자원봉사의 목표로 적합하지 않은 것은?

① 고통분담
② 의료환경의 양적 확산
③ 의료환경의 질적 향상
④ 공평한 의료서비스의 제공

**4.** 아동을 위한 자원봉사자의 역할로 적합하지 않은 것은?

① 부모역할
② 인간화의 역할
③ 사회화의 역할
④ 치료자의 역할

**5.** 노인을 위한 자원봉사활동의 필요성으로 적합하지 않은 것은?

① 케어부담 경감
② 노인들의 욕구 변화
③ 가족보호기능의 저하
④ 정상화(normalization)의 이념 축소

**정답**

**1.** ③ ; 노인과의 동거여부에 대한 갈등은 가족측면의 문제이다. **2.** ① ; Family Matters Program은 미국 촛불재단에서 가족자원봉사를 연구, 검토하는 프로그램 **3.** ② ; 의료환경의 양적 확산은 자원봉사자가 할 일이 아님 **4.** ① ; 자원봉사자는 부모역할보다는 아동의 인격적 성장에 필요한 좋은 환경을 조성하도록 노력해야 함 **5.** ④ ; 정상화(normalization)의 이념 확산 등으로 인해 취약한 노인, 즉 혼자 사는 노인, 거동 불능 또는 치매성 노인(혹은 그 가족) 등의 보호와 지원을 위해서 자원봉사활동이 필요불가결함

# 제11장

# 지역사회와 자원봉사센터

◈ 생각해보기

1. 지역사회에서의 자원봉사활동은 어떤 것인가?
2. 지역사회에서의 자원봉사활동 분야는 어떤 것들이 있을까?
3. 지역사회 자원봉사활동의 의의는 무엇인가?
4. 자원봉사센터는 어떤 기관인가?
5. 자원봉사센터 운영의 기본 방향은 무엇인가?
6. 자원봉사센터의 업무영역은 어떠한가?

우리나라에서 자원봉사활동은 1990년대 이후 본격적으로 실시된 지방자치제가 주된 계기가 되어 활성화 되기 시작했다. 그리고 주민들의 자원봉사활동을 지원·활성화하고 자원봉사자들이 효율적으로 활동할 수 있도록 지원하기 위하여 설립된 것이 바로 자원봉사센터이다.

## 1. 지역사회에서의 자원봉사활동

### 1) 지역사회 자원봉사활동의 이해

#### (1) 지역사회의 개념

지역사회는 다양한 욕구 혹은 문제를 가지고 있으며, 주민의 상호작용이 활발하게 이루어지고 사회복지 실천이 가능한 규모의 장이다(최옥채, 2003). 로버트 파크(Robert Park, 1925)는 영토성, 사회적 상호작용, 끈 혹은 연의 요소를 가진 개념으로 보고 관습, 전통, 언어 등과 같은 일상적인 삶에서 공유되는 것을 지니는 일정한 영토에서 거주하는 인구집단으로 정의하였다. 지역사회란 공동의 장소, 이해, 정체성에 기초한 사회적 단위를 형성하는 사람들의 집단이라 하겠다.

지역사회의 일반적 현황에는 지역사회의 역사(변천사), 지리적 현황, 환경적 여건, 사회지표상의 특성(인구, 면적, 주택, 주요시설, 기간시설), 경제적 환경(학력, 공시지가, 자동차세, 생활보호대상자 수로 각 지역 경제적 현황 파악), 정치적 자원, 행정적 자원, 문화적 환경, 교육적 환경 등과 같은 내용을 포함하고 있다.

#### (2) 지역사회복지와 주민참여

자원봉사는 본래 지역사회복지에 있어서의 주민참여를 의미한다. 지역사회 주민은 사회복지의 수혜자인 동시에 자원이며, 서비스 공급자로서 역할까지를 수행하는 것이 세계적인 추세이다. 현대의 자원봉사는 자신들이 속한 민주사회 그리고 복지사회를 형성하고 유지시키려는 노력에 모든 계층이 참여하는 시민참여의 방향으로 전환하고 있다. 지역주민의 참여와 자율이 보장되는 지방자치시대에는 지방자치단체에 대한 주민들의 관심과 기대가 증폭되고 지역주민들의 다양한 욕구가 분출되면서 지방자치단체는 지역문제해결과 함께 주민들의 삶의 질 향상을 제시하지 않으면 안 된다.

### 2) 지역사회에서의 자원봉사활동 영역

#### (1) 환경보전을 위한 자원봉사

환경문제는 인간생존의 문제로 최근 환경문제에 대한 시민들의 의식이 높아지면서 이 분야에서의 자원봉사활동이 증가하는 추세이다. 환경을 보존하기 위한 사전예방활동으로는 쓰레기 줍기, 국토대청소, 쓰레기 분리수거, 샛강 살리기, 환경캠프, 환경캠페인 참여, 환경교육활동, 환경오염지도 작성, 낙서 지우기, 벽보 제거, 저공해비누 제작 등이 있으며 사후 치료적 활동으로 환경을 오염시키는 사람이나 공장 등을 감시, 동네 쓰레기투척 감시, 환경오염 행위 감시, 대기오염이나 수질오염 및 소음 감시, 현장조사, 관계기관과 언론에 고발, 매연차량 감시활동과 신고, 환경모임조직 등의 활동, 오염을 발생시키는 개인이나 공장에 시정 요구 활동 등이 있다.

#### (2) 교통개선을 위한 자원봉사

시민들이 일상생활에서 가장 큰 불편을 겪으며 불쾌하게 생각되는 생활분야는 교통분야이다. 최근 차량 급증으로 인한 교통문제 및 안전사고 등의 문제가 심각하다. 교통분야의 봉사활동 종류로는 교통정리 활동(등하교길 건널목 교통 봉사, 혼잡시간 교통정리, 지하철 및 버스 승하차 안전 봉사 등으로 교통사고 예방), 교통여건 개선 및 개발 참여활동(교통표지판 및 시설물 점검, 도로 파손상황 점검, 보행환경 및 자전거 이용여건 모니터 등), 각종 캠페인 활동(교통질서 지키기, 자동차 요일제 참여안내, 교통안전 캠페인, 카풀서비스 등에 참여활동, 주자질서 지키기 등) 등 전문적인 활동을 할 수 있다.

### (3) 스포츠 · 취미 분야에서의 자원봉사

레크리에이션 지도자, 심판관, 수공예, 놀이지도, 일일 캠프나 숙박캠프의 지도, 청소년 그룹의 자문위원활동, 게임 · 취미 · 무용 등의 자원교사로 활동 등 전문직과 준전문직 직원들이 갖지 못하고 있는 재능을 발휘할 수 있다.

### (4) 문화분야에서의 자원봉사

지역주민의 문화에 대한 욕구를 충족시키고 삶의 질 향상을 도모하며, 문화를 통한 지역발전을 도모하는 측면에서 문화분야의 자원봉사활동은 점차 활발해지고 다양화되고 있다.

일반인이 문화시설 이용을 용이하게 하고, 더 많은 이용 기회를 줄 수 있도록 프로그램을 개발하여 지역문화유적 조사 및 상태를 모니터링하고 방치문제를 시정하도록 요구하는 일, 문화유적 발굴 돕는 일, 역사자료 정리, 문화재 주변 쓰레기 줍기, 낙서 지우기 등의 활동을 할 수 있다. 그리고 문화명소 안내, 지역문화제 진행보조 등의 활동과 판소리, 무용, 무술, 도예 등 무형문화재를 계승해서 일반인의 여가선용의 기회를 제공하는 봉사활동을 통하여 문화재를 보호하고 계승하는데 앞장서는 일에 참여할 수도 있다. 지역사회의 음악, 미술, 춤, 연극 등 예술활동 분야의 조언자 및 보조지도자로서 활동하며 역사, 과학박물관의 견학 안내자로서 또는 그 외의 다른 형태의 보조자로서 활동하는데, 어린이나 성인들의 나들이가 즐겁도록 지원할 수 있다.

### (5) 정치분야에서의 자원봉사

정치분야에서의 자원봉사자들은 주로 공명선거 캠페인과 투표소 보조자로서 활동을 하고 있었으나 차츰 지역사회를 관리하는 일에도 활동 범위를 넓히고 있다. 공명선거 계몽 · 홍보, 부정선거 감시활동, 선거관리 업무지원, 사무보조 등의 지역사회발전을 위해 의견을 제시하는 지역사회 소집단활동을 하고 있으며 지역사회의 정치지도자들을 지역사회와 밀접하게 연결하는데 중요한 역할을 한다. 지역사회의 정치에 관여하는 봉사활동으로는 정치인의 활동 및 정당 활동 모니터, 지역주민들로 구성된 소집단을 만들어 좋은 지역사회를 만들기 위한 의견을 제시하는 일, 시의회나 구의회에 대한 의정감시 활동, 소외계층 권익보호를 위한 민원제출, 토론회

개최 등 활동에 참여할 수 있다.

정치분야 봉사활동을 위한 선거운동 자원봉사자는 자신의 자유로운 의사에 따라 보수를 받지 않고 선거와 관련된 서비스를 제공하는 사람이다. 선거운동 봉사활동은 보다 많은 시민들이 더욱 적극적인 방법으로 정책 결정 과정에 참여하는 기회를 갖는 것이다. 선거운동에 자원봉사자로 일하는 사람들은 이념과 정책에 있어서 자기와 뜻을 같이 하는 후보자를 도와 당선되게 함으로써 정책 결정 과정에 참여하는 결과를 가져올 수 있다. 선거운동 자원봉사자는 선거관리 업무지원, 부정선거 감시활동, 언론 모니터, 공명선거 캠페인 등 활동에 참여할 수 있다.

### (6) 범죄분야 자원봉사활동

범죄분야는 자원봉사활동의 예방적, 교정적 기능을 발휘할 수 있는 전형적인 분야이다. 범죄분야 자원봉사활동 종류로는 안심하고 밤거리를 다닐 수 있는 지역사회 만들기, 자율방범대활동, 교도소나 소년원에서 복역하는 청소년 대상의 선도봉사, 청소년의 탈선과 범죄발생을 예방하기 위해 청소년 유행환경 조사하고 정부에 건의하며, 청소년이 유해환경에 접근하지 않도록 계도하고 감시하는 활동, 학교폭력예방활동 등을 할 수 있다.

### (7) 경제분야에서의 자원봉사

실업자와 기술이 없는 사람을 모집, 훈련시켜 직업을 알선해 주는 활동, 구직자를 위한 상담자, 소비자 보호운동 등 경제정의를 위한 시민운동, 지역특성에 따른 관광가이드 등으로 청소년과 성인들에게 산업분야의 각종 업무를 보고 배울 수 있는 기회를 제공해 주는 것이다.

취업의사를 가진 실업자나 중고령 은퇴자의 직업알선을 위해 정보를 제공해주거나 활동이나 훈련을 받을 수 있도록 활동을 제공해 주는 것을 말한다(김미숙 외, 1998).

### (8) 행정분야에서의 자원봉사

관공서에서 자원봉사자를 활용한다면 예산도 절감될 뿐 아니라 나아가서는 행정서비스의 질을 높이는데 크게 기여할 것이다. 업무보조, 민원안내 및 상담, 행사

보조, 서류정리, 공공도서관에서의 도서정리 및 안내하는 등의 활동을 할 수 있다.

공공기관의 분야별 자원봉사활동 형태와 내용을 살펴보면 〈표 11-1〉과 같다.

〈표 11-1〉 공공기관 자원봉사활동의 형태와 내용

| 분야 | 자원봉사활동의 형태와 내용 |
|---|---|
| 시청, 군청 및 읍면동사무소 | 청소, 민원안내, 사무보조 등 |
| 보건소 | 가정방문 간호 지원, 재가보건간호 대상자 및 가족의 청소 및 밑반찬 제공, 보건소 내의 환자 안내, 대기실 정리, 거즈 접기, 면봉 만들기, 청소, 사무보조 등 |
| 우체국 | 청소, 민원안내, 사무보조 등 |
| 도서관 | 서가정리, 열람실 안내, 사무보조, 청소 등 |
| 박물관 | 문화재 보호 감시활동, 문화재 훼손현장 신고, 지역사회문화재 지도 만들기, 박물관 내 안내, 사무보조, 청소 등 |
| 경찰서 | 교통질서 지키기 보조 및 계몽, 횡단보도 신호 지키기, 횡단보도 정지선 지키기 등 계몽활동, 무단횡단 방지 캠페인, 버스정류장 줄서기 캠페인, 교통질서 캠페인, 교통시설물 정비, 각종 교통표지판 등을 세척 · 정비함으로써 쓰임새 및 중요성 인식, 기초질서 지키기 활동 참여, 길거리 담배꽁초 줍기, 인도바닥에 붙은 껌 떼기, 경찰서 내 청소, 사무보조 등 |
| 소방서 | 청소, 사무보조 등 |
| 문화회관 | 각종 행사지원, 청소, 사무보조 등 |
| 공원시설물 | 공원이용객 안내 및 문화, 체육행사 시 질서유지, 청소, 제설작업 등 공원 환경정비, 공원이용 모니터링, 주차장 차량정비 및 안내, 식물원 꽃묘장 관리보조 등 |

## 2. 자원봉사센터(volunteer center)

### 1) 자원봉사센터의 개념

자원봉사활동법 제3조에 "자원봉사센터"라 함은 자원봉사활동 개발 · 장려 · 연계 · 협력 등의 사업을 수행하기 위하여 법령과 조례 등에 의하여 설치된 기관 · 법인 · 단체 등을 말한다고 하였다. 동법 제19조의 자원봉사센터의 설치 및 운영에 관한 규정에서 국가기관 및 지방자치단체는 자원봉사센터를 설치할 수 있으며 이 경우 자원봉사센터를 법인으로 하여 운영하거나 비영리 법인에게 위탁하여 운영하여야 한다고 하였다. 국가는 자원봉사센터의 설치 · 운영이 활성화될 수 있도록 적극 노력하여야 하며, 지방자치단체는 자원봉사센터의 운영에 필요한 경비를 지원할 수 있다고 하여 국가와 지방자치단체는 자원봉사센터를 중심으로 하여 자원봉사활동이 활성화 될 것을 기대하고 있다.

자원봉사센터란 자원봉사 활동 지원조례 제2조에서 "자원봉사활동 개발, 장려, 연계, 협력 등의 사업을 수행하기 위하여 법령과 조례 등에 의하여 설치된 기관, 법인, 단체 등을 말한다."고 하였다.

자원봉사센터는 제도나 행정만으로는 충족할 수 없는 세부적인 복지서비스의 실현을 위해 생활 및 살기 좋은 지역사회 구현을 만들고자 자원봉사활동 진흥을 시도하는 기관이다. 자원봉사센터는 자원봉사활동의 발굴과 원조를 위한 조사, 연구, 홍보, 연락조정, 복지교육, 자원봉사국의 설치 · 운영, 또는 자원봉사활동의 사고에 대한 보험운영, 자원봉사활동기금의 조성 등 사업이나 활동을 행할 것으로 기대되고 있다. 더불어 자원봉사활동 담당자에게 학습 및 연수사업도 필요에 맞게 진전시켜야 한다. 센터의 역할은 소지역의 자원봉사국이 보다 기능하기 쉽도록 원조하는 기관으로서 전문가에 의한 사업운영이 원칙으로 되고 있다(이철수 외, 2009).

### 2) 자원봉사센터의 역할 및 기능

#### (1) 자원봉사센터의 역할

미국의 촛불재단에서는 지역자원봉사센터의 역할을 효과적이며 참조적인 자원봉사활동을 육성함으로써 그리고 지역사회 자원을 극대화함으로써 지역사회의 문제와 욕구를 해결하도록 돕는 것으로 보고 있다(Points of Light Foundation, 1993).

이강현이 제안한 역할은 ① 지역사회 내의 자원봉사활동을 조정하는 중심기관으로써의 역할, ② 지역사회의 중립기관으로 지역사회의 문제해결을 위해 다수의 자원봉사자를 동원하는 역할, ③ 자원봉사자와 그 수요처를 연결하는 매개자의 역할, ④ 지역 내의 언론을 통해 자원봉사활동에 참여할 수 있는 기회를 일반인에게 홍보하는 홍보자의 역할, ⑤ 수요처의 관리자들을 교육, 훈련시키며 그들의 문제해결을 위해 상담을 하는 수요처의 역할 등이다. 일본의 전국사회복지협의회는 지역자원봉사센터의 역할을 지역사회 주민과 기업들로 하여금 자원봉사활동에 적극 참여하도록 하는 것으로 보고 있다(Volunteer Center Guide, 1997).

자원봉사활동 기본법 및 동법시행령에 의해 국가 및 지방자치단체가 자원봉사센터를 설치토록 한 설립근거에 따라 지역자원봉사센터의 전문성 보완과 운영의 활성화 및 네트워크를 구축하고 전국적인 자원봉사활동의 허브 역할을 담당하도록 하기 위하여 국가차원의 한국중앙자원봉사센터를 설치하였다. 한국중앙자원봉사센터는 자원봉사로 미래를 여는 행복한 대한민국을 만들기 위하여 Networking(연결), Sharing(함께), Change(변화), Caring(배려), Understanding(소통)이라는 미션하에 전국 자원봉사자들의 자원봉사활동을 지원하고, 자원봉사센터의 전문성 보안과 센터운영의 활성화 등을 뒷받침하여 전국차원의 자원봉사 활성화 및 전국 자원봉사센터와의 네트워크 구축 등의 허브의 역할을 수행하며, 민 · 관 파트너십으로 자원봉사 국가브랜드화를 추진하는 역할을 하고 있다(한국중앙자원봉사센터, 2010).

임명옥(2005)은 자원봉사센터의 역할에 대하여 ① 자원봉사 참여의 동기를 부여하고, ② 자원봉사활동 희망자와 필요로 하는 사람(기관)을 모집하고 상담과 교육 · 훈련을 제공하여 효율적인 프로그램을 실행하도록 한다, ③ 자원봉사자들을 대상으로 소그룹을 구성하도록 하고 지도자를 선정하여 지속적인 활동이 이루어지도록 지도 · 육성한다, ④ 효과적인 자원봉사 프로그램을 관리하며, ⑤ 기금 마련을 지원하는 역할을 한다고 하였다.

자원봉사활동 기본법 시행령 제15조에 제시된 광역자원봉사센터 및 기초자원봉사센터의 기능 및 역할을 살펴보면 다음과 같다(행정자치부, 2006).

**① 광역자원봉사센터의 역할 (특별시 · 광역시 · 도)**

- 특별시 · 광역시 · 도 지역의 기관 · 단체들과의 상시협력체계 구축

- 자원봉사 관리자 및 지도자의 교육훈련
- 자원봉사 프로그램의 개발 및 보급
- 자원봉사 조사 및 연구
- 자원봉사 정보자료실 운영
- 시 · 군 · 자치구 자원봉사센터간의 정보 및 사업의 협력 · 조정 · 지원
- 그 밖에 특별시 · 광역시 · 도 지역의 자원봉사 진흥에 기여할 수 있는 사업을 하도록 하였다.

② **기초자원봉사센터의 역할 (시 · 군 · 자치구)**

- 시 · 군 · 자치구 지역의 기관 · 단체들과의 상시협력체계 구축
- 자원봉사자의 모집 및 교육 · 홍보
- 자원봉사 수요기관 및 단체에 자원봉사자 배치
- 자원봉사 프로그램의 개발 · 보급 및 시범운영
- 자원봉사 관련 정보의 수집 및 제공
- 그 밖에 시 · 군 · 자치구 지역의 자원봉사 진흥에 기여할 수 있는 사업을 하도록 하였다.

### (2) 자원봉사센터의 기능

한국중앙자원봉사센터(2010)는 자원봉사센터의 기능을 7가지로 설명하였다. 그 자세한 내용을 살펴보면 다음과 같다.

① **연구 · 조사 · 컨설팅**: 질적인 프로그램 개발 운영을 위한 연구 · 조사 및 자원봉사센터 맞춤식 컨설팅을 통한 표준 운영기준을 마련한다.

② **대국민 자원봉사 홍보** “1365”: 대한민국 누구나 자원봉사에 참여할 수 있도록 홍보한다.

③ **자원봉사 교육**: 자원봉사 관리자 교육 및 교육 컨텐츠 개발을 통한 역량 강화 및 자질향상을 도모한다.

④ **프로그램 개발 보급**: 전문분야별 · 대상별 · 계층별 자원봉사 프로그램을 개발하고 보급한다.

⑤ **네트워킹**: 자원봉사 센터와 유관기관들과의 상호연대와 협력을 통해 자원봉사활성화를 도모한다.

⑥ **정책개발**: 현안 주요문제 해결을 위한 대안 마련, 국가차원의 자원봉사 정책을 개발한다.

⑦ **재난재해 대비**: 재난예방, 재난 시 신속한 대처 지원으로 재난재해를 감소시키도록 한다(한국중앙자원봉사센터, 2010).

한편 지역사회 자원봉사센터는 세부적인 자원봉사센터의 기능을 명시하고 있는데, 그 내용은 다음과 같다.

① 자원봉사기관 · 단체들 간의 연계
② 자원봉사프로그램 개발 및 보급
③ 자원봉사관련 교육, 연구 및 정보제공
④ 생활권 단위의 자원봉사 지지기반 구축
⑤ 자원봉사단체 간의 정보 및 사업의 협력, 조정, 지원
⑥ 자원봉사 활성화를 위한 홍보 및 출판
⑦ 자원봉사활동기본법 및 자원봉사활동지원조례의 규정에 관한 사업
⑧ 전문자원봉사단 지원
⑨ 청소년 및 노인자원봉사활동 활성화
⑩ 기타 자원봉사 진흥에 기여하는 사업의 10가지 기능으로 나타나 있다(고양시종합자원봉사센터, 2010).

### 3) 자원봉사센터의 업무영역

자원봉사센터의 업무는 기본적으로 자원봉사활동 기본법에 명시된 자원봉사활동을 하기 위한 업무 영역에서 출발한다. 자원봉사활동 기본법 제7조에 나타난 자원봉사활동의 범위는 다음과 같다.

- 사회복지 및 보건 증진에 관한 활동
- 지역사회개발 · 발전에 관한 활동
- 환경보전 및 자연보호에 관한 활동
- 사회적 취약계층의 권익증진 및 청소년의 육성보호에 관한 활동

- 교육 및 상담에 관한 활동
- 인권옹호 및 평화구현에 관한 활동
- 범죄예방 및 선도에 관한 활동
- 교통 및 기초질서계도에 관한 활동
- 재난관리 및 재해구호에 관한 활동
- 문화 · 관광 · 예술 및 체육진흥에 관한 활동
- 부패방지 및 소비자보호에 관한 활동
- 공명선거에 관한 활동
- 국제협력 및 해외봉사활동
- 공공행정분야 사무 지원에 관한 활동
- 그 밖에 공익사업의 수행 또는 주민복리의 증진에 필요한 활동

## 4) 자원봉사센터 현황과 과제

### (1) 전국 자원봉사센터의 현황

2007년도 7월에 행정자치부가 발간한 자원봉사센터 현황에 의하면 2006년도 자원봉사센터는 전국 시도, 시군구에 1개소씩 총 248개소가 설치되어 지역 자원봉사활동의 중심으로 자리잡아가고 있다고 밝혔다.

자원봉사 운영 형태는 전체 248개 센터 중 자치단체가 직접 운영하는 센터가 151개(61%), 별도 법인을 설립하여 운영하는 센터가 14개(6%), 비영리법인에 위탁하여 운영하는 센터가 83개(33%)로 센터운영의 민영화율은 39%에 이르고 있다. 센터의 민간 자율성 측면에서 보면 직영센터의 비율이 높게 나타나지만, 점차 직영센터에서 민간인 근무인력의 비중이 높아지면서 직영센터로서의 한계를 벗어나려는 노력을 하고 있다. 246개 자치 단체 중 241개 자치단체가 자원봉사활동 지원조례를 제정하여 자원봉사센터 운영 및 자원봉사활동을 지원하고 있다.

각 센터의 상근실무인력은 784명으로 이 중 민간인이 581명(74.1%), 공무원이 203명(25.9%)으로 평균 3.1명이며, 센터별 평균예산은 157만원으로 시도 센터는 474만원, 시군구 센터는 135만원 집행한 것으로 나타났다. 시도 센터 중에서 인천센터가 1,330만원으로, 시군구 센터 중에서는 서울 동작구센터가 682만원으로 최

고로 집행한 것으로 나타났다.

자원봉사자 등록자 수는 2,681천 명으로 '05년 말 대비 59만7천 명(28.7%) 증가하였으며, 성별로는 여성(57.2%)이 남성(42.8%)보다 많으며, 연령별로는 40대(22.9%)가 가장 많고, 10대(21.5%), 50대(16.4%)순으로 나타났으며, 직업별로는 주부(20.8%)가 가장 많고, 중고생(18.8%), 회사원(8.0%), 자영업(6.8%)순으로 나타났다.

자원봉사센터에 등록된 봉사자의 활동은 연인원 1천만 명에 이르며, 그 중 사회복지분야가 298만 명(29.0%), 환경분야 105만 명(10.2%), 공공기관 67만 명(6.5%) 명으로 사회복지분야의 활동이 여전히 많은 것으로 나타나고 있어 공공 및 환경, 지역사회개발 활동에 대한 봉사활동 참여확산 프로그램과 인식들이 요구되어진다.

자원봉사센터에 등록한 봉사자 중 2006년에 1회 이상 활동한 사람은 등록자의 52.7%인 1,413,188명으로 평균 7.3회 활동했으며, 50시간 이상 봉사자는 등록자의 10.0%(1회 이상 봉사자의 19.0%)인 268,120명으로 집계되었다.

자원봉사교육은 기초 · 보수 · 전문교육 10,866회로 675,965명을 교육하였으며, 교육과정별로는 기초교육 4,855명, 보수교육 2,463명, 전문교육 3,548명이며, 대상별로는 신규봉사자 449,793명, 기존봉사자는 226,172명으로 주로 신규자원봉사자를 대상으로 교육을 실시한 것으로 나타났다. 자원봉사자 보험가입자는 1,227,611명으로 1회 이상 봉사자의 대부분(86.7%)이 가입하였으며, 보험료는 1인 평균 2,077원으로 나타났다.

### (2) 자원봉사센터의 발전 방향

#### ① 지역사회 변화 추진 센터로의 역할

자원봉사센터는 자원봉사활동을 통한 지역사회의 새로운 문화를 만들고 행복한 공동체 건설을 위한 전략을 수립하여 전개해야 한다. 지역을 새롭게 창조할 비전을 함께 공유하고, 목표를 합의하면서 자원봉사활동이 지역사회 변화, 발전의 원동력이 될 것임을 확신하고 지역 변화 추진 역할을 해야 한다. 또한, 지역사회의 당면한 근본문제에 대한 장 · 단기적 조사 연구 사업을 진행하고, 이슈를 발굴하며, 특수 자원봉사 프로그램을 개발하고, 지역사회 자원봉사 유관기관 및 자원봉사자, 관리자를 위한 중요 회의 및 대회를 주최하는 등 지역사회 주민의 공동의 행복한 삶을 위한 활동을 통해 지역사회 변화의 중심축 역할을 해야 한다.

지역사회의 변화를 가져오기 위해서는 지역사회의 조직화와 조직화를 위한 변화추진자 양성, 시민이 생활 속에서 자연스럽게 참여할 수 있는 다양하고 재미있는 프로그램 개발 · 보급이 필요하다. 또한 지역사회 변화 추진센터로서의 역할을 제대로 수행하기 위해서는 센터직원들의 역량강화 뿐만 아니라, 센터가 지역내 네트워크의 허브 역할로서 구심점이 되어야 하며, 자원봉사를 통한 시민 교육 · 훈련 센터로서의 역할이 요구된다.

② 지역사회 네트워크 중심(허브) 센터로의 역할

네트워크는 서로 부족한 부분을 상호간에 의존과 협력을 통해 서로 간 새로운 가치를 창조하는 활동이다. 오늘날 민 · 관 · 기업의 파트너십이 강조되고 있는 것은 복잡하고 다양한 욕구가 존재하는 사회에 대응하고 바람직한 사회 변화, 발전을 위해서는 민간이나 행정, 기업 등 어느 한 분야의 개별적인 노력만으로 불가능하기 때문이다. 그래서 지역사회 모든 기관, 단체들이 각각의 특성에 따른 역할 분담과 폭넓은 협력을 통해 지역사회의 균형 있는 발전을 위해 노력해야 하며, 그 노력의 연계를 자원봉사센터가 해야 한다. 자원봉사센터는 자원봉사활동의 사회적 가치와 목표를 합의하고, 목표실현을 위한 전략과 각 기관간의 역할 분담 등을 위한 조정, 협력 등의 네트워크의 중심역할을 담당해야 한다.

③ 자원봉사를 통한 시민 교육 · 훈련 센터로의 역할

현대사회에서 자원봉사활동은 특별한 사람이 특수계층을 위한 봉사로서가 아니라 시민이 일상생활 속에서 민주시민으로 자질 함양과 자아실현, 공동체 생활문화 창조를 위한 활동이다. 이를 위해 시민들은 자발적이고 창조적으로 자신의 시간과 재능을 지역사회에 내놓음으로 해서 공동체 일원으로서의 사회적 책임을 행하는 일이다.

생활문화로서 자원봉사활동이 자리잡기 위해서는 시민들이 자원봉사에 대한 올바른 시각을 갖도록 하는 것과 자율적이고 창조적인 실천 주체로서 지역사회에 참여 할 수 있는 기회가 제공되어야 한다. 또한, 시민과 기관 · 단체의 조직들이 지역사회의 제 문제를 예장 · 치료함과 동시에 민주시민으로서 역할을 감당할 수 있는 능력 향상과 건강한 사회 환경 조성을 위한 분위기 형성이 교육 · 훈련을 통해 이루어 져야 한다. 지역사회에서 자원봉사 센터가 시대적 요청으로 그 역할을 수행하기 위해서는 무엇보다도 먼저 지역사회 내 자원봉사활동을 통한 지역사회 발전을 위한 아젠다를 만들고 합의 하는 과정에서 네트워크의 중심센터로 위상을 가져야 한다. 더불어 센터 내부적으로는 직원의 역량강화를 위한 개인적, 조직적 노력과 지역사회 조직을 위한 바른 시각을 갖는 것이 필요하다. 센터에서 일하는 인력들은 지역사회 내 변화추진자로, 조직가로, 네트워커로서의 역량을 길러야 한다. 이러한 역량은 하루아침에 이루어지지 않기 때문에 현장 경험을 통해 배우려는 태도와 더불어 경험을 기록하고, 개선하며, 창조하려는 부단한 노력이 필요하다.

## 확 인 평 가

**1.** 지역사회에서의 환경분야 봉사활동의 종류로 적합하지 않은 것은?

① 쓰레기 소각 ② 환경교육활동
③ 저공해비누제작 ④ 환경캠프

**2.** 지역사회에서의 자원봉사활동 영역으로 적합하지 않은 것은?

① 환경보전 ② 교통사고
③ 문화분야 ④ 행정분야

**3.** 자원봉사센터의 업무영역 중에서 자원봉사의식의 저변 확대 방향으로 적합하지 않은 것은?

① 자원봉사자 및 수혜자 은폐 ② 홍보활동
③ 연구, 조사 활동 ④ 네트워크 구축

**4.** 자원봉사센터 운영평가 영역으로 적합하지 않은 것은?

① 조직운영 및 인적관리 영역
② 자원봉사자 교육의 전문화 영역
③ 자원봉사 관리시스템의 정착화 영역
④ 자원봉사 의식의 저변확대 영역

**5.** 자원봉사센터조직운영에 관한 평가체계 개발 및 시행을 위한 평가내용으로 적합하지 않은 것은?

① 재원조달의 노력　　② 민주적 운영체계 확립
③ 자원봉사자 확보 노력　　④ 전문성

**정답**

**1.** ① ; 쓰레기 줍기, 쓰레기분리수거 등을 하지만 쓰레기 소각은 함부로 해서는 안 됨　**2.** ② ; 혼잡시간 교통정리, 교통안전 캠페인, 카풀서비스 등에 참여활동, 교통제도 개선 및 개발 참여, 교통모니터 활동 등의 교통개선을 위한 자원봉사 활동을 함　**3.** ① ; 자원봉사자 및 수혜자를 개발해서 자원봉사 의식의 저변을 확대 함　**4.** ③ ; 자원봉사 관리시스템의 체계화 영역, 자원봉사프로그램 활성화 영역, 봉사자 만족도 및 실사평가단 종합평가 영역을 평가하고자 함　**5.** ③ ; 시행 정도

제 5 편

# 자원봉사활동의 연구기반 및 전망

# 제12장

# 대한민국 자원봉사활동 연구기반

◈ **생각해보기**

1. 대한민국 자원봉사활동의 연구기반은 어떠한가?
2. 자원봉사활동의 연구기반 조성을 위한 핵심과제는 무엇인가?

행정자치부의 주관으로 자원봉사활동 진흥을 위한 국가기본계획을 수립하였는데 이는 자원봉사실천에 있어 매우 중요한 부분이 된다. 2005년 자원봉사기본법과 그 시행령 및 시행규칙이 발표되었음에도 불구하고 자원봉사활동의 활성화 움직임이 지역사회까지 체감되지 못하고 있는 상황에서 앞으로의 비전을 담은 로드맵을 그린다는 것은 고무적이다. 이 기본계획을 통해 그동안 막연하게 이루어져왔던 자원봉사활동 진흥을 위한 영역이 구체화되었고, 이를 위한 세부 사업들과 예산규모 등이 명시되게 되었기 때문에 국가차원의 자원봉사활동 진흥을 위한 노력의 방향이 확연하게 드러나게 되었다.

자원봉사활동 진흥을 위한 국가기본계획 5대 정책영역은 자원봉사활동 가치 증진과 참여 촉진, 지원 인프라의 효율화, 관리 · 핵심 인력 양성, 연구기반 조성, 국제교류 활성화다. 그 중에서 자원봉사활동 연구기반 조성 항목은 그동안 자원봉사계에서는 큰 비중을 두고 다루지 않은 영역이었다. 그 중요성에 비해 더 현실적인 부분에 관심과 예산지원이 쏠렸기 때문이라고 볼 수 있다. 국가기본계획에 포함됨으로써 자원봉사활동의 연구기반을 조성하는 데에 대한 관심을 높이게 되었다. 미국, 캐나다, 호주 등 선진국은 자원봉사와 관련하여 전국적인 조사 자료들이 축적되어 공식적인 국가 통계로써 대외적으로 공표하고 있으며, 국가 프로그램 시행 및 자원봉사 지원을 위한 정책 자료로도 활용되고 있다. 또한 비영리섹터의 중요한 구성요소로서 자원봉사에 대한 연구 및 학문적 토대를 제공하는 근거가 되고 있다. 우리나라의 경우 통계청의 사회지표를 통해 실시되는 자원봉사자의 기본적인 현황 정도만 파악되고 있을 뿐이며, 민간전문단체에서 실시된 국가적 차원의 대표성을 갖는 결과로 보기는 어려운 상황에 놓여 있어 종단적 및 횡단적 조사연구의 필요성은 매우 크게 부각되고 있다.

### 1) 자원봉사활동 연구기반 조성을 위한 핵심과제

자원봉사활동의 연구기반 조성을 위한 과제들의 추진목표는 전국적인 자원봉사활동 실태조사의 정례화를 통해 자원봉사의 기초 데이터 구축, 자원봉사 연구활동 활성화 및 정책 시행평가의 기초자료 확보, 다양한 자원봉사 프로그램 개발로 실천현장 지원, 정부 · 민간 자원봉사조직 평가체계 수립으로 설정해볼 수 있다. 그리고 자원봉사활동 조사 · 연구, 자원봉사 프로그램 개발, 자원봉사 평가체계 개발 및 평가 시행 등의 세 가지 정책과제로 구분해 볼 수 있겠다.

#### (1) 조사 · 연구

- 자원봉사연구조사활동
  - 자원봉사 정책수립 및 지원시스템 개발에 가장 기초적인 자료 제공.
  - 전국단위의 자원봉사활동실태조사, 자원봉사센터 및 단체의 운영실태조사, 기타 학술연구조사 등을 포함.
- 기본계획
  - 자원봉사활동과 관련된 국가적 차원의 공식 통계자료로 활용.
  - 3년마다 3천명 내외의 전국적인 자원봉사활동에 대한 표본조사식의 실태조사를 통해 자원봉사활동 참여자 비율, 연평균 봉사시간, 자원봉사자 특성 및 활동 현황, 자원봉사 동기 및 지속요인, 만족도, 봉사영역 및 내용 등의 현황 파악 필요.
- 전국의 자원봉사센터(행정안전부, 여성부, 보건복지가족부 산하) 및 자원봉사단체에 대한 전수조사
  - 자원봉사활동 운영지원정책 및 운영특성 파악 등의 기초자료로 활용 필요.
- 자원봉사 연구활동 지원사업
  - 자원봉사 전문 학술단체 및 자원봉사 학술행사 등에 대한 지원.
  - 대학생 혹은 대학원생들에 대한 연구논문 공모.
  - 자원봉사 도서 제작, 국제 자원봉사 대회 등 해외 자원봉사관련 학술행사 및 활동 참여 기회 확대 제공.
- 자원봉사의 학문적 토대 마련과 아울러 연구 분위기의 성숙, 국내 시사점 도출 등의 기회 제공.

### (2) 프로그램 개발

- 자원봉사 활성화를 위해서는 봉사서비스의 수혜대상별, 참여봉사자 특성별(연령, 성별, 직업), 봉사유형별(기업, 단체, 팀, 개인 등), 봉사 내용별 등에 따른 다양한 자원봉사 프로그램이 마련되어야 한다.
- 각 프로그램이 추구하는 서비스의 품질관리를 위해 주체별, 분야별 자원봉사 활동 매뉴얼이 개발되어야한다.
- 정부부처 차원에서 진행되는 정책사업에 특성화된 영역으로서의 자원봉사 프로그램이 정착될 수 있도록 이를 지원함으로써 각 정부부처의 관심을 지속적으로 고양함은 물론 부처별 소속 자원봉사활동 영역의 확대를 적극적으로 활용해야 한다.
- 국가자원봉사단(미국의 VISTA, Americops형태)의 모형을 개발하여 국가적 차원의 자원봉사 운동의 상시적 활력유지 및 재난 재해대비, 청년, 노인 및 여성인력의 사회참여를 독려해야 한다.

### (3) 평가체계 개발 및 시행

- 매년 1회 자원봉사센터에 대한 표준화된 평가지표를 토대로 한 '민관 협력 평가'를 실시함으로써 자원봉사센터의 역할과 기능에 대한 분석 및 책임성 강화를 유도한다.
  - 자원봉사센터에 대한 평가결과를 중심으로 바람직한 운영을 도모할 뿐만 아니라 중앙부처 및 지방자치단체에서는 정책에 반영할 수 있는 근거자료로 활용할 수 있다.
- 평가내용
  - 자원봉사센터 조직운영 : 재원조달의 노력, 민주적 운영체계 확립 시행정도, 전문성.
  - 자원봉사활동 관리 : 모집, 교육 · 훈련, 배치, 인정, 보상, 자원봉사활동 평가, 특별사업, 프로그램 개발, 외부시상 등
  - 자원봉사센터 운영 및 자원봉사 관리 개선 노력 : 문제점 개선 노력 및 그 결과에 대한 질적 평가, 근무만족도 조사 등
- 평가결과를 바탕으로 자원봉사센터를 수직적으로 순위화 하는 것을 지양하

고, 자원봉사센터를 격려하고 우수성을 인정하기 위한 창의적인 시상과 인센티브를 지원해야 한다.

- 정부 및 광역 · 기초 지방자치단체의 자원봉사정책에 대한 평가지표 개발-평가를 매년 실시하여 중앙부처 및 지방자치단체의 자원봉사발전 국가기봉계획의 책임성 있는 업무수행을 강조한다. 자원봉사활동의 기본적 가치이념의 구현을 위한 지원을 유도한다.
- 이 평가를 차기 연도 기본계획 수립 및 시행에 반영함으로써 자원봉사 진흥계획이 현실에 기반을 두도록 한다.

### 2) 핵심과제의 성공적 추진을 위한 실천전략

#### (1) 조사 · 연구 활동의 강화

통계청 인구센서스 조사에서 자원봉사 관련된 항목의 확대가 필요하며 자원봉사센터 실태조사와 평가시스템과의 통합이 필요하다. 그리고 자원봉사 학문적 토대 형성을 위한 전문도서와 연구물의 데이터베이스화를 포함하는 자원봉사 전자도서관 운영이 필요하다.

#### (2) 프로그램 개발의 전문화

① 특성화프로그램을 직접 만들어 자원봉사 단체나 센터에 보급하기보다는 공모하는 형식으로 진행하여 기존의 활동단체가 더 활성화 되도록 지원하는 것이 바람직할 것이다. 개발자체에 목적을 두기보다는 실천과 효율이 강조되는 프로그램이 개발 운영되어야 한다.

② 한국자원봉사단 설립에서 가장 중요하게 보아야 할 것은 설립 목적과 참여활동으로부터의 인센티브에 대한 목적과 수단의 전치상황이다. 자원봉사에 대한 사회적 필요성과 자원봉사 의식의 성숙이 어느 정도 확보되고 난 뒤에 운영되는 것이 바람직하다.

#### (3) 평가체계의 개선

① 업무메뉴얼 작성: 평가대상이 되는 자원봉사센터와 단체, 기업봉사단 등의

업무메뉴얼이 우선적으로 작성되어야 한다. 업무지침에 따라 만들어진 평가지표가 업무에 대한 정확한 평가를 수행하게 하기 때문이다.

② **온라인 평가시스템 구축**: 평가는 서술식의 평가서가 아니라 온라인화된 평가시스템(MIS)이 구축되어야 한다. 사회복지시설 및 기관평가에서 많은 불만이 평가에 소요되는 인력과 시간의 노력에 관한 사항이다. 매일 자원봉사자의 활동이나 관리자의 실적이 바로 평가지표에 입력되어 따로 평가서를 작성할 필요가 없는 MIS방식의 평가시스템이 마련되어야 할 것이다.

③ **평가지표의 연속성**: 평가지표의 연속성이 있어야 할 것이다. 사회복지시설 평가에서 문제가 되는 것은 평가위원장을 포함하는 평가지표 작성위원에 따라 평가지표가 너무 많은 차이를 보인다는 사실이다. 이런 문제는 현장에서 실무를 담당하는 입장에서 평가서를 작성하다보면 업무수행에 혼돈만 가중되는 상황을 벌어지게 한다. 자원봉사센터 및 단체에 대한 평가지표는 큰 틀을 일정하게 유지하되, 평가운용을 통해서 발생되는 문제점을 보완하는 형식으로 이루어져야 한다.

④ **평가의 투명성 확보**: 평가의 투명성 확보이다. 평가지표와 평가위원 등 대상기관의 투명성 있는 평가시행이 가장 중요하다.

### 3) 정치적 이해관계의 최소화

자원봉사활동 진흥을 위한 연구기반 조성을 위해서는 연구조사를 통한 자원봉사자에 대한 지원방안, 국가 또는 민간영역에서의 자원봉사 프로그램의 개발, 자원봉사센터에 대한 평가 및 효율적 운영모델의 제시 등 수많은 정책과제의 기반 토대를 제공할 수 있다는 점에서 관심을 갖고 추진해야할 분야로 볼 수 있다.

각 시책들이 제대로 수행되려면 각 부처 간 혹은 지방자치단체와의 긴밀한 협조관계를 유지하는 것은 매우 중요하다.

부처별 이기주의와 지방자치단체의 몰이해가 오히려 자원봉사활동의 기본정신을 훼손하게 하지 않을까 매우 걱정스럽다. 국가적 의지를 가지고 나눔의 진정한 문화의식이 사회에 뿌리내릴 수 있도록 정부가 모범을 보여야 할 것이다.

재정적 지원, 각종 매뉴얼, 지표 등의 개발은 조직을 구조화하고 체계적으로 운영한다는 장점이 있지만 자율성과 창의성을 막는다는 단점도 함께 가지고 있다.

한국자원봉사협의회와 같은 제3섹터를 통해 통제와 자율이 조정될 수 있도록 하는 것이 필요하다.

### 4) 자원봉사활동을 위한 주요 사업

자원봉사활동 연구기반을 알아보기 위하여 서울자원봉사정보안내센터의 주요사업을 살펴본다.

서울자원봉사정보안내센터는 사회복지협의회가 조직된 이래 자원봉사자를 교육, 배치하는 사업을 진행하여 왔다. 1991. 1월 가정봉사원 사업의 정착을 위한 기초사업으로 자원봉사정보안내센터를 설치 · 운영(前 지역복지봉사센터)하여 1992년 지역사회복지관 내 재가봉사복지센터 설립의 기초를 이루었다. 현재까지 자원봉사자를 육성하는 사업을 진행하여, 서울시내 시설 · 기관에서 필요로 하는 자원봉사자들을 수급 · 조정하는 사업을 펼치고 있다.

주요 사업으로는 자원봉사 통합관리로 서울시내 사회복지분야 자원봉사 대표센터로서의 업무를 담당('94.6.1일부터 서울시내 사회복지분야 자원봉사 통합관리 · 운영)함에 따라 다양한 자원봉사 모집 처를 통하여 접수되어진 자원봉사자들을 대상으로 자원봉사에 대한 기본 교육 및 전문교육을 실시하고 있다. 자원봉사자가 희망하는 봉사처를 토대로 사회복지시설·기관에 배치하는 자원봉사 수급관리를 운영하고 있으며, 봉사자들의 활동내역을 전산 관리하여 자원봉사자 보상제도나 포상에 관련된 프로그램을 마련하고, 서울사회복지전산망을 활용하여 사회복지 및 자원봉사에 관한 정보를 제공하고 있다.

#### (1) 협의 · 조정사업

서울시내 사회복지분야 자원봉사 업무의 효과성을 더하기 위하여 사업별로 자원봉사실무자와 전문가들을 자문위원 또는 실무위원으로 위촉하여, 사업운영에 참여하도록하고 의견을 반영하도록 한다. 이는 관계 기관과의 협조체계를 통한 업무의 중복성을 피하고 효율성을 높이기 위한 것이다(자원봉사정보지 제작관련 홍보분과 및 교육프로그램개발 · 자료 제작을 위한 교육실 무분과 조직, 운영).

#### (2) 조사 · 연구사업

① **조사 · 연구사업**: 자원봉사사업의 활성화를 위하여 당시 자원봉사에 관한 심

각성을 고려한 연구테마를 선정하여 조사 · 연구보고서를 발간한다. 자원봉사실무자와 전문가들에게 자원봉사에 관한 정보를 제공하여 업무에 전문성과 효율성을 높이고자 한다.

② **수요처 조사사업**: 서울시내 사회복지시설 · 기관 및 관련 단체를 중심으로 자원봉사프로그램을 연중 조사한다. 이것은 추후 자원봉사자 배치 자료로써 활용하고, 사회복지시설 · 기관의 어느 한 분야나 한 기관에 자원봉사자가 편중되지 않도록 봉사자 수급을 조정하며, 자원봉사 프로그램을 개발하기 위한 것이다.

③ **자원 조사사업**: 서울시내에서 활동 중인 자원봉사자들에 대한 실태조사 및 전문자원봉사자 육성을 통한 시설 · 기관의 사회복지서비스 향상을 목적으로 전문 직종별, 봉사활동 동아리별 봉사자원 조사를 연중 실시한다.

### (3) 출판사업

① **외국 자원봉사 사례연구**: 자원봉사 프로그램 발전을 위하여 선진외국의 사례들을 번역, 출판하여 실무자들의 업무에 도움을 주고자 한다(번역자원봉사자 활용).

② **자원봉사 정보집 발간**: 자원봉사자용과 자원봉사실무자용으로 구분하여 계층별로 자원봉사에 관한 최근 정보와 교육자료로써 활용가능 한 자료집 제작하여 배포한다. 이것은 자원봉사를 통한 사회복지서비스 향상을 도모하기 위한 것이다.

③ 자원봉사 시청각자료 제작

④ **자원봉사 자료실 운영**: 자원봉사자 및 실무자, 사회복지 전공자에게 자원봉사활동에 관련된 종합자료를 제공한다.

⑤ 각종 자원봉사활동 관련 교재를 발간한다.

### (4) 기타

자원봉사자를 조직 · 운영하고 교육 · 훈련 및 홍보사업을 한다.

## 확 인 평 가

**1.** 자원봉사활동 연구기반 조성을 위한 핵심과제로 적당하지 않은 것은?

① 단일화된 자원봉사 프로그램 개발

② 전국적인 자원봉사활동 실태조사의 정례화를 통해 자원봉사의 기초 데이터 구축

③ 자원봉사 연구활동 활성화 및 정책 시행평가의 기초자료 확보

④ 다양한 자원봉사 프로그램 개발로 실천현장 지원

**2.** 자원봉사활동 연구기반 조성에 관한 설명으로 적당하지 않은 것은?

① 그동안 자원봉사계에서는 큰 비중을 두고 다루지 않은 영역이었다

② 국가기본계획에 포함됨으로써 자원봉사활동의 연구기반을 조성하는 데에 대한 관심을 높이게 되었다.

③ 종단적 및 횡단적 조사연구의 필요성은 느끼지 못하고 있다.

④ 그 중요성에 비해 더 현실적인 부분에 관심과 예산적 지원이 쏠렸기 때문이라고 볼 수 있다.

**3.** 우리나라 자원봉사 관련법이 아닌 것은?

① 자원봉사활동 기본법

② 사회복지 사업법

③ 영 · 유아활동진흥법

④ 청소년활동진흥법

**4.** 자원봉사활동의 연구기반 조성을 위한 정책과제로 볼 수 없는 것은?

① 자원봉사활동 조사 · 연구
② 자원봉사 프로그램 개발
③ 전문단체와 연결
④ 자원봉사 평가체계 개발 및 평가 시행

**5.** 자원봉사활동 현황의 문제점으로 적합하지 않은 것은?

① 형식적 자원봉사활동
② 자원봉사자 활용 프로그램 내용의 우수성
③ 관리체계의 취약성
④ 자원봉사활동 참여의 지속성과 정기성 결여

정답 1. ① 2. ③ 3. ③ 4. ③ 5. ② ; 자원봉사자 활용 프로그램 내용의 취약성

# 제13장

# 자원봉사활동의 전망 및 과제

◈ 생각해보기

1. 우리나라 자원봉사계는 어떠한가?

2. 우리나라 자원봉사활동의 쟁점은 무엇인가?

3. 우리나라의 자원봉사활동의 과제는 무엇인가?

자원봉사기본법과 그 시행령 및 시행규칙이 발표되고 국가기본계획에 포함되면서 자원봉사 데이터를 구축하고 자원봉사활동 연구기반을 조성하는데 관심을 높이기 시작했다. 우리나라 자원봉사영역 중에서 자원봉사영역의 질적인 발전, 학교의 자원봉사교육 제도화, 자원봉사 관리기관 간의 네트워크 구축, 자원봉사관리자의 자격제도화, 각 센터별로 특성 있는 운영방안의 모색, 다양한 자원봉사교육과 훈련의 체계화, 자원봉사 인증센터 간의 네트워크 구축과 교류에 관한 현황과 과제 및 전망을 살펴보면서 미래지향적인 자원봉사활동을 생각해보기로 한다.

## 1. 대한민국 자원봉사계의 이해

현 정부의 중요 정책기조는 효율과 경쟁이다. 효율을 위해서는 단순히 예산을 절약한다는 입장을 넘어서서 경쟁시스템을 도입하는 것이다. 바우처제도나 모니터링시스템 등을 통한 공급방식을 다양화하여 수요자들의 서비스 선택권을 확대하는 것이다. 일방적 지급방식을 지양한다.

각 수요층의 상황과 여건, 욕구에 신속히 대응하는 맞춤형태의 서비스 전달체계로 개선하고, 자원봉사기관 및 단체의 보조금 지급방식을 다양화하며, 난립되어있는 정부 지원 자원봉사기관이나 단체에 대한 통폐합, 그리고 수급대상 자격 투명화 및 수급체계의 변화 등으로 표방되는 새로운 방식의 시스템이 도입될 것으로 보인다.

현 정부의 또 하나의 정책기조로 실용의 개념을 들 수 있다. 국민의 실제 생활에 접목될 수 있고 실질적 이익이 되는 정책을 실천하겠다는 뜻을 담고 있으며 사회의 양극화 개념에서 사회적 통합의 큰 틀 속에서의 정책적 선택을 하겠다는 것이다.

우리나라의 자원봉사 현황을 살펴보면 우리나라에서 현대적인 자원봉사가 전개된 것은 8.15해방과 더불어 나라의 재건과 재해자의 생계보호와 다양한 민간단체의 자발적 노력에서 시작하였다. 그 후 6.25와 더불어 전쟁의 참화를 극복하기 위해 광범위한 사회복지서비스 분야에 대한 민간의 자발적 참여, 외국의 사회봉사기관들의 직접 참여, 사회복지서비스 분야를 중심으로 구체적인 사회봉사의 방법과 경험을 익히게 되었다. 사회복지 봉사활동의 종류를 보면 의, 식, 주와 관련한 1차적 요구를 위한 활동으로 의료봉사, 탁아, 양로, 부랑인, 장애인시설 등에서의 자원봉사는 물론 문맹퇴치를 위한 야학교실 운영 등이 활발하게 진행되었다.

우리나라의 자원봉사의 특징은 대상이 사회복지서비스 분야에 치중하여 발달하였으며 봉사방법의 측면에서 보면 장기적이고 근본적인 자원봉사의 목적을 달성하기 위한 자원봉사 프로그램에 입각하여 봉사활동이 이루어지지 못하고 당면한 문제를 응급적으로 대응하는 치료적 방법으로 행해져 왔다는 점을 들 수 있다. 정부나 기존의 기관이 제대로 기능하지 못하는 분야에서 민간의 자발적인 노력이 참여함으로써 그 사회의 개량과 생활의 질을 높이며 더불어 사는 사회인 통합사회를 궁극적으로 만드는 근본적인 자원봉사활동의 방법이 이루어지는 선진국의 경우와 비교해 볼 때 우리나라도 자원봉사활동의 대상과 방법에 일대전환이 이루어져야 할 것으로 사료된다.

### 1) 교육계의 자원봉사활동 제도화

급격한 산업화와 핵가족화는 물질 만능주의의 가치관을 우리사회에 팽배하게 만들었고 그러한 가치관 및 부모의 과잉보호 속에서 자란 청소년들은 이웃이나 지역사회를 생각하기보다는 자기 자신과 가족만을 생각할 줄 아는 극단적인 개인주의에 물들게 되었다.

이와 같은 가치판단의 기준이 자기중심적인 청소년들에게 이웃과 지역사회의 발전에 작은 도움을 줄 수 있도록 자원봉사활동에 참여하여 도덕성과 공동체 의식이 투철한 민주시민으로 육성할 수 있도록 학교에서 자원봉사활동이 필요하게 된 것이다.

학생들의 자원봉사활동은 몇몇 청소년 단체나 종교단체 등에서 부분적으로 추진되어왔고 고등학교에서 내신성적으로 이루어졌다. 1994년부터 중앙일보사를 중심으로 대대적인 자원봉사 캠페인을 전개하여 각 대학과 중학교, 고등학교의 참여가 활성화되었고 서울특별시 교육청에서도 1995학년도 중학교 입학생부터 자원봉사를 의무화하였다. 1998학년도에는 고등학교 입학 내신 성적에 총점의 8%(24점)를 반영한다는 발표하였으며 1995년 5월 31일에 발표한 교육개혁 방안에서는 학생들의 개인이나 단체 수련활동 및 학내외 자원봉사활동의 내용과 참가시간을 종합생활기록부에 기재 관리 의무화하였고 상급학교 진학시 반영하기에 이르렀다(한국사회복지연구회, 1997).

중 · 고등학생들에 대한 자원봉사활동의 권장은 정부의 교육개혁에도 크게 반영되어 최근 종합생활기록부에 자원봉사활동란을 만들어 기록하도록 생활기록부 모형을 확정하였다. 그러나 대학에 들어가면 일부 전공 학생들에게는 학점으로도 연결되지만 많은 부분에 연결되진 못하는 실정이다.

### 2) 기업 자원봉사활동의 출현

삼성은 그룹 산하에 삼성사회봉사단을 창단하여 전 그룹적인 차원에서 사원들의 자원봉사활동을 권장하고 있다. 현대, 진로, 쌍용 등 많은 대기업들에서도 사원연수과정에 자원봉사활동을 포함하고 신입사원 채용시 과거의 경력을 반영키로 하였다. 기업들의 사회참여는 사원 자원봉사활동 외에도 1백여 개의 각종 공익재단들을 설립, 비영리기관들에 대한 자금지원을 강화하고 있다.

### 3) 정부의 자원봉사활동 참여

많은 정부부처들이 산하 공무원들의 자원봉사활동을 권장 또는 의무화하고 있다. 부처들은 연말을 「자원봉사활동의 달」로 정하고 산하기관별로 공무원 자원봉사활동을 활성화하는 계획, 공무원 채용시 자원봉사활동 경력을 우대하는 방안들도 속속 발표하고 있다.

### 4) 정부의 자원봉사활동 지원확대

국민들의 자원봉사활동을 활성화하기 위한 정부의 지원노력도 크게 늘고 있다. 1994년도 1억 원을 투자하여 한국사회복지협의회에서 '자원복지자원봉사센터'를 설립, 운영토록 지원하였다. 서울시에서는 1억 2천만 원을 지원하여 1995년부터 서울시 사회복지협의회에서 자원봉사활동자 교육, 훈련, 배치 사업을 전담토록 하였다. 1994년 10월 '시민자원경찰대'를 발족하였으며 대구시는 1994년 11월 '자원활동 정보은행'을 설치하였다.

### 5) 시민들의 자원봉사활동 확대

사회단체, 일반시민들의 변화도 눈에 띄게 늘어나고 있다. '94년 4월 대한적십자사, 한국선명회, 한국여성개발원, 한국능력개발연구회 등 35개의 자원활동기관·단체들로 조직된 한국자원봉사단체협의회는 그 후 세미나, 세계자원봉사자의날 기념식 등을 개최하며 자원봉사활동 확산을 위하여 노력을 기울이고 있다.

시민들의 자원봉사활동을 고취시키는데 가장 큰 역할을 담당하는 것은 매스컴이다. 중앙일보의 자원봉사캠페인은 중요한 기능을 하였다. 1994년 11월 26, 27일 중앙일보사 주최의 「전국자원봉사경연축제」는 전국 6개 도시가 공동주최로 참가하고 무려 32만 명이 1일 자원봉사를 했다. 그리고 조선일보가 창간 90주년을 맞아 한국자원봉사협의회·사회복지공동모금회와 함께 2010년 06월부터 펼치고 있는 '재능을 나눕시다' 캠페인에 시작 첫날부터 250명이 재능을 나누고 싶다고 지원했고 재능을 기부받고 싶다는 신청도 51건이었다. 5가지 캠페인은 프로젝트 결연·상담·학습지도 봉사를 하는 키다리아저씨, 예술·공연 재능을 나누는 오드리 헵번, 요양원·복지시설 등에서 돌봄 봉사를 하는 마더 테레사, 체육 활동·집수리를 돕는 헤라클레스, 의료·보건 분야의 재능으로 나눔을 실천하는 슈바이처활동에 자신의 재능을 나누고 싶다고 신청하였다.

시민들의 참여는 지역자원봉사센터의 노력여부에도 많은 부분 좌우된다. 이런 부분을 고려하면 고양시자원봉사센터의 경우 2008년 자원봉사 등록인원이 55,294명이었던 것이 2010년에는 71,126명으로 15,832명이 증가하였는데 이는 자원봉사 활동분야도 다양하게 질적변화를 도모한 결과이다. 뿐만 아니라 자원봉사의 참의미와 인식을 개선하는 것에 중심을 두고 사업을 추진한 결과를 나타낸다.

## 2. 우리나라 자원봉사활동의 문제점 및 과제

현재 우리나라는 복지국가 실현을 국가적 목표로 표방하면서 사회복지를 추구하기 위한 국가의 책임과 개입이 강조되면서 국가의 역할이 강조되고 있지만 민간의 개입도 강조되고 민간기관의 역할은 이전보다 더욱 강조되고 있는 추세이다.

우리나라 현대사회의 특징은 저출산고령화가 급진전되고 있다는 것이다. 정신적인 면은 돌보지 않고 경제성장에만 눈을 돌린 우리 사회는 인간성과 윤리의식의 상실, 물질만능주의, 집단이기주의, 각종 폭력과 비리 등 모든 분야가 앞으로 짊어져야 할 책임이다. 그리고 빈부의 양극화와 도농 간 격차의 지속적인 심각화, 청년 취업난 가중, 반인륜적 강력사건의 지속적인 발생, 이혼과 자살의 증가, 외국인과 다문화 가족의 급증에 따른 다양한 문제의 증가, 끊임없는 부정과 부패, 매우 빠른 속도의 정보화 보급이라는 점에 남북간 대립 문제까지 놓여있는 상황이다.

지방자치제 실시로 자발적 주민참여의 폭이 커지기는 하였으나 아직 자원봉사활동의 조직적 참여는 부족하고 자원봉사를 활용하는 기관에서도 자원봉사자들을 위한 관리프로그램이 미흡한 실정이다. 따라서 자원봉사제도의 활성화를 위해 현실에 맞는 새로운 이념, 새로운 관리 및 운영방안을 모색하는 것이 필요하다.

### 1) 우리나라 자원봉사활동의 문제점

(1) 자원봉사 관련시책간의 유기적 연계 문제이다. 「자원봉사활동기본법('05)」의 제정 및 '자원봉사활동 진흥을 위한 제1차 국가기본계획('08~12)'이 수립 추진되고 있으나, 여전히 자원봉사 관련 시책들이 유기적으로 연계되지 못해 정확한 현황이 어려운 실정이다. 현실적으로 자원봉사관리의 대표부처인 행정안전부 소관인 자원봉사센터의 등록 자원봉사자 규모와 보건복지부의 사회복지 자원봉사 인증센터에 등록활동하고 있는 자원봉사자 등록 확인이 불가능하다. 원칙적으로 등록 자원봉사자의 주민등록번호 검색을 통해 '사회복지 자원봉사 인증관리 데이터베이스'와 자원봉사센터에의 중복등록이 불가능하도록 하고 있으나, 중복 여부의 확인이 현실적으로 이루어지지 못하고 있기 때문이다.

(2) 자원봉사활동을 위한 추진체계 · 지원체계의 혼재 문제이다. 자원봉사활동기본법은 법적 근거를 바탕으로 체계적인 자원봉사활동 촉진에 관한 정부정책 추진

의 동력을 마련하였으나, 관련 법령과의 상관관계가 불분명하고 자원봉사활동의 활성화 및 지원에 관한 내용들이 파편적으로 분산되어 있다는 지적은 여전히 숙제로 남아있다. 특히 사회복지사업법 및 시행령, 건강가정기본법 시행령 및 시행규칙, 노인복지법 및 시행령, 국민기초생활보장법 시행령, 재해구호법 및 시행령, 재난 및 안전관리기본법, 청소년활동진흥법 시행령 시행규칙, 저출산고령사회기본법 등 부처별 근거법령에 따라 자원봉사활동 관련 시책을 추진하면서 유사 · 중복 기능을 가진 센터가 설치 · 운영되거나, 동일 사안에 대한 업무기준이 달라 실천 현장에서 혼란을 초래하고 있다. 이에 따라 자원봉사자의 관리 및 봉사활동의 체계적 지원을 위한 부처별, 지역별 업무의 중복과 이를 조정 · 연계할 수 있는 정책조정이 미흡하고, 동일 봉사활동의 실적이 중복적으로 관리되는 등 불필요한 행정력 낭비의 가능성이 농후하다.

(3) 보상과 유인의 실제성 결여 문제이다. 자원봉사자의 모집과 배치, 교육 및 인정 · 보상 기준의 마련, 다양한 봉사활동 프로그램의 개발과 봉사자 위기관리 등 봉사활동을 전문적, 체계적으로 관리할 수 있는 자원봉사 전문 인력 양성이 미흡한 점도 자원봉사활동 증진의 걸림돌로 작용하고 있다. 의무적, 형식적 활동으로 치우치고 있는 학생 자원봉사활동이 평생 봉사학습(lifelong service learning)으로 이어질 수 있도록, 자원봉사 관련 교과과정을 개발 · 보급하고, 교사대상 훈련 및 교육 프로그램 개발하는 부문 또한 아직 정책적 역량이 이르지 못하고 있다. 특히, 자원봉사활동에 대한 인정 · 보상은 봉사활동의 가치 훼손에 대한 우려와 함께, 참여 경로가 봉사자 중심으로 제공되지 못하여 전체 국민의 자원봉사활동을 유인하는데 한계가 있어 자원봉사활동의 체계적 관리가 맹점으로 지적되고 있다(한국보건사회연구원, 2010).

(4) 자원봉사활동 참여의 지속성과 정기성 결여의 문제이다. 등록 자원봉사자는 물론 연간 1회 이상, 자원봉사활동에 참여하는 활동 자원봉사자가 꾸준히 증가하고 있다. 그러나 활동 자원봉사자의 비율은 지속적인 감소 추세에 있다는 점이다. 이는 등록 자원봉사자에 비해 활동 자원봉사자의 증가율이 크게 미치지 못하고 있기 때문인데, 대부분의 참여자들이 1회성의 부정기적인 행사성 봉사활동에 참여하면서, 자원봉사활동의 지속성을 기대하기 어렵다는 우려를 갖게 한다.

(5) 자원봉사자 활용 프로그램 내용의 취약성 문제이다. 자원봉사활동 참여자의 대부분이 학생이나 주부 등 특정 인구집단에 편중되어 있다는 점이다. 여성(주부),

학생, 대기업 등의 봉사활동 참여는 상대적으로 활발하게 이루어지고 있으나, 장애인, 노인, 전문직 등 전체 국민의 일반적 참여 수준은 저조한 것으로 나타났다. 2009년 기준, 남성 활동 자원봉사자는 전체의 45%로 여성 자원봉사자 규모에 비해 다소 적지만, 과거에 비하면 남성들의 참여가 빠르게 증가하고 있다. 연령별로는 학생 자원봉사가 많은 10대와 20대가 가장 많이 참여하고 있으며, 대체로 고연령층의 자원봉사활동 참여가 상대적으로 저조한 실정이다(2009 사회복지 자원봉사 통계연보, 보건복지부 · 한국사회복지협의회).

한편, 전체 자원봉사 활동자의 49%가 초 · 중 · 고 및 대학생이었고, 전문적인 봉사활동을 기대할 수 있는 전문직의 참여 비율은 4%에 머무르고 있다. 2007년도에 발표된 초 · 중 · 고등학생의 봉사활동 운영지침에 의하면, 초등학생은 연간 7~10시간, 중학생은 연간 18시간, 고등학생은 연간 20시간의 자원봉사활동을 권장하고 있으며, 봉사활동실적을 생활기록부에 기록 · 보존하도록 하고 있다. 이에 따라 중 · 고등학생의 자원봉사활동이 현행 입시위주 교육환경에서 의무적 · 형식적 활동에 치우치고 있다는 지적이 끊임없이 제기되고 있는 것이다. 또한 학생 자원봉사자의 역량계발과 연계할 수 있는 전문적 관리프로그램이 충분히 마련되어 있지 못해, 자원봉사활동의 질적 향상의 걸림돌로 작용하고 있다.

(6) 다양하고 전문화된 자원봉사 프로그램의 개발 및 보급의 문제이다. 사회복지 부문 내에서도 자원봉사활동 영역이 특정 영역에 편중되어 있고, 다양하고 전문화된 자원봉사 프로그램의 개발 및 보급이 미흡하여 봉사활동의 대부분이 일상생활 보조 또는 단순 봉사 수준에 머무르고 있다. 「사회통계조사(통계청, 2009)」 결과에 나타난 자원봉사활동 분야 중 가장 높은 비율을 차지하는 것은 아동, 청소년, 노인, 장애인, 재소자 등 취약계층 지원 및 보호로 전체의 43.7%를 차지하고 있었다. 반면에 환경보전 및 범죄예방 분야의 자원봉사활동 참여는 점진적인 감소 추세가 나타났다.

(7) 관리체계의 취약성 문제이다. 자원봉사활동에 대한 인정 · 보상은 봉사활동의 가치훼손에 대한 우려와 함께, 참여경로가 봉사자 중심으로 제공되지 못하여 전체 국민의 자원봉사활동 유인에 한계 등 자원봉사활동의 체계적 관리가 미흡한 실정이다. 그러므로 의무적, 형식적 활동으로 치우치고 있는 학생 자원봉사활동이 평생 봉사학습으로 이어질 수 있도록, 자원봉사 관련 교과과정을 개발보급하고, 교사 대상 훈련 및 교육프로그램 개발이 필요하다(한국조세연구원 · 한국법제연구원 · 한국보

건사회연구원, 2010).

### 2) 우리나라 자원봉사활동의 과제

(1) 범정부차원의 관리체계와 종합정보망을 갖추어야 한다. 자원봉사 육성 · 추진기관들 간의 통합조정 시스템이 구축되지 않아 상호 협력관계가 부족한 실정이다. 범정부차원의 관리체계가 없고 봉사인력의 효율적 관리와 활용을 위한 PC통신망 서비스 및 DB구축 등의 종합정보망이 갖추어져 있지 않아 지역 내의 자원봉사기관 중개기관, 중개기관과 수요기관, 수요기관과 수요기관 등 관련기관 간의 상호 협력 및 수급체계, 즉 정보의 공유체계가 제도적으로 마련되어 있지 않다. 이제 정부부처별 전문영역을 분담하고 자원봉사 행정업무나 인증체계를 연계하여야 한다. 이를 위하여 자원봉사 관련 행정체계나 추진체계의 중복과 혼란을 방지하고 상호 통합성을 높여야 한다.

(2) 새로운 자원봉사활동의 영역개발과 자원봉사자 참여 확대를 위하여 노력해야 한다. 현재 자원봉사 활동분야 및 자원봉사자의 30~40%를 차지하는 사회복지분야, 의료분야, 교육분야의 일부분이 일자리 영역으로 변환될 전망이다.

새로운 자원봉사 수혜자 및 수혜대상 확대 노력이 필요하다. 자원봉사 선진국에서 자원봉사활동의 영역 중 사회복지분야가 큰 비중을 차지하고 있지 않다는 점에 눈여겨 볼 필요가 있다. 환경, 지역사회, 교통, 문화 등 다양한 봉사일감과 더불어 수혜자들의 확대를 위한 프로그램 개발이 절실히 요구된다.

(3) 정부지원 민간단체 및 자원봉사 기관, 단체에 대한 정부의 지원방식 다양화에 관한 대비가 필요하다. 단순한 지원금에만 의존하던 기관과 단체의 체질개선이 필요하다. 자원봉사자 혹은 수혜자들의 선택권을 높인 바우처제도나 운영평가시스템, 서비스 모니터링 시스템 등에 의한 객관적 근거에 토대를 둔 예산 지원을 강화하게 되면 지역사회의 자원봉사센터나 자원봉사기관 등은 운영에 큰 타격을 받을 수 있다. 봉사기관이나 단체 간에도 경쟁체제에 돌입되어야 할 상황이 될지 모른다. 전문적인 기능을 통합 관리 · 전담할 수 있는 공식적인 전문 자원봉사 조직이 필요하다. 따라서 자원봉사활동을 총괄, 지원, 조정할 수 있는 전담기구를 마련하여 전문적인 기능을 통합 관리 · 전담할 수 있는 공식적인 전문 자원봉사 조직을 육성, 추진해 나가는 기구의 신설이 필요하다.

(4) 자원봉사활동 진흥의 대상이 누구인가에 대한 고민이 좀 더 철저히 필요하다. 자원봉사활동으로 만들어지는 서비스에 대한 영역의 품질과 아울러 자원봉사자의 전문성, 인력관리, 서비스 전달시스템, 수혜자 만족, 봉사자의 책임성 등을 포함하는 영역들의 내용이 더 보강되어야 할 것으로 보인다. 자원봉사 현장 활동에 적절히 대응할 수 있는 교육프로그램이 미흡하며 자원봉사자들의 자질 향상, 잠재능력 개발, 현장 활동과정에서 생겨나는 문제점 및 봉사방법을 꾸준히 개발하고 대처하기 위한 재교육의 기회를 충분히 마련하여야 한다. 그리고 자원봉사자 승인과 보상 등 유인책이 체계화되어야 한다. 따라서 전문적인 자원봉사 양성기관이 발달되어야 하겠다.

(5) 자원봉사센터의 과제이다. 우선은 자원봉사센터의 민영화 과제이다. 자원봉사센터는 관직영이 전체의 1/3 이상을 차지하고 있는데 이는 자원봉사활동의 자율성과 전문성 문제에 우려를 나을 수 있다. 그리고 재정적 안정성의 과제이다. 자원봉사센터의 특성상 회비나 후원금 모금이 불가하기 때문에 전액 국고 지원이 되어 운영의 안정성을 보장하는 것이 필요하다. 다음으로 양적 확대의 과제이다. 자원봉사센터나 기타 자원봉사 육성 · 추진 기관들이 있기는 하지만 수적으로 부족할 뿐 아니라 기능을 제대로 수행하지 못하고 있으며 또한 지역주민의 이용접근성이 낮아 실제로 자원봉사활동의 거점으로 기능하기 어려운 상태이다. 따라서 시 · 도, 시 · 군 · 구 차원까지 지역사회 차원의 자원봉사센터가 설치되어야 한다.

(6) 자원봉사관리자의 전문성이 강화되고 자원봉사 관리과정의 전문성과 체계성을 갖추어야 한다. 이를 위하여 자원봉사 관리에 대한 전문적 기술과 지식을 가진 자원봉사관리자를 양성하여 배치하고 자원봉사 관리 및 프로그램을 체계화하면서 보급할 필요가 있다. 그리하여 자원봉사자에 대한 교육과정을 체계화 · 전문화시키며 기존의 자원봉사자를 지속적으로 활동하도록 한다. 그러기 위하여 우선 관리자의 처우수준을 높여서 이직률을 낮추고 전문성을 높이도록 하여야 한다.

(7) 자원봉사활동에 대한 실제적 지원내용을 제도화하여야 한다. 정부기관들과 한국자원봉사협의회가 민관공조를 원만히 함으로써 자원봉사 단체들을 침해하지 않고, 재정과 행정지원으로 정부가 바람직한 역할을 수행할 수 있도록 해야 한다. 그리고 자원봉사단체들도 지나치게 정부의 재정지원에 의존하지 않고 기존의 다양한 자원봉사단체들의 활동을 독점하거나 규제하지 않으며, 오히려 지원하고 진흥하는 역할로 자리매김을 할 필요가 있다.

(8) 자원봉사 정책의 과제로 자원봉사와 '사회복지국가'와의 접목의 관점이 요구된다. 이를 위해서는 민 · 관의 복합적인 변화를 통해 자원봉사활동에 대한 인식 전환이 이루어져야 할 것이다. 자원봉사자는 자신이 갖고 있는 시간이나 물질, 에너지, 능력과 기술, 경력과 지식 그리고 부를 기꺼이 무보수로 내어주는 사람들이다. 따라서 정부의 정책적 근간이 되고 있는 '사회적 통합'이라는 대전제에 가장 크게 기여하고 있는 사람들이라는 것에 초점을 둔 자원봉사정책이 마련되어야 할 것이다.

## 확 인 평 가

**1.** 우리나라의 자원봉사의 과제로 적당하지 않은 것은?

① 자원봉사활동의 중앙집중화를 이룩하는 것이다.
② 지도층의 인식 제고에 힘써야 할 것이다.
③ 국제자원봉사활동을 확대하여 자원봉사의 인식을 높여야 한다.
④ 언론계의 캠페인 및 후원을 지속적으로 유지해야 한다.

**2.** 우리나라의 자원봉사계가 가야할 방향이 아닌 것은?

① 새로운 자원봉사활동의 영역개발과 자원봉사자 참여 확대를 위한 노력 요구
② 새로운 자원봉사 수혜자 및 수혜대상 확대 노력 필요
③ 정부 지원 민간단체 및 자원봉사 기관, 단체에 대한 정부 지원방식의 단일화에 대비
④ 자원봉사활동 진흥의 대상이 누구인가에 대한 고민이 좀 더 철저히 필요

**3.** 우리나라의 자원봉사 활성화를 위한 과제가 아닌 것은?

① 자원봉사활동의 인정시스템 무시
② 자원봉사 관련 전담기구의 설치
③ 자원봉사기관의 환경개선
④ 관리시스템 구축

**4.** 사회복지사업법에 근거하여 사회복지분야에서 자원봉사인증제도 도입, 자원봉사자 포상, 전문봉사단 운영, 봉사자 및 수요처 연계전산망 구축 등을 실행하는 부처는?

① 여성부　　② 행정안전부
③ 보건복지가족부　　④ 보건복지가족부

**5.** 대한민국의 자원봉사체계에 관한 개관으로 맞지 않은 것은?

① 각 부처별 자원봉사센터 설치 지원
② 자원봉사활동 기본법 제정 이후 정부가 앞장서서 자원봉사활동 육성지원
③ 자금지원은 조직지원 방식과 단체별 프로젝트 지원방식 병행
④ 각 지방정부가 독자성을 갖고 자원봉사진흥 추진

**정답** 1. ① 2. ③ 3. ① 4. ③ 5. ④

# 참고문헌

2010 사회복지사 보수교육(2010), 경기도사회복지협의회.

강성지(2008), 자원봉사자의 갈등이 자원봉사활동 만족도에 미치는 영향에 관한 연구, 경기대학교 대학원 석사학위논문.

경기도자원봉사단체협의회, 경기도자원봉사센터(2006), 경기도 자원봉사 우수프로그램.

경기도자원봉사센터(2007), 경기도시 · 군 자원봉사센터 현황 및 사업계획.

______________(2010), 자원봉사교육의 천가지, 만가지 오만가지 TIP, 경기도 자원봉사 교육 매뉴얼.

______________(2010), 운영결과보고서 및 2011운영계획서.

______________(2011), 2011Youth International Outreach Experiences, 고양시청소년 초록평화봉사단 필리핀 체험기.

______________(2012), 2012년 3대 전국체육대회 자원봉사자 소양교육 자료.

고양곤(1999), 노인자원봉사활동의 활성화 방안, 노인복지연구, 겨울호, 한국노인복지학회.

고양시종합자원봉사센터(2007), 고양시종합자원봉사센터 10주년 백서(白書).

_________________(2008), 2008사업보고 및 2009사업계획.

_________________(2009), 국제행사지원 자원봉사자의 효율적인 운영방안모색, 2009 제3회 고양시 자원봉사포럼.

구혜영(2008), 자원봉사실천론, 신정.

권병옥(2008), 자원봉사활동의 실태와 활성화 방안에 대한 연구: 서울시 강동구 자원봉사활동을 중심으로, 한양대학교 대학원 석사학위논문.

권영섭(2008), 재해구호 자원봉사활동의 지속성에 영향을 미치는 요인, 이화여자대학교 대학원 석사학위논문.

권욱석(2003), 병사들의 자원봉사활동이 군 생활에 미치는 영향: 청주지역 공군 병사들을 대상으로, 청주대학교 대학원 석사학위논문.

권현수(2008), 자원봉사관리자 재교육과 직업적 역량 및 전문직업성과의 관계, 경북대학교 대학원 박사학위논문.

김교정(1999), 청소년자원봉사활동에 있어 관리자 역할에 관한 연구: 사회복지관을 중심으로, 경성대학교 대학원 석사학위논문.

김동배(2005), 시민사회와 자원봉사, 학지사.

김미라(2008), 자원봉사자의 활동요인이 참여태도에 미치는 영향과 갈등수준의 조절효과, 경기대학교 대학원 박사학위논문.

김미선 · 박지연(2009), 다차원적인 긍정적 행동지원이 장애아동의 문제행동에 미치는 영향, 특수교육, Vol.8 No.2.

김민선(2003), 자원봉사 경험이 정신장애인에 대한 태도에 미치는 영향, 평택대학교 대학원 석사학위논문.

김민정(2005), 기업 내부 구성원의 자원봉사 동기와 활성화 방안에 관한 연구, 숙명여자대학교 대학원 석사학위논문.

______(2008), 자원봉사 경험과 동기가 활동의 만족도에 미치는 영향에 관한 연구, 한양대학교 대학원 석사학위논문.

김범수 외(2001), 자원봉사의 이해, 학지사.

________(2012), 자원봉사론, 학지사.

김봉희(2004), 기업 자원봉사관리자의 특성 및 업무환경이 자원봉사 참여도에 미치는 영향, 경성대학교 대학원 석사학위논문.

김성이(1996), 자원봉사활동 체계화 방안 연구, 한국사회복지협의회.

김성준 · 이창호(2011), 자원봉사정책의 한국적 모형에 관한 연구, 한국자원봉사학회 기획주제, pp.8~40.

김숙경(2007), 일반 고등학생의 장애인대상 자원봉사 활동이 장애인에 대한 태도 변화에 미치는 영향, 공주대학교 대학원 석사학위논문.

김승용 외(2011), 자원봉사론, 양서원.

김애수도(2008), 호스피스 자원봉사자의 호스피스 케어 활동을 통한 전환학습에 관한 연구, 숭실대학교 대학원 석사학위논문.

김양자(2008), 노인의 자원봉사 활동과 삶의 만족도간의 관계, 상주대학교 대학원 석사학위논문.

김연신(2000), 기업 자원봉사의 기능적 효과에 관한 연구: 삼성전자의 자원봉사활동을 중심으로 한 연구, 경기대학교 대학원 석사학위논문.

김영성(2000), 우리나라 자원봉사조직의 운영효율화에 관한 연구, 동아대학교 대학원 석사학위논문.

김영옥(2009), 노인의 자원봉사활동에 대한 인식과 활성화 방안: 무료급식소 이용노인을 대상으로, 한서대학교 대학원 박사학위논문.

김영주(2006), 자원봉사 활동실태와 활성화 방안에 관한 연구, 서울시립대학교 대학원 석사학위논문.

김영호(1995), 자원봉사센터 설치 및 운영에 관한 연구.

_____(1997), 자원복지활동의 활성화 방법, 학문사.

_____(2004), 자원봉사의 이론과 실제, 창지사.

김예숙(2002), 학생상담자원봉사자의 봉사의식과 자아존중감이 봉사활동 지속성에 미치는 영향, 동아대학교 대학원 석사학위논문.

김재선(2009), 자원봉사활동 만족도의 결정요인 연구: 서울시 강남구 서초구 송파구를 중심으로, 건국대학교 대학원 석사학위논문.

김정옥(2002), 학생상담자원봉사자의 역할수행에 관한 연구, 영남대학교 대학원 석사학위논문.

김정은(2005), 기업 자원봉사활동의 만족도 향상을 위한 지원방안에 관한 연구, 대구대학교 대학원 석사학위논문.

김태숙(2004), 전문인력의 자원봉사활동 활성화 방안에 관한 연구: 대구 · 경북 지역 간호사를 중심으로, 동국대학교 대학원 석사학위논문.

김필자(2004), 호스피스 자원봉사활동의 실태와 활성화 방안에 관한 연구: 대구 · 부산 지역을 중심으로, 동국대학교 대학원 석사학위논문.

김향선 외(2011), 자원봉사론, 형설.

김현숙(2008), 기업 구성원의 자원봉사활동 참여가 조직일체감에 미치는 영향에 관한 연구, 숭실대학교 대학원 석사학위논문.

김홍미(2002), 기업자원봉사자의 지속여부와 지속기간에 영향을 미치는 요인에 관한 연구, 이화여자대학교 대학원 석사학위논문.

나원규(2005), 기업의 자원봉사에 관한 연구, 단국대학교 대학원 석사학위논문.

나현미(2004), 자원봉사관리조정자 직무분석, 한국직업능력개발원.

남기만(2009), 노인자원봉사 활동의 활성화에 관한 연구, 고려대학교 대학원 석사학위논문.

남기철(2004), 학교 자원봉사의 현황과 과제, 학생지도연구, Vol.23.

남미라(2009), 유치원 학급보조 자원봉사자 활동의 실태와 개선 방안, 금오공과대학교 대학원 석사학위논문.

남상미(2000), 고등학교 특별활동에서의 자원봉사 교육프로그램 개발에 관한 연구, 이화여자대학교 대학원 석사학위논문.

남태석(2001), 장애인생활시설에 있어서 청소년자원봉사자 활용실태와 활성화방안, 대구대학교 대학원 석사학위논문.

남형주(2002), 정신장애인에 대한 사회적 편견에 관한 비교 연구 : 정신보건시설 자원봉사자와 비자원봉사자를 중심으로, 부산대학교 대학원 석사학위논문.

류기형(1999), 사회복지분야에 있어서 자원봉사관리조정자의 역할, 사회복지연구, Vol.9.

류기형 외(2011), 자원봉사론, 양서원.

류 방(2010), 기부 및 자원봉사활동에 영향을 미치는 요인에 관한 연구, 진주산업대학교 대학원 석사학위논문.

문순희(2004), 자원봉사활동과 전문적 관리,한국사회복지논총, Vol.9.

문정아(2002), 병원자원봉사활동의 중단요인에 관한 연구, 동아대학교 대학원 석사학위논문.

문창인(2008), 자원봉사 참여동기의 요인분석, 조선대학교 대학원 석사학위논문.

문촌9사회복지관(2007), "사과나무봉사대"사업보고서.

민정순(2004), 종합사회복지관의 전문인력 자원봉사자 활용에 관한 연구, 대구대학교 대학원 석사학위논문.

박경애 · 김택호(2000), 2000 청소년 상담 전문직 자원봉사 운영체제연구, 청소년상담연구(총서).

박경일(1998), 청소년 자원봉사 관리자를 위한 프로그램 개발, 울산광역시 청소년 자원봉사센터 강의자료.

______(2003), 사회복지프로그램 평가방법 및 기법, 2003년도 춘계 학술발표 및 워크숍 자료집, 한국사회복지행정학회.

______(2007), 사회복지조직에서 위험관리의 필요성과 대책 및 과제: 미국와 일본의 위

험관리 연구동향을 중심으로, 한국사회복지정책학회, 24, 361-383.

박두현(2008), 자원봉사자의 만족도에 관한 연구: 경기도내 자원봉사자를 중심으로, 건국대학교 대학원 석사학위논문.

박미경(2007), 기업의 자원봉사에 관한 사례연구, 대전대학교 대학원 석사학위논문.

박선희(2001), 호스피스 자원봉사자의 죽음의식에 관한 비교연구: 호스피스 교육이수자와 비이수자를 중심으로, 대구가톨릭대학교 대학원 석사학위논문.

박은경(2005), 정신지체장애인에 대한 대학생의 태도 연구: 정신지체장애인을 위한 자원봉사 경험유무에 따른 비교, 계명대학교 대학원 석사학위논문.

박은순(2000), 상담자원봉사자의 욕구와 행동특성과의 관계, 청주대학교 대학원 석사학위논문.

박재용(2007), 사회복지관에 있어서 전문인력 자원봉사활동의 활성화 방안, 대구대학교 대학원 석사학위논문.

박태영(2008), 민관의 파트너십 강화방안, 사회과학연구, Vol.14 No.1.

______(2009), 지역사회복지 관점에서의 자원봉사활동 이슈에 관한 연구, 사회과학연구, Vol.15 No.1.

박하숙(1991), 한국 자원봉사자의 참여동기에 관한 연구: 장애인을 위한 복지활동을 중심으로, 단국대학교 대학원 석사학위논문.

백성미(2004), 국제회의 자원봉사자의 참여동기와 만족도에 관한 연구, 이화여자대학교 대학원 석사학위논문.

변순옥(2001), 자원봉사 활동이 장애아동에 대한 태도 변화에 미치는 영향, 숙명여자대학교 대학원 석사학위논문.

보건복지부(2012), 2012년도 사회복지시설 관리안내.

보건복지부 · 한국사회복지협의회(2008), 2007년도 사회복지 자원봉사 통계연보.

______________________________(2011), 2010년도 사회복지 자원봉사 통계연보.

삼성사회봉사단(1997), 33가지 사례로 본 자원봉사 프로그램기획과 운영.

서월금(2007), 호스피스자원봉사자의 자원봉사 실태와 죽음불안에 관한 연구: 대구지역을 중심으로, 영남대학교 대학원 석사학위논문.

설진화 · 이진우 · 양지혜(2009), 현대자원봉사론, 동문사.

성두현(2010), 자원봉사센터 운영 활성화방안에 관한 연구: 오산시 자원봉사 센터를 중심으로, 한신대학교 대학원 석사학위논문.

성민선(1997), 기업의 자원봉사, 사회복지리뷰, Vol.2 No.1.

성정희(2009), 자원봉사활동이 장애인에 대한 사회적 거리감에 미치는 영향, 중앙대학교 대학원 석사학위논문.

송민경(2009), 자원봉사 네트워크에 관한 탐색적 연구, 한국사회연구, Vol.12.

송영량(2008), 자원봉사자 직무만족의 영향요인에 관한 연구, 한국방송통신대학교 대학원 석사학위논문.

신복기 외(2002), 사회복지행정론, 양서원.

신진철(2009), 지역자원봉사센터의 효과적인 운영방안: 자원봉사조정자의 직무를 중심으로, 울산대학교 대학원 석사학위논문.

심정희(2006), 전문직 여성의 자원봉사에 관한 연구: 대구광역시 전문직 여성을 중심으로, 영남대학교 대학원 석사학위논문.

쓰쓰이 노리코(1992), 자원봉사활동 조정자, 박태영 · 최경역 역(1993), 은익.

안소윤(2007), 병원 자원봉사활동의 만족도에 영향을 미치는 요인에 관한 연구, 대구대학교 대학원 석사학위논문.

양점도 외(2010), 자원봉사론, 양서원.

엄인성(2007), 자원봉사관리의 문제점과 그 개선방안에 관한 연구, 동아대학교 대학원 석사학위논문.

엄하나(2009), 대학생의 자원봉사활동 참여에 따른 노인에 대한 태도 변화: 노인 휴대폰활용교육 봉사자를 중심으로, 한서대학교 대학원 석사학위논문.

여명길(2005), 재난 자원봉사 관리 및 지원 활동에 관한 매뉴얼작성 연구, 경북대학교 대학원 석사학위논문.

오세란(2005), 생활시설 장애인의 삶의 만족에 영향을 미치는 요인에 관한 연구, 재활복지, Vol.9 No.2.

오세영(2011), 자원봉사론, 창지사.

원상희(2008), 노인문제 해결을 위한 老人自願奉仕의 발전방안연구, 서울시립대학교 대학원 석사학위논문.

유누리(2006), 기업의 자원봉사활동 유형이 기업이미지에 미치는 영향, 중앙대학교 대학원 석사학위논문.

유성호 옮김(1997), 제임스 c. 피셔 캐더린 M. 콜, 자원봉사프로그램의 관리와 리더십, 아시아미디어리서치.

유영미(2010), 자원봉사활동 동기와 만족도에 관한 연구: 광주전남지역 아름다운가게를 중심으로, 조선대학교 대학원 석사학위논문.

유정수(2001), 특수학교 자원봉사자 운영 실태와 효율적 활용 방안, 대구대학교 대학원 석사학위논문.

윤미혜(1996), 노인의 고독감과 자원봉사활동에 관한 연구, 이화여자대학교 대학원 석사학위논문.

윤병국(2004), 자원봉사활동에 대한 자원봉사센터 실무자의 인식연구, 가톨릭대학교 대학원 석사학위논문.

윤은섭(2009), 자원봉사관리과정이 자원봉사자의 활동유효성에 미치는 영향, 대구대학교 대학원 석사학위논문.

윤혁길(2004), 군장병 자원봉사 활성화에 관한 연구, 건국대학교 대학원 석사학위논문.

이강현 역(1995), 자원봉사 프로그램의 기획과 관리를 위한 일백 한 가지 아이디어, 한국자원봉사단체협의회.

이강현(2001), 자원봉사관리자의 역할과 전망, 제4차 자원봉사 관리자 아카데미, 볼런티어 21.

_____(2004), 비영리기관의 자원봉사관리 표준화: 자원봉사관리사 자격과정 개발 연구.

이경수(2003), 전문직 간호사의 자원봉사 참여 결정요인에 관한 연구, 동의대학교 대학원 석사학위논문.

_____(2007), 기업자원봉사활동이 직장인의 직무만족에 미치는 영향에 관한 연구: 서울, 경기지역 직장인을 중심으로, 강남대학교 대학원 석사학위논문.

이근홍(2002), 자원봉사자 관리과정의 구성요소에 관한 연구, 한국사회복지논총, Vol.6.

이만식 · 손신 · 신효진(2010), 21세기 자원봉사관리, 학지사.

이병순(2010), 자원봉사실천가가 풀어쓴 자원봉사론, 공동체.

이상욱(2008), 기업자원봉사활동 참여자의 만족도에 영향을 미치는 요인연구: 부산지역 한전사회봉사단 중심으로, 중부대학교 대학원 석사학위논문.

이성록(1995), 자원봉사활동 관리조정론, 학문사.

______(2002), 자원봉사활동관리 이론과 실제, 서울특별시 자원봉사센터.

이성은(2009), 장애인의 자원봉사활동 참여에 영향을 미치는 요인, 재활복지, Vol.13 No.4,

이성화(2002), 숲 가꾸기 자원봉사 프로그램의 만족도에 관한 연구: 산림·국립공원 분야 활용을 고려하여, 서울대학교 대학원 석사학위논문.

이소정(2008), 유치원에서의 부모 자원봉사 현황 및 교사의 인식, 성신여자대학교 대학원 석사학위논문.

이승민(2002), 시각장애인 복지 시설 자원봉사자의 업무 만족도에 관한 연구, 단국대학교 대학원 석사학위논문.

이양숙(2004), 자원봉사센터의 운영실태와 개선방안: 대전광역시를 중심으로, 대전대학교 대학원 석사학위논문.

이영자(2006), 자원봉사자의 장애인에 대한 태도 변화 연구, 창원대학교 대학원 석사학위논문.

이영해(2007), 기업자원봉사활동으로서 보험설계사의 봉사활동 실태와 활성화 방안에 관한 연구: 메트라이프생명 FSR 중심으로, 동국대학교 대학원 석사학위논문.

이용순(2007), 자원봉사활동의 지속성 요인에 관한 연구, 한양대학교 대학원 석사학위논문.

이율자(2010), 자원봉사활동의 만족도 및 지속성에 관한연구: 광주광역시 동구지역을 중심으로, 조선대학교 대학원 석사학위논문.

이은정(2006), 대구시 자원봉사활동의 공간불균형과 정책적 함의, 경북대학교 대학원 박사학위논문.

이자영(2004), 기업자원봉사활동이 기업과 기업 구성원에게 미치는 영향에 관한 연구: 국내 두 대기업의 사례를 중심으로, 중앙대학교 대학원 석사학위논문.

이재호(2001), 시각장애인에 대한 자원봉사활동의 실태와 활성화 방안에 관한 연구, 동국대학교 대학원 석사학위논문.

이진희(2002), 자원봉사활동 사후관리 과정에 관한 연구: 자원봉사활용기관을 중심으로, 동국대학교 대학원 석사학위논문.

이창열(2008), 재가노인복지에 있어서 청소년 자원봉사활동 활성화 방안, 초당대학교 대학원 석사학위논문.

이태희(2009), 기업자원봉사활동이 임직원들의 기부의향에 미치는 영향: K社를 중심으로, 동양대학교 대학원 석사학위논문.

이팔환 · 백남덕 · 권정임(2012), 자원봉사론, 형설출판사.

이해주 · 곽삼근 · 최윤진(2012), 자원봉사론, 한국방송대학교출판부.

임송희(2002), 장애인과 자원봉사자의 친밀감 형성에 영향을 미치는 요인 연구, 목원대학교 대학원 석사학위논문.

임완예(2004), 병원자원봉사 프로그램의 관리에 관한 연구, 한양대학교 대학원 석사학위논문.

임종수(2006), 자원봉사 활동경험이 군 정신전력에 미치는 영향, 위덕대학교 대학원 석사학위논문.

임창덕(2007), 교회학교 장애인부 운영에 따른 자원봉사자들의 만족도 조사에 관한 연구, 경원대학교 대학원 석사학위논문.

장지연(2008), 자원봉사활동 인정 · 보상이 자원봉사 지속성에 미치는 영향: 자원봉사관리자와 자원봉사자의 관점 비교, 위덕대학교 대학원 석사학위논문.

장 현(2011), 자원봉사관리론, 샘물.

전국경제인연합회(2010), 2009 기업 · 기업재단 사회공헌백서.

전영자(2001), 재가지체장애인의 자원봉사서비스 이용실태에 관한 연구, 한신대학교 대학원 석사학위논문.

정명환(2006), 자원봉사센터 자원봉사자의 갈등대상에 따른 갈등수준과 그 관리방안에 관한 연구, 동국대학교 대학원 석사학위논문.

정상훈(2009), 재난지역 자원봉사활동의 문제점과 개선방안에 관한 연구: 서해안 허베이 스피리트호 기름유출 사고를 중심으로, 공주대학교 대학원 석사학위논문.

정선아(2007), 우리나라 노인자원봉사 활성화 방안에 관한 연구, 단국대학교 대학원 석사학위논문.

정순덕(1999), 학생상담자원봉사 활동의 발전 방안에 관한 연구, 제주대학교 대학원 석사학위논문.

정종고(2002), 자원봉사 참여동기 유형에 관한 연구, 밝은사회연구, Vol.23 No.1.

정진석 · 조미정 · 채현탁(2009), 자원봉사활동의 적극성과 지속성에 영향을 미치는 인정보상 요인에 관한 연구, 한국지역사회복지학, Vol. 28.

조규옥(2005), 자원봉사활동 관리체계의 발전방안, 동아대학교 대학원 석사학위논문.

조영임(2004), 자원봉사자의 갈등과 극복사례에 관한 연구, 동아대학교 대학원 석사학위논문.

조휘일(1991), 한국 사회복지 자원봉사 행동에 관련된 개인 및 조직 특성에 관한 연구, 숭실대학교 대학원 박사학위논문.

______(1998), 자원봉사에 대하여 자원봉사의 이론과 실천, 한국사회복지협의회.

조휘일 외(2009), 자원봉사론, 공동체.

주성수(2005), 자원봉사, 아르케.

진병규(2009), 군 자원봉사 활동의 증진 방안에 관한 연구, 동국대학교 대학원 석사학위논문.

채희군(2008), 자원봉사센터 운영 활성화 방안에 관한 연구: 경기도 자원봉사센터를 중심으로, 아주대학교 대학원 석사학위논문.

촛불재단홈페이지 http://www.pointsoflight.org

최광희(2003), 말기암환자의 호스피스 자원봉사자 서비스에 대한 요구도와 만족도조사, 전남대학교 대학원 석사학위논문.

최근열(2002), 주민자치센터의 활성화 방안, 행정논총, Vol.40 No.2.

최덕경 외(2012), 현대사회와 자원봉사, 공동체.

최명주(2001), 지역사회개발을 위한 자원봉사 조정자의 역할정립에 관한 연구, 대구대학교 대학원 석사학위논문.

최병호(2004), 기업자원봉사활동의 관리체계와 활성화 방안에 관한 연구: 울산 석유화학공단을 중심으로, 동국대학교 대학원 석사학위논문.

최성문(2004), 종합사회복지관의 자원봉사 관리에 영향을 미치는 요인 및 개선방향 연

구: 관리자 요인을 중심으로, 서울여자대학교 대학원 석사학위논문.

최수애(2007), 정신지체장애인 대상 자원봉사활동의 활성화 – 광주광역시를 중심으로, 조선대학교 대학원 석사학위논문.

최옥희(2006), 학생상담자원봉사자의 실태 분석 및 개선방안 연구, 강원대학교 대학원 석사학위논문.

최유미(2011), 자원봉사관리론, 공동체.

최일섭 외(2007), 자원봉사활동 진흥을 위한 국가기본계획수립 영구용역, 한국자원봉사협회.

최일성(2005), 지역사회복지론, 서울대학교출판부.

최재호(2005), 호스피스 환자 자원봉사에 대한 문제점과 활성화방안 연구 – 역할론적 관점에서 본 호스피스의 실천과 대안을 중심으로, 명지대학교 대학원 석사학위논문.

최정희(2008), 자원봉사와 대중매체가 장애인에 대한 태도에 미치는 영향, 서울시립대학교 대학원 석사학위논문.

최종철(2002), 군 자원봉사활동 활성화 방안에 관한 연구: 전입신병을 중심으로, 경희대학교 대학원 석사학위논문.

최준희(2008), 노인 자원봉사활동의 활성화 방안연구, 명지대학교 대학원 석사학위논문.

최지욱(2003), 장애인복지관의 대학생 자원봉사자 유지를 위한 관리과정에 관한 연구, 서울여자대학교 대학원 석사학위논문.

최청미(2009), 한국어교실 자원봉사활동의 활성화 방안 연구, 인하대학교 대학원 석사학위논문.

추교천(2006), 우리나라 자원봉사활동의 실태와 활성화에 관한연구, 서울시립대학교 대학원 석사학위논문.

통계청(2011), 2011년 사회조사결과(나눔문화).

하오자(2003), 자원봉사활동의 중단요인에 관한 연구, 동아대학교 대학원 석사학위논문.

하윤태(2004), 특수학교 및 학급에서의 자원봉사 운영실태 및 활용방안, 대구대학교 대학원 석사학위논문.

한국보건사회연구원(2010), 민간복지자원 확충을 위한 자원봉사 활성화 방안의 모색.

한국사회복지관협회(1997), 자원봉사프로그램 백과② 자원봉사의 기초, 한국사회복지협의회.

한국사회복지연구회(1997), 현대사회의 자원봉사론, 유풍출판사.

한국여성개발원(1994), 자원활동센터 운영의 실제.

한국조세연구원 · 한국법제연구원 · 한국보건사회연구원(2010), 나눔문화 확산을 위한 정책과제.

한수임(2003), 기업자원봉사활동의 만족에 영향을 미치는 요인에 관한 연구, 연세대학교 대학원 석사학위논문.

행정안전부(2010), 2010년 자원봉사센터 현황.

허재승(2010), 대학생 자원봉사활동의 지속요인에 관한 사례연구 : 아동 · 청소년 복지분야를 중심으로, 성균관대학교 대학원 석사학위논문.

현외성(2011), 자원봉사론 강해, 학지사.

홍순혜 · 원미순(2006), 고학력 여성유휴인력의 자원봉사 활성화 방안, 여성연구논총, Vol.21.

홍인희(2005), 경기도 학생상담 자원봉사자의 활동 현황 및 만족도 조사 연구, 강원대학교 대학원 석사학위논문.

교육과학기술부 http://www.mest.go.kr

문화체육관광부 http://www.mcst.go.kr

보건복지부 http://www.mw.go.kr

Australian Bureau of Statistica(2006). *Voluntary Work*, Australia.

Brudney, j. L.(1998), Volunteer Administration, Jay M. Shafritz, editor in chief, *International Encycolpedia of Public Policy and Administration*, Colorado : Westview Press.

Connors, T. D. (1995), *The Volunteer Management Handbook*, John Wiley & sons, Inc.

Covey, Stephen 저, 박재호 외 역(1994), *The seven habits of highly effective people*, 성공하는 사람의 7가지 습관, 김영사.

Donovan, F. & Jackson, A. C. (1991), *Managing Human Service Organization*, Sydney : Prentice Hall.

Ellis, S. J. & Noyew, K. H. (1990), *By The People : A History of Americans as Volounteers*, San Francisco : Jossy – Bass publishers.

________________(1990), *By the People*, San Francisco : Jossey–Bass.

Herzberg, F. (1966), *Work and the Nature of Man*, New York : World Publishing Co.

Knowles, M. S. (1972), Motivation in Volunteerism : Synopsis of a Theory, *Journal of Voluntary Action Research*, 1(2), 27–29.

Marlene Wilson(1976), The EHertice Management of Volunteer Programs, Volunteer Management Associates.

McClelland, D. C. (1962), Business Drives and National Achievement, *Horward Business Review*, July–Augest.

McGregor, M. S., James, J. G., & Cater, D. (1982), *For Love Not Money*, Blackburn, Victoria : Dove Communication.

Meneghetti, M, M. (1995), Motivating People to Volunteer Their Services, In T. D. Connors(ED.), *The Volunteer Management Handbook*, New York : John Willy & Sons, INC.

Naney L. Macduff(1987), Volunteer Recruiting & Retention A Marketing Approach.

Patricia C, dunn(1995), Volunteer Management, NASW Encyclopaedia of SW.

Schindler–Rainman, E, & ronald Lippitt, (1975), *The Volunteer community : reactive use of human resources(end ed.)*, Virginia : NTL Learning Resources Corp.

Scott, M., S. Kirk & N. T. Walter(2005), Extension Agents? Perceptions of Fundamental Job Characteristics and Their Level of Job Satisfaction,

*Jounal of Southern Agricultural Education Research*, 35, 88–101.

Wilson, M.(1976), *The Effective Management of Volunteer Programs*, Colorado : Volunteer Management Associates.

# 부 록

## 자원봉사활동 기본법 및
## 자원봉사활동 기본법 시행령

# 자원봉사활동 기본법

[시행 2008.2.29] [법률 제8852호, 2008.2.29, 타법개정]

**제1조(목적)** 이 법은 자원봉사활동에 관한 기본적인 사항을 규정함으로써 자원봉사활동을 진흥하고 행복한 공동체 건설에 기여함을 목적으로 한다.

**제2조(기본방향)** 자원봉사활동의 진흥을 위한 정책은 다음 사항을 기본방향으로 하여야 한다.

1. 자원봉사활동은 국민의 협동적인 참여능력을 높일 수 있는 방향으로 추진하여야 한다.
2. 자원봉사활동은 무보수성 · 자발성 · 공익성 · 비영리성 · 비정파성 · 비종파성의 원칙 아래 수행될 수 있도록 하여야 한다.
3. 모든 국민은 연령 · 성별 · 장애 · 지역 · 학력 등 사회적 배경에 관계없이 누구든지 자원봉사활동에 참여할 수 있도록 하여야 한다.
4. 자원봉사활동의 진흥을 위한 정책은 민 · 관 협력의 기본정신을 바탕으로 하여 추진하여야 한다.

**제3조(용어의 정의)** 이 법에서 사용하는 용어의 정의는 다음과 같다.

1. "자원봉사활동"이라 함은 개인 또는 단체가 지역사회 · 국가 및 인류사회를 위하여 대가없이 자발적으로 시간과 노력을 제공하는 행위를 말한다.
2. "자원봉사자"라 함은 자원봉사활동을 행하는 자를 말한다.
3. "자원봉사단체"라 함은 자원봉사활동을 주된 사업으로 행하거나 이를 지원하기 위하여 설립된 비영리 법인 또는 단체를 말한다.
4. "자원봉사센터"라 함은 자원봉사활동 개발 · 장려 · 연계 · 협력 등의 사업을 수행하기 위하여 법령과 조례 등에 의하여 설치된 기관 · 법인 · 단체 등을 말한다.

**제4조(국가 및 지방자치단체의 책무)** 국가와 지방자치단체는 자원봉사활동의 진흥에 관한 시책을 강구하여 국민의 자원봉사활동을 권장 · 지원하여야 한다.

**제5조(정치활동 등 금지의무)** ① 제14조 · 제18조 및 제19조에 근거하여 지원을 받는 자원봉사단체 및 자원봉사센터는 그 명의 또는 그 대표의 명의로 특정정당 또는 특정인의 선거운동을 하여서는 아니된다.

② "선거운동"이라 함은 「공직선거법」 제58조제1항의 규정에 따른 선거운동을 말한다.

**제6조(다른 법률과의 관계)** 자원봉사활동의 진흥 등에 관하여는 다른 법률에 특별한 규정이 있는 경우를 제외하고는 이 법이 정하는 바에 따른다.

**제7조(자원봉사활동의 범위)** 이 법의 적용을 받는 자원봉사활동의 범위는 다음과 같다.

1. 사회복지 및 보건 증진에 관한 활동
2. 지역사회개발 · 발전에 관한 활동
3. 환경보전 및 자연보호에 관한 활동
4. 사회적 취약계층의 권익증진 및 청소년의 육성보호에 관한 활동
5. 교육 및 상담에 관한 활동
6. 인권옹호 및 평화구현에 관한 활동
7. 범죄예방 및 선도에 관한 활동
8. 교통 및 기초질서계도에 관한 활동
9. 재난관리 및 재해구호에 관한 활동
10. 문화 · 관광 · 예술 및 체육진흥에 관한 활동
11. 부패방지 및 소비자보호에 관한 활동
12. 공명선거에 관한 활동
13. 국제협력 및 해외봉사활동
14. 공공행정분야 사무 지원에 관한 활동
15. 그 밖에 공익사업의 수행 또는 주민복리의 증진에 필요한 활동

**제8조(자원봉사진흥위원회)** ① 자원봉사활동에 관한 주요정책을 심의하기 위하여 국무총리 소속하에 관계부처 및 민간전문가로 구성된 자원봉사진흥위원회를 둔다.

② 자원봉사진흥위원회는 다음 사항을 심의한다

1. 자원봉사활동의 진흥을 위한 정책방향의 설정 및 협력 · 조정
2. 자원봉사활동의 진흥을 위한 국가기본계획과 연도별 시행계획에 관한 사항
3. 자원봉사활동의 진흥을 위한 제도개선에 관한 사항
4. 그 밖에 자원봉사활동의 진흥에 관하여 필요한 사항

③ 제2항의 규정에 의한 심의사항을 미리 검토하고 관계 기관간의 협의사항을 정리하기 위하여 자원봉사진흥위원회에 실무위원회를 둘 수 있다.

④ 자원봉사진흥위원회 및 실무위원회의 구성 · 조직 및 운영에 관하여 필요한 사

항은 대통령령으로 정한다.

**제9조(자원봉사활동의 진흥에 관한 국가기본계획의 수립)** ① 행정안전부장관은 관계 중앙행정기관의 장과 협의하여 자원봉사활동의 진흥을 위한 국가기본계획(이하 "기본계획"이라 한다)을 5년마다 수립하여야 한다. 〈개정 2008.2.29〉

② 기본계획에는 다음 사항이 포함되어야 한다.

1. 자원봉사활동의 진흥에 관한 기본방향
2. 자원봉사활동의 진흥에 관한 추진일정
3. 관계 중앙행정기관의 자원봉사 활동에 관한 추진시책
4. 자원봉사활동의 진흥을 위하여 필요한 재원의 조달방법
5. 그 밖에 자원봉사활동의 진흥을 위하여 특히 필요하다고 인정되는 사항

**제10조(연도별 시행계획의 수립)** 관계 중앙행정기관의 장과 지방자치단체의 장은 기본계획에 따라 연도별 시행계획을 수립 · 시행하여야 한다.

**제11조(학교 · 직장 등의 자원봉사활동 장려)** ① 학교는 학생의 자원봉사활동을 권장하고 지도 · 관리하기 위하여 노력한다.

② 직장은 직장인의 자원봉사활동을 촉진하기 위하여 노력한다.

③ 학교 · 직장 등의 장은 학생 및 직장인 등의 자원봉사활동에 대하여 그 공헌을 인정하여 줄 수 있다.

**제12조(포상)** 국가와 지방자치단체는 국가와 사회에 현저한 공로가 있는 자원봉사활동을 한 자원봉사자, 자원봉사단체, 자원봉사센터 등에 대하여 대통령령이 정하는 바에 따라 포상할 수 있다.

**제13조(자원봉사자의 날 및 자원봉사주간)** ① 국가는 국민의 자원봉사활동에 대한 참여를 촉진하고 자원봉사자의 사기를 높이기 위하여 매년 12월 5일을 자원봉사자의 날로 하고 자원봉사자의 날부터 1주간을 자원봉사주간으로 설정한다.

② 자원봉사자의 날 및 자원봉사주간의 행사에 관하여 필요한 사항은 대통령령으로 정한다.

**제14조(자원봉사자의 보호)** ① 국가와 지방자치단체는 자원봉사활동이 안전한 환경 속에서 이루어질 수 있도록 노력하여야 한다.

② 자원봉사자에 대한 보험의 가입 등 보호의 종류와 내용에 관하여 필요한 사항은 대통령령으로 정한다.

**제15조(자원봉사활동의 관리)** 자원봉사단체 및 자원봉사센터는 자원봉사자에 대한

교육훈련 및 안전대책 등이 체계적으로 관리될 수 있도록 노력하여야 한다.

**제16조(국 · 공유재산의 사용)** 국가와 지방자치단체는 「국유재산법」 또는 「지방재정법」의 규정에 불구하고 자원봉사활동의 진흥을 위하여 자원봉사단체 및 자원봉사센터가 대통령령이 정하는 특정사업을 수행하기 위하여 국·공유재산을 필요로 한다고 인정하는 때에는 이를 무상으로 대여하거나 사용하게 할 수 있다.

**제17조(한국자원봉사협의회)** ① 자원봉사단체는 전국단위의 자원봉사활동을 진흥·촉진하기 위한 다음의 활동을 하기 위하여 한국자원봉사협의회를 설립할 수 있다.

1. 회원단체간의 협력 및 사업지원
2. 자원봉사활동의 진흥을 위한 대국민 홍보 및 국제교류
3. 자원봉사활동과 관련된 정책의 개발 및 조사·연구
4. 자원봉사활동과 관련된 정책의 건의
5. 자원봉사활동과 관련된 정보의 연계 및 지원
6. 그 밖에 자원봉사활동의 진흥과 관련하여 국가 및 지방자치단체로부터 위탁받은 사업

② 제1항의 규정에 의한 한국자원봉사협의회는 법인으로 한다.

③ 한국자원봉사협의회는 정관을 작성하여 행정안전부장관의 인가를 받아 등기함으로써 설립된다. 〈개정 2008.2.29〉

④ 한국자원봉사협의회의 조직과 운영 등에 관하여 필요한 사항은 대통령령으로 정한다.

**제18조(자원봉사단체에 대한 지원)** 국가 및 지방자치단체는 자원봉사단체의 활동에 필요한 행정적 지원을 할 수 있으며 「비영리민간단체지원법」에 의한 사업비를 지원할 수 있다.

**제19조(자원봉사센터의 설치 및 운영)** ① 국가기관 및 지방자치단체는 자원봉사센터를 설치할 수 있다. 이 경우 자원봉사센터를 법인으로 하여 운영하거나 비영리법인에게 위탁하여 운영하여야 한다.

② 제1항 후단의 규정에도 불구하고 자원봉사활동을 효율적으로 추진하기 위하여 필요하다고 인정할 때에는 국가기관 및 지방자치단체가 운영할 수 있다.

③ 국가는 자원봉사센터의 설치·운영이 활성화될 수 있도록 적극 노력하여야 하며, 지방자치단체는 자원봉사센터의 운영에 필요한 경비를 지원할 수 있다.

④ 자원봉사센터 장의 자격요건과 자원봉사센터의 조직 및 운영 등에 관하여 필

요한 사항은 대통령령으로 정한다.

**제20조(벌칙)** 자원봉사단체 및 자원봉사센터가 제5조의 규정에 따른 정치활동 등 금지의무를 위반한 때에는 「공직선거법」 제255조제1항제11호의 규정에 따른 벌칙을 적용한다.

**부 칙** 〈제8852호, 2008.2.29〉 (정부조직법)

**제1조(시행일)** 이 법은 공포한 날부터 시행한다. 다만, …〈생략〉…, 부칙 제6조에 따라 개정되는 법률 중 이 법의 시행 전에 공포되었으나 시행일이 도래하지 아니한 법률을 개정한 부분은 각각 해당 법률의 시행일부터 시행한다.

**제2조**부터 **제5조**까지 생략

**제6조(다른 법률의 개정)** ① 부터 〈216〉 까지 생략

〈217〉 자원봉사활동 기본법 일부를 다음과 같이 개정한다.

제9조제1항 및 제17조제3항 중 "행정자치부장관"을 각각 "행정안전부장관"으로 한다.

〈218〉 부터 〈760〉 까지 생략

**제7조** 생략

# 자원봉사활동 기본법 시행령

[시행 2010.3.19] [대통령령 제22075호, 2010.3.15, 타법개정]

**제1조(목적)** 이 영은 「자원봉사활동 기본법」에서 위임된 사항과 그 시행에 필요한 사항을 규정함을 목적으로 한다.

**제2조(자원봉사진흥위원회의 구성)** ① 「자원봉사활동 기본법」(이하 "법"이라 한다) 제8조제1항의 규정에 의한 자원봉사진흥위원회(이하 "위원회"라 한다)는 위원장 1인과 부위원장 2인을 포함하여 30인 이내의 위원으로 구성하되, 위원은 다음 각 호의 자로 한다. 〈개정 2008.2.29, 2010.3.15〉

1. 당연직 위원 : 기획재정부·교육과학기술부·법무부장관·보건복지부장관·여성가족부장관 및 국무총리실장
2. 민간위원 : 자원봉사분야에 관한 학식과 경험이 풍부한 자 중에서 제13조의 규정에 의한 한국자원봉사협의회와 교육과학기술부장관·보건복지부장관 또는 여성가족부장관의 추천을 받아 국무총리가 위촉하는 자

② 위원회의 위원장은 국무총리가 되고, 부위원장은 행정안전부장관과 민간위원 중에서 호선한 자 1인이 된다. 〈개정 2008.2.29〉

③ 제1항의 규정에 의한 위원 중 민간위원이 과반수가 되도록 하여야 한다.

④ 민간위원의 임기는 2년으로 한다.

⑤ 위원장은 위원회를 대표하며, 위원회의 업무를 통할한다.

⑥ 부위원장은 위원장을 보좌하며, 위원장이 부득이한 사유로 직무를 수행할 수 없는 경우 그 직무를 대행하되 행정안전부장관, 민간부위원장 순으로 한다. 〈개정 2008.2.29〉

**제3조(위원회의 운영 등)** ① 위원회의 회의는 위원장이 필요하다고 인정하는 때 또는 재적위원 4분의 1이상의 회의소집 요청이 있는 때에 위원장이 이를 소집하며, 위원장이 회의를 소집하고자 하는 때에는 회의의 일시·장소 및 부의안건을 회의개최 5일전까지 각 위원에게 서면으로 통지하여야 한다. 다만, 긴급을 요하는 경우에는 그러하지 아니하다.

② 위원회의 회의는 재적위원 과반수의 출석으로 개의하고, 출석위원 과반수의 찬성으로 의결한다.

③ 부의된 안건과 관련하여 필요한 경우 위원장이 지정하는 중앙행정기관의 장은 위원회에 출석하여 발언할 수 있다.
④ 위원회의 사무를 처리하기 위하여 위원회에 간사 1인을 두며, 간사는 자원봉사활동 업무를 담당하는 행정안전부 소속 공무원으로 한다. 〈개정 2008.2.29〉
⑤ 위원회는 자원봉사진흥 등에 관한 전문적인 사항을 조사 · 연구하게 하기 위하여 위원회에 5인 이내의 전문위원을 둘 수 있다.
⑥ 제5항의 규정에 의한 전문위원은 자원봉사에 관한 학식과 경험이 풍부한 자 중에서 행정안전부장관이 위촉한다. 이 경우 예산의 범위 안에서 연구비 및 여비를 지급할 수 있다. 〈개정 2008.2.29〉
⑦ 그 밖에 위원회의 구성 · 운영에 관하여 필요한 사항은 위원회의 의결을 거쳐 위원장이 정한다.

**제4조(자원봉사진흥 실무위원회의 구성 등)** ① 법 제8조제3항의 규정에 의한 자원봉사진흥 실무위원회(이하 "실무위원회"라 한다)는 위원장 1인과 부위원장 2인을 포함하여 25인 이내의 실무위원으로 구성하되, 실무위원은 다음 각 호의 자로 한다. 〈개정 2008.2.29, 2010.3.15〉

1. 당연직 실무위원 : 기획재정부 · 교육과학기술부 · 법무부 · 보건복지부 · 여성가족부 · 경찰청 및 소방방재청의 자원봉사에 관한 업무를 담당하는 국장
2. 민간실무위원 : 자원봉사분야에 관한 학식과 경험이 풍부한 자 중에서 제13조의 규정에 의한 한국자원봉사협의회와 교육과학기술부장관 · 보건복지부장관 또는 여성가족부장관의 추천을 받아 행정안전부장관이 위촉하는 자

② 실무위원회의 위원장은 행정안전부 제2차관이 되고, 부위원장은 자원봉사활동 업무를 담당하는 행정안전부 소속 공무원과 민간실무위원 중에서 호선한 자 1인이 된다. 〈개정 2008.2.29〉
③ 제1항의 규정에 의한 실무위원 중 민간실무위원이 과반수가 되도록 하여야 한다.
④ 민간실무위원의 임기는 2년으로 한다.
⑤ 부의된 안건과 관련하여 필요한 경우 실무위원회의 위원장이 지정하는 중앙행정기관의 자원봉사 관련 국장은 실무위원회에 출석하여 발언할 수 있다.
⑥ 실무위원회의 사무를 처리하기 위하여 실무위원회에 간사 1인을 두며, 간사는 자원봉사활동 업무를 담당하는 행정안전부 소속 공무원으로 한다. 〈개정 2008.2.29〉
⑦ 그 밖에 실무위원회의 구성 · 운영에 관하여 필요한 사항은 위원회의 의결을

거쳐 위원장이 정한다.

**제5조(자원봉사활동의 진흥에 관한 국가기본계획의 수립)** ① 행정안전부장관은 법 제9조의 규정에 의한 자원봉사활동의 진흥에 관한 기본계획(이하 "기본계획"이라 한다)을 기본계획 개시연도의 전년도에 수립하여야 한다. 〈개정 2008.2.29〉

② 행정안전부장관은 기본계획을 수립할 때에는 관계중앙행정기관의 장과 협의하고 위원회의 심의를 거쳐야 한다. 〈개정 2008.2.29〉

**제6조(연도별 시행계획의 수립 · 시행)** ① 법 제10조의 규정에 의하여 시장 · 군수 · 구청장(자치구의 구청장을 말한다. 이하 같다)은 매년 12월말까지 특별시장 · 광역시장 · 도지사(이하 "시 · 도지사"라 한다)에게 다음 연도의 소관 자원봉사활동진흥에 관한 시행계획을 제출하여야 한다.

② 관계 중앙행정기관의 장과 시 · 도지사는 매년 1월말까지 당해연도의 소관 자원봉사활동 진흥에 관한 시행계획을 행정안전부장관에게 제출하여야 하며, 행정안전부장관은 이를 종합하여 위원회의 심의를 거쳐 확정한 후 이를 3월말까지 중앙행정기관의 장 및 시 · 도지사에게 알려야 한다. 〈개정 2008.2.29〉

③ 시장 · 군수 · 구청장은 매년 1월 15일까지 시 · 도지사에게, 중앙행정기관의 장 및 시 · 도지사는 매년 1월말까지 행정안전부장관에게 각각 전년도 시행계획의 이행결과를 제출하여야 한다. 〈개정 2008.2.29〉

④ 국무총리는 행정안전부장관으로 하여금 제3항의 규정에 의한 이행결과를 점검 · 평가하고 그 결과를 위원회에 제출하게 할 수 있으며, 행정안전부장관은 이행상황을 점검 · 평가하기 위하여 필요한 경우 전문 연구기관에 자문을 구하거나 조사 · 연구를 의뢰할 수 있다. 〈개정 2008.2.29〉

**제7조(관계기관 등에 대한 협조요청)** 국가 및 지방자치단체는 제5조 및 제6조의 규정에 의한 기본계획 및 연도별 시행계획의 수립 · 시행을 위하여 필요한 때에는 공공기관 · 자원봉사단체 그 밖의 민간단체에 대하여 필요한 자료 또는 의견의 제출 등의 협조를 요청할 수 있다.

**제8조(포상)** 법 제12조의 규정에 의한 포상 대상자의 선정절차와 훈격은 「상훈법」의 규정에 따른다.

**제9조(자원봉사자의 날 및 자원봉사주간 행사)** 법 제13조의 규정에 의한 자원봉사자의 날 및 자원봉사주간을 기념하기 위하여 국가와 지방자치단체 및 자원봉사단체 등은 다음 각 호의 행사를 실시할 수 있다.

1. 기념행사
2. 연구발표 및 국제교류행사
3. 유공자 및 유공단체에 대한 격려
4. 대중매체 등을 통한 홍보
5. 그 밖에 자원봉사 활성화에 대한 범국민적인 관심을 높이기 위한 행사

**제10조(자원봉사자에 대한 보험가입 등)** ① 국가와 지방자치단체는 법 제14조제1항의 규정에 의하여 자원봉사단체 및 자원봉사센터로 하여금 위험이 수반되는 자원봉사활동에 대한 안전교육 등 사전에 필요한 조치를 취하도록 할 수 있다.

② 법 제14조제2항의 규정에 의한 자원봉사자에 대한 보호의 종류는 다음 각 호와 같다.

1. 자원봉사활동 중인 자원봉사자의 신체적 보호
2. 자원봉사활동 중에 발생한 자원봉사자의 경제적 손실보호
3. 자원봉사활동 중에 발생한 타인의 신체 또는 재물손괴에 대한 보호

③ 국가 및 지방자치단체는 자원봉사센터 또는 「비영리민간단체 지원법」에 의하여 등록된 단체에 소속한 자원봉사자의 보호를 위하여 다음 각 호의 요건을 모두 갖춘 보험 또는 공제에 가입할 수 있다.

1. 자원봉사활동 중에 발생한 자원봉사자의 사망, 후유장애 및 의료 · 입원 · 수술비 등에 대한 보상을 할 수 있을 것
2. 자원봉사활동 중에 발생한 타인의 신체 또는 재물손괴에 대한 보상을 할 수 있을 것

④ 지방자치단체는 제3항의 규정에 의한 보험의 가입절차 및 방법 등에 관하여는 조례로 정한다.

**제11조(교육훈련)** 자원봉사단체 및 자원봉사센터는 법 제15조의 규정에 의하여 자원봉사자의 안전한 봉사활동을 위한 교육훈련을 관련 교육시설에 위탁할 수 있다.

**제12조(국 · 공유재산의 사용)** ① 법 제16조의 규정에 의하여 국가 또는 지방자치단체가 국 · 공유재산을 무상으로 대여하거나 사용하게 할 수 있는 자원봉사단체 및 자원봉사센터의 사업은 다음 각 호와 같다.

1. 국제행사에 관한 사업
2. 재난복구 및 구호에 관한 사업
3. 그 밖에 국가 및 지방자치단체가 자원봉사활동의 진흥을 위하여 필요하다

고 인정하는 사업. 이 경우 국 · 공유재산을 사무실 용도로 대여 · 사용하거나 1년 이상의 기간을 대여 · 사용하게 할 수 없다.

② 국 · 공유재산의 무상대여나 사용의 절차 및 방법 등에 관하여는 「국유재산법」 또는 「공유재산 및 물품관리법」의 규정에 따른다.

**제13조(한국자원봉사협의회의 회원 등)** ① 법 제17조의 규정에 의한 한국자원봉사협의회(이하 "협의회"라 한다)의 회원은 다음 각 호의 어느 하나에 해당하는 자로 한다.

1. 자원봉사를 주된 사업으로 하는 비영리법인 또는 단체의 대표자
2. 그 밖에 자원봉사활동의 진흥을 위하여 필요하다고 인정되어 협의회 이사회의 의결을 거친 자

② 협의회의 임원으로 대표이사 1인을 포함한 20인 이상 50인 이하의 이사와 감사 2인을 둔다.

③ 임원은 정관이 정하는 바에 따라 총회에서 선출한다.

④ 임원의 임기는 2년으로 하되 연임할 수 있다.

⑤ 임원의 자격요건과 선출방법 및 협의회의 운영에 관하여 필요한 사항은 협의회의 정관으로 정한다.

⑥ 협의회에 관하여 이 영에 규정된 것을 제외하고는 「민법」 중 사단법인에 관한 규정을 준용한다.

**제14조(자원봉사센터 장의 자격요건 등)** ① 법 제19조의 규정에 의한 자원봉사센터 장의 자격요건은 다음과 같다.

1. 대학교의 자원봉사 관련 학과에서 조교수 이상의 직에 3년 이상 재직한 자
2. 자원봉사단체 · 자원봉사센터 또는 사회복지기관 · 시설 · 학교 · 기업에서 자원봉사 관리업무에 5년 이상 종사한 자
3. 5급 이상 퇴직공무원으로서 자원봉사업무 또는 사회복지업무에 3년 이상 종사한 자
4. 국가 및 지방자치단체에 등록된 자원봉사 관련 시민사회단체에서 임원으로 10년 이상 활동한 자

② 자원봉사센터 장은 공개경쟁의 방법에 의하여 선임한다.

③ 지방자치단체는 자원봉사센터 장의 선임방법 및 절차 등에 관하여는 조례로 정한다.

**제15조(자원봉사센터의 조직 및 운영 등)** ① 자원봉사센터의 사무를 처리하게 하기 위하여 자원봉사센터에 사무국을 둔다.

② 자원봉사센터의 원활한 운영을 위한 정책결정기구로서 운영위원회를 둔다. 다만, 자원봉사센터를 법인으로 하여 운영하는 경우에는 이사회를 둔다.

③ 제2항의 규정에 의한 운영위원회는 20인 이하로 하되 자원봉사단체 대표를 과반수 이상으로 구성하고 대표는 민간인으로 한다.

④ 특별시 · 광역시 · 도 자원봉사센터는 지역 내 자원봉사 활성화를 위하여 다음 각 호의 사업을 수행한다.

1. 특별시 · 광역시 · 도 지역의 기관 · 단체들과의 상시협력체계 구축
2. 자원봉사 관리자 및 지도자의 교육훈련
3. 자원봉사 프로그램의 개발 및 보급
4. 자원봉사 조사 및 연구
5. 자원봉사 정보자료실 운영
6. 시 · 군 · 자치구 자원봉사센터간의 정보 및 사업의 협력 · 조정 · 지원
7. 그 밖에 특별시 · 광역시 · 도 지역의 자원봉사 진흥에 기여할 수 있는 사업

⑤ 시 · 군 · 자치구 자원봉사센터는 지역 내 자원봉사 활성화를 위하여 다음 각호의 사업을 수행한다.

1. 시 · 군 · 자치구 지역의 기관 · 단체들과의 상시협력체계 구축
2. 자원봉사자의 모집 및 교육 · 홍보
3. 자원봉사 수요기관 및 단체에 자원봉사자 배치
4. 자원봉사 프로그램의 개발 · 보급 및 시범운영
5. 자원봉사 관련 정보의 수집 및 제공
6. 그 밖에 시 · 군 · 자치구 지역의 자원봉사 진흥에 기여할 수 있는 사업

⑥ 지방자치단체는 자원봉사센터의 조직 및 운영 등에 관한 사항은 조례로 정한다.

**부 칙** 〈제22075호, 2010.3.15〉 (보건복지부와 그 소속기관 직제)

**제1조(시행일)** 이 영은 2010년 3월 19일부터 시행한다. 〈단서 생략〉

**제2조(다른 법령의 개정)** ① 부터 〈128〉 까지 생략

〈129〉 자원봉사활동 기본법 시행령 일부를 다음과 같이 개정한다.
제2조제1항제1호 중 "보건복지가족부 · 여성부장관"을 "보건복지부장관 · 여성가족부장관"으로 한다.
제2조제1항제2호 및 제4조제1항제2호 중 "보건복지가족부장관 또는 여성부장관"을 각각 "보건복지부장관 또는 여성가족부장관"으로 한다.
제4조제1항제1호 중 "보건복지가족부 · 여성부"를 "보건복지부 · 여성가족부"로 한다.
〈130〉 부터 〈187〉 까지 생략

# 색　　인

# 사항색인

ㅈ

# 인명색인

## 공저자소개

### 임혜숙

(현) 서울사회복지대학원대학교 사회복지학과 교수
K&T창의영재교육연구소 소장
백석대학교 대학원 사회복지학 박사(사회복지학 전공)

**주요저서)** 창의적 인성개발(한국학술정보, 2012) 외 다수

### 김윤재

(현) 한영신학대학교 사회복지전공 교수
상명대학교 대학원 행정학 박사(사회복지 전공)

**주요저서)** EBS사회복지법제(와이드프로, 2008)
사회복지실천기술론(공저, 동문사, 2011) 외 다수

### 이유섭

(현) 명지전문대학 사회복지학과 교수
프랑스 툴루즈대학교(ToulouseII) DEA 및 박사(정신분석학)
프랑스 동교 정신분석최고학위 취득, 정신분석가, 사회복지사

**주요저서)** 사회복지실천기술론(공저, 레인보우북스, 2009)
정신건강과 정신분석(무지개, 2006) 외 다수

### 박남오

(현) 서울사회복지대학원대학교 학점은행제 지도교수
한영신학대학교 일반대학원 사회복지학 박사

**주요저서)** 사회복지실천기술론(공저, 동문사, 2011)
가족복지론(공저, 창지사, 2012) 외 다수

### 송노원

(현) 신흥대학교 사회복지학과 교수
광운대학교 대학원 행정학 박사(사회복지 전공)

**주요저서)** 사회복지법제론(학현사) 외 다수

# 자원봉사론

초판발행 2013년 2월 20일
초판인쇄 2013년 2월 25일

지은이 임혜숙 · 김윤재 · 이유섭 · 박남오 · 송노원
펴낸이 안종만

편 집 우석진 · 배근하
기획/마케팅 송연정
표지디자인 김지은
제 작 우인도 · 고철민

펴낸곳 (주) 박영사
서울특별시 종로구 평동 13-31번지
등록 1959. 3. 11. 제300-1959-1호(倫)
전 화 02)733-6771
f a x 02)736-4818
e-mail pys@pybook.co.kr
homepage www.pybook.co.kr
ISBN 978-89-6454-310-8 93330



정 가 18,000원